高等教育“十三五”规划教材

多元统计方法与计算

主　编　乔宝明
副主编　马继丰　伊晓玲
参　编　郑　宁　李晓华

中国矿业大学出版社

内容简介

多元统计分析是数理统计学的一个重要分支，是对多变量问题进行综合统计分析的一种方法，在实际生产生活以及相关的理论分析中具有广泛的应用。本书是针对普通高等院校数学与应用数学等数学类专业所编写的本科生教材，主要介绍了多元正态分布的理论基础、回归分析、聚类分析、判别分析、主成分分析、因子分析、典型相关分析、对应分析、偏最小二乘法回归，以及利用 Matlab 软件进行多元统计分析与计算的基础知识等内容，重点对各种多元统计分析方法的算法步骤和计算过程进行了详细介绍，并结合具体实例给出了 Matlab 软件的算法实现过程。

本书可作为数学与应用数学等数学专业的本科生教材，也可供工科、经济、管理等专业的研究生选作教材或参考书，同时也可为从事统计及相关工作的科技和工程技术人员提供参考。

图书在版编目(CIP)数据

多元统计方法与计算/乔宝明主编. —徐州：中国矿业大学出版社，2018.9

ISBN 978-7-5646-4113-9

Ⅰ.①多… Ⅱ.①乔… Ⅲ.①多元分析—统计方法—高等学校—教材 Ⅳ.①C81

中国版本图书馆 CIP 数据核字(2018)第 209827 号

书　　名 多元统计方法与计算
主　　编 乔宝明
责任编辑 黄本斌
出版发行 中国矿业大学出版社有限责任公司
(江苏省徐州市解放南路　邮编 221008)
营销热线 (0516)83885307　83884995
出版服务 (0516)83885767　83884920
网　　址 http://www.cumtp.com　**E-mail**:cumtpvip@cumtp.com
印　　刷 徐州中矿大印发科技有限公司
开　　本 787×1092　1/16　**印张** 15.25　**字数** 381 千字
版次印次 2018 年 9 月第 1 版　2018 年 9 月第 1 次印刷
定　　价 26.00 元
(图书出现印装质量问题，本社负责调换)

前 言

多元统计分析一直是数理统计学非常活跃的一个分支,在实际中应用非常广泛。尤其是近些年来,随着计算机软硬件技术和各种网络技术的飞速发展,多元统计分析方法在模式识别、图像处理、机器学习等领域,取得了更深层次的应用成果,这些成果很多都是我们日常生活中常见的,比如在手机、平板电脑等移动客户端设备上常用的各种手写输入和语音输入方法就是很好的例子。近些年新兴的大数据分析等领域也同样需要多元统计分析提供基础。

本书对多元统计的基本理论和应用方法进行了介绍。全书共分为12章和2个附录。第1章到第3章主要讲述多元统计的概况、多元总体的样本、多元正态分布及其参数估计和假设检验、威沙特分布、霍特林 T^2 分布、威尔克斯分布等一些基础概念。第4章到第11章主要介绍多元统计的一些常用方法,如回归分析、聚类分析、判别分析、主成分分析、因子分析、典型相关分析、对应分析、偏最小二乘法回归等内容。第12章对Matlab软件的使用方法,尤其是在统计分析中的使用方法做了简要介绍。附录A列出了标准正态分布、χ^2 分布、t 分布、F 分布等一些常用的分布表。附录B提供了全书绝大部分例题的Matlab求解程序代码。

本书主要有以下几方面特色:

1. 淡化了多元统计分析的数学理论推导过程。由于多元统计分析的数学推导过程往往比较复杂,需要读者具有一定的矩阵分析和概率统计基础,对于一些读者来说,学习数学推导过程存在一定困难。所以本书对数学推导过程做了淡化,只给出了很少的必要的推导过程,读者只要掌握基本的线性代数计算和基本的统计概念即可顺利阅读本书。

2. 对多元统计分析的方法给出了详细的算法步骤,方便读者阅读和使用。对于时间不太充裕的读者,可以直接根据这些算法步骤使用相应的多元统计方法。

3. 例题类型丰富,求解过程详细,读者完全可以仿照例题的模式一步步完成配套习题的求解,达到加深理解巩固计算的目的。

4. 利用Matlab软件编写了例题的求解程序。为了方便读者学习多元统计方法的计算过程,这些程序并没有直接使用Matlab提供的统计工具箱相关函数,而是根据算法步骤详细写出了具体的计算环节,有的地方甚至没有对代码做更进一步的优化处理，只要读者具有一些基本的Matlab使用常识就可以顺利读懂这些代码。

本书由西安科技大学的乔宝明、马继丰、郑宁、李晓华，以及西安科技大学高新学院的伊晓玲共同编写，乔宝明担任主编，马继丰和伊晓玲担任副主编。第1章和第2章由乔宝明执笔，第3、4、6章由伊晓玲执笔，第5章由李晓华执笔，第7～9章由郑宁执笔，第10～12章以及附录A、附录B由马继丰执笔。全书由乔宝明统稿、定稿。

本书可作为数学与应用数学专业以及相关专业的多元统计分析课程教材，也可作为有关工程技术人员的参考书。

由于编者水平有限，书中难免存在不少缺点和疏漏之处，敬请广大读者批评指正。

作　者

2018年2月

目 录

第1章 绪论 …… 1
§1.1 引言 …… 1
§1.2 随机向量与多元分布 …… 3
§1.3 多元正态分布 …… 6
§1.4 多元统计数据 …… 8
习题一 …… 9

第2章 多元正态分布的参数估计 …… 11
§2.1 均值向量和协方差阵的最大似然估计 …… 11
§2.2 最大似然估计量的性质 …… 12
习题二 …… 14

第3章 多元正态分布的假设检验 …… 16
§3.1 三个重要的统计量及其分布 …… 16
§3.2 单个多元正态总体均值向量和协方差阵的检验 …… 19
§3.3 两个多元正态总体均值向量和协方差阵的检验 …… 21
§3.4 多元方差分析 …… 27
习题三 …… 29

第4章 回归分析 …… 32
§4.1 一个因变量的多元线性回归 …… 32
§4.2 回归变量的选择 …… 40
§4.3 多因变量的多元线性回归 …… 47
习题四 …… 53

第5章 聚类分析 …… 55
§5.1 聚类统计量 …… 55
§5.2 系统聚类法 …… 57
§5.3 K 均值聚类法 …… 62
习题五 …… 64

第6章 判别分析 …… 66
§6.1 距离判别法 …… 66
§6.2 Bayes 判别法 …… 69

§6.3 Fisher 判别法……………………………………………………………… 71
习题六 ……………………………………………………………………………… 76

第 7 章 主成分分析 ……………………………………………………………… 78
§7.1 总体的主成分…………………………………………………………………… 78
§7.2 样本的主成分…………………………………………………………………… 85
习题七 ……………………………………………………………………………… 90

第 8 章 因子分析 ………………………………………………………………… 92
§8.1 R 型因子分析…………………………………………………………………… 92
§8.2 因子模型参数的统计意义……………………………………………………… 96
§8.3 正交旋转与因子得分…………………………………………………………… 98
习题八………………………………………………………………………………… 104

第 9 章 典型相关分析……………………………………………………………… 106
§9.1 总体的典型相关分析 ………………………………………………………… 106
§9.2 样本的典型相关分析 ………………………………………………………… 109
习题九………………………………………………………………………………… 113

第 10 章 对应分析 ………………………………………………………………… 116
§10.1 对应分析的基本原理………………………………………………………… 116
§10.2 对应分析的计算……………………………………………………………… 120
习题十………………………………………………………………………………… 123

第 11 章 偏最小二乘法回归 ……………………………………………………… 125
§11.1 偏最小二乘法回归的基本原理……………………………………………… 125
§11.2 偏最小二乘法的计算………………………………………………………… 128
习题十一……………………………………………………………………………… 130

第 12 章 Matlab 软件应用基础…………………………………………………… 132
§12.1 Matlab 软件简介 …………………………………………………………… 132
§12.2 数组与矩阵…………………………………………………………………… 142
§12.3 图形绘制……………………………………………………………………… 145
§12.4 Matlab 软件的统计分析功能 ……………………………………………… 152
习题十二……………………………………………………………………………… 190

附录………………………………………………………………………………… 191
附录 A 常用分布表 ………………………………………………………………… 191
附录 B 部分例题程序代码…………………………………………………………… 201

参考文献…………………………………………………………………………… 237

第1章 绪　论

§1.1 引　言

多元统计分析是统计学中非常重要的一个分支，它的内容非常丰富，应用十分广泛，在工农业、医疗卫生、地质、气象、水文、经济等领域，以及物理、化学、生物等自然科学研究中都能看到多元统计方法应用的实例。

在实际问题中，用于描述问题的随机变量往往不止一个，这些变量之间一般存在着一定的联系，我们常常要根据这些变量的观测数据，利用统计方法来分析这些变量之间的关系，进而找出我们所需要的统计规律。例如，在地质学中，我们经常要研究矿石中所含的化学元素之间的关系，而我们关心的化学元素往往不止一种，在对多个矿石标本进行检测之后，我们根据检测出的各种化学元素的数据，使用相关分析、回归分析等方法对元素之间的关系进行研究。又如，在研究居民消费水平问题时，需要同时对居民家庭的食品消费支出、服装服饰消费支出、旅游出行消费支出、购买住房支出等多个指标进行观测，然后利用聚类分析等方法进行研究。

多元统计分析就是运用数理统计的方法来研究多变量(多指标)问题的理论和方法。前面所说的多元回归分析、聚类分析都是多元统计分析的方法。

多元统计分析发端于20世纪初期，威沙特(Wishart)在1928年发表的论文《多元正态总体样本协方差阵的精确分布》将多元统计分析正式带入人们的视野。之后，在20世纪30年代，费希尔(Fisher)、霍特林(Hotelling)、罗伊(Roy)、许宝禄等人奠定了多元统计分析的理论基础，使多元统计在理论上得到了迅速发展。到了20世纪40年代，多元统计在心理学、教育学、生物学等方面已经有了不少应用，但由于计算量大，缺乏有效的计算工具，使得多元统计的发展一度停滞不前，后来，随着图灵(Turing)等人在通用计算机领域做出巨大贡献，通用计算机软硬件技术开始迅猛发展，多元统计方法计算量大的问题得以有效解决，多元统计方法开始在社会生活和科学研究的各个领域逐渐展开应用。进入20世纪60年代以后，通过不断地应用和实践，多元统计理论得到了进一步的发展和完善，伴随着现代计算机技术的普及，多元统计的应用范围进一步拓广，多元统计方法的应用成果也逐渐在我国引起各个领域的关注。到了21世纪，随着计算机互联网技术的成熟和普及，计算能力和数据体量都有大幅提高，多元统计方法又迎来了新的机遇和挑战。

多元统计分析要解决的问题大体上可以分为以下几个方面：

(1) 数据降维。由于多元统计问题所涉及的变量往往比较多，变量之间可能存在着相互依存的关系，使得样本信息存在一定冗余，增加了不必要的计算复杂度和开销。数据降维主要是通过主成分分析、因子分析等手段，在尽量减少数据信息损失的情况下，对数据进行简化，把高维空间的数据投影到低维空间。

(2) 数据分类。数据分类是按照某种相似程度标准，把数据划分为若干个类别，或将数据归为某个已有的类别。聚类分析和判别分析都是数据分类方法。

(3) 推断变量之间的关系。不同的变量之间可能存在一定的相互依赖，从而产生一定的因果关系，比如某种产品的产出率可能与生产过程中的温度、压力、催化剂分量等多个方面的因素有关，回归分析可以帮我们根据观测数据得出产出率与温度、压力、催化剂分量等指标之间的具体数量关系。有些变量之间并非是因果关系，它们之间的关联可以使用相关分析等方法研究。

(4) 多元统计分析的理论基础。主要包括多元分布的类型、多元统计量的抽样分布、多元分布的参数估计和假设检验理论等，这些问题的研究为多元统计方法的应用提供了理论依据。

多元统计方法是丰富多样的，本书不能对多元统计的所有方法进行一一介绍，只选择那些较为基础的理论和方法进行重点介绍，包括多元正态分布的基本理论、多元正态总体的参数估计和假设检验、多元线性回归分析、聚类分析、判别分析、主成分分析、因子分析、典型相关分析、对应分析、偏最小二乘回归分析等。读者通过对这些基础内容的学习，掌握多元统计分析的基本概念、基本原理和基本方法，为进一步学习和应用其他的多元统计方法打下基础。

学好多元统计要注意两个方面：一方面是要理解好多元统计的理论推导，搞清楚多元统计方法的理论过程，这样才能恰当地应用多元统计方法，并准确地解读计算结果；另一方面要注重练习，通过具体的实例练习多元统计方法的使用，加深对这些方法理论的理解，同时也要注重使用计算机工具来解决多元统计方法的计算问题，多元统计方法的计算过程通常比较复杂，如果不借助计算机工具，许多问题根本无法计算。

可以说，计算机既帮我们解决了多元统计的计算问题，也体现出了多元统计方法的应用价值，当然，我们所说的"计算机"实际上主要指的是计算机软件。多元统计可以利用的计算机软件主要有以下几种：

(1) 计算机编程语言，如 C/C++、VB、Java 等。利用这些语言，我们可以编写相应的计算程序，但是每一个计算的细节我们都要从头做起，需要花费大量的精力和时间，所以，除了一些特殊需要之外，我们一般不需要使用这些语言从最底层开始编写程序。

(2) 一些专门的统计软件，如 SAS、R、SPSS 等。对于多数常用的多元统计方法，这些软件都提供了现成的模块，我们只要敲几条简单的指令或者点点鼠标就可以完成相应的计算，使用起来非常方便，所以很受大众的欢迎。下面简单介绍一下这几个软件。

SAS，全称是"Statistical Analysis System"，是一个十分庞大的专门进行统计计算的软件，最初是 20 世纪 60 年代至 70 年代时，美国北卡莱罗纳州立大学的几个学者为了分析农业数据而编写的计算程序，后来几个人合伙于 1976 年成立了 SAS 公司，开始研制发售 SAS 商业版本。SAS 由数十个专用模块构成，功能包括数据访问、数据储存及管理、应用开发、图形处理、数据分析、报告编制、运筹学方法、计量经济学与预测等，统计功能很齐全，目前已更新到 9.4 版本。使用 SAS 进行计算有两种方法：一种是使用鼠标点击菜单中的相应选项；另一种是利用 SAS 提供的指令编写简单的程序。虽然 SAS 软件价格不菲，但是由于其功能强大，以及受到美国某些政府机构的认可，所以使用单位仍然很多。

R 是一个免费软件，最初是 1995 年由来自新西兰奥克兰大学的 Ross Ihaka 和 Robert Gentleman 开发的，所以称为 R。R 是基于 S 语言（一种统计分析及绘图语言）的一个 GNU

项目，可以看作是对 S 语言的一种实现，其源代码是公开的。R 软件是以指令方式运行的，可以在其控制台界面直接敲击指令，也可以用指令编写脚本程序运行。得益于 GNU 的优势，R 的功能非常丰富，有大量的 R 程序包可供免费下载使用，R 可以完成所有常见的统计方法的计算，同时，R 的 GNU 属性也吸引了大量的统计科研人员成为其忠实的使用者。

SPSS 是由美国斯坦福大学的三位研究生于 1968 年研究开发的，并同时成立了 SPSS 公司，最初 SPSS 的全称是"Statistical Package for the Social Sciences(社会科学统计软件包)"，后来由于其功能和服务领域的扩展，2000 年该公司将 SPSS 改称为"Statistical Product and Service Solutions(统计产品与服务解决方案)"，2009 年 SPSS 公司被 IBM 收购。SPSS 是菜单驱动的软件，点击鼠标就可以完成相应的统计计算，这种方式的好处是使用比较简单，所以很受非专业统计人员的欢迎。SPSS 也可以使用其提供的指令编程进行统计计算，但功能有限。

除了上述软件之外，专门的统计软件还包括 S-plus、Minitab、STAT 、Eviews、GAUSS 等，这些软件的功能也比较丰富，但是使用者相对较少，尤其是在我国，所以此处不再进行描述。

(3) 带有统计功能的通用数学软件，如 Matlab、Maple、Mathematica 等。从理解多元统计方法理论过程的角度来讲，使用通用数学软件编写实现程序是比较好的选择。专门的统计软件往往对统计计算方法进行了高度集成，例如在 SAS 中，一条 REG 指令便封装了多元线性回归分析方法的几乎全部过程，通过设定相应的参数，即可完成多元线性回归分析的计算，我们无法看到多元线性回归分析的具体过程。而一般的计算机编程语言又会使我们在实现底层数学计算方面浪费大量的时间和精力。这些通用数学软件提供了非常丰富的数学运算指令，这些指令对底层的数学运算细节进行了封装，使用起来非常灵活，这些软件的指令集里都包含基本的统计计算指令，通过这些指令，我们既可以表达多元统计计算的完整过程，又不必陷入复杂的数学计算细节中去。本书中的大部分例题都用 Matlab 进行了求解，并在书后附录 B 中给出了相应的代码，供读者参考。

§1.2　随机向量与多元分布

许多随机现象是无法用一个随机变量来描述的，需要用多个随机变量来反映。例如，矿石的化学成分很复杂，要用多个指标才能表达清楚。

定义 1.2.1　如果在空间 R^p 中，对任意的 $(x_1,x_2,\cdots,x_p)^{\mathrm{T}}\in R^p$，概率

$$F(x_1,x_2,\cdots,x_p)=P(X_1\leqslant x_1,X_2\leqslant x_2,\cdots,X_p\leqslant x_p) \tag{1.2.1}$$

存在，则称向量 $\boldsymbol{X}=(X_1,X_2,\cdots,X_p)^{\mathrm{T}}$ 称为 p 维**随机向量**，$F(x_1,x_2,\cdots,x_p)$ 称为 $\boldsymbol{X}$ 的**联合分布函数**，称 $\boldsymbol{X}$ 服从 F 分布，简记为 $\boldsymbol{X}\sim F$。

如果对于 R^p 的任何区域

$$D=\{(t_1,t_2,\cdots,t_p)\mid -\infty<t_i\leqslant x_i,i=1,2,\cdots,p\} \tag{1.2.2}$$

存在非负可积函数 $f(x_1,x_2,\cdots,x_p)$，使得

$$F(x_1,x_2,\cdots,x_p)=\int_D f(t_1,t_2,\cdots,t_p)\mathrm{d}t_1\mathrm{d}t_2\cdots\mathrm{d}t_p \tag{1.2.3}$$

则称 $\boldsymbol{X}$ 为**连续型随机向量**，称 $f(x_1,x_2,\cdots,x_p)$ 为 $\boldsymbol{X}$ 的**联合概率密度函数**，简称**联合密度**。

如果 $X_1,X_2,\cdots,X_p$ 均为离散型随机变量，则称 $\boldsymbol{X}$ 为**离散型随机向量**，若 $\boldsymbol{X}$ 的所有不同

取值为

$$x(j_1,j_2,\cdots,j_p)=(x_{1j_1},x_{2j_2},\cdots,x_{pj_p}),\quad j_1,j_2,\cdots,j_p\geqslant 1 \tag{1.2.4}$$

则称

$$p_{j_1,j_2,\cdots,j_p}=P(X=x(j_1,j_2,\cdots,j_p)),\quad j_1,j_2,\cdots,j_p\geqslant 1 \tag{1.2.5}$$

为 $\boldsymbol{X}$ 的**联合分布律**。

定义 1.2.2 随机向量 $\boldsymbol{X}$ 的部分分量 $(X_{i_1},\cdots,X_{i_m})^{\mathrm{T}}(1\leqslant m<p)$ 的分布为 $\boldsymbol{X}$ 的**边缘分布**，相应的分布函数称为边缘分布函数，相应的概率密度或分布律称为边缘密度或边缘分布律。

设 $\boldsymbol{X}^{(1)}$ 为 r 维随机向量，$\boldsymbol{X}^{(2)}$ 为 $p-r$ 维随机向量。若 p 维随机向量 $\boldsymbol{X}=(\boldsymbol{X}^{(1)},\boldsymbol{X}^{(2)})^{\mathrm{T}}$，则 $\boldsymbol{X}^{(1)}$ 的边缘分布为

$$f_1(\boldsymbol{x}^{(1)})=f_1(x_1,\cdots,x_r)=\int_{-\infty}^{\infty}\cdots\int_{-\infty}^{\infty}f(x_1,x_2,\cdots,x_p)\mathrm{d}x_{r+1}\cdots\mathrm{d}x_p \tag{1.2.6}$$

则 $\boldsymbol{X}^{(2)}$ 的边缘分布为

$$f_2(\boldsymbol{x}^{(2)})=f_2(x_{r+1},\cdots,x_p)=\int_{-\infty}^{\infty}\cdots\int_{-\infty}^{\infty}f(x_1,x_2,\cdots,x_p)\mathrm{d}x_1\cdots\mathrm{d}x_r \tag{1.2.7}$$

定义 1.2.3 设 $\boldsymbol{X}^{(1)}$ 为 r 维随机向量，$\boldsymbol{X}^{(2)}$ 为 $p-r$ 维随机向量。若 p 维随机向量 $\boldsymbol{X}=(\boldsymbol{X}^{(1)},\boldsymbol{X}^{(2)})^{\mathrm{T}}$，则当给定 $\boldsymbol{X}^{(2)}$ 时，称 $\boldsymbol{X}^{(1)}$ 的分布为**条件分布**。

当 $\boldsymbol{X}$ 的密度函数为 $f(\boldsymbol{x}^{(1)},\boldsymbol{x}^{(2)})$ 时，给定 $\boldsymbol{X}^{(2)}$ 和 $\boldsymbol{X}^{(1)}$ 的条件密度为

$$f_1(\boldsymbol{x}^{(1)}\mid\boldsymbol{x}^{(2)})=\frac{f(\boldsymbol{x}^{(1)},\boldsymbol{x}^{(2)})}{f_2(\boldsymbol{x}^{(2)})} \tag{1.2.8}$$

其中 $f_2(\boldsymbol{x}^{(2)})$ 是 $\boldsymbol{X}^{(2)}$ 的密度函数。

定义 1.2.4 设 $X_1,X_2,\cdots,X_p$ 是 p 个随机变量，X_i 的分布函数记为 $F_i(x_i)(i=1,2,\cdots,p)$；$F(x_1,\cdots,x_p)$ 是 $(X_1,X_2,\cdots,X_p)^{\mathrm{T}}$ 的联合分布函数。若对一切实数 $x_1,\cdots,x_p$，

$$F(x_1,\cdots x_p)=F_1(x_1)\cdots F_p(x_p) \tag{1.2.9}$$

均成立，则称 $X_1,\cdots,X_p$ **相互独立**。

在连续型随机变量的情况下，$X_1,\cdots,X_p$ 相互独立，当且仅当 $X=(X_1,X_2,\cdots,X_p)^{\mathrm{T}}$ 的联合分布函数 $f(x_1,x_2,\cdots,x_p)$ 满足

$$f(x_1,x_2,\cdots,x_p)=f_1(x_1)\cdots f_p(x_p) \tag{1.2.10}$$

对一切实数 $x_1,\cdots,x_p$ 均成立，其中 $f_i(x_i)$ 是 X_i 的密度函数 $(i=1,2,\cdots p)$。

例 1.2.1 设随机向量 $(X_1,X_2)^{\mathrm{T}}$ 的联合密度为

$$f(x_1,x_2)=\begin{cases}\mathrm{e}^{-x_2},\ x_1>0,x_2>x_1\\ 0,\ \text{其他}\end{cases}$$

试分别求 X_1 与 X_2 的边缘密度函数，条件密度 $f_1(x_1\mid x_2)$，并判断 X_1 与 X_2 是否相互独立。

解 由式(1.2.6)和式(1.2.7)可得 X_1 的边缘密度为

当 $x_1\leqslant 0$ 时，$f_{X_1}(x_1)=\int_{-\infty}^{+\infty}f(x_1,x_2)\mathrm{d}x_2=\int_{-\infty}^{+\infty}0\mathrm{d}x_2=0$

当 $x_1>0$ 时，$f_{X_1}(x_1)=\int_{-\infty}^{+\infty}f(x_1,x_2)\mathrm{d}x_2=\int_{-\infty}^{x_1}0\mathrm{d}x_2+\int_{x_1}^{+\infty}\mathrm{e}^{-x_2}\mathrm{d}x_2=\mathrm{e}^{-x_1}$

即

$$f_{X_1}(x_1)=\begin{cases}e^{-x_1}, & x_1>0\\0, & x_1\leqslant 0\end{cases}$$

同理可得 X_2 的边缘密度为

$$f_{X_2}(x_2)=\begin{cases}x_2e^{-x_2}, & x_2>0\\0, & x_2\leqslant 0\end{cases}$$

由式(1.2.8)可得

$$f_1(x_1\mid x_2)=\frac{f(x_1,x_2)}{f_2(x_2)}=\begin{cases}\dfrac{1}{x_2}, & x_2>x_1>0\\0, & \text{其他}\end{cases}$$

由 $f_{X_1}(x_1)f_{X_2}(x_2)=\begin{cases}ye^{-(x_1+x_2)}, & x_1>0,x_2>0\\0, & \text{其他}\end{cases}$ 可知 $f_{X_1}(1)f_{X_2}(2)=2e^{-3}\neq f(1,2)=e^{-2}$，所以 X_1 与 X_2 不相互独立。

定义 1.2.5 对于随机向量 $\boldsymbol{X}=(X_1,X_2,\cdots,X_p)^{\mathrm{T}}$，若 $E(X_i)=\mu_i(i=1,2,\cdots p)$ 存在,则称

$$E(\boldsymbol{X})=[E(X_1),E(X_2),\cdots,E(X_p)]^{\mathrm{T}}=(\mu_1,\mu_2,\cdots,\mu_p)^{\mathrm{T}} \tag{1.2.11}$$

为随机向量 $\boldsymbol{X}$ 的**均值向量**。若 X_i 和 X_j 的协方差 $\mathrm{Cov}(X_i,X_j)$ 存在 $(i,j=1,\cdots,p)$，则称

$$\begin{aligned}D(\boldsymbol{X})&=E[(\boldsymbol{X}-E(\boldsymbol{X}))(\boldsymbol{X}-E(\boldsymbol{X}))^{\mathrm{T}}]\\&=\begin{bmatrix}\mathrm{Cov}(X_1,X_1) & \mathrm{Cov}(X_1,X_2) & \cdots & \mathrm{Cov}(X_1,X_p)\\\mathrm{Cov}(X_2,X_1) & \mathrm{Cov}(X_2,X_2) & \cdots & \mathrm{Cov}(X_2,X_p)\\\vdots & \vdots & & \vdots\\\mathrm{Cov}(X_p,X_1) & \mathrm{Cov}(X_p,X_2) & \cdots & \mathrm{Cov}(X_p,X_p)\end{bmatrix}\\&=(\sigma_{ij})_{p\times p}\xlongequal{\text{def}}\boldsymbol{\Sigma}\end{aligned} \tag{1.2.12}$$

为随机向量 $\boldsymbol{X}$ 的**协方差阵**。记

$$r_{ij}=\frac{\mathrm{Cov}(X_i,X_j)}{\sqrt{D(X_i)}\sqrt{D(X_j)}}=\frac{\sigma_{ij}}{\sqrt{\sigma_{ii}\sigma_{jj}}}\quad(i,j=1,2,\cdots,p) \tag{1.2.13}$$

称 $\boldsymbol{R}=(r_{ij})_{p\times p}$ 为随机向量 $\boldsymbol{X}$ 的**相关阵**。

定义 1.2.6 对于随机向量 $\boldsymbol{X}=(X_1,X_2,\cdots,X_p)^{\mathrm{T}}$ 和 $\boldsymbol{Y}=(Y_1,Y_2,\cdots,Y_q)^{\mathrm{T}}$，若 X_i 和 Y_j 的协方差 $\mathrm{Cov}(X_i,Y_j)$ 存在 $(i=1,\cdots,p;j=1,\cdots,q)$，则称

$$\begin{aligned}\mathrm{Cov}(\boldsymbol{X},\boldsymbol{Y})&=E[(\boldsymbol{X}-E(\boldsymbol{X}))(\boldsymbol{Y}-E(\boldsymbol{Y}))^{\mathrm{T}}]\\&=\begin{bmatrix}\mathrm{Cov}(X_1,Y_1) & \mathrm{Cov}(X_1,Y_2) & \cdots & \mathrm{Cov}(X_1,Y_q)\\\mathrm{Cov}(X_2,Y_1) & \mathrm{Cov}(X_2,Y_2) & \cdots & \mathrm{Cov}(X_2,Y_q)\\\vdots & \vdots & & \vdots\\\mathrm{Cov}(X_p,Y_1) & \mathrm{Cov}(X_p,Y_2) & \cdots & \mathrm{Cov}(X_p,Y_q)\end{bmatrix}\end{aligned} \tag{1.2.14}$$

为随机向量 $\boldsymbol{X}$ 和 $\boldsymbol{Y}$ 的协方差阵。若 $\mathrm{Cov}(\boldsymbol{X},\boldsymbol{Y})=\boldsymbol{O}$(其中 $\boldsymbol{O}$ 为零矩阵),则称 $\boldsymbol{X}$ 和 $\boldsymbol{Y}$ 不相关。

由定义 1.2.5 和定义 1.2.6 不难得出以下性质,其中 A,B 是常数矩阵：

(1) $E(\boldsymbol{AXB})=\boldsymbol{A}E(\boldsymbol{X})\boldsymbol{B}$；

(2) $D(\boldsymbol{AX})=\boldsymbol{A}D(\boldsymbol{X})\boldsymbol{A}^{\mathrm{T}}$；

(3) $\mathrm{Cov}(\boldsymbol{AX},\boldsymbol{BY})=\boldsymbol{A}\mathrm{Cov}(\boldsymbol{X},\boldsymbol{Y})\boldsymbol{B}^{\mathrm{T}}$；

(4) $D(\boldsymbol{X}) = \boldsymbol{\Sigma}$ 是对称非负定矩阵。

这些性质的证明留给读者作为练习。

§1.3 多元正态分布

由于在很多实际问题中，随机向量常常服从正态分布或者近似服从正态分布，有的随机向量本身虽然不服从正态分布，但其样本均值近似地服从正态分布，加之正态分布的理论比较完善，所以正态分布在多元统计分析中占有非常重要的地位，故本节对多元正态分布进行单独介绍。

定义 1.3.1 若 p 维随机向量 $\boldsymbol{X} = (X_1, X_2, \cdots, X_p)^{\mathrm{T}}$ 的联合密度函数为

$$f(x_1, x_2, \cdots, x_p) = \frac{1}{(2\pi)^{p/2}\,|\boldsymbol{\Sigma}|^{1/2}}\exp\left[-\frac{1}{2}(\boldsymbol{x}-\boldsymbol{\mu})^{\mathrm{T}}\boldsymbol{\Sigma}^{-1}(\boldsymbol{x}-\boldsymbol{\mu})\right] \qquad (1.3.1)$$

其中 $\boldsymbol{x} = (x_1, x_2, \cdots, x_p)^{\mathrm{T}}$，$\boldsymbol{\mu}$ 是 p 维实向量，$\boldsymbol{\Sigma}$ 是 p 阶正定矩阵，则称 $\boldsymbol{X} = (X_1, X_2, \cdots, X_p)^{\mathrm{T}}$ 服从 p 元正态分布，也称 $\boldsymbol{X}$ 为 p 维正态随机向量，简记 $\boldsymbol{X} \sim N_p(\boldsymbol{\mu}, \boldsymbol{\Sigma})$。

事实上，从特征函数以及正态分布的线性组合性质等不同的角度出发，还可以得到不同的多元正态分布定义形式，这些不同形式的定义本质上是相同的。

可以证明，多元正态分布具有以下性质：

如果 $\boldsymbol{X} = (X_1, X_2, \cdots, X_p)^{\mathrm{T}} \sim N_p(\boldsymbol{\mu}, \boldsymbol{\Sigma})$，则：

(1) $E(\boldsymbol{X}) = \boldsymbol{\mu}, D(\boldsymbol{X}) = \boldsymbol{\Sigma}$。

(2) 若 $\boldsymbol{\Sigma}$ 是对角阵，则 $X_1, X_2, \cdots, X_p$ 相互独立。

(3) 设 $\boldsymbol{A}$ 为 $s \times p$ 阶常数矩阵，$\boldsymbol{d}$ 为 s 维常数向量，则 $\boldsymbol{AX} + \boldsymbol{d} \sim N_s(\boldsymbol{A\mu} + \boldsymbol{d}, \boldsymbol{A\Sigma A}^{\mathrm{T}})$。

(4) 将 $\boldsymbol{X}, \boldsymbol{\mu}, \boldsymbol{\Sigma}$ 作如下剖分：

$$\boldsymbol{X} = \begin{bmatrix} X^{(1)} \\ X^{(2)} \end{bmatrix}\begin{matrix} q \\ p-q \end{matrix}, \boldsymbol{\mu} = \begin{bmatrix} \mu^{(1)} \\ \mu^{(2)} \end{bmatrix}\begin{matrix} q \\ p-q \end{matrix}, \boldsymbol{\Sigma} = \begin{bmatrix} \boldsymbol{\Sigma}_{11} & \boldsymbol{\Sigma}_{12} \\ \boldsymbol{\Sigma}_{21} & \boldsymbol{\Sigma}_{22} \end{bmatrix}\begin{matrix} q \\ p-q \end{matrix}$$

则 $\boldsymbol{X}^{(1)} \sim N_p(\boldsymbol{\mu}^{(1)}, \boldsymbol{\Sigma}_{11})$，$\boldsymbol{X}^{(2)} \sim N_{p-q}(\boldsymbol{\mu}^{(2)}, \boldsymbol{\Sigma}_{22})$。

这些性质的证明此处从略。

性质(1)表明了参数 $\boldsymbol{\mu}$ 和 $\boldsymbol{\Sigma}$ 的统计意义，一般情况下，参数 $\boldsymbol{\mu}$ 和 $\boldsymbol{\Sigma}$ 是未知的，性质(1)则为估计 $\boldsymbol{\mu}$ 和 $\boldsymbol{\Sigma}$ 提供了理论依据。通常，相互独立的变量一定是不相关的，但反之未必，性质(2)表明多元正态分布的随机向量各个分量之间的关系特点，即对于多元正态分布而言，各分量之间相互独立与不相关是等价的。性质(3)则说明多元正态分布的线性变换依然服从多元正态分布。性质(4)表明多元正态分布的任意边缘分布依然服从正态分布，但要注意，性质(4)的逆命题并不成立。

例 1.3.1 (二元正态分布)设 $\boldsymbol{X} = (X_1, X_2)^{\mathrm{T}} \sim N_2(\boldsymbol{\mu}, \boldsymbol{\Sigma})$，其中

$$\boldsymbol{\mu} = \begin{bmatrix} \mu_1 \\ \mu_2 \end{bmatrix}, \boldsymbol{\Sigma} = \begin{bmatrix} \sigma_{11} & \sigma_{12} \\ \sigma_{21} & \sigma_{22} \end{bmatrix} \xlongequal{\text{def}} \begin{bmatrix} \sigma_1^2 & \rho\sigma_1\sigma_2 \\ \rho\sigma_1\sigma_2 & \sigma_2^2 \end{bmatrix} > 0\ (\sigma_1 > 0, \sigma_2 > 0, |\rho| < 1)$$

(1) 试写出 $\boldsymbol{X}$ 的联合密度函数和边缘密度函数；

(2) 画出 $\mu_1 = \mu_2 = 0, \sigma_1 = \sigma_2 = 1, \rho = 0$ 时的密度曲面图形。

解 (1) 因 $|\boldsymbol{\Sigma}| = \sigma_1^2\sigma_1^2(1-\rho^2)$，以及

$$\boldsymbol{\Sigma}^{-1}=\frac{1}{\sigma_1^2\sigma_1^2(1-\rho^2)}\begin{bmatrix}\sigma_2^2 & -\rho\sigma_1\sigma_2\\ -\rho\sigma_1\sigma_2 & \sigma_1^2\end{bmatrix},$$

因此二维正态随机向量 $\boldsymbol{X}$ 的联合密度函数为

$$f(x_1,x_2)=\frac{1}{2\pi\,|\boldsymbol{\Sigma}|^{1/2}}\exp\left[-\frac{1}{2}(\boldsymbol{x}-\boldsymbol{\mu})^{\mathrm{T}}\boldsymbol{\Sigma}^{-1}(\boldsymbol{x}-\boldsymbol{\mu})\right]$$

$$=\frac{1}{2\pi\sigma_1\sigma_2\sqrt{1-\rho^2}}\exp\left\{-\frac{1}{2(1-\rho^2)}\left[\left(\frac{x_1-\mu_1}{\sigma_1}\right)^2-2\rho\left(\frac{x_1-\mu_1}{\sigma_1}\right)\left(\frac{x_2-\mu_2}{\sigma_2}\right)+\left(\frac{x_2-\mu_2}{\sigma_2}\right)^2\right]\right\}$$

由性质(4)可得 $X_1\sim N(\mu_1,\sigma_1^2)$，$X_2\sim N(\mu_2,\sigma_2^2)$，均与参数 ρ 无关。

事实上，由 $r_{12}=\dfrac{\mathrm{Cov}(X_1,X_2)}{\sqrt{D(X_1)}\ \sqrt{D(X_2)}}=\dfrac{\rho\,\sigma_1\sigma_2}{\sigma_1\sigma_2}=\rho$ 可知，参数 ρ 就是两个分量的相关系数，根据性质(2)，当 $\rho=0$ 时 X_1 与 X_2 相互独立，反之，当 $f(x_1,x_2)=f_1(x_1)\cdot f_2(x_2)$ 时，即 X_1 与 X_2 相互独立时 $\rho=0$，这恰恰表明对于多元正态分布而言，各分量之间相互独立与不相关是等价的。

(2) $\mu_1=\mu_2=0,\sigma_1=\sigma_2=1,\rho=0$ 时的密度曲面图形和剖面图分别如图 1.3.1 和图 1.3.2所示。

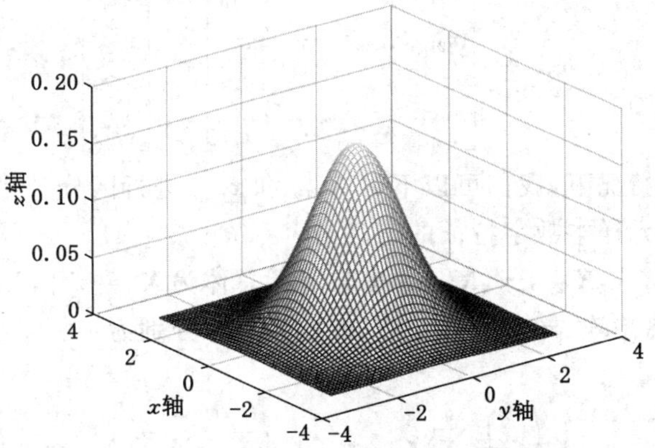

图 1.3.1 $\mu_1=\mu_2=0,\sigma_1=\sigma_2=1,\rho=0$ 时的密度曲面图形

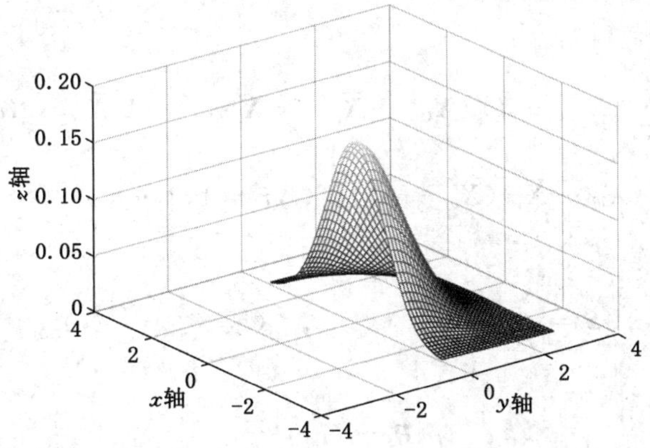

图 1.3.2 $\mu_1=\mu_2=0,\sigma_1=\sigma_2=1,\rho=0$ 时的密度曲面剖面图

§1.4 多元统计数据

设多元统计问题的 p 元总体为 $\boldsymbol{X}=(X_1,X_2,\cdots,X_p)^{\mathrm{T}}$，其中 $X_1,X_2,\cdots,X_p$ 分别表示要研究的 p 个指标（变量），对其进行 n 次观测后，得到的样本矩阵（也称为样本资料阵）记为

$$\boldsymbol{X}_{n\times p}=\begin{bmatrix} X_{11} & X_{12} & \cdots & X_{1p} \\ X_{21} & X_{22} & \cdots & X_{2p} \\ \vdots & \vdots & & \vdots \\ X_{n1} & X_{n2} & \cdots & X_{np} \end{bmatrix}=\begin{bmatrix} \boldsymbol{X}_{(1)}^{\mathrm{T}} \\ \boldsymbol{X}_{(2)}^{\mathrm{T}} \\ \vdots \\ \boldsymbol{X}_{(n)}^{\mathrm{T}} \end{bmatrix} \tag{1.4.1}$$

样本矩阵的第 i 行 $\boldsymbol{X}_{(i)}=(X_{i1},X_{i2},\cdots,X_{ip})^{\mathrm{T}}$ 代表对 p 元总体为 $\boldsymbol{X}=(X_1,X_2,\cdots,X_p)^{\mathrm{T}}$ 的第 i 次观测结果，第 j 列 $(X_{1j},X_{2j},\cdots,X_{nj})^{\mathrm{T}}$ 代表指标 X_j 的 n 次观测结果。若将第 i 次观测值记为

$$\boldsymbol{x}_{(i)}^{\mathrm{T}}=(x_{i1},x_{i2},\cdots,x_{ip})(i=1,2,\cdots,n)$$

则样本观测值矩阵可记为

$$\boldsymbol{x}_{n\times p}=\begin{bmatrix} x_{11} & x_{12} & \cdots & x_{1p} \\ x_{21} & x_{22} & \cdots & x_{2p} \\ \vdots & \vdots & & \vdots \\ x_{n1} & x_{n2} & \cdots & x_{np} \end{bmatrix}=\begin{bmatrix} \boldsymbol{x}_{(1)}^{\mathrm{T}} \\ \boldsymbol{x}_{(2)}^{\mathrm{T}} \\ \vdots \\ \boldsymbol{x}_{(n)}^{\mathrm{T}} \end{bmatrix} \tag{1.4.2}$$

在不引起歧义的情况下，我们可以不对 $\boldsymbol{X}_{n\times p}$ 和 $\boldsymbol{x}_{n\times p}$ 进行区分。

下面给出一些多元样本数字特征的定义。

定义 1.4.1 设 $\boldsymbol{X}_{(i)},\boldsymbol{X}_{(2)},\cdots,\boldsymbol{X}_{(n)}$ 为来自 p 元总体为 $\boldsymbol{X}=(X_1,X_2,\cdots,X_p)^{\mathrm{T}}$ 的样本，则样本均值向量、样本离差阵、样本协方差阵、样本相关阵分别为：

(1) 样本均值向量

$$\overline{\boldsymbol{X}}=\frac{1}{n}\sum_{i=1}^{n}\boldsymbol{X}_{(i)}=(\overline{X}_1,\overline{X}_2,\cdots,\overline{X}_p)^{\mathrm{T}} \tag{1.4.3}$$

其中 $\overline{X}_i=\dfrac{1}{n}\sum_{a=1}^{n}X_{ai}\quad(i=1,2,\cdots,p)$

(2) 样本离差阵

$$\boldsymbol{A}=\sum_{a=1}^{n}(\boldsymbol{X}_{(a)}-\overline{\boldsymbol{X}})(\boldsymbol{X}_{(a)}-\overline{\boldsymbol{X}})^{\mathrm{T}}=\boldsymbol{X}^{\mathrm{T}}\boldsymbol{X}-n\overline{\boldsymbol{X}}\,\overline{\boldsymbol{X}}^{\mathrm{T}}=(a_{ij})_{p\times p} \tag{1.4.4}$$

其中 $a_{ij}=\sum_{a=1}^{n}(X_{ai}-\overline{X}_i)(X_{aj}-\overline{X}_j)\quad(i,j=1,2,\cdots,p)$

(3) 样本协方差阵

$$\boldsymbol{S}=\frac{1}{n-1}\boldsymbol{A}=(s_{ij})_{p\times p}\quad(\text{或 }\boldsymbol{S}^*=\frac{1}{n}\boldsymbol{A}) \tag{1.4.5}$$

(4) 样本相关阵

$$\boldsymbol{R}=(r_{ij})_{p\times p} \tag{1.4.6}$$

其中 $r_{ij}=\dfrac{s_{ij}}{\sqrt{s_{ii}}\sqrt{s_{jj}}}=\dfrac{a_{ij}}{\sqrt{a_{ii}}\sqrt{a_{jj}}}\quad(i,j=1,2,\cdots,p)$

实际上，如果取 $\mathbf{1}_n=(1,1,\cdots,1)^{\mathrm{T}}$，并用 $\boldsymbol{I}_n$ 代表 n 阶单位阵，则样本均值向量和样本离差阵还可以直接用样本矩阵表示为

$$\overline{\boldsymbol{X}}=\frac{1}{n}\boldsymbol{X}^{\mathrm{T}}\mathbf{1}_n,\ \boldsymbol{A}=\boldsymbol{X}^{\mathrm{T}}\left[\boldsymbol{I}_n-\frac{1}{n}\mathbf{1}_n\mathbf{1}_n^{\mathrm{T}}\right]\boldsymbol{X}$$

上面给出的样本均值向量、样本离差阵等多元样本的数字特征主要是为了以后在理论推导和计算时用起来方便而定义的，这些向量和矩阵并不能给我们留下样本数据的直观印象。为了增加人们对多元样本数据的直观认识，有人给出了一些图形化的多元样本数据表示方法，如轮廓图、雷达图、调和曲线图、星座图、脸谱图等。这些图形表示方法主要内容是将 p 维的样本数据想办法表达在二维的平面上，然后通过比较不同的样本数据绘制出图形来直观地体会样本数据之间的差异或规律，例如 Chernoff 于 1973 年提出了脸谱图表示方法，他假定用二维平面的脸来表示 p 维样本数据，样本数据的每个分量用人脸形的某一部位的形状或大小来表达（如脸的形状，嘴的弯曲率，鼻子的长度，眼睛的大小，瞳孔的位置等），按照最初的设计，这种方法可处理多达 18 个变量。图 1.4.1 给出了 Chernoff 脸谱图的一个示例。

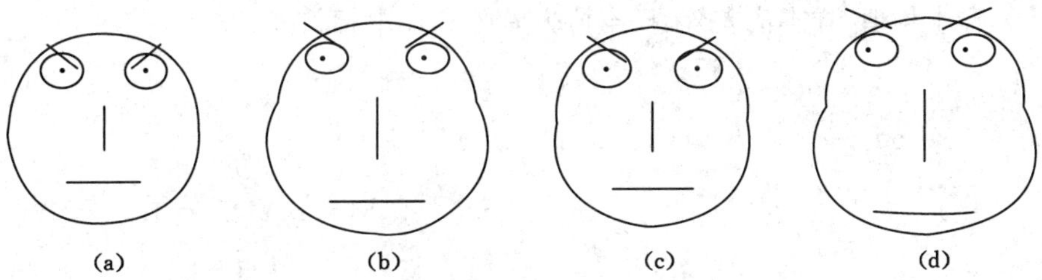

图 1.4.1 Chernoff 脸谱示意图

习题一

1. 试证函数 $f(x_1,x_2)=\begin{cases}e^{-(x_1+x_2)},x_1\geqslant 0,x_2\geqslant 0\\0,其他\end{cases}$ 为随机向量 $\boldsymbol{X}=(X_1,X_2)^{\mathrm{T}}$ 的密度函数，求出 X_1 和 X_2 的边缘密度，并判断 X_1 和 X_2 是否相互独立。

2. 若 $\boldsymbol{X}=(X_1,X_2,X_3)^{\mathrm{T}}\sim N_3(\boldsymbol{\mu},\boldsymbol{\Sigma})$，其中 $\boldsymbol{\mu}=\begin{bmatrix}\mu_1\\\mu_2\\\mu_3\end{bmatrix}$，$\boldsymbol{\Sigma}=\begin{bmatrix}\sigma_{11}&\sigma_{12}&\sigma_{13}\\\sigma_{21}&\sigma_{22}&\sigma_{23}\\\sigma_{31}&\sigma_{32}&\sigma_{33}\end{bmatrix}$，设 $\boldsymbol{a}=(0,1,0)^{\mathrm{T}}$，$\boldsymbol{A}=\begin{pmatrix}1&0&0\\0&0&-1\end{pmatrix}$，求 $\boldsymbol{a}^{\mathrm{T}}\boldsymbol{X}$ 和 $\boldsymbol{AX}$ 的分布。

3. 设 $\boldsymbol{X}\sim N_3(\boldsymbol{\mu},\boldsymbol{\Sigma})$，其中 $\boldsymbol{X}=(X_1,X_2,X_3)^{\mathrm{T}}$，$\boldsymbol{\mu}=(2,-1,3)^{\mathrm{T}}$，$\boldsymbol{\Sigma}=\begin{bmatrix}1&1&1\\1&3&2\\1&2&2\end{bmatrix}$。

(1) 试求 $3X_1-2X_2+X_3$ 的分布。

(2) 求二维向量 $\boldsymbol{a}=(a_1,a_2)^{\mathrm{T}}$，使 X_3 与 $X_3-\boldsymbol{a}^{\mathrm{T}}\begin{bmatrix}X_1\\X_2\end{bmatrix}$ 相互独立。

4. 对某种合成材料抽取了 10 个样本进行 3 个指标的检验，数据如下表：

样本序号	指标 1(X_1)	指标 2(X_2)	指标 3(X_3)
1	65	45	27.6
2	70	45	30.7
3	70	48	31.5
4	65	46	31.6
5	66	50	31
6	68	47	37
7	68	47	33.6
8	72	43	34.2
9	67	46	33.2
10	72	44	33.6

试计算样本均值、样本离差阵、样本协方差阵和样本相关阵。

第 2 章　多元正态分布的参数估计

§ 2.1　均值向量和协方差阵的最大似然估计

设多元总体 $\boldsymbol{X}=(X_1,X_2,\cdots,X_p)^{\mathrm{T}}$ 服从 p 元正态分布 $N_p(\boldsymbol{\mu},\boldsymbol{\Sigma})$，设 $\boldsymbol{X}_{(i)}(i=1,2,\cdots,n)$ 为该总体的随机样本。在实际问题中，均值参数 $\boldsymbol{\mu}$ 和协方差阵参数 $\boldsymbol{\Sigma}$ 通常是未知的，需要通过样本来估计。参数估计的原则和方法有很多，本节介绍最大似然估计法，最大似然估计法不但常用，而且具有很多优良性质。

首先，构造似然函数

$$\begin{aligned}L(\boldsymbol{\mu},\boldsymbol{\Sigma}) &= \prod_{i=1}^{n} f(\boldsymbol{X}_{(}i),\boldsymbol{\mu},\boldsymbol{\Sigma}) \\ &= \frac{1}{(2\pi)^{pn/2}\ |\boldsymbol{\Sigma}|^{n/2}}\exp\left\{-\frac{1}{2}\sum_{i=1}^{n}(\boldsymbol{X}_{(i)}-\boldsymbol{\mu})^{\mathrm{T}}\boldsymbol{\Sigma}^{-1}(\boldsymbol{X}_{(i)}-\boldsymbol{\mu})\right\}\end{aligned} \tag{2.1.1}$$

为了求出式(2.1.1)的极值，对其两边取对数，得

$$\ln L(\boldsymbol{\mu},\boldsymbol{\Sigma}) = -\frac{1}{2}pn\ln(2\pi)-\frac{n}{2}\ln|\boldsymbol{\Sigma}|-\frac{1}{2}\sum_{i=1}^{n}(\boldsymbol{X}_{(i)}-\boldsymbol{\mu})^{\mathrm{T}}\boldsymbol{\Sigma}^{-1}(\boldsymbol{X}_{(i)}-\boldsymbol{\mu}) \tag{2.1.2}$$

考虑到对数函数是一个严格单调增函数，所以可以通过对 $\ln L(\boldsymbol{\mu},\boldsymbol{\Sigma})$ 的极大值而得到 $\boldsymbol{\mu}$ 和 $\boldsymbol{\Sigma}$ 的估计量。由式(2.1.2)分别对 $\boldsymbol{\mu}$ 和 $\boldsymbol{\Sigma}$ 求偏导数，并令偏导等于零，则有

$$\begin{cases}\dfrac{\partial\ln L(\boldsymbol{\mu},\boldsymbol{\Sigma})}{\partial\boldsymbol{\mu}} = \displaystyle\sum_{i=1}^{n}\boldsymbol{\Sigma}^{-1}(\boldsymbol{X}_{(i)}-\boldsymbol{\mu})=0 \\ \dfrac{\partial\ln L(\boldsymbol{\mu},\boldsymbol{\Sigma})}{\partial\boldsymbol{\Sigma}} = -\dfrac{n}{2}\boldsymbol{\Sigma}^{-1}+\dfrac{1}{2}\displaystyle\sum_{i=1}^{n}(\boldsymbol{X}_{(i)}-\boldsymbol{\mu})(\boldsymbol{X}_{(i)}-\boldsymbol{\mu})^{\mathrm{T}}(\boldsymbol{\Sigma}^{-1})^2=0\end{cases} \tag{2.1.3}$$

这里用到了矩阵代数的一些知识，设 B 为实对称阵，则有

$$\frac{\partial(\boldsymbol{X}^{\mathrm{T}}\boldsymbol{B}\boldsymbol{X})}{\partial\boldsymbol{X}}=2\boldsymbol{B}\boldsymbol{X},\ \frac{\partial(\boldsymbol{X}^{\mathrm{T}}\boldsymbol{B}\boldsymbol{X})}{\partial\boldsymbol{B}}=\boldsymbol{X}\boldsymbol{X}^{\mathrm{T}},\ \frac{\partial\ln|\boldsymbol{B}|}{\partial\boldsymbol{B}}=\boldsymbol{B}^{-1}$$

由式(2.1.3)可得 $\boldsymbol{\mu}$ 和 $\boldsymbol{\Sigma}$ 的最大似然估计量分别为

$$\begin{cases}\hat{\boldsymbol{\mu}}=\dfrac{1}{n}\displaystyle\sum_{i=1}^{n}\boldsymbol{X}_{(i)}=\overline{\boldsymbol{X}} \\ \hat{\boldsymbol{\Sigma}}=\dfrac{1}{n}\displaystyle\sum_{i=1}^{n}(\boldsymbol{X}_{(i)}-\overline{\boldsymbol{X}})(\boldsymbol{X}_{(i)}-\overline{\boldsymbol{X}})^{\mathrm{T}}=\dfrac{1}{n}\boldsymbol{A}=\boldsymbol{S}^{*}\end{cases} \tag{2.1.4}$$

其中 $\boldsymbol{A}$ 为样本离差阵。

这个结果说明 $\boldsymbol{\mu}$ 的最大似然估计量就是样本均值向量，$\boldsymbol{\Sigma}$ 的最大似然估计量就是样本

协方差阵，这恰与 1.3 节中多元正态分布的性质(1)的结论吻合，也再一次点明了该性质的统计意义所在。

§2.2 最大似然估计量的性质

为了讨论 $\boldsymbol{\mu}$ 和 $\boldsymbol{\Sigma}$ 的最大似然估计量的性质，首先给出以下定理。

定理 2.2.1 设 $\overline{\boldsymbol{X}}$ 和 $\boldsymbol{A}$ 分别为 p 元正态总体 $N_p(\boldsymbol{\mu},\boldsymbol{\Sigma})$ 的样本均值向量和样本离差阵，则：

(1) $\overline{\boldsymbol{X}} \sim N_p(\boldsymbol{\mu},\frac{1}{n}\boldsymbol{\Sigma})$；

(2) $\boldsymbol{A}$ 可改写为 $\boldsymbol{A} = \sum\limits_{i=1}^{n-1}\boldsymbol{Z}_i\boldsymbol{Z}_i^{\mathrm{T}}$，其中 $\boldsymbol{Z}_1,\cdots,\boldsymbol{Z}_{n-1}$ 独立且均服从 $N_p(\boldsymbol{O},\boldsymbol{\Sigma})$ 分布；

(3) $\overline{\boldsymbol{X}}$ 和 $\boldsymbol{A}$ 相互独立；

(4) $\boldsymbol{A}$ 正定的充要条件是 $n > p$。

证明 设 $\boldsymbol{\Gamma} = (\gamma_{ij})_{n\times n}$ 是 n 阶正交矩阵，且最后一行均为 $\frac{1}{\sqrt{n}}$，令 $\boldsymbol{Z} = \boldsymbol{\Gamma X}$，其中

$$\boldsymbol{Z}_t = (\boldsymbol{X}_{(1)},\cdots,\boldsymbol{X}_{(n)})(\gamma_{t1},\cdots,\gamma_{tn})^{\mathrm{T}}(t = 1,\cdots,n)$$

由于 $\boldsymbol{Z}_t$ 为 p 维正态随机向量 $\boldsymbol{X}_{(1)},\cdots,\boldsymbol{X}_{(n)}$ 的线性组合，故 $\boldsymbol{Z}_t$ 也是 p 维正态随机向量，且

$$E(\boldsymbol{Z}_t) = \sum_{i=1}^{n}\gamma_{ti}E(\boldsymbol{X}_{(i)}) = \begin{cases}0, t \neq n \\ \sqrt{n}\boldsymbol{\mu}, t = n\end{cases}$$

$$\mathrm{Cov}(\boldsymbol{Z}_\alpha,\boldsymbol{Z}_\beta) = \sum_{i=1}^{n}\gamma_{\alpha i}\gamma_{\beta i}\boldsymbol{\Sigma} = \begin{cases}\boldsymbol{O}, \alpha \neq \beta \\ \boldsymbol{\Sigma}, \alpha = \beta\end{cases}$$

(1) 由 $\boldsymbol{Z}_n = \frac{1}{\sqrt{n}}\sum\limits_{\alpha=1}^{n}\boldsymbol{X}_{(\alpha)} = \sqrt{n}\overline{\boldsymbol{X}} \sim N_p(\sqrt{n}\boldsymbol{\mu},\boldsymbol{\Sigma})$，可得 $\overline{\boldsymbol{X}} = \frac{1}{\sqrt{n}}\boldsymbol{Z}_n \sim N_p(\boldsymbol{\mu},\frac{1}{n}\boldsymbol{\Sigma})$。

(2) 因为 $$\sum_{\alpha=1}^{n}\boldsymbol{Z}_\alpha\boldsymbol{Z}_\alpha^{\mathrm{T}} = \boldsymbol{Z}^{\mathrm{T}}\boldsymbol{Z} = \boldsymbol{X}^{\mathrm{T}}\boldsymbol{\Gamma}^{\mathrm{T}}\boldsymbol{X\Gamma} = \boldsymbol{X}^{\mathrm{T}}\boldsymbol{X} = \sum_{\alpha=1}^{n}\boldsymbol{X}_{(\alpha)}\boldsymbol{X}_{(\alpha)}^{\mathrm{T}}$$

所以
$$\begin{aligned}\sum_{\alpha=1}^{n-1}\boldsymbol{Z}_\alpha\boldsymbol{Z}_\alpha^{\mathrm{T}} &= \sum_{\alpha=1}^{n}\boldsymbol{X}_{(\alpha)}\boldsymbol{X}_{(\alpha)}^{\mathrm{T}} - \boldsymbol{Z}_n\boldsymbol{Z}_n^{\mathrm{T}} = \sum_{\alpha=1}^{n}\boldsymbol{X}_{(\alpha)}\boldsymbol{X}_{(\alpha)}^{\mathrm{T}} - n\overline{\boldsymbol{X}}\,\overline{\boldsymbol{X}}^{\mathrm{T}} \\ &= \sum_{\alpha=1}^{n}(\boldsymbol{X}_{(\alpha)} - \overline{\boldsymbol{X}})(\boldsymbol{X}_{(\alpha)} - \overline{\boldsymbol{X}})^{\mathrm{T}} = \boldsymbol{A}\end{aligned}$$

(3) $\boldsymbol{A} = \sum\limits_{\alpha=1}^{n-1}\boldsymbol{Z}_\alpha\boldsymbol{Z}_\alpha^{\mathrm{T}}$ 是 $\boldsymbol{Z}_1,\cdots,\boldsymbol{Z}_{n-1}$ 的函数，$\overline{\boldsymbol{X}}$ 是 $\boldsymbol{Z}_n$ 的函数，而 $\boldsymbol{Z}_1,\cdots,\boldsymbol{Z}_{n-1}$ 与 $\boldsymbol{Z}_n$ 相互独立，故 $\boldsymbol{A}$ 与 $\overline{\boldsymbol{X}}$ 也相互独立。

(4) 略。

从上一节的内容可知，对于多元正态分布 $N_p(\boldsymbol{\mu},\boldsymbol{\Sigma})$，$\boldsymbol{\mu}$ 和 $\boldsymbol{\Sigma}$ 的最大似然估计量分别为 $\hat{\boldsymbol{\mu}} = \overline{\boldsymbol{X}}$ 和 $\hat{\boldsymbol{\Sigma}} = \frac{1}{n}\boldsymbol{A} = \boldsymbol{S}^*$，由定理 2.2.1 可知 $\overline{\boldsymbol{X}} \sim N_p(\boldsymbol{\mu},\frac{1}{n}\boldsymbol{\Sigma})$，再结合多元正态分布的性质可知 $E(\overline{\boldsymbol{X}}) = \boldsymbol{\mu}$，所以 $\overline{\boldsymbol{X}}$ 是 $\boldsymbol{\mu}$ 的无偏估计量。再由

$$E(\boldsymbol{A}) = E(\sum_{\alpha=1}^{n-1} \boldsymbol{Z}_\alpha \boldsymbol{Z}_\alpha^{\mathrm{T}}) = \sum_{\alpha=1}^{n-1} (E(\boldsymbol{Z}_\alpha \boldsymbol{Z}_\alpha^{\mathrm{T}})) = \Big(\sum_{\alpha=1}^{n-1} D(\boldsymbol{Z}_\alpha)\Big) = (n-1)\boldsymbol{\Sigma}$$

可知 $E(\hat{\boldsymbol{\Sigma}}) = \frac{1}{n}E(\boldsymbol{A}) = \frac{n-1}{n}\boldsymbol{\Sigma} \neq \boldsymbol{\Sigma}$，因而 $\hat{\boldsymbol{\Sigma}} = \frac{1}{n}\boldsymbol{A} = \boldsymbol{S}^*$ 并不是 $\boldsymbol{\Sigma}$ 的无偏估计量。若考虑 $\boldsymbol{S} = \frac{1}{n-1}\boldsymbol{A}$，则 $E(\boldsymbol{S}) = \boldsymbol{\Sigma}$，所以 $\boldsymbol{S}$ 是 $\boldsymbol{\Sigma}$ 的无偏估计量，因此在第 1 章中定义 $\boldsymbol{S}$ 为样本协方差阵。

进一步，还可以证明 $\overline{\boldsymbol{X}}$ 和 $\boldsymbol{S}$ 分别是 $\boldsymbol{\mu}$ 和 $\boldsymbol{\Sigma}$ 的最小方差无偏估计量，即 $\overline{\boldsymbol{X}}$ 和 $\boldsymbol{S}$ 分别是 $\boldsymbol{\mu}$ 和 $\boldsymbol{\Sigma}$ 的有效估计量。

由强大数定律可知 $P\{\lim\limits_{n\to\infty}\overline{\boldsymbol{X}} = \boldsymbol{\mu}\} = 1$，所以 $\overline{\boldsymbol{X}}$ 是 $\boldsymbol{\mu}$ 的相合性估计量。

由于 $\hat{\boldsymbol{\Sigma}} = \frac{1}{n}\boldsymbol{A} = \frac{1}{n}\sum_{\alpha=1}^{n-1}\boldsymbol{Z}_\alpha\boldsymbol{Z}_\alpha^{\mathrm{T}}$，而 $\boldsymbol{Z}_1,\cdots,\boldsymbol{Z}_{n-1}$ 独立且均服从 $N_p(\boldsymbol{O},\boldsymbol{\Sigma})$ 分布，结合 $E(\boldsymbol{A}) = (n-1)\boldsymbol{\Sigma}$，利用强大数定律可得 $P\{\lim\limits_{n\to\infty}\hat{\boldsymbol{\Sigma}} = \boldsymbol{\Sigma}\} = 1$，所以 $\hat{\boldsymbol{\Sigma}} = \frac{1}{n}\boldsymbol{A} = \boldsymbol{S}^*$ 是 $\boldsymbol{\Sigma}$ 的相合性估计量。同理可知 $\boldsymbol{S} = \frac{1}{n-1}\boldsymbol{A}$ 也是 $\boldsymbol{\Sigma}$ 的相合性估计量。

例 2.2.1　设某种水稻的每亩穗数为 X_1（单位：万），每穗实粒数为 X_2，每亩产量为 X_3（单位：斤），假定 $(X_1,X_2,X_3)^{\mathrm{T}} \sim N_3(\boldsymbol{\mu},\boldsymbol{\Sigma})$，现有 13 块试验田的观测数据（表 2.2.1），试求 $\boldsymbol{\mu}$ 和 $\boldsymbol{\Sigma}$ 的无偏估计。

表 2.2.1　　试验田的水稻观测数据

试验田序号	X_1	X_2	X_3
1	26.7	73.4	1 008
2	31.3	59.0	595
3	30.4	65.9	1 051
4	33.9	58.2	1 022
5	34.6	64.6	1 097
6	33.8	64.6	1 103
7	30.4	62.1	992
8	27.0	71.4	945
9	33.3	64.5	1 074
10	30.4	64.1	1 029
11	31.5	61.1	1 004
12	33.1	56.0	995
13	34.0	59.8	1 045

解 由题目可得样本矩阵为

$$\boldsymbol{X}=\begin{bmatrix}26.7 & 73.4 & 1\,008\\ 31.3 & 59.0 & 595\\ 30.4 & 65.9 & 1\,051\\ 33.9 & 58.2 & 1\,022\\ 34.6 & 64.6 & 1\,097\\ 33.8 & 64.6 & 1\,103\\ 30.4 & 62.1 & 992\\ 27.0 & 71.4 & 945\\ 33.3 & 64.5 & 1\,074\\ 30.4 & 64.1 & 1\,029\\ 31.5 & 61.1 & 1\,004\\ 33.1 & 56.0 & 995\\ 34.0 & 59.8 & 1045\end{bmatrix}$$

而 $\boldsymbol{\mu}$ 和 $\boldsymbol{\Sigma}$ 的无偏估计量分别为 $\overline{\boldsymbol{X}}$ 和 $\boldsymbol{S}$，所以 $\boldsymbol{\mu}$ 和 $\boldsymbol{\Sigma}$ 的无偏估计值分别为

$$\hat{\boldsymbol{\mu}}=\overline{\boldsymbol{X}}=\frac{1}{n}\boldsymbol{X}^{\mathrm{T}}\boldsymbol{1}_n=\frac{1}{13}\boldsymbol{X}^{\mathrm{T}}\boldsymbol{1}_{13}=(31.596\,2,63.438\,5,996.923\,1)^{\mathrm{T}}$$

$$\hat{\boldsymbol{\Sigma}}=\boldsymbol{S}=\frac{1}{n-1}\boldsymbol{A}=\frac{1}{n-1}\boldsymbol{X}^{\mathrm{T}}\left[\boldsymbol{I}_n-\frac{1}{n}\boldsymbol{1}_n\boldsymbol{1}_n^{\mathrm{T}}\right]\boldsymbol{X}$$

$$=\frac{1}{12}\boldsymbol{X}^{\mathrm{T}}\left[\boldsymbol{I}_{13}-\frac{1}{13}\boldsymbol{1}_{13}\boldsymbol{1}_{13}^{\mathrm{T}}\right]\boldsymbol{X}=\begin{bmatrix}6.634 & -9.175\,4 & 86.814\\ -9.175\,4 & 24.659 & 137.88\\ 86.814 & 137.88 & 16\,545\end{bmatrix}$$

习 题 二

1. 某种零件的长度为 X_1（单位：毫米），内直径为 X_2（单位：毫米），抽取了部分产品，检测数据如下表，假设 $\boldsymbol{X}=(X_1,X_2)^{\mathrm{T}}\sim N_2(\boldsymbol{\mu},\boldsymbol{\Sigma})$，试求 $\boldsymbol{\mu}$ 和 $\boldsymbol{\Sigma}$ 的无偏估计。

X_1	8.0	8.2	8.5	7.3	7.6	7.0	6.7	6.8	8.9	9.2	9.0
X_2	9.2	9.3	9.5	9.0	8.8	8.5	8.4	8.4	9.3	9.5	9.0

2. 为了研究某地区农村的经济状况，从该地区选取了 12 个自然村进行调查，调查指标共有 4 个，分别是 X_1,X_2,X_3,X_4，单位均为万元，调查数据如下表所列。假设 $(X_1,X_2,X_3,X_4)^{\mathrm{T}}\sim N_4(\boldsymbol{\mu},\boldsymbol{\Sigma})$，试求 $\boldsymbol{\mu}$ 和 $\boldsymbol{\Sigma}$ 的无偏估计。

序号	X_1	X_2	X_3	X_4
1	5.76	1.3	108	66
2	8.04	2.2	126	68
3	7.94	2.0	114	63
4	6.86	1.5	110	55

续表

5	4.92	1.5	92	49
6	5.56	2.5	91	48
7	7.42	3.9	90	45
8	5.38	3.1	123	59
9	12.54	1.2	105	57
10	13.24	1.6	131	61
11	10.70	1.5	131	69
12	1.98	1.8	107	65

第3章　多元正态分布的假设检验

§3.1　三个重要的统计量及其分布

在一元统计中，为了研究正态总体参数的区间估计和假设检验问题，人们给出了三个重要的统计分布，分别是 χ^2 分布、t 分布和 F 分布。为了解决多元正态分布参数的区间估计和假设检验问题，我们仿照 χ^2 分布、t 分布和 F 分布构造思想，给出三个在多元统计中非常重要的统计量，分别是威沙特(Wishart)统计量、霍特林(Hotelling) T^2 统计量和威尔克斯(Wilks) Λ 统计量，它们的分布分别称为威沙特分布、霍特林 T^2 分布和威尔克斯 Λ 分布。

首先，我们说明一下什么是随机矩阵的分布。设随机矩阵为

$$\boldsymbol{X}=\begin{bmatrix} X_{11} & X_{12} & \cdots & X_{1p} \\ X_{21} & X_{22} & \cdots & X_{2p} \\ \vdots & \vdots & & \vdots \\ X_{n1} & X_{n2} & \cdots & X_{np} \end{bmatrix}$$

将该矩阵的列向量(或行向量)一个接一个地连接起来，组成一个长的向量，这个过程称为矩阵的拉直运算。随机矩阵 $\boldsymbol{X}$ 按列的拉直向量为

$$(X_{11},X_{21},\cdots,X_{n1},X_{12},X_{22},\cdots,X_{n2},\cdots,X_{1p},X_{2p},\cdots,X_{np})^{\mathrm{T}}$$

若 $\boldsymbol{X}$ 为对称阵，由于 $X_{ij}=X_{ji}$，$p=n$，故只取其下三角部分组成的拉直向量，即

$$(X_{11},X_{21},\cdots,X_{n1},X_{22},\cdots,X_{n2},\cdots,X_{np})^{\mathrm{T}}$$

我们把随机矩阵按列拉直向量的分布称为随机矩阵 $\boldsymbol{X}$ 的分布。

一、威沙特统计量与威沙特分布

定义 3.1.1　设 $\boldsymbol{X}_{(a)}=(X_{a1},X_{a2},\cdots,X_{ap})^{\mathrm{T}}\sim N_p(\boldsymbol{\mu}_a,\boldsymbol{\Sigma})(a=1,\cdots,n)$ 相互独立，记 $\boldsymbol{X}=(\boldsymbol{X}_{(1)},\cdots,\boldsymbol{X}_{(n)})^{\mathrm{T}}$ 为 $n\times p$ 随机矩阵，称

$$\boldsymbol{W}=\sum_{a=1}^{n}\boldsymbol{X}_{(a)}\boldsymbol{X}_{(a)}^{\mathrm{T}}=\boldsymbol{X}^{\mathrm{T}}\boldsymbol{X} \tag{3.1.1}$$

为**威沙特统计量**，其分布称为**非中心威沙特分布**，记为 $\boldsymbol{W}\sim \boldsymbol{W}_p(n,\boldsymbol{\Sigma},\boldsymbol{Z})$。其中

$$\boldsymbol{Z}=(\mu_{a1},\cdots,\mu_{an})(\mu_{a1},\cdots,\mu_{an})^{\mathrm{T}}=\sum_{a=1}^{n}\boldsymbol{\mu}_a\boldsymbol{\mu}_a^{\mathrm{T}} \tag{3.1.2}$$

$\boldsymbol{\mu}_a$ 称为非中心参数。当 $\boldsymbol{\mu}_a=O$ 时称为**中心威沙特分布**，记为 $\boldsymbol{W}\sim \boldsymbol{W}_p(n,\boldsymbol{\Sigma})$。

当 $n\geqslant p,\boldsymbol{\Sigma}>0,\boldsymbol{W}_p(n,\boldsymbol{\Sigma})$ 有密度存在，其表达式为：

$$f(\boldsymbol{w})=\begin{cases}\dfrac{|\boldsymbol{w}|^{\frac{1}{2}(n-p-1)}\exp\left\{-\dfrac{1}{2}\mathrm{tr}(\boldsymbol{\Sigma}^{-1}w)\right\}}{2^{np/2}\pi^{p(p-1)/4}\ |\boldsymbol{\Sigma}|^{n/2}\prod\limits_{i=1}^{p}\Gamma\left(\dfrac{n-i+1}{2}\right)}, & \boldsymbol{w}>0\\ 0, & \text{其他}\end{cases}\tag{3.1.3}$$

其中 $\boldsymbol{w}>0$ 代表 $\boldsymbol{w}$ 正定。

不难看出，当 $p=1,\boldsymbol{\Sigma}=\sigma^2$ 时，$\boldsymbol{X}_{(a)}\sim N(0,\sigma^2)$，此时 $\boldsymbol{W}=\sum\limits_{a=1}^{n}X_{(a)}^2\sim\sigma^2\chi^2(n)$。而当 $p=1,\sigma^2=1$ 时，$\boldsymbol{W}_1(n,1)$ 就是 $\chi^2(n)$。所以说，威沙特分布是 χ^2 分布在 p 维正态分布情况下的推广。

威沙特分布具有如下性质：

(1) 设 $\boldsymbol{X}_{(a)}\sim N_p(\boldsymbol{\mu},\boldsymbol{\Sigma})(a=1,\cdots,n)$ 相互独立，则样本离差阵 $\boldsymbol{A}$ 服从威沙特分布，即

$$\boldsymbol{A}=\sum_{a=1}^{n}(\boldsymbol{X}_{(a)}-\overline{\boldsymbol{X}})(\boldsymbol{X}_{(a)}-\overline{\boldsymbol{X}})^{\mathrm{T}}\sim\boldsymbol{W}_p(n-1,\boldsymbol{\Sigma})\tag{3.1.4}$$

(2) 设 $\boldsymbol{W}_i\sim\boldsymbol{W}_p(n_i,\boldsymbol{\Sigma})(i=1,\cdots,k)$ 相互独立，则

$$\sum_{i=1}^{k}\boldsymbol{W}_i\sim\boldsymbol{W}_p(n,\boldsymbol{\Sigma}),\qquad \text{其中 } n=n_1+\cdots+n_k\tag{3.1.5}$$

(3) 设 p 阶随机矩阵 $\boldsymbol{W}\sim\boldsymbol{W}_p(n,\boldsymbol{\Sigma})$，$\boldsymbol{C}$ 是 $m\times p$ 常数矩阵，则 m 阶随机矩阵 $\boldsymbol{CWC}^{\mathrm{T}}$ 也服从威沙特分布，即

$$\boldsymbol{CWC}^{\mathrm{T}}\sim\boldsymbol{W}_m(n,\boldsymbol{C\Sigma C}^{\mathrm{T}})\tag{3.1.6}$$

若 $a>0$ 为常数，$\boldsymbol{W}\sim\boldsymbol{W}_p(n,\boldsymbol{\Sigma})$，则

$$a\boldsymbol{W}\sim\boldsymbol{W}_p(n,a\boldsymbol{\Sigma})\tag{3.1.7}$$

(4) 设 $\boldsymbol{l}^{\mathrm{T}}=(l_1,\cdots,l_p)$，$\boldsymbol{W}\sim\boldsymbol{W}_p(n,\boldsymbol{\Sigma})$，则

$$\boldsymbol{l}^{\mathrm{T}}\boldsymbol{W}\boldsymbol{l}=\xi\sim\sigma^2\chi^2(n)\tag{3.1.8}$$

其中 $\sigma^2=\boldsymbol{l}^{\mathrm{T}}\boldsymbol{\Sigma}\boldsymbol{l}$。

(5) 设 $\boldsymbol{X}_{(a)}\sim N_p(\boldsymbol{O},\boldsymbol{\Sigma})(a=1,\cdots,n)$ 相互独立，其中

$$\boldsymbol{\Sigma}=\begin{bmatrix}\boldsymbol{\Sigma}_{11} & \boldsymbol{\Sigma}_{12}\\ \boldsymbol{\Sigma}_{21} & \boldsymbol{\Sigma}_{22}\end{bmatrix}\begin{matrix}r\\ p-r\end{matrix}$$

又已知随机矩阵

$$\boldsymbol{W}=\sum_{a=1}^{n}\boldsymbol{X}_{(a)}\boldsymbol{X}_{(a)}^{\mathrm{T}}=\begin{bmatrix}\boldsymbol{W}_{11} & \boldsymbol{W}_{12}\\ \boldsymbol{W}_{21} & \boldsymbol{W}_{22}\end{bmatrix}\begin{matrix}r\\ p-r\end{matrix}\sim\boldsymbol{W}_p(n,\boldsymbol{\Sigma})$$

则

$$\boldsymbol{W}_{11}\sim\boldsymbol{W}_r(n,\boldsymbol{\Sigma}_{12}),\boldsymbol{W}_{22}\sim\boldsymbol{W}_{p-r}(n,\boldsymbol{\Sigma}_{22})\tag{3.1.9}$$

且当 $\boldsymbol{\Sigma}_{12}=\boldsymbol{O}$ 时，$\boldsymbol{W}_{11}$ 与 $\boldsymbol{W}_{22}$ 相互独立。

性质(1)说明了威沙特分布的用途，性质(2)说明威沙特分布和 χ^2 分布一样具有可加性，性质(4)则给出了从威沙特分布到 χ^2 分布的变换关系。

二、霍特林 T^2 统计量与霍特林 T^2 分布

定义 3.1.2　设 $\boldsymbol{X}=N_p(\boldsymbol{\mu},\boldsymbol{\Sigma})$，随机矩阵 $\boldsymbol{W}\sim\boldsymbol{W}_p(n,\boldsymbol{\Sigma})$，$(\boldsymbol{\Sigma}>0,n\geqslant p)$，且 $\boldsymbol{X}$ 与 $\boldsymbol{W}$ 相互独立，则称统计量

$$T^2=n\boldsymbol{X}^{\mathrm{T}}\boldsymbol{W}^{-1}\boldsymbol{X}\tag{3.1.10}$$

为**霍特林 T^2 统计量**，则称 T^2 的分布为**非中心霍特林 T^2 分布**，记为 $T^2 \sim T^2(p,n,\boldsymbol{\mu})$，$n$ 称为自由度。当 $\boldsymbol{\mu}=\boldsymbol{O}$ 时，T^2 的分布称为**中心霍特林 T^2 分布**，记为 $T^2 \sim T^2(p,n)$。

霍特林 T^2 分布实际上是一元统计中 t 分布的推广形式。

霍特林 T^2 分布具有如下性质：

(1) 设 $\boldsymbol{X}_{(a)}(a=1,2,\cdots,n)$ 是来自 p 元总体 $N_p(\boldsymbol{\mu},\boldsymbol{\Sigma})$ 的随机样本，$\overline{\boldsymbol{X}}$ 和 $\boldsymbol{A}$ 分别是正态总体 $N_p(\boldsymbol{\mu},\boldsymbol{\Sigma})$ 的样本均值向量和样本离差阵，则统计量

$$\begin{aligned} T^2 &= (n-1)\left[\sqrt{n}(\overline{\boldsymbol{X}}-\boldsymbol{\mu})\right]^{\mathrm{T}}\boldsymbol{A}^{-1}\left[\sqrt{n}(\overline{\boldsymbol{X}}-\boldsymbol{\mu})\right] \\ &= n(n-1)(\overline{\boldsymbol{X}}-\boldsymbol{\mu})^{\mathrm{T}}\boldsymbol{A}^{-1}(\overline{\boldsymbol{X}}-\boldsymbol{\mu}) \sim T^2(p,n-1) \end{aligned} \tag{3.1.11}$$

(2) 设 $T^2 \sim T^2(p,n-1)$，则

$$\frac{n-p+1}{np}T^2 \sim F(p,n-p+1) \tag{3.1.12}$$

(3) 设 $\boldsymbol{X}_{(a)}(a=1,2,\cdots,n)$ 为来自 p 元总体 $N_p(\boldsymbol{\mu},\boldsymbol{\Sigma})$ 的随机样本，$\overline{\boldsymbol{X}}$ 和 $\boldsymbol{A}$ 分别为样本均值向量和样本离差阵。记 $T^2=n(n-1)\overline{\boldsymbol{X}}\boldsymbol{A}^{-1}\overline{\boldsymbol{X}}$，则

$$\frac{n-p}{p}\frac{T^2}{n-1} \sim F(p,n-p,\delta) \tag{3.1.13}$$

其中 $\delta = n\mu^{\mathrm{T}}\boldsymbol{\Sigma}^{-1}\mu$。

(4) T^2 统计量的分布只与 p 和 n 有关，而与 $\boldsymbol{\Sigma}$ 无关。

性质(1)和性质(3)说明了霍特林 T^2 分布的用途，而性质(2)则给出了霍特林 T^2 分布和 F 分布的变换关系。

三、威尔克斯 Λ 统计量与威尔克斯 Λ 分布

定义 3.1.3 设 $\boldsymbol{A}_1 \sim \boldsymbol{W}_p(n_1,\boldsymbol{\Sigma})$，$\boldsymbol{A}_2 \sim \boldsymbol{W}_p(n_2,\boldsymbol{\Sigma})$ $(\boldsymbol{\Sigma}>0, n_1 \geqslant p)$，且 $\boldsymbol{A}_1$ 与 $\boldsymbol{A}_2$ 独立，则称

$$\Lambda = \frac{|\boldsymbol{A}_1|}{|\boldsymbol{A}_1+\boldsymbol{A}_2|} \tag{3.1.14}$$

为**威尔克斯 Λ 统计量**，其分布称为威尔克斯 Λ 分布，记为 $\Lambda \sim \Lambda(p,n_1,n_2)$，$n_1$ 和 n_2 称为自由度。

从定义 3.1.3 可以看出，Λ 统计量的构造方法与一元统计中的 F 统计量构造方法颇为相似。在实际应用中经常把 Λ 统计量化为 T^2 统计量，进而化为 F 统计量，利用 F 统计量来解决多元统计分析中有关检验问题。表 3.1.1 列举了常见的一些情形。

当 $n_2>2, p>2$ 时，还可用 χ^2 统计量或 F 统计量的其他形式来近似表示 Λ 统计量，其构造方法将在后面的相关内容中介绍。

表 3.1.1　Λ 统计量与 F 统计量的关系

p	n_1	n_2	F 统计量及分布
任意	任意	1	$\frac{n_1-p+1}{p}\cdot\frac{1-\Lambda(p,n_1,1)}{\Lambda(p,n_1,1)} \sim F(p,n_1-p+1)$
任意	任意	2	$\frac{n_1-p+1}{p}\cdot\frac{1-\sqrt{\Lambda(p,n_1,2)}}{\sqrt{\Lambda(p,n_1,2)}} \sim F(2p,2(n_1-p+1))$

续表 3.1.1

p	n_1	n_2	F 统计量及分布
1	任意	任意	$\frac{n_1}{n_2}\cdot\frac{1-\Lambda(1,n_1,n_2)}{\Lambda(1,n_1,n_2)}\sim F(n_2,n_1)$
2	任意	任意	$\frac{n_1-1}{n_2}\cdot\frac{1-\sqrt{\Lambda(2,n_1,n_2)}}{\sqrt{\Lambda(2,n_1,n_2)}}\sim F(2n_2,2(n_1-1))$

§3.2　单个多元正态总体均值向量和协方差阵的检验

一、均值向量的检验

设总体 $\boldsymbol{X}\sim N_p(\boldsymbol{\mu},\boldsymbol{\Sigma})$，随机样本 $\boldsymbol{X}_{(\alpha)}(\alpha=1,\cdots,n)$。检验

$$H_0:\boldsymbol{\mu}=\boldsymbol{\mu}_0(\boldsymbol{\mu}_0\text{ 为已知向量}),\ H_1:\boldsymbol{\mu}\neq\boldsymbol{\mu}_0$$

1. 当 $\boldsymbol{\Sigma}=\boldsymbol{\Sigma}_0$ 已知时均值向量的检验

由 $\overline{\boldsymbol{X}}\sim N_p(\boldsymbol{\mu},\frac{1}{n}\boldsymbol{\Sigma}_0)$，可得 $\sqrt{n}(\overline{\boldsymbol{X}}-\boldsymbol{\mu})\sim N_p(\boldsymbol{O},\boldsymbol{\Sigma}_0)$，再利用二次型的分布可得

$$(\overline{\boldsymbol{X}}-\boldsymbol{\mu})^{\mathrm{T}}\left(\frac{1}{n}\boldsymbol{\Sigma}_0\right)^{-1}(\overline{\boldsymbol{X}}-\boldsymbol{\mu})\sim\chi^2(p)$$

所以取检验统计量为

$$T_0^2=n(\overline{\boldsymbol{X}}-\boldsymbol{\mu}_0)^{\mathrm{T}}\left(\frac{1}{n}\boldsymbol{\Sigma}_0\right)^{-1}(\overline{\boldsymbol{X}}-\boldsymbol{\mu}_0)\sim\chi^2(p)\tag{3.2.1}$$

对于给定检验水平 α，查 χ^2 分布表确定出临界值 $\chi_\alpha^2(p)$，再用样本值计算出 T_0^2。当 H_0 为真时，T_0^2 应该比较小，所以当 $T_0^2\geqslant\chi_\alpha^2(p)$ 时，拒绝 H_0，否则接受 H_0。

2. 当 $\boldsymbol{\Sigma}$ 未知时均值向量的检验

由 $\overline{\boldsymbol{X}}\sim N_p(\boldsymbol{\mu}_0,\frac{1}{n}\boldsymbol{\Sigma})$，可得 $\sqrt{n}(\overline{\boldsymbol{X}}-\boldsymbol{\mu})\sim N_p(\boldsymbol{O},\boldsymbol{\Sigma})$，再由式(3.1.4)可知

$$\boldsymbol{A}=\sum_{\alpha=1}^{n}(\boldsymbol{X}_{(\alpha)}-\overline{\boldsymbol{X}})(\boldsymbol{X}_{(\alpha)}-\overline{\boldsymbol{X}})^{\mathrm{T}}\sim\boldsymbol{W}_p(n-1,\boldsymbol{\Sigma}),$$

根据式(3.1.11)可得，当 H_0 为真时，有

$$\begin{aligned}T^2&=(n-1)[(\overline{\boldsymbol{X}}-\boldsymbol{\mu}_0)]^{\mathrm{T}}\boldsymbol{A}^{-1}[\sqrt{n}(\overline{\boldsymbol{X}}-\boldsymbol{\mu}_0)]\\&=(n-1)n(\overline{\boldsymbol{X}}-\boldsymbol{\mu}_0)^{\mathrm{T}}\boldsymbol{A}^{-1}(\overline{\boldsymbol{X}}-\boldsymbol{\mu}_0)\sim T^2(p,n-1)\end{aligned}\tag{3.2.2}$$

再利用 T^2 与 F 分布的关系，取检验统计量为

$$F=\frac{(n-1)-p+1}{(n-1)p}T^2\sim F(p,n-p)\tag{3.2.3}$$

对于给定检验水平 α，查 F 分布表确定出临界值 $F_\alpha(p,n-p)$，再用样本值计算出 T^2，代入式(3.2.3)算出检验统计量 F 的值。当 H_0 为真时，F 的值应该比较小，所以当 $F\geqslant F_\alpha(p,n-p)$ 时，拒绝 H_0，否则接受 H_0。

例 3.2.1　为研究 2 岁男婴的发育情况，以 X_1（单位：厘米）代表身高，X_2（单位：厘米）代表胸围，X_3（单位：厘米）代表上臂围，现从某地区农村抽取 6 名 2 岁男婴进行测量，获得数据如表 3.2.1 所列，假设 $(X_1,X_2,X_3)^{\mathrm{T}}\sim N_3(\boldsymbol{\mu},\boldsymbol{\Sigma})$，已知该地区城市的 2 岁男婴的

$\boldsymbol{\mu}_0=(90,58,16)^{\mathrm{T}}$，在0.05的水平下分析该地区农村男婴和城市男婴发育状况是否相同。

表3.2.1　　某地区农村男婴发育数据

序号	X_1	X_2	X_3
1	78	60.6	16.5
2	76	58.1	12.5
3	92	63.2	14.5
4	81	59.0	14.0
5	81	60.8	15.5
6	84	59.5	14.0

解　由题意提出假设 $H_0:\boldsymbol{\mu}=\boldsymbol{\mu}_0=(90,58,16)^{\mathrm{T}}, H_1:\boldsymbol{\mu}\neq\boldsymbol{\mu}_0$

由于总体的 $\boldsymbol{\Sigma}$ 未知，所以检验统计量应取

$$F=\frac{(n-1)-p+1}{(n-1)p}T^2$$

其中 $T^2=(n-1)n(\overline{\boldsymbol{X}}-\boldsymbol{\mu}_0)^{\mathrm{T}}\boldsymbol{A}^{-1}(\overline{\boldsymbol{X}}-\boldsymbol{\mu}_0)$。

由题目数据可得 $n=6, p=3$，样本矩阵为

$$\boldsymbol{X}=\begin{bmatrix}78 & 60.6 & 16.5\\ 76 & 58.1 & 12.5\\ 92 & 63.2 & 14.5\\ 81 & 59.0 & 14.0\\ 81 & 60.8 & 15.5\\ 84 & 59.5 & 14.0\end{bmatrix}$$

算得　$\overline{\boldsymbol{X}}=\frac{1}{n}\boldsymbol{X}^{\mathrm{T}}\boldsymbol{1}_n=\frac{1}{6}\boldsymbol{X}^{\mathrm{T}}\boldsymbol{1}_6=(82.0,60.2,14.500\,0)^{\mathrm{T}}$

$$\boldsymbol{A}=\boldsymbol{X}^{\mathrm{T}}\left[\boldsymbol{I}_n-\frac{1}{n}\boldsymbol{1}_n\boldsymbol{1}_n^{\mathrm{T}}\right]\boldsymbol{X}=\boldsymbol{X}^{\mathrm{T}}\left[\boldsymbol{I}_6-\frac{1}{6}\boldsymbol{1}_6\boldsymbol{1}_6^{\mathrm{T}}\right]\boldsymbol{X}=\begin{bmatrix}158.00 & 40.20 & 2.50\\ 40.20 & 15.86 & 6.55\\ 2.50 & 6.55 & 9.50\end{bmatrix}$$

$$\boldsymbol{A}^{-1}=\begin{bmatrix}0.037\,3 & -0.126\,4 & 0.077\,3\\ -0.126\,4 & 0.516\,8 & -0.323\,1\\ 0.077\,3 & -0.323\,1 & 0.307\,7\end{bmatrix}$$

$$T^2=(n-1)n(\overline{\boldsymbol{X}}-\boldsymbol{\mu}_0)^{\mathrm{T}}\boldsymbol{A}^{-1}(\overline{\boldsymbol{X}}-\boldsymbol{\mu}_0)=420.444\,7$$

$$F=\frac{(n-1)-p+1}{(n-1)p}T^2=84.088\,9$$

查表得　$F_\alpha(p,n-p)=F_{0.05}(3,3)=9.276\,6$

由于 $F=84.088\,9>9.276\,6=F_{0.05}(3,3)$，所以拒绝 H_0，即认为该地区农村男婴和城市男婴发育状况并不相同。

二、协方差阵的检验

设 $\boldsymbol{X}_{(a)}(a=1,\cdots,n)$ 为来自 p 元正态总体 $N_p(\boldsymbol{\mu},\boldsymbol{\Sigma})$（$\boldsymbol{\Sigma}>0$ 未知）的随机样本，检验

$$H_0:\boldsymbol{\Sigma}=\boldsymbol{\Sigma}_0(\boldsymbol{\Sigma}_0>0\text{ 为已知矩阵}), H_1:\boldsymbol{\Sigma}\neq\boldsymbol{\Sigma}_0$$

1. 当 $\boldsymbol{\Sigma}_0 = \boldsymbol{I}_p$ 时检验 $H_0:\boldsymbol{\Sigma} = \boldsymbol{I}_p, H_1:\boldsymbol{\Sigma} \neq \boldsymbol{I}_p$

利用似然比原理可以构造出检验统计量为

$$\lambda = \exp\{-\frac{1}{2}\mathrm{tr}(\boldsymbol{A})\} \ |\boldsymbol{A}|^{-\frac{n}{2}} \left(\frac{\mathrm{e}}{n}\right)^{-\frac{np}{2}} \tag{3.2.4}$$

其中 $\mathrm{tr}(\boldsymbol{A})$ 代表 $\boldsymbol{A}$ 的迹。

直接寻找 λ 的分布是比较困难的，但可以证明，当 n 很大且 H_0 成立时，$-2\ln\lambda$ 的近似分布为 $\chi^2(\frac{p(p+1)}{2})$，而 H_0 为真时，$-2\ln\lambda$ 应该比较小，所以当 $-2\ln\lambda \geqslant \chi^2_\alpha(\frac{p(p+1)}{2})$ 时，拒绝 H_0，否则接受 H_0。

2. 当 $\boldsymbol{\Sigma}_0 \neq \boldsymbol{I}_p$ 时检验 $H_0:\boldsymbol{\Sigma} = \boldsymbol{\Sigma}_0, H_1:\boldsymbol{\Sigma} \neq \boldsymbol{\Sigma}_0$

因 $\boldsymbol{\Sigma}_0 > 0$，存在非退化矩阵 $\boldsymbol{D}_{p\times p}$，使 $\boldsymbol{D\Sigma}_0\boldsymbol{D}^{\mathrm{T}} = \boldsymbol{I}_p$，令

$$\boldsymbol{Y}_{(\alpha)} = \boldsymbol{DX}_{(\alpha)} (\alpha = 1,\cdots,n),$$

则

$$\boldsymbol{Y}_{(\alpha)} \sim N_p(\boldsymbol{D\mu}, \boldsymbol{D\Sigma D}^{\mathrm{T}})$$

令 $\boldsymbol{\mu}^* = \boldsymbol{D\mu}, \boldsymbol{\Sigma}^* = \boldsymbol{D\Sigma D}^{\mathrm{T}}$，则检验 $H_0:\boldsymbol{\Sigma} = \boldsymbol{\Sigma}_0$ 等价于检验 $H_0:\boldsymbol{\Sigma}^* = \boldsymbol{I}_p$。

由式(3.2.4)可知检验统计量为

$$\lambda = \exp\{-\frac{1}{2}\mathrm{tr}(\boldsymbol{A}^*)\} \ |\boldsymbol{A}^*|^{-\frac{n}{2}} \left(\frac{\mathrm{e}}{n}\right)^{-\frac{np}{2}}$$

其中 $\boldsymbol{A}^* = \boldsymbol{DAD}^{\mathrm{T}}$。

注意到 $\boldsymbol{D\Sigma}_0\boldsymbol{D}^{\mathrm{T}} = \boldsymbol{I}_p$，最终取检验统计量为

$$\lambda = \exp\{-\frac{1}{2}\mathrm{tr}(\boldsymbol{A\Sigma}_0^{-1})\} \ |\boldsymbol{A\Sigma}_0^{-1}|^{-\frac{n}{2}} \left(\frac{\mathrm{e}}{n}\right)^{-\frac{np}{2}} \tag{3.2.5}$$

同样，当 n 很大且 H_0 成立时，$-2\ln\lambda$ 的近似分布为 $\chi^2(\frac{p(p+1)}{2})$，而 H_0 为真时，$-2\ln\lambda$ 应该比较小，所以当 $-2\ln\lambda \geqslant \chi^2_\alpha(\frac{p(p+1)}{2})$ 时，拒绝 H_0，否则接受 H_0。

3. 检验 $H_0:\boldsymbol{\Sigma} = \sigma^2\boldsymbol{I}_p$（$\sigma^2$ 未知）

此检验常称为**球性检验**。利用似然比原理可以得到检验统计量为

$$W = \frac{p^p\,|\boldsymbol{\Sigma}_0^{-1}\boldsymbol{A}|}{[\mathrm{tr}(\boldsymbol{\Sigma}_0^{-1}\boldsymbol{A})]^p} \tag{3.2.6}$$

当样本容量 n 很大，且 H_0 为真时，$-\left((n-1)-\frac{2p^2+p+2}{6p}\right)\ln W$ 近似服从 $\chi^2\left(\frac{p(p+1)}{2}-1\right)$ 分布，若 $-\left((n-1)-\frac{2p^2+p+2}{6p}\right)\ln W \geqslant \chi^2_\alpha\left(\frac{p(p+1)}{2}-1\right)$，则拒绝 H_0，否则接受 H_0。

§3.3　两个多元正态总体均值向量和协方差阵的检验

一、两正态总体均值向量的检验

1. 两总体协方差阵相等且已知时均值向量的检验

设 $\boldsymbol{X}_{(\alpha)}(\alpha=1,\cdots,n)$ 为来自总体 $\boldsymbol{X}\sim N_p(\boldsymbol{\mu}_1,\boldsymbol{\Sigma})$ 的随机样本；$\boldsymbol{Y}_{(\alpha)}(\alpha=1,\cdots,m)$ 为来自

总体 $\boldsymbol{Y} \sim N_p(\boldsymbol{\mu}_2, \boldsymbol{\Sigma})$ 的随机样本，且相互独立，$\boldsymbol{\Sigma}$ 已知，检验

$$H_0: \boldsymbol{\mu}_1 = \boldsymbol{\mu}_2, H_1: \boldsymbol{\mu}_1 \neq \boldsymbol{\mu}_2$$

构造的检验统计量为

$$T_0^2 = \frac{n \cdot m}{n+m}(\overline{\boldsymbol{X}} - \overline{\boldsymbol{Y}})^{\mathrm{T}} \boldsymbol{\Sigma}^{-1} (\overline{\boldsymbol{X}} - \overline{\boldsymbol{Y}}) \tag{3.3.1}$$

当 H_0 成立时，有 $T_0^2 \sim \chi^2(p)$，且 T_0^2 应该比较小，所以当 $T_0^2 \geqslant \chi_\alpha^2(p)$ 时，拒绝 H_0，否则接受 H_0。

2. 两总体协方差阵相等但未知时均值向量的检验

设 $\boldsymbol{X}_{(\alpha)}(\alpha = 1, \cdots, n)$ 为来自总体 $\boldsymbol{X} \sim N_p(\boldsymbol{\mu}_1, \boldsymbol{\Sigma})$ 的随机样本；$\boldsymbol{Y}_{(\alpha)}(\alpha = 1, \cdots, m)$ 为来自总体 $\boldsymbol{Y} \sim N_p(\boldsymbol{\mu}_2, \boldsymbol{\Sigma})$ 的随机样本，且相互独立，$\sum$ 未知，检验

$$H_0: \boldsymbol{\mu}_1 = \boldsymbol{\mu}_2, H_1: \boldsymbol{\mu}_1 \neq \boldsymbol{\mu}_2$$

当 H_0 为真时，有 $\overline{\boldsymbol{X}} - \overline{\boldsymbol{Y}} \sim N_p(\boldsymbol{O}, (\frac{1}{n} + \frac{1}{m})\boldsymbol{\Sigma})$，从而有

$$\sqrt{\frac{nm}{m+n}}(\overline{\boldsymbol{X}} - \overline{\boldsymbol{Y}}) \sim N_p(\boldsymbol{O}, \sum)$$

再由式(3.1.4)可得

$$\boldsymbol{A}_1 = \sum_{\alpha=1}^{n} (\boldsymbol{X}_{(\alpha)} - \overline{\boldsymbol{X}})(\boldsymbol{X}_{(\alpha)} - \overline{\boldsymbol{X}})^{\mathrm{T}} \sim \boldsymbol{W}_p(n-1, \boldsymbol{\Sigma})$$

$$\boldsymbol{A}_2 = \sum_{\alpha=1}^{m} (\boldsymbol{Y}_{(\alpha)} - \overline{\boldsymbol{Y}})(\boldsymbol{Y}_{(\alpha)} - \overline{\boldsymbol{Y}})^{\mathrm{T}} \sim \boldsymbol{W}_p(m-1, \boldsymbol{\Sigma})$$

由威沙特分布的可加性可得 $\boldsymbol{A}_1 + \boldsymbol{A}_2 \sim \boldsymbol{W}_p(n+m-2, \boldsymbol{\Sigma})$，进一步由定义 3.1.2 可知，当 H_0 为真时，有

$$T^2 = (n+m-2)\frac{nm}{m+n}(\overline{\boldsymbol{X}} - \overline{\boldsymbol{Y}})^{\mathrm{T}} (\boldsymbol{A}_1 + \boldsymbol{A}_2)^{-1} (\overline{\boldsymbol{X}} - \overline{\boldsymbol{Y}}) \sim T^2(p, n+m-2)$$

再利用霍特林 T^2 分布与 F 分布的关系，得到检验统计量为

$$F = \frac{(n+m-2)-p+1}{(n+m-2)p} T^2 \tag{3.3.2}$$

当 H_0 为真时，有 $F \sim F(p, n+m-p-1)$，若 $F \geqslant F_\alpha(p, n+m-p-1)$，则拒绝 H_0，否则接受 H_0。

3. 两总体协方差阵不相等时均值向量的检验

设 $\boldsymbol{X}_{(\alpha)}(\alpha = 1, \cdots, n)$ 为来自总体 $\boldsymbol{X} \sim N_p(\boldsymbol{\mu}_1, \boldsymbol{\Sigma}_1)$ 的随机样本；$\boldsymbol{Y}_{(\alpha)}(\alpha = 1, \cdots, m)$ 为来自总体 $\boldsymbol{Y} \sim N_p(\boldsymbol{\mu}_2, \boldsymbol{\Sigma}_2)$ 的随机样本，且相互独立，$n > p, m > p, \boldsymbol{\Sigma}_1 > 0, \boldsymbol{\Sigma}_2 > 0$，检验

$$H_0: \boldsymbol{\mu}_1 = \boldsymbol{\mu}_2, H_1: \boldsymbol{\mu}_1 \neq \boldsymbol{\mu}_2$$

(1) 当 $n = m$ 时，作为成对数据进行处理，令

$$\boldsymbol{Z}_{(i)} = \boldsymbol{X}_{(i)} - \boldsymbol{Y}_{(i)} \quad (i = 1, 2, \cdots, n)$$

将两个总体化为单个 p 元正态总体 $\boldsymbol{Z}$ 的均值检验问题，检验假设 $H_0: \boldsymbol{\mu}_1 = \boldsymbol{\mu}_2$ 等价于检验假设 $H_0: \boldsymbol{\mu}_Z = \boldsymbol{O}_p$，所以检验统计量取为

$$F = \frac{(n-p)n}{p} \overline{\boldsymbol{Z}}^{\mathrm{T}} \boldsymbol{S}^{-1} \overline{\boldsymbol{Z}} \tag{3.3.3}$$

其中 $\overline{\boldsymbol{Z}} = \frac{1}{n}\sum_{i=1}^{n} \boldsymbol{Z}_{(i)} = \overline{\boldsymbol{X}} - \overline{\boldsymbol{Y}}, \boldsymbol{S} = \sum_{i=1}^{n} (\boldsymbol{Z}_{(i)} - \overline{\boldsymbol{Z}})(\boldsymbol{Z}_{(i)} - \overline{\boldsymbol{Z}})^{\mathrm{T}}$。

当 H_0 为真时 $F \sim F(p, n-p)$，若 $F \geqslant F_\alpha(p, n-p)$，则拒绝 H_0，否则接受 H_0。

(2) 当 $n \neq m$ 时，我们不妨假设 $n < m$，也是想办法将其化为单个 p 元正态总体的均值检验问题。令

$$\boldsymbol{Z}_{(i)} = \boldsymbol{X}_{(i)} - \sqrt{\frac{n}{m}}\boldsymbol{Y}_{(i)} + \frac{1}{\sqrt{n \cdot m}}\sum_{j=1}^{n}\boldsymbol{Y}_{(j)} - \frac{1}{m}\sum_{j=1}^{m}\boldsymbol{Y}_{(j)} \quad (i = 1, 2, \cdots, n)$$

可以证明

$$E(\boldsymbol{Z}_{(i)}) = \boldsymbol{\mu}_1 - \boldsymbol{\mu}_2, \mathrm{Cov}(\boldsymbol{Z}_{(i)}, \boldsymbol{Z}_{(j)}) = \begin{cases} \boldsymbol{\Sigma}_1 + \dfrac{n}{m}\boldsymbol{\Sigma}_2, & i = j \\ \boldsymbol{O}, & i \neq j \end{cases}$$

记 $\mathrm{Cov}(\boldsymbol{Z}_{(i)}, \boldsymbol{Z}_{(j)}) = \boldsymbol{\Sigma}_Z \delta_{ij}$，则 $\boldsymbol{Z}_i \sim N_p(\boldsymbol{\mu}_1 - \boldsymbol{\mu}_2, \boldsymbol{\Sigma}_Z)$ $(i = 1, \cdots, n)$，且相互独立，利用前面介绍的单个总体均值向量的检验方法进行检验，得检验统计量为

$$F = \frac{(n-p)n}{p}\overline{\boldsymbol{Z}}^{\mathrm{T}}\boldsymbol{S}^{-1}\overline{\boldsymbol{Z}} \tag{3.3.4}$$

其中 $\overline{\boldsymbol{Z}} = \frac{1}{n}\sum_{i=1}^{n}\boldsymbol{Z}_{(i)} = \overline{\boldsymbol{X}} - \overline{\boldsymbol{Y}}, \boldsymbol{S} = \sum_{i=1}^{n}(\boldsymbol{Z}_{(i)} - \overline{\boldsymbol{Z}})(\boldsymbol{Z}_{(i)} - \overline{\boldsymbol{Z}})^{\mathrm{T}}$。

当 H_0 为真时，有 $F \sim F(p, n-p)$，若 $F \geqslant F_\alpha(p, n-p)$，则拒绝 H_0，否则接受 H_0。

例 3.3.1　某地质勘探队从甲乙两个地区分别采集了一些岩石样本，测得 3 种化学成分的百分比数据如表 3.3.1 所列，以 X_1 和 Y_1 代表 SiO_2，以 X_2 和 Y_2 代表 FeO，以 X_3 和 Y_3 代表 K_2O，假设 $(X_1, X_2, X_3)^{\mathrm{T}} \sim N_3(\boldsymbol{\mu}_1, \boldsymbol{\Sigma}_1)$，$(Y_1, Y_2, Y_3)^{\mathrm{T}} \sim N_3(\boldsymbol{\mu}_2, \boldsymbol{\Sigma}_2)$，且 $\boldsymbol{\Sigma}_1 = \boldsymbol{\Sigma}_2$ 但未知，试在 0.05 的水平下分析甲乙两地的岩石化学成分有无显著差异。

表 3.3.1　　岩石样本 3 种化学成分的测量数据

甲地区			乙地区		
X_1	X_2	X_3	Y_1	Y_2	Y_3
47.22	5.06	0.10	54.33	6.22	0.12
47.45	4.35	0.15	56.17	3.31	0.15
47.52	6.85	0.12	48.40	2.43	0.22
47.86	4.19	0.17	52.62	5.92	0.12
47.31	7.57	0.18			

解　根据题意提出假设 $H_0: \boldsymbol{\mu}_1 = \boldsymbol{\mu}_2, H_1: \boldsymbol{\mu}_1 \neq \boldsymbol{\mu}_2$

由于两个正态总体的协方差阵相等但是未知，所以检验统计量应为

$$F = \frac{(n+m-2)-p+1}{(n+m-2)p}T^2$$

其中　$T^2 = (n+m-2)\dfrac{nm}{m+n}(\overline{\boldsymbol{X}} - \overline{\boldsymbol{Y}})^{\mathrm{T}}(\boldsymbol{A}_1 + \boldsymbol{A}_2)^{-1}(\overline{\boldsymbol{X}} - \overline{\boldsymbol{Y}})$

由题目可知 $n = 5, m = 4, p = 3, \alpha = 0.05$，两总体的样本矩阵分别为

$$\boldsymbol{X}=\begin{bmatrix}47.22 & 5.06 & 0.10\\47.45 & 4.35 & 0.15\\47.52 & 6.85 & 0.12\\47.86 & 4.19 & 0.17\\47.31 & 7.57 & 0.18\end{bmatrix},\boldsymbol{Y}=\begin{bmatrix}54.33 & 6.22 & 0.12\\56.17 & 3.31 & 0.15\\48.40 & 2.43 & 0.22\\52.62 & 5.92 & 0.12\end{bmatrix}$$

算得

$$\overline{\boldsymbol{X}}=\frac{1}{n}\boldsymbol{X}^{\mathrm{T}}\mathbf{1}_n=\frac{1}{5}\boldsymbol{X}^{\mathrm{T}}\mathbf{1}_5=(47.472,5.604,0.144)^{\mathrm{T}}$$

$$\overline{\boldsymbol{Y}}=\frac{1}{m}\boldsymbol{Y}^{\mathrm{T}}\mathbf{1}_m=\frac{1}{4}\boldsymbol{Y}^{\mathrm{T}}\mathbf{1}_4=(52.88,4.47,0.152\,5)^{\mathrm{T}}$$

$$\boldsymbol{A}_1=\boldsymbol{X}^{\mathrm{T}}\left[\boldsymbol{I}_n-\frac{1}{n}\mathbf{1}_n\mathbf{1}_n^{\mathrm{T}}\right]\boldsymbol{X}=\boldsymbol{X}^{\mathrm{T}}\left[\boldsymbol{I}_5-\frac{1}{5}\mathbf{1}_5\mathbf{1}_5^{\mathrm{T}}\right]\boldsymbol{X}=\begin{bmatrix}0.243\,1 & -0.642\,6 & 0.014\,1\\-0.642\,6 & 9.285\,5 & 0.020\,5\\0.014\,1 & 0.020\,5 & 0.004\,5\end{bmatrix}$$

$$\boldsymbol{A}_2=\boldsymbol{Y}^{\mathrm{T}}\left[\boldsymbol{I}_m-\frac{1}{m}\mathbf{1}_m\mathbf{1}_m^{\mathrm{T}}\right]\boldsymbol{Y}=\boldsymbol{Y}^{\mathrm{T}}\left[\boldsymbol{I}_4-\frac{1}{4}\mathbf{1}_4\mathbf{1}_4^{\mathrm{T}}\right]\boldsymbol{Y}=\begin{bmatrix}33.064\,6 & 7.483\,3 & -0.349\,3\\7.483\,3 & 10.672\,2 & -0.238\,8\\-0.349\,3 & -0.238\,8 & 0.006\,7\end{bmatrix}$$

$$T^2=(n+m-2)\frac{nm}{m+n}(\overline{\boldsymbol{X}}-\overline{\boldsymbol{Y}})^{\mathrm{T}}(\boldsymbol{A}_1+\boldsymbol{A}_2)^{-1}(\overline{\boldsymbol{X}}-\overline{\boldsymbol{Y}})=22.612\,5$$

$$F=\frac{(n+m-2)-p+1}{(n+m-2)p}T^2=5.383\,9$$

查表得 $F_\alpha(p,n+m-p-1)=F_{0.05}(3,5)=5.409\,5$

由于 $F=5.383\,9<5.409\,5=F_{0.05}(3,5)$，所以接受 H_0，即认为甲乙两地的岩石化学成分无显著差异。

二、多个正态总体协方差阵的检验

对于两个多元正态总体的均值向量检验和多个多元正态总体的均值向量检验而言，在思想方法和意义上是有一些区别的，所以本节前半部分先介绍两个多元正态总体的均值向量的检验，多个多元正态总体的均值向量的检验放在下一节讨论。而对于多元正态总体协方差阵的检验，两个总体和多个总体在思想方法和意义上并无太大差别，所以我们直接介绍多个多元正态总体协方差阵的检验，两个总体的情况不再单独介绍。

设有 k 个总体 $N_p(\boldsymbol{\mu}_t,\boldsymbol{\Sigma}_t)(t=1,\cdots,k)$，$\boldsymbol{X}_{(\alpha)}^{(t)}(t=1,\cdots,k;\alpha=1,\cdots,n_t)$ 为来自第 t 个总体 $N_p(\boldsymbol{\mu}_t,\boldsymbol{\Sigma}_t)$ 的随机样本，记 $n=\sum_{t=1}^{k}n_t$。检验

$$H_0:\boldsymbol{\Sigma}_1=\boldsymbol{\Sigma}_2=\cdots=\boldsymbol{\Sigma}_k,H_1:\boldsymbol{\Sigma}_1,\boldsymbol{\Sigma}_2,\cdots,\boldsymbol{\Sigma}_k\text{ 不全相等}$$

利用似然比原理得到检验统计量为

$$\lambda^*=\frac{|\boldsymbol{A}/n|^{-n/2}}{\prod_{t=1}^{k}|\boldsymbol{A}_t/n_t|^{-n_t/2}}$$

其中 $\boldsymbol{A}=\boldsymbol{A}_1+\boldsymbol{A}_2+\cdots+\boldsymbol{A}_k$。

为满足无偏性的要求，用 n_t-1 替代 n_t，用 $n-k$ 替代 n，然后对 λ^* 取对数得到最终的检验统计量为

$$M = -2\ln\lambda^* = (n-k)\ln\left|\frac{\boldsymbol{A}}{n-k}\right| - \sum_{t=1}^{k}(n_t-1)\ln\left|\frac{\boldsymbol{A}_t}{n_t-1}\right| \tag{3.3.5}$$

当样本容量 n 很大时，在 H_0 为真时，$(1-d)M$ 近似服从 $\chi^2(f)$ 分布，其中

$$f = \frac{1}{2}p(p+1)(k-1) \tag{3.3.6}$$

$$d = \begin{cases} \dfrac{2p^2+3p-1}{6(p+1)(k-1)}\left[\displaystyle\sum_{t=1}^{k}\frac{1}{n_t-1} - \frac{1}{n-k}\right], & \text{当 } n_t \text{ 不全相等} \\ \dfrac{(2p^2+3p-1)(k+1)}{6(p+1)(n-k)}, & \text{当 } n_t \text{ 全相等} \end{cases} \tag{3.3.7}$$

若 $(1-d)M \geqslant \chi^2_\alpha(f)$，则拒绝 H_0，否则接受 H_0。

例 3.3.2　为了研究某种疾病，对 3 组不同年龄段的人同时化验了 4 个指标，数据见表 3.3.2，其中 X_1 代表 β 脂蛋白，X_2 代表甘油三酯，X_3 代表 α 脂蛋白，X_4 代表前 β 脂蛋白，假设这三组人的测量指标分别服从 $N_4(\boldsymbol{\mu}_i, \boldsymbol{\Sigma}_i)(i=1,2,3)$ 分布，且相互独立，试在 0.05 的水平下检验

$$H_0: \boldsymbol{\Sigma}_1 = \boldsymbol{\Sigma}_2 = \boldsymbol{\Sigma}_3, H_1: \boldsymbol{\Sigma}_1, \boldsymbol{\Sigma}_2, \boldsymbol{\Sigma}_3 \text{ 不全相等。}$$

表 3.3.2　　　　**身体指标化验数据**

甲组				乙组				丙组			
X_1	X_2	X_3	X_4	X_1	X_2	X_3	X_4	X_1	X_2	X_3	X_4
260	75	40	18	310	122	30	21	320	64	39	17
200	72	34	17	310	60	35	18	260	59	37	11
240	87	45	18	190	40	27	15	360	88	28	26
170	65	39	17	225	65	34	16	295	100	36	12
270	110	39	24	170	65	37	16	270	65	32	21
205	130	34	23	210	82	31	17	380	114	36	21
190	69	27	15	280	67	37	18	240	55	42	10
200	46	45	15	210	38	36	17	260	55	34	20
250	117	21	20	280	65	30	23	260	110	29	20
200	107	28	20	200	76	40	17	295	73	33	21
225	130	36	11	200	76	39	20	240	114	38	18
210	125	26	17	280	94	26	11	310	103	32	18
170	64	31	14	190	60	33	17	330	112	21	11
270	76	33	13	295	55	30	16	345	127	24	20
190	60	34	16	270	125	24	21	250	62	22	16
280	81	20	18	280	120	32	18	260	59	21	19
310	119	25	15	240	62	32	20	225	100	34	30
270	57	31	8	280	69	29	20	345	120	36	18
250	67	31	14	370	70	30	20	360	107	25	23
260	135	39	29	280	40	37	17	250	117	36	16

解　由题意可知 $n_1 = n_2 = n_3 = 20, k = 3, p = 4, \alpha = 0.05$

算得

$$n=60,\ f=\frac{1}{2}p(p+1)(k-1)=20,\ d=\frac{(2p^2+3p-1)(k+1)}{6(p+1)(n-k)}=0.100\ 58$$

三个组的样本矩阵分别为

$$\boldsymbol{X}=\begin{bmatrix}260&75&40&18\\200&72&34&17\\240&87&45&18\\170&65&39&17\\270&110&39&24\\205&130&34&23\\190&69&27&15\\200&46&45&15\\250&117&21&20\\200&107&28&20\\225&130&36&11\\210&125&26&17\\170&64&31&14\\270&76&33&13\\190&60&34&16\\280&81&20&18\\310&119&25&15\\270&57&31&8\\250&67&31&14\\260&135&39&29\end{bmatrix},\boldsymbol{Y}=\begin{bmatrix}310&122&30&21\\310&60&35&18\\190&40&27&15\\225&65&34&16\\170&65&37&16\\210&82&31&17\\280&67&37&18\\210&38&36&17\\280&65&30&23\\200&76&40&17\\200&76&39&20\\280&94&26&11\\190&60&33&17\\295&55&30&16\\270&125&24&21\\280&120&32&18\\240&62&32&20\\280&69&29&20\\370&70&30&20\\280&40&37&17\end{bmatrix},\boldsymbol{Z}=\begin{bmatrix}320&64&39&17\\260&59&37&11\\360&88&28&26\\295&100&36&12\\270&65&32&21\\380&114&36&21\\240&55&42&10\\260&55&34&20\\260&110&29&20\\295&73&33&21\\240&114&38&18\\310&103&32&18\\330&112&21&11\\345&127&24&20\\250&62&22&16\\260&59&21&19\\225&100&34&30\\345&120&36&18\\360&107&25&23\\250&117&36&16\end{bmatrix}$$

算得

$$\boldsymbol{A}_1=\boldsymbol{X}^{\mathrm{T}}\left[\boldsymbol{I}_{n_1}-\frac{1}{n_1}\boldsymbol{1}_{n_1}\boldsymbol{1}_{n_1}^{\mathrm{T}}\right]\boldsymbol{X}=\begin{bmatrix}30\ 530&6\ 298&-1\ 078&198\\6\ 298&15\ 737&-796.8&1\ 387.8\\-1\ 078&-796.8&955.8&90.2\\198&1\ 387.8&90.2&413.8\end{bmatrix}$$

$$\boldsymbol{A}_2=\boldsymbol{Y}^{\mathrm{T}}\left[\boldsymbol{I}_{n_2}-\frac{1}{n_2}\boldsymbol{1}_{n_2}\boldsymbol{1}_{n_2}^{\mathrm{T}}\right]\boldsymbol{Y}=\begin{bmatrix}51\ 705&7\ 021.5&-1\ 571.5&827\\7\ 021.5&12\ 289&-807.95&321.1\\-1\ 571.5&-807.95&364.95&-5.1\\827&321.1&-5.1&133.8\end{bmatrix}$$

$$\boldsymbol{A}_3=\boldsymbol{Z}^{\mathrm{T}}\left[\boldsymbol{I}_{n_3}-\frac{1}{n_3}\boldsymbol{1}_{n_3}\boldsymbol{1}_{n_3}^{\mathrm{T}}\right]\boldsymbol{Z}=\begin{bmatrix}43\ 174&9\ 959&-1\ 301.3&723\\9\ 959&12\ 441&-333&457.4\\-1\ 301.3&-333&761.75&-112\\723&457.4&-112&476.8\end{bmatrix}$$

$$\boldsymbol{A}=\boldsymbol{A}_1+\boldsymbol{A}_2+\boldsymbol{A}_3=\begin{bmatrix}125\ 410&23\ 279&-3\ 950.8&1\ 748\\23\ 278&40\ 467&-1\ 937.8&2\ 166.3\\-3\ 950.8&-1\ 937.8&2\ 082.5&-26.9\\1\ 748&2\ 166.3&-26.9&1\ 024.4\end{bmatrix}$$

$$M=(n-k)\ln\left|\frac{\boldsymbol{A}}{n-k}\right|-\sum_{t=1}^{k}(n_t-1)\ln\left|\frac{\boldsymbol{A}_t}{n_t-1}\right|=22.605$$

$$(1-d)M=20.332$$

查表得 $\chi_\alpha^2(f)=\chi_{0.05}^2(20)=31.41$，由于 $(1-d)M<\chi_\alpha^2(f)$，所以接受 H_0，即认为这三个总体的协方差阵没有显著差异。

§ 3.4　多元方差分析

多元方差分析方法实际上就是多个多元正态分布总体均值向量的检验方法，是对一元统计中单因素方差分析方法的直接推广。

设有 k 个 p 维正态总体 $N_p(\boldsymbol{\mu}_1,\boldsymbol{\Sigma}),\cdots,N_p(\boldsymbol{\mu}_k,\boldsymbol{\Sigma})$，这里假定所有总体的协方差阵是相等的。从每个总体抽取独立样本个数分别为 $n_1,n_2,\cdots,n_k$，记 $n_1+\cdots+n_k=n$，每个样品观测 p 个指标得观测数据如下：

第一个总体：$\boldsymbol{X}_i^{(1)}=(X_{i1}^{(1)},X_{i2}^{(1)},\cdots,X_{ip}^{(1)}),i=1,2,\cdots,n_1$

第二个总体：$\boldsymbol{X}_i^{(2)}=(X_{i1}^{(2)},X_{i2}^{(2)},\cdots,X_{ip}^{(2)}),i=1,2,\cdots,n_2$

……

第 k 个总体：$\boldsymbol{X}_i^{(k)}=(X_{i1}^{(k)},X_{i2}^{(k)},\cdots,X_{ip}^{(k)}),i=1,2,\cdots,n_k$

检验 $H_0:\boldsymbol{\mu}_1=\cdots=\boldsymbol{\mu}_k,H_1$：至少存在 $i\neq j$ 使得 $\boldsymbol{\mu}_{(i)}\neq\boldsymbol{\mu}_{(j)}$

记第 i 个总体的样本矩阵为

$$\boldsymbol{X}^{(i)}=\begin{bmatrix}X_{11}^{(i)} & X_{12}^{(i)} & \cdots & X_{1p}^{(i)}\\ X_{21}^{(i)} & X_{22}^{(i)} & \cdots & X_{2p}^{(i)}\\ \cdots & \cdots & & \cdots\\ X_{n_i1}^{(i)} & X_{n_i2}^{(i)} & \cdots & X_{n_ip}^{(i)}\end{bmatrix}=\begin{bmatrix}\boldsymbol{X}_1^{(i)\mathrm{T}}\\ \boldsymbol{X}_2^{(i)\mathrm{T}}\\ \cdots\\ \boldsymbol{X}_{n_i}^{(i)\mathrm{T}}\end{bmatrix}\quad(i=1,\cdots,k)$$

并记 $\overline{\boldsymbol{X}}^{(i)}=\dfrac{1}{n_t}\sum\limits_{j=1}^{n_t}\boldsymbol{X}_j^{(t)}(t=1,\cdots,k)$，$\overline{\boldsymbol{X}}=\dfrac{1}{n}\sum\limits_{t=1}^{k}\sum\limits_{j=1}^{n_t}\boldsymbol{X}_j^{(k)}=\dfrac{1}{n}\sum\limits_{t=1}^{k}n_t\overline{\boldsymbol{X}}^{(t)}$

令 $\boldsymbol{T}=\sum\limits_{i=1}^{k}\sum\limits_{j=1}^{n_i}(\boldsymbol{X}_j^{(i)}-\overline{\boldsymbol{X}})(\boldsymbol{X}_j^{(i)}-\overline{\boldsymbol{X}})^{\mathrm{T}}$，称 $\boldsymbol{T}$ 为**总离差阵**，$\boldsymbol{T}$ 可以进行如下分解：

$$\begin{aligned}\boldsymbol{T}&=\sum_{i=1}^{k}\sum_{j=1}^{n_i}(\boldsymbol{X}_j^{(i)}-\overline{\boldsymbol{X}})(\boldsymbol{X}_j^{(i)}-\overline{\boldsymbol{X}})^{\mathrm{T}}\\ &=\sum_{i=1}^{k}\sum_{j=1}^{n_i}(\boldsymbol{X}_j^{(i)}-\overline{\boldsymbol{X}}^{(i)}+\overline{\boldsymbol{X}}^{(i)}-\overline{\boldsymbol{X}})(\boldsymbol{X}_j^{(i)}-\overline{\boldsymbol{X}}^{(i)}+\overline{\boldsymbol{X}}^{(i)}-\overline{\boldsymbol{X}})^{\mathrm{T}}\\ &=\sum_{i=1}^{k}\sum_{j=1}^{n_i}(\boldsymbol{X}_j^{(i)}-\overline{\boldsymbol{X}}^{(i)})(\boldsymbol{X}_j^{(i)}-\overline{\boldsymbol{X}}^{(i)})^{\mathrm{T}}+\sum_{i=1}^{k}\sum_{j=1}^{n_i}(\overline{\boldsymbol{X}}^{(i)}-\overline{\boldsymbol{X}})(\overline{\boldsymbol{X}}^{(i)}-\overline{\boldsymbol{X}})^{\mathrm{T}}\\ &=\sum_{i=1}^{k}\boldsymbol{A}_i+\sum_{i=1}^{k}n_i(\overline{\boldsymbol{X}}^{(i)}-\overline{\boldsymbol{X}})(\overline{\boldsymbol{X}}^{(i)}-\overline{\boldsymbol{X}})^{\mathrm{T}}\end{aligned}$$

记 $\boldsymbol{A}=\sum\limits_{i=1}^{k}\boldsymbol{A}_i,\boldsymbol{B}=\sum\limits_{i=1}^{k}n_i(\overline{\boldsymbol{X}}^{(i)}-\overline{\boldsymbol{X}})(\overline{\boldsymbol{X}}^{(i)}-\overline{\boldsymbol{X}})^{\mathrm{T}}$，则有 $\boldsymbol{T}=\boldsymbol{A}+\boldsymbol{B}$。这里 $\boldsymbol{A}$ 称为**组内离差阵**，$\boldsymbol{B}$ 称为**组间离差阵**。

仿照一元统计中单因素方差分析的思想，利用似然比原理构造出检验统计量为

$$\Lambda = \frac{|\boldsymbol{A}|}{|\boldsymbol{A}+\boldsymbol{B}|} = \frac{|\boldsymbol{A}|}{|\boldsymbol{T}|} \tag{3.4.1}$$

由威沙特分布的性质可知 $\boldsymbol{A}_i \sim \boldsymbol{W}_p(n_i-1,\boldsymbol{\Sigma}),(i=1,\cdots,k)$，且相互独立从而可得

$$\boldsymbol{A} = \sum_{i=1}^{k}\boldsymbol{A}_i \sim \boldsymbol{W}_p(n-k,\boldsymbol{\Sigma}) \quad (n = n_1+\cdots+n_k)$$

当 H_0 为真时，还可以证明 $\boldsymbol{T}\sim\boldsymbol{W}_p(n-1,\boldsymbol{\Sigma})$，以及 $\boldsymbol{B}\sim\boldsymbol{W}_p(k-1,\boldsymbol{\Sigma})$，且 $\boldsymbol{B}$ 与 $\boldsymbol{A}$ 相互独立。

根据威尔克斯 Λ 分布的定义可知，当 H_0 为真时

$$\Lambda = \frac{|\boldsymbol{A}|}{|\boldsymbol{T}|} \sim \Lambda(p,n-k,k-1) \tag{3.4.2}$$

对于给定显著性水平 α，查威尔克斯 Λ 分布表可得临界值 λ_α。若 H_0 为真，检验统计量 Λ 应偏大，所以当 $\Lambda<\lambda_\alpha$ 时，应拒绝 H_0，否则接受 H_0。

当手头没有威尔克斯临界值表时，可用 χ^2 分布或 F 分布来近似，即由 Λ 的函数的近似分布进行检验。

Bartlett 提出了用 χ^2 分布来近似。设 $\Lambda\sim\Lambda(p,n,m)$，令

$$V = -\left(n+m-\frac{p+m+1}{2}\right)\ln\Lambda \tag{3.4.3}$$

则 V 近似服从 $\chi^2(pm)$ 分布。

Rao 提出了用 F 分布来近似。设 $\Lambda\sim\Lambda(p,n,m)$，令

$$R = \frac{1-\Lambda^{1/L}}{\Lambda^{1/L}}\cdot\frac{tL-2\lambda}{pm} \tag{3.4.4}$$

则 R 近似服从 $F(pm,tL-2\lambda)$，这里 $tL-2\lambda$ 不一定为整数，可用与它最近的整数来作为 F 的自由度，且 $\min(p,m)>2$。其中，

$$t = n+m-\frac{p+m+1}{2},\ L=\sqrt{\frac{p^2m^2-4}{p^2+m^2-5}},\ \lambda=\frac{pm-2}{4}$$

例 3.4.1 在例 3.3.2 中，已经对 3 个总体的协方差阵进行了检验，在此基础上，仍取显著水平为 0.05，试分析 3 个总体的均值向量是否有显著差异，即检验

$$H_0:\boldsymbol{\mu}_1=\boldsymbol{\mu}_2=\boldsymbol{\mu}_3,H_1:\boldsymbol{\mu}_1,\boldsymbol{\mu}_2,\boldsymbol{\mu}_3\text{ 不全相等}$$

解 沿用例 3.3.2 中的样本矩阵符号及结果，$n_1=n_2=n_3=20,k=3,p=4,\alpha=0.05$ 可算得

$$n = 60$$

$$\overline{\boldsymbol{X}}^{(1)} = \frac{1}{n_1}\boldsymbol{X}^{\mathrm{T}}\boldsymbol{1}_{n_1} = \frac{1}{20}\boldsymbol{X}^{\mathrm{T}}\boldsymbol{1}_{20} = (231,89.6,32.9,17.1)^{\mathrm{T}}$$

$$\overline{\boldsymbol{X}}^{(2)} = \frac{1}{n_2}\boldsymbol{Y}^{\mathrm{T}}\boldsymbol{1}_{n_2} = \frac{1}{20}\boldsymbol{Y}^{\mathrm{T}}\boldsymbol{1}_{20} = (253.5,72.55,32.45,17.9)^{\mathrm{T}}$$

$$\overline{\boldsymbol{X}}^{(3)} = \frac{1}{n_3}\boldsymbol{Z}^{\mathrm{T}}\boldsymbol{1}_{n_3} = \frac{1}{20}\boldsymbol{Z}^{\mathrm{T}}\boldsymbol{1}_{20} = (292.75,90.2,31.75,18.4)^{\mathrm{T}}$$

$$\overline{\boldsymbol{X}} = \frac{1}{n}(n_1\overline{\boldsymbol{X}}^{(1)}+n_3\overline{\boldsymbol{X}}^{(3)}+n_2\overline{\boldsymbol{X}}^{(2)}) = (259.08,84.117,32.367,17.8)^{\mathrm{T}}$$

$$\boldsymbol{A} = \boldsymbol{A}_1+\boldsymbol{A}_2+\boldsymbol{A}_3 = \begin{bmatrix} 125\,410 & 23\,279 & -3\,950.8 & 1\,748 \\ 23\,278 & 40\,467 & -1\,937.8 & 2\,166.3 \\ -3\,950.8 & -1\,937.8 & 2\,082.5 & -26.9 \\ 1\,748 & 2\,166.3 & -26.9 & 1\,024.4 \end{bmatrix}$$

$$T=\sum_{i=1}^{k}\sum_{j=1}^{n_i}(X_j^{(i)}-\overline{X})(X_j^{(i)}-\overline{X})^{\mathrm{T}}=\begin{bmatrix}164\,470 & 25\,586 & -4\,674.8 & 2\,534\\ 25\,586 & 44\,484 & -1\,973.6 & 2\,139.4\\ -4\,674.8 & -1\,973.6 & 2\,095.9 & -41.6\\ 2\,534 & 2\,139.4 & -41.6 & 1\,041.6\end{bmatrix}$$

进一步算得 $\Lambda=\dfrac{|A|}{|T|}=0.662\,1$

由式(3.4.2)可知，当 H_0 为真时，检验统计量 Λ 服从 $\Lambda(p,n-k,k-1)$ 分布，在此例中由于 $k-1=2$，可利用表 3.1.1 中 Λ 统计量与 F 统计量的关系，取检验统计量为

$$F=\frac{(n-k)-p+1}{p}\times\frac{1-\sqrt{\Lambda}}{\sqrt{\Lambda}}$$

其分布为 $F(2p,2(n-k-p+1))$。

代入相应数值可得 F 统计量的值为 $F=3.090\,7$，而 $F_{0.05}(8,108)=2.025\,2$，由于 $3.090\,7>2.025\,2$，所以拒绝 H_0，即认为 3 个总体的均值向量不全相等。

习题三

1. 为了检验某化验员的化学分析是否有系统误差，取 4 个等级的铁矿石样本，其成分数据为 $\boldsymbol{\mu}_0=(22.75,32.75,51.50,61.50)^{\mathrm{T}}$，让该化验员对每个等级的样本重复进行 21 次化验，结果如下表所列，假设这 4 个样本的化验数据 $(X_1,X_2,X_3,X_4)^{\mathrm{T}}\sim N_4(\boldsymbol{\mu},\boldsymbol{\Sigma})$，在 0.05的水平下分析该化验员的化验数据是否与已知数据相符。

序号	X_1	X_2	X_3	X_4
1	22.88	32.81	51.51	61.51
2	22.74	32.56	51.49	61.39
3	22.60	32.74	51.50	61.22
4	22.93	32.95	51.14	60.91
5	22.74	32.74	51.45	61.95
6	22.53	32.53	51.36	61.56
7	22.67	32.58	51.44	61.22
8	22.74	32.67	51.44	61.30
9	22.62	32.57	51.23	61.45
10	22.67	32.67	51.32	61.21
11	22.82	32.80	51.23	60.97
12	22.67	32.67	51.31	60.88
13	22.81	32.60	51.64	61.15
14	23.02	32.67	51.30	61.27
15	23.02	33.02	51.70	61.49

续表

序号	X_1	X_2	X_3	X_4
16	23.15	33.05	51.48	61.15
17	22.88	32.95	51.54	61.49
18	23.16	33.15	51.48	61.62
19	23.13	33.06	51.58	61.33
20	22.62	32.73	51.60	61.20
21	22.53	32.95	51.26	61.55

2. 为了研究人的出汗量与体内钠钾含量的关系，选取了两组健康的志愿者，分别对排汗量指标（X_1）、钠含量指标（X_2）和钾含量指标（X_3）进行了观测，数据如下表所列。假设两个总体分别为 $N_3(\boldsymbol{\mu}_1,\boldsymbol{\Sigma}_1)$ 和 $N_3(\boldsymbol{\mu}_2,\boldsymbol{\Sigma}_2)$，在 0.05 的水平下分别检验：

（1）$H_0:\boldsymbol{\Sigma}_1=\boldsymbol{\Sigma}_2,H_0:\boldsymbol{\Sigma}_1\neq\boldsymbol{\Sigma}_2$；

（2）$H_0:\boldsymbol{\mu}_1=\boldsymbol{\mu}_2,H_0:\boldsymbol{\mu}_1\neq\boldsymbol{\mu}_2$。

第一组			第二组		
X_1	X_2	X_3	X_1	X_2	X_3
3.7	48.5	9.3	3.9	36.9	12.7
5.7	65.1	8.0	4.5	58.8	12.3
3.8	47.2	10.9	3.5	27.8	9.8
3.2	53.2	12.0	4.5	40.2	8.4
3.1	55.5	9.7	1.5	13.5	10.1
4.6	36.1	7.9	8.5	56.4	7.1
2.4	24.8	14.0	4.5	71.6	8.2
7.2	33.1	7.6	6.5	52.8	10.9
6.7	47.4	8.5	4.1	44.1	11.2
5.4	54.1	11.3	5.5	40.9	9.4

3. 为了研究某种小麦的生长状况，从甲、乙、丙 3 个地区分别抽取了 7 块地进行了 X_1，X_2，X_3，X_4 等 4 个指标的观测，数据如下表所列，在 0.05 的水平下分析这 3 个地区的小麦生长状况是否相同。

样品序号		1	2	3	4	5	6	7
甲地区	X_1	22.88	22.74	22.60	22.93	22.74	22.53	22.67
	X_2	32.81	32.56	32.74	32.95	32.74	32.53	32.58
	X_3	51.51	51.49	51.50	51.17	51.45	51.36	51.44
	X_4	61.53	61.39	61.22	60.91	61.56	61.22	61.30

续表

样品序号		1	2	3	4	5	6	7
乙地区	X_1	22.74	22.62	22.67	22.82	22.67	22.81	22.67
	X_2	32.67	32.57	32.67	32.80	32.67	32.67	32.67
	X_3	51.44	51.23	51.64	51.32	51.21	51.43	51.43
	X_4	60.30	61.39	61.50	60.97	61.49	61.15	61.15
丙地区	X_1	22.81	23.02	23.02	23.15	22.88	23.16	23.13
	X_2	33.02	33.05	32.95	33.15	33.06	32.78	32.95
	X_3	51.70	51.48	51.55	51.58	51.45	51.48	31.38
	X_4	61.49	61.44	61.62	61.65	61.54	61.41	61.58

第4章　回归分析

回归分析方法是统计学中应用最为广泛的方法之一。回归分析方法是在众多相关的变量中,根据实际问题的要求,考察其中一个或几个变量与其余变量的依赖关系。从结构上,回归分析可分为线性回归分析和非线性回归分析两大类,本章着重讨论线性回归分析的一些基本问题。与一元线性回归分析类似,多元线性回归分析的任务主要有回归方程的确定、参数估计、回归方程和回归系数的显著性检验、预测和控制等几个方面。根据因变量的个数,分为单个因变量和多个因变量两种情况来讨论。

§4.1　一个因变量的多元线性回归

一、一个因变量的多元线性回归模型

设自变量 $(X_1,X_2,\cdots,X_m)^{\mathrm{T}} \sim N_m(\boldsymbol{\mu},\boldsymbol{\Sigma})$,因变量 $Y \sim N(\mu_Y,\sigma^2)$,二者之间具有如下关系:

$$Y = \beta_0 + \beta_1 X_1 + \cdots + \beta_m X_m \tag{4.1.1}$$

假设对 $(Y,X_1,X_2,\cdots,X_m)$ 进行了 n 次观测,得到的观测样本为 $(Y_t,X_{t1},X_{t2},\cdots,X_{tm})(t=1,2,\cdots,n)$,则回归模型为

$$\begin{cases} Y_t = \beta_0 + \beta_1 X_{t1} + \cdots + \beta_m X_{tm} + \varepsilon_t (t=1,2,\cdots,n) \\ \varepsilon_t \sim N(0,\sigma^2) \text{ 且相互独立} (t=1,2,\cdots,n) \end{cases} \tag{4.1.2}$$

其中 $\varepsilon_t \sim N(0,\sigma^2)$ $(t=1,2,\cdots,n)$ 代表随机误差。若记

$$\boldsymbol{C} = \begin{bmatrix} 1 & X_{11} & X_{12} & \cdots & X_{1m} \\ 1 & X_{21} & X_{22} & \cdots & X_{2m} \\ \cdots & \cdots & \cdots & & \cdots \\ 1 & X_{n1} & X_{n2} & \cdots & X_{nm} \end{bmatrix} = (\boldsymbol{1}_n \,\vdots\, \boldsymbol{X}),\boldsymbol{Y} = \begin{bmatrix} Y_1 \\ Y_2 \\ \cdots \\ Y_n \end{bmatrix},\boldsymbol{\beta} = \begin{bmatrix} \beta_0 \\ \beta_1 \\ \cdots \\ \beta_m \end{bmatrix},\boldsymbol{\varepsilon} = \begin{bmatrix} \varepsilon_1 \\ \varepsilon_2 \\ \cdots \\ \varepsilon_n \end{bmatrix}$$

则回归模型(4.1.2)的矩阵形式为

$$\begin{cases} \boldsymbol{Y} = \boldsymbol{C}\boldsymbol{\beta} + \boldsymbol{\varepsilon}, \\ \varepsilon \sim N_n(\boldsymbol{O},\sigma^2 \boldsymbol{I}_n) \end{cases} \tag{4.1.3}$$

上述模型又称为**经典多元线性回归模型**,表达式(4.1.1)称为**回归方程**,$\boldsymbol{\beta}$ 称为**回归系数**。在这个模型中,$\boldsymbol{X}$ 和 $\boldsymbol{Y}$ 都是可观测的,$\boldsymbol{\varepsilon}$ 是不可观测的,为了理论分析上的方便,通常假定 $\boldsymbol{X}$、$\boldsymbol{Y}$ 和 $\boldsymbol{\varepsilon}$ 都服从正态分布。$\boldsymbol{C}$ 是已知矩阵,$\boldsymbol{\beta}$ 和 σ^2 是未知参数,一般要求 $n>m$,且 $\mathrm{rank}(\boldsymbol{C}) = m+1$。

二、$\boldsymbol{\beta}$ 和 $\boldsymbol{\sigma}^2$ 的估计及其性质

1. $\boldsymbol{\beta}$ 的最小二乘估计

最小二乘法是获得 $\boldsymbol{\beta}$ 估计量的重要方法。假定我们获得了 $\boldsymbol{\beta}$ 的估计值,将第 i 组自变量

观测值 $(x_{i1}, x_{i2}, \cdots, x_{im})$ 代入回归方程(4.1.1)中，便可计算出相应的因变量理论值 $\hat{y}_i$，而此时因变量的观测值为 y_i，观测值与理论值之间的偏差 $\varepsilon_i = y_i - \hat{y}_i$ 通常认为是随机因素导致的。对于 ε_i，我们自然希望它越小越好，进一步说也就是希望 $\sum_{i=1}^{n} \varepsilon_i$ 越小越好，事实上，考虑 $\sum_{i=1}^{n} \varepsilon_i^2$ 会更加方便。对于我们假定已经获得的 $\boldsymbol{\beta}$ 估计值来说，显然应该使得 $\sum_{i=1}^{n} \varepsilon_i^2$ 达到最小才好。通过如何使得 $\sum_{i=1}^{n} \varepsilon_i^2$ 达到最小来寻找 $\boldsymbol{\beta}$ 的估计值，这就是最小二乘法的主要思想。

定义 4.1.1　在模型(4.1.3)中，令

$$Q(\boldsymbol{\beta}) = \sum_{t=1}^{n} \varepsilon_t^2 = \sum_{t=1}^{n} [Y_t - (\beta_0 + \beta_1 X_{t1} + \cdots + \beta_m X_m)]^2 = (\boldsymbol{Y} - \boldsymbol{C}\boldsymbol{\beta})^{\mathrm{T}}(\boldsymbol{Y} - \boldsymbol{C}\boldsymbol{\beta})$$

若存在 $Q(\boldsymbol{b})$ 使得 $Q(\boldsymbol{\beta})$ 达到最小，即 $Q(\boldsymbol{b}) = \min\limits_{\beta} Q(\boldsymbol{\beta})$，则称参数 $\boldsymbol{\beta}$ 的估计量 $\boldsymbol{b}$ 为**最小二乘估计量**，记为 $\hat{\boldsymbol{\beta}} = \boldsymbol{b}$。

下面我们不加证明地给出最小二乘估计的结果。

定理 4.1.1　设 $\mathrm{rank}(\boldsymbol{C}) = m + 1 \leqslant n$，则

$$\hat{\boldsymbol{\beta}} = \boldsymbol{b} = (\boldsymbol{C}\boldsymbol{C}^{\mathrm{T}})^{-1}\boldsymbol{C}^{\mathrm{T}}\boldsymbol{Y} \tag{4.1.4}$$

是 β 的最小二乘估计。

2. $\hat{\boldsymbol{\beta}}$ 的性质

在满足模型(4.1.3)的情况下，$\hat{\boldsymbol{\beta}}$ 具有如下性质：

(1) $\hat{\boldsymbol{\beta}}$ 是 $\boldsymbol{\beta}$ 的无偏估计量，并且是一切无偏估计中方差最小的估计。

(2)
$$\hat{\boldsymbol{\beta}} \sim N_{m+1}(\boldsymbol{\beta}, \sigma^2 (\boldsymbol{C}^{\mathrm{T}}\boldsymbol{C})^{-1}) \tag{4.1.5}$$

若记 $\boldsymbol{L} = (\boldsymbol{C}^{\mathrm{T}}\boldsymbol{C})^{-1} = (l_{ij})_{(m+1)\times(m+1)}$，则由性质(2)可得

$$\hat{\beta}_i \sim N(\beta_i, \sigma^2 l_{i+1,i+1}) \quad (i = 0, 1, 2, \cdots, m) \tag{4.1.6}$$

其中 $l_{i+1,i+1}$ 为 $\boldsymbol{L}$ 主对角线上的第 $i+1$ 个元素。

3. σ^2 的估计

利用似然比原理可以发现，$\boldsymbol{\beta}$ 的最大似然估计量仍为式(4.1.4)给出的 $\hat{\boldsymbol{\beta}}$，同时可以获得 σ^2 的最大似然估计为

$$\begin{aligned}\tilde{\boldsymbol{\sigma}}^2 &= \frac{1}{n}\sum_{i=1}^{n} [Y_i - (\hat{\beta}_0 + \hat{\beta}_0 X_{i1} + \cdots + \hat{\beta}_m X_{im})]^2 \\ &= \frac{1}{n}(\boldsymbol{Y} - \boldsymbol{C}\hat{\boldsymbol{\beta}})^{\mathrm{T}}(\boldsymbol{Y} - \boldsymbol{C}\hat{\boldsymbol{\beta}}) = \frac{1}{n}Q(\hat{\boldsymbol{\beta}})\end{aligned} \tag{4.1.7}$$

但因 $\tilde{\boldsymbol{\sigma}}^2$ 不是 σ^2 的无偏估计量，通常取 $\hat{\boldsymbol{\sigma}}^2 = \dfrac{1}{n-m-1}Q(\hat{\boldsymbol{\beta}})$ 作为 σ^2 的估计量。可以证明，当 $\mathrm{rank}(\boldsymbol{C}) = m + 1 \leqslant n$ 时，$\hat{\boldsymbol{\sigma}}^2$ 是 σ^2 的无偏估计量。

若记 $\hat{Y}_i = \hat{\beta}_0 + \hat{\beta}_0 X_{i1} + \cdots + \hat{\beta}_m X_{im} (i = 1, 2, \cdots, n)$，用来表示因变量的理论值，则

$$Q(\hat{\boldsymbol{\beta}}) = \sum_{i=1}^{n} [Y_i - \hat{Y}_i]^2 = (\boldsymbol{Y} - \boldsymbol{C}\hat{\boldsymbol{\beta}})^{\mathrm{T}}(\boldsymbol{Y} - \boldsymbol{C}\hat{\boldsymbol{\beta}}) \tag{4.1.8}$$

$Q(\hat{\boldsymbol{\beta}})$ 代表了理论值与观测值之间的偏差的平方和，所以 $Q(\hat{\boldsymbol{\beta}})$ 又被称为**残差平方和**，记为 RSS，σ^2 的估计量也可表示为 $\hat{\boldsymbol{\sigma}}^2=\dfrac{\text{RSS}}{n-m-1}$。

4. $\hat{\boldsymbol{\sigma}}^2$ 的性质

在满足模型(4.1.3)的情况下，$\hat{\boldsymbol{\sigma}}^2$ 具有如下性质：

(1) $\dfrac{(n-m-1)\hat{\boldsymbol{\sigma}}^2}{\sigma^2}=\dfrac{\text{RSS}}{\sigma^2}\sim\chi^2(n-m-1)$ (4.1.9)

(2) $\hat{\boldsymbol{\beta}}$ 与 $(n-m-1)\hat{\boldsymbol{\sigma}}^2$ (即 RSS)相互独立。

$\hat{\boldsymbol{\beta}}$ 和 $\hat{\boldsymbol{\sigma}}^2$ 的性质在接下来要进行的回归方程及回归系数显著性检验中有重要用途。

三、回归方程的显著性检验

利用最小二乘原理，我们可以获得回归系数的估计和回归方程的表达式，但是因变量和自变量之间是否确有线性关系，我们在进行估计之前并不清楚，所以我们要对下列假设进行检验

$$H_0:\beta_1=\beta_2=\cdots=\beta_m=0,H_1:\beta_1,\beta_2,\cdots,\beta_m \text{ 不全为零} \tag{4.1.10}$$

若检验的结果是接受 H_0，则意味着将因变量和自变量之间看成线性关系是不合适的。与一元线性回归分析的做法类似，我们使用方差分析的思想对 H_0 进行检验。

记

$$\overline{Y}=\frac{1}{n}\sum_{i=1}^{n}Y_i$$

$$\hat{Y}_i=\hat{\beta}_0+\hat{\beta}_0X_{i1}+\cdots+\hat{\beta}_mX_{im}\ (i=1,2,\cdots,n)$$

$$\hat{Y}=(\hat{Y}_1,\hat{Y}_2,\cdots,\hat{Y}_n)^{\mathrm{T}}$$

称 $\text{TSS}=\sum\limits_{i=1}^{n}(Y_i-\overline{Y})^2=(\boldsymbol{Y}-\boldsymbol{1}_n\overline{Y})^{\mathrm{T}}(\boldsymbol{Y}-\boldsymbol{1}_n\overline{Y})$ 为**总偏差平方和**，TSS 体现了所有观测数据总波动的大小。TSS 可以进行如下分解：

$$\begin{aligned}\text{TSS}&=\sum_{i=1}^{n}(Y_i-\overline{Y})^2=\sum_{i=1}^{n}(Y_i-\hat{Y}_i+\hat{Y}_i-\overline{Y})^2\\&=\sum_{i=1}^{n}(Y_i-\hat{Y}_i)^2+\sum_{i=1}^{n}(\hat{Y}_i-\overline{Y})^2\\&=(\boldsymbol{Y}-\boldsymbol{C}\hat{\boldsymbol{\beta}})^{\mathrm{T}}(\boldsymbol{Y}-\boldsymbol{C}\hat{\boldsymbol{\beta}})+(\hat{\boldsymbol{Y}}-\boldsymbol{1}_n\overline{Y})^{\mathrm{T}}(\hat{\boldsymbol{Y}}-\boldsymbol{1}_n\overline{Y})\end{aligned}$$

记 $\text{MSS}=\sum\limits_{i=1}^{n}(\hat{Y}_i-\overline{Y})^2=(\hat{\boldsymbol{Y}}-\boldsymbol{1}_n\overline{Y})^{\mathrm{T}}(\hat{\boldsymbol{Y}}-\boldsymbol{1}_n\overline{Y})$，称 MSS 为**回归平方和**，MSS 体现了理论值波动的大小，它是由于自变量和因变量之间确有线性关系并通过自变量的变化引起的。而 $\sum\limits_{i=1}^{n}(Y_i-\hat{Y}_i)^2=(\boldsymbol{Y}-\boldsymbol{C}\hat{\boldsymbol{\beta}})^{\mathrm{T}}(\boldsymbol{Y}-\boldsymbol{C}\hat{\boldsymbol{\beta}})$ 即为前面的残差平方和，它代表由随机误差引起的数据波动。上述分解形式可化为

$$\text{TSS}=\text{RSS}+\text{MSS} \tag{4.1.11}$$

式(4.1.11)表明，如果在 TSS 中，MSS 所占的比例比较大，则说明将因变量和自变量

之间的关系看成线性是比较合理的，反之，如果 RSS 在 TSS 中所占的比例比较大，则说明随机误差是导致数据波动的主要原因，此时将因变量和自变量之间的关系看成线性就不太合理。基于这种思想，可以考虑用 MSS 与 TSS 的比值来构造检验统计量。

定理 4.1.2 在满足模型(4.1.3)的情况下

$$\frac{\text{TSS}}{\sigma^2} \sim \chi^2(n-1) \tag{4.1.12}$$

当 H_0 为真时，MSS 与 RSS 相互独立，且有

$$\frac{\text{MSS}}{\sigma^2} \sim \chi^2(m) \tag{4.1.13}$$

根据式(4.1.9)和式(4.1.13)可得待检验的假设(4.1.10)检验统计量为

$$F = \frac{\text{MSS}/m}{\text{RSS}/(n-m-1)} \tag{4.1.14}$$

当 H_0 为真时，$F \sim F(m, n-m-1)$。对于给定的显著水平 α，当 $F \geqslant F_\alpha(n, n-m-1)$ 时，拒绝 H_0，否则接受 H_0。可使用表 4.1.1 的形式来描述回归方程的检验过程及结果。

表 4.1.1 **回归方程检验表**

差异源	平方和	自由度	均方	F 值	临界值	显著性
回归	MSS	m	MSS/m	$\frac{\text{MSS}/m}{\text{RSS}/(n-m-1)}$	$F_\alpha(m, n-m-1)$	是/否
残差	RSS	$n-m-1$	RSS/$n-m-1$			
总和	TSS	$n-1$				

在要求不太严格的场合，也可以使用判定系数(记为 R^2)来表达回归效果是否显著，R^2 的表达式为

$$R^2 = \frac{\text{MSS}}{\text{TSS}} \tag{4.1.15}$$

显然 $0 \leqslant R^2 \leqslant 1$，$R^2$ 越大说明线性关系越显著。但 R^2 会随着自变量个数的增多而增大，使得判断结果失真，所以通常用修正过的 R_a^2 作为判定系数，其表达式为

$$R_a^2 = 1 - \frac{(n-1)(1-R^2)}{n-m-1} \tag{4.1.16}$$

四、回归系数的显著性检验

对回归方程进行显著性检验，若否定 H_0，仅表示 $\beta_1, \beta_2, \cdots, \beta_m$ 不全为 0，但并不排除有某个 β_i 为 0，若 $\beta_i = 0$，说明对应的自变量 X_i 对因变量 Y 的影响不明显，应从回归模型中删除。而若 $\beta_0 = 0$，则说明回归方程中不应包含常数项。因此对回归系数进行逐个检验是很有必要的，即检验以下的假设：

$$H_0^{(i)}: \beta_i = 0, H_1^{(i)}: \beta_i \neq 0 (i = 0, 1, 2, \cdots, m) \tag{4.1.17}$$

由式(4.1.6)可得

$$\frac{\hat{\beta}_i - \beta_i}{\sqrt{\sigma^2 l_{i+1, i+1}}} \sim N(0,1) \quad (i = 0, 1, 2, \cdots, m) \tag{4.1.18}$$

结合式(4.1.9)以及 $\hat{\beta}$ 与 RSS 的独立性可得

$$\frac{\dfrac{\hat{\beta}_i-\beta_i}{\sqrt{\sigma^2 l_{i+1,i+1}}}}{\sqrt{\dfrac{\text{RSS}}{\sigma^2}/(n-m-1)}}=\frac{\dfrac{\hat{\beta}_i-\beta_i}{\sqrt{l_{i+1,i+1}}}}{\sqrt{\dfrac{\text{RSS}}{n-m-1}}}\sim t(n-m-1)\quad(i=0,1,2,\cdots,m)\tag{4.1.19}$$

所以，$H_0^{(i)}$ 的检验统计量可取为

$$t_i=\frac{\hat{\beta}_i/\sqrt{l_{i+1,i+1}}}{\sqrt{\text{RSS}/(n-m-1)}}\quad(i=0,1,2,\cdots,m)\tag{4.1.20}$$

当 $H_0^{(i)}$ 为真时，$t_i\sim t(n-m-1)$，对于给定的显著水平 α，若 $|t_i|\geqslant t_{\frac{\alpha}{2}}(n-m-1)$，则拒绝 $H_0^{(i)}$，否则接受 $H_0^{(i)}$。相应的显著性概率为

$$p_i=P(|t(n-m-1)|>|t_i|)\quad(i=0,1,2,\cdots,m)$$

由式(4.1.19)也可以顺便得出回归系数 β_i 的置信区间为

$$\left(\hat{\beta}_i\pm t_{\frac{\alpha}{2}}(n-m-1)\sqrt{\frac{l_{i+1,i+1}\cdot\text{RSS}}{n-m-1}}\right)\quad(i=0,1,2,\cdots,m)\tag{4.1.21}$$

可使用表 4.1.2 的形式来描述回归系数的检验和区间估计结果。

表 4.1.2　　　　回归系数检验与区间估计表

回归系数	估计值	$l_{i+1,i+1}$	检验统计量值	显著性概率	显著性	置信区间
β_0	$\hat{\beta}_0$	l_{11}	$t_0=\dfrac{\hat{\beta}_0/\sqrt{l_{11}}}{\sqrt{\text{RSS}/(n-m-1)}}$	p_0	是/否	$\left(\hat{\beta}_0\pm t_{\frac{\alpha}{2}}(n-m-1)\sqrt{\dfrac{l_{11}\cdot\text{RSS}}{n-m-1}}\right)$
β_1	$\hat{\beta}_1$	l_{22}	$t_1=\dfrac{\hat{\beta}_1/\sqrt{l_{22}}}{\sqrt{\text{RSS}/(n-m-1)}}$	p_1	是/否	$\left(\hat{\beta}_1\pm t_{\frac{\alpha}{2}}(n-m-1)\sqrt{\dfrac{l_{22}\cdot\text{RSS}}{n-m-1}}\right)$
…	…	…	…	…	…	…
β_m	$\hat{\beta}_m$	$l_{m+1,m+1}$	$t_m=\dfrac{\hat{\beta}_m/\sqrt{l_{m+1,m+1}}}{\sqrt{\text{RSS}/(n-m-1)}}$	p_m	是/否	$\left(\hat{\beta}_m\pm t_{\frac{\alpha}{2}}(n-m-1)\sqrt{\dfrac{l_{m+1,m+1}\cdot\text{RSS}}{n-m-1}}\right)$

由于 $\text{RSS}/(n-m-1)$ 和临界值对于每个回归系数的检验都是相同的，所以表中不用列出。

对回归系数 $\beta_1,\beta_2,\cdots,\beta_m$ 还可以构造 F 分布的检验统计量进行检验。设 U 为包含自变量 $X_1,X_2,\cdots,X_m$ 的回归平方和（即 $U=\text{MSS}$），$U(i)$ 为去掉 X_i 后余下的 $m-1$ 个自变量的回归平方和，称 $P_i=U-U(i)$ 为变量 X_i 的**偏回归平方和**。P_i 的数值越大，说明 X_i 越重要，越倾向于拒绝 $H_0^{(i)}$，反之，P_i 的数值越小，说明 X_i 越不重要，越倾向于接受 $H_0^{(i)}$。

可以证明，当 $H_0^{(i)}$ 为真时，有

$$P_i=\frac{\hat{\beta}_i^2}{l_{i+1,i+1}}\sim\chi^2(1)\quad(i=1,2,\cdots,m)\tag{4.1.22}$$

从而得检验统计量及其分布为

$$F_i = \frac{P_i}{\mathrm{RSS}/(n-m-1)} \sim F(1,n-m-1) \tag{4.1.23}$$

对于给定的显著性水平 α，若 $F_i \geqslant F_\alpha(1,n-m-1)$，则拒绝 $H_0^{(i)}$，否则接受 $H_0^{(i)}$。

五、预测与控制

在得到回归方程之后，如果获取了新的自变量点 $\boldsymbol{X}^{(0)}=(X_{01},X_{02},\cdots,X_{0m})^{\mathrm{T}}$，很自然地会想到将其代入回归方程来获取未知的 Y_0 的估计值 $\hat{Y}_0$：

$$\hat{Y}_0 = \hat{\beta}_0 + \hat{\beta}_1 X_{01} + \cdots + \hat{\beta}_m X_{0m} = \hat{\beta}^{\mathrm{T}} \boldsymbol{X}^{(0)} \tag{4.1.24}$$

$\hat{Y}_0$ 是 Y_0 的最小方差线性无偏估计量。但有时我们还要讨论有关 Y_0 的区间估计。

定理 4.1.3 设给定点 $\boldsymbol{X}^{(0)}=(X_{01},X_{02},\cdots,X_{0m})^{\mathrm{T}}$、$Y_0$ 以及原有样本满足模型

$$\begin{cases} Y_j = \beta_0 + \beta_1 X_{j1} + \cdots + \beta_m X_{jm} + \varepsilon_j (j=1,\cdots,n) \\ Y_0 = \beta_0 + \beta_1 X_{01} + \cdots + \beta_m X_{0m} + \varepsilon_0 \\ \varepsilon_1,\cdots,\varepsilon_n,\varepsilon_0 \sim N(0,\sigma^2) \text{ 且相互独立} \end{cases}$$

取 $\hat{Y}_0 = \hat{\beta}_0 + \hat{\beta}_1 X_{01} + \cdots + \hat{\beta}_m X_{0m} = \hat{\beta}^{\mathrm{T}} \boldsymbol{X}^{(0)}$，则有

(1) $\hat{Y}_0$ 是 Y_0 的最小方差线性无偏估计量，且 $\hat{Y}_0 \sim N(\boldsymbol{\beta}^{\mathrm{T}}\boldsymbol{X}^{(0)}, \sigma^2 \boldsymbol{X}^{(0)\mathrm{T}} (\boldsymbol{C}^{\mathrm{T}}\boldsymbol{C})^{-1}\boldsymbol{X}^{(0)})$。

(2) $Y_0 - \hat{Y}_0 \sim N(0, \sigma^2(1+\boldsymbol{X}^{(0)\mathrm{T}} (\boldsymbol{C}^{\mathrm{T}}\boldsymbol{C})^{-1}\boldsymbol{X}^{(0)}))$。

(3) $t = \dfrac{Y_0 - \hat{Y}_0}{\hat{\sigma}\sqrt{1+\boldsymbol{X}^{(0)\mathrm{T}} (\boldsymbol{C}^{\mathrm{T}}\boldsymbol{C})^{-1}\boldsymbol{X}^{(0)}}} \sim t(n-m-1)$，其中 $\hat{\sigma} = \sqrt{\dfrac{\mathrm{RSS}}{n-m-1}}$。

利用定理 4.1.3 可得出 Y_0 的置信区间为

$$\left(\hat{Y}_0 \pm t_{\frac{\alpha}{2}}(n-m-1)\hat{\sigma}\sqrt{1+\boldsymbol{X}^{(0)\mathrm{T}} (\boldsymbol{C}^{\mathrm{T}}\boldsymbol{C})^{-1}\boldsymbol{X}^{(0)}}\right) \tag{4.1.25}$$

在实际问题中，当样本容量充分大，且 $\boldsymbol{X}^{(0)}$ 与样本均值向量 $\overline{\boldsymbol{X}}$ 比较接近时，常近似地认为 $Y_0 - \hat{Y}_0 \sim N(0,\hat{\sigma}^2)$，此时 Y_0 的置信区间为

$$(\hat{Y}_0 \pm z_{\frac{\alpha}{2}}\hat{\sigma}) \tag{4.1.26}$$

控制问题与预测问题恰好相反，以一定的置信度给出 Y_0 的范围 (λ_1,λ_2)，然后求自变量 $X_1,X_2,\cdots,X_m$ 的取值范围。此时一般使用上述 Y_0 的区间估计表达形式，λ_1 和 λ_2 分别作为区间的两个端点来建立不等式组，通过求解不等式组来获取 $X_1,X_2,\cdots,X_m$ 的取值范围，不过这个过程通常比较烦琐。

一个因变量的多元线性回归分析的步骤总结如下：

Step1 将样本数据矩阵记为 $\boldsymbol{X}$，$\boldsymbol{X}$ 的每一行为一个观测记录。因变量观测值记为列向量 $\boldsymbol{Y}$。

Step2 令 $\boldsymbol{C}=(\boldsymbol{1}_n \mid \boldsymbol{X})$，由 $\hat{\boldsymbol{\beta}}=(\boldsymbol{C}\boldsymbol{C}^{\mathrm{T}})^{-1}\boldsymbol{C}^{\mathrm{T}}\boldsymbol{Y}$ 计算出回归系数矩阵 $\hat{\boldsymbol{\beta}}$，从而得到回归方程。

Step3 由 $\mathrm{RSS}=(\boldsymbol{Y}-\boldsymbol{C}\hat{\boldsymbol{\beta}})^{\mathrm{T}}(\boldsymbol{Y}-\boldsymbol{C}\hat{\boldsymbol{\beta}})$ 计算出残差平方和，进而由 $\hat{\sigma}^2 = \dfrac{\mathrm{RSS}}{n-m-1}$ 估计出 σ^2。

Step4 对回归方程的显著性进行检验。计算回归平方和 $\mathrm{MSS}=(\hat{\boldsymbol{Y}}-\boldsymbol{1}_n\overline{\boldsymbol{Y}})^{\mathrm{T}}(\hat{\boldsymbol{Y}}-$

$\mathbf{1}_n\overline{Y}$)，由 $R^2 = \frac{\text{MSS}}{\text{TSS}}$ 和 $R_a^2 = 1 - \frac{(n-1)(1-R^2)}{n-m-1}$ 算出判定系数 R^2 和修正过的判定系数 R_a^2。算出回归方程检验统计量 $F = \frac{\text{MSS}/m}{\text{RSS}/(n-m-1)}$，与 $F_\alpha(n, n-m-1)$ 进行比较，判断回归方程显著。

Step5　对回归系数的显著性进行检验。由 $\boldsymbol{L} = (\boldsymbol{C}^{\mathrm{T}}\boldsymbol{C})^{-1}$ 得到 $\boldsymbol{L}$ 的对角线元素 $l_{ii}(i = 1,2,\cdots,m+1)$，计算 $t_i = \frac{\hat{\beta}_i / \sqrt{l_{i+1,i+1}}}{\sqrt{\text{RSS}/(n-m-1)}}(i = 0,1,2,\cdots,m)$，与 $t_{\frac{\alpha}{2}}(n-m-1)$ 进行比较，判断回归系数是否显著。（也可由 $P_i = \frac{\hat{\beta}_i^{\,2}}{l_{i+1,i+1}}(i = 1,\cdots,m)$ 计算出 $F_i = \frac{P_i}{\text{RSS}/(n-m-1)}$，与 $F_\alpha(1, n-m-1)$ 比较，判断除常数项以外的回归系数的显著性）

Step6　利用回归方程进行预测与控制。

例 4.1.1　某种水泥在凝固时放出的热量 Y（单位：卡/克）与水泥中的 4 种成分的百分比有关，X_1 代表 $3CaO \cdot Al_2O_3$，X_2 代表 $3CaO \cdot SiO_2$，X_3 代表 $4CaO \cdot Al_2O_3 \cdot Fe_2O_3$，$X_4$ 代表 $4CaO \cdot SiO_2$。现获得该种水泥 13 个样品的数据如表 4.1.3 所列。

表 4.1.3　　水泥凝固放热实验数据

序号	X_1	X_2	X_3	X_4	Y
1	7	26	6	60	78.5
2	1	29	15	52	74.3
3	11	56	8	20	104.3
4	11	31	8	47	87.6
5	7	52	6	33	95.9
6	11	55	9	22	109.2
7	3	71	17	6	102.7
8	1	31	22	44	72.5
9	2	54	18	22	93.1
10	21	47	4	26	115.9
11	1	40	23	34	83.8
12	11	66	9	12	113.3
13	10	68	8	12	109.4

假设水泥在凝固时放出的热量与这 4 种成分之间可近似视为线性关系，试求回归方程和 $\hat{\sigma}^2$，并在 0.10 的水平下对回归方程和回归系数进行检验，给出回归系数的置信区间，计算修正过的判定系数。

解　根据题目所给数据可得 $m = 4, n = 13, \alpha = 0.10$，以及如下矩阵：

$$\boldsymbol{C} = \begin{bmatrix} 1 & X_{11} & X_{12} & \cdots & X_{1m} \\ 1 & X_{21} & X_{22} & \cdots & X_{2m} \\ \cdots & \cdots & \cdots & & \cdots \\ 1 & X_{n1} & X_{n2} & \cdots & X_{nm} \end{bmatrix} = \begin{bmatrix} 1 & 7 & 26 & 6 & 60 \\ 1 & 1 & 29 & 15 & 52 \\ 1 & 11 & 56 & 8 & 20 \\ 1 & 11 & 31 & 8 & 47 \\ 1 & 7 & 52 & 6 & 33 \\ 1 & 11 & 55 & 9 & 22 \\ 1 & 3 & 71 & 17 & 6 \\ 1 & 1 & 31 & 22 & 44 \\ 1 & 2 & 54 & 18 & 22 \\ 1 & 21 & 47 & 4 & 26 \\ 1 & 1 & 40 & 23 & 34 \\ 1 & 11 & 66 & 9 & 12 \\ 1 & 10 & 68 & 8 & 12 \end{bmatrix}, \boldsymbol{Y} = \begin{bmatrix} Y_1 \\ Y_2 \\ \cdots \\ Y_n \end{bmatrix} = \begin{bmatrix} 78.5 \\ 74.3 \\ 104.3 \\ 87.6 \\ 95.9 \\ 109.2 \\ 102.7 \\ 72.5 \\ 93.1 \\ 115.9 \\ 83.8 \\ 113.3 \\ 109.4 \end{bmatrix}$$

由 $\hat{\boldsymbol{\beta}} = (\boldsymbol{C}\boldsymbol{C}^{\mathrm{T}})^{-1}\boldsymbol{C}^{\mathrm{T}}\boldsymbol{Y}$ 算得回归系数为

$$\hat{\boldsymbol{\beta}} = (62.405\ 4, 1.551\ 1, 0.510\ 2, 0.101\ 9, -0.144\ 1)^{\mathrm{T}}$$

从而得回归方程为

$$Y = 62.405\ 4 + 1.551\ 1X_1 + 0.510\ 2X_2 + 0.101\ 9X_3 - 0.144\ 1X_4$$

又算得　　$\mathrm{RSS} = Q(\hat{\boldsymbol{\beta}}) = (\boldsymbol{Y} - \boldsymbol{C}\hat{\boldsymbol{\beta}})^{\mathrm{T}}(\boldsymbol{Y} - \boldsymbol{C}\hat{\boldsymbol{\beta}}) = 47.863\ 6$

所以　　$\hat{\sigma}^2 = \dfrac{\mathrm{RSS}}{n-m-1} = \dfrac{47.863\ 6}{13-4-1} = 5.983\ 0$

再由 $\mathrm{MSS} = (\hat{\boldsymbol{Y}} - \boldsymbol{1}_n\overline{Y})^{\mathrm{T}}(\hat{\boldsymbol{Y}} - \boldsymbol{1}_n\overline{Y}) = 2\ 667.9$ 可得修正过的判定系数为

$$R_a^2 = 1 - \frac{(n-1)(1-R^2)}{n-m-1} = 1 - \frac{n-1}{n-m-1}\left(1 - \frac{\mathrm{MSS}}{\mathrm{MSS}+\mathrm{RSS}}\right) = 0.973\ 6$$

回归方程显著性检验的方差分析如表 4.1.4 所列。

表 4.1.4　　例 4.1.1 的回归方程检验表

差异源	平方和	自由度	均方	F 值	临界值	显著性
回归	2 667.9	4	666.975 0	111.479 3	$F_{0.10}(4,8) = 2.806\ 4$	是
残差	47.863 6	8	5.983 0			
总和	2 715.763 6	12				

从表 4.1.4 可以看出，水泥在凝固时放出的热量与这 4 种成分之间的线性关系是显著的。

$$由\ \boldsymbol{L} = (\boldsymbol{C}^{\mathrm{T}}\boldsymbol{C})^{-1} = \begin{bmatrix} 820.654\ 6 & -8.441\ 8 & -8.457\ 8 & -8.634\ 5 & -8.289\ 7 \\ -8.441\ 8 & 0.092\ 7 & 0.085\ 7 & 0.092\ 6 & 0.084\ 5 \\ -8.457\ 8 & 0.085\ 7 & 0.087\ 6 & 0.087\ 9 & 0.085\ 6 \\ -8.634\ 5 & 0.092\ 6 & 0.087\ 9 & 0.095\ 2 & 0.086\ 4 \\ -8.289\ 7 & 0.084\ 5 & 0.085\ 6 & 0.086\ 4 & 0.084\ 0 \end{bmatrix}$$

可知　$(l_{11}, l_{22}, l_{33}, l_{44}, l_{55}) = (820.654\ 6, 0.092\ 7, 0.087\ 6, 0.095\ 2, 0.084\ 0)$

由 $t_i = \dfrac{\hat{\beta}_i / \sqrt{l_{i+1,i+1}}}{\sqrt{\mathrm{RSS}/(n-m-1)}}$ 算得

$$(t_0, t_1, t_2, t_3, t_4) = (0.8906, 2.0827, 0.7049, 0.1350, -0.2032)$$

而
$$\sqrt{\mathrm{RSS}/(n-m-1)} = 2.4460$$

查表得
$$t_{\frac{\alpha}{2}}(n-m-1) = t_{0.05}(8) = 1.8595$$

进而算得回归系数的检验和区间估计结果如表 4.1.5 所列。

表 4.1.5　　例 4.1.1 的回归系数检验与区间估计表

回归系数	估计值	$l_{i+1,i+1}$	检验统计量值	显著性概率	显著性	置信区间
β_0	62.405 4	820.654 6	0.890 6	0.399 1	否	(−67.894 9,192.705 7)
β_1	1.551 1	0.092 7	2.082 7	0.070 8	是	(0.166 2,2.936 0)
β_2	0.510 2	0.087 6	0.704 9	0.500 9	否	(−0.835 8,1.856 1)
β_3	0.101 9	0.095 2	0.135 0	0.895 9	否	(−1.301 5,1.505 3)
β_4	−0.144 1	0.084 0	−0.203 2	0.844 1	否	(−1.462 6,1.174 5)

从表 4.1.5 可以看出，尽管回归方程本身是显著的，但并不是所有的回归系数都是显著的，在 0.10 的水平下，只有 β_1 是显著的。

§4.2　回归变量的选择

从例 4.1.1 的结果可以看到，并不是每一个回归变量都需要保留，应该对变量进行筛选，然后建立最优回归方程。所谓最优回归方程是指包含所有在显著水平 α 下对 Y 作用显著的变量，而不包含在显著水平 α 下对 Y 作用不显著的变量的回归方程。

建立最优回归方程首先要弄清楚最优的标准是什么，即回归方程达到什么状态的时候被视为最优，用什么指标来进行评价，这样才能确定哪些变量是我们要选择的变量。从不同的角度出发，人们给出了很多不同的建立最优回归方程的方法，不同的方法使用了不同的评价指标，而不同的评价标准选出的变量不一定相同，所以最优回归方程并不是唯一的。下面我们介绍比较常见的全子集法和逐步回归法。

一、全子集法

假设自变量共有 m 个，将这 m 个自变量看作一个集合，这个集合共有 2^m-1 个非空子集，每个非空子集所包含的自变量都可以用于建立一个回归方程，所以理论上可以建立 2^m-1 个不同的回归方程，最优回归方程一定是其中的某一个，只要我们根据评价指标将这个最优回归方程从所有的 2^m-1 个回归方程中找出来就行，这就是全子集法的主要思想。全子集法实际上是一种穷举法，显然，当自变量的个数比较多时，全子集法的计算量是非常大的，所以全子集法主要是在变量个数比较少的时候使用。

在全子集法中，常用的评价标准（即认为达到最优的标准）有 7 种。假设某个子集从 m 个自变量中选取了 k 个，这 7 个标准和指标表达式分别是：

(1) 修正的判定系数 R_a^2 达到最大，其中

$$R_a^2 = 1 - \frac{n-1}{n-k-1}\left(\frac{\mathrm{RSS}}{\mathrm{MSS}+\mathrm{RSS}}\right) \tag{4.2.1}$$

(2) 平均残差平方和 RSS_M 达到最小,其中

$$RSS_M = \frac{RSS}{n-k-1} \tag{4.2.2}$$

(3) 预测偏差的方差 JP 达到最小,其中

$$JP = \frac{n+k+1}{n} \cdot \frac{RSS}{n-k-1} \tag{4.2.3}$$

(4) 平均预测均方误差 SP 达到最小,其中

$$SP = \frac{RSS}{(n-k-1)(n-k-2)} \tag{4.2.4}$$

(5) CP 统计量达到最小,其中

$$CP = 2(k+1) - n + \frac{RSS}{S^2} \tag{4.2.5}$$

这里 S^2 为由全部 m 个自变量建立的回归方程中 σ^2 的估计。

(6) 预测平方和 PRESS 达到最小,其中

$$PRESS = \sum_{i=1}^{n} \left(\frac{e_i}{1-h_{ii}} \right)^2 \tag{4.2.6}$$

这里 e_i 是用此回归方程得出的第 i 个样本的残差,h_{ii} 是帽子矩阵 $\boldsymbol{H} = \boldsymbol{C}(\boldsymbol{C}^T\boldsymbol{C})^{-1}\boldsymbol{C}^T$ 对角线的第 i 个元素。

(7) 信息量 AIC 达到最小,其中

$$AIC = n\ln(RSS_M) + 2(k+1) \tag{4.2.7}$$

例 4.2.1　在例 4.1.1 中,自变量共有 4 个,可以形成 $2^4 - 1 = 15$ 个回归变量子集,分别采用修正的判定系数 R_a^2 达到最大、平均残差平方和 RSS_M 达到最小、平均预测均方误差 SP 达到最小的准则,求最优回归变量子集。

解　全部子集的计算结果如表 4.2.1 所列。

表 4.2.1　　回归变量子集的准则计算结果

序号	回归变量子集	变量个数 k	R_a^2	RSS_M	SP
1	X_1	1	0.491 6	115.062 4	11.506 2
2	X_2	1	0.635 9	82.394 2	8.239 4
3	X_3	1	0.221 0	176.309 1	17.630 9
4	X_4	1	0.645 0	80.351 5	8.035 2
5	X_1, X_2	2	0.974 4	5.790 5	0.643 4
6	X_1, X_3	2	0.457 8	122.707 2	13.634 1
7	X_1, X_4	2	0.967 0	7.476 2	0.830 7
8	X_2, X_3	2	0.816 4	41.544 3	4.616 0
9	X_2, X_4	2	0.616 1	86.888 0	9.654 2
10	X_3, X_4	2	0.922 4	17.573 8	1.952 6
11	X_1, X_2, X_3	3	0.976 4	5.345 6	0.668 2
12	X_1, X_2, X_4	3	0.976 5	5.330 3	0.666 3
13	X_1, X_3, X_4	3	0.975 0	5.648 5	0.706 1
14	X_2, X_3, X_4	3	0.963 8	8.201 6	1.025 2
15	X_1, X_2, X_3, X_4	4	0.973 6	5.983 0	0.854 7

从计算结果看，用修正的判定系数 R_a^2 达到最大准则，最优回归变量子集是第 12 组，即 $\{X_1, X_2, X_4\}$；用平均残差平方和 RSS_M 达到最小准则，最优回归变量子集也是第 12 组；而用平均预测均方误差 SP 达到最小准则，最优回归变量子集是第 5 组，即 $\{X_1, X_2\}$。可见，采用不同的准则，可能会得到不同的最优子集。

二、逐步回归法

1. 逐步回归的基本思想

逐个引入自变量，每次引入对 Y 影响最显著的自变量，并对方程中的老变量逐个进行检验，把变为不显著的变量逐个从方程中剔除，最终得到的方程中既不漏掉对 Y 影响显著的变量，也不包含对 Y 影响不显著的变量。

2. 逐步回归法的基本步骤

逐步回归法是通过对偏回归平方和的检验来进行的，当其显著时，在原有的变量子集中加入新的变量，而一旦有新的变量加入，又要对原有的变量的偏回归平方和进行检验，一旦有不显著的变量就要立即删除。重复上述过程直到没有变量可以删除，也没有变量可以加入为止，此时选出来的变量子集就是最优回归变量子集，用其建立的回归方程就是最优回归方程。

为了描述逐步回归的具体步骤，首先看一下解线性方程组时用到的一种紧凑变换。设方程组的系数矩阵为 $\boldsymbol{A}_{n\times n}$，常数向量为 $\boldsymbol{b}_{n\times 1}$，增广矩阵记为 $\boldsymbol{U} = (\boldsymbol{A}\ \boldsymbol{b}) = (u_{ij})_{n\times(n+1)}$，取 $\boldsymbol{A}$ 中对角线的第 k 个元素为枢轴元，紧凑变换的表达式为：$\tilde{\boldsymbol{U}} = \boldsymbol{L}_k\boldsymbol{U} = (\tilde{u}_{ij})$，其中

$$\tilde{u}_{ij} = \begin{cases} u_{ij} - \dfrac{u_{ik}u_{kj}}{u_{kk}}, & i,j \neq k \\ \dfrac{u_{kj}}{u_{kk}}, & i = k, j \neq k \\ -\dfrac{u_{ik}}{u_{kk}}, & i \neq k, j = k \\ \dfrac{1}{u_{kk}}, & i = j = k \end{cases} \tag{4.2.8}$$

对于自变量 $X_1, X_2, \cdots, X_m$ 和因变量 Y，分别记样本矩阵为

$$\boldsymbol{X} = \begin{bmatrix} X_{11} & X_{12} & \cdots & X_{1m} \\ X_{21} & X_{22} & \cdots & X_{2m} \\ \cdots & \cdots & & \cdots \\ X_{n1} & X_{n2} & \cdots & X_{nm} \end{bmatrix}, \boldsymbol{Y} = \begin{bmatrix} Y_1 \\ Y_2 \\ \cdots \\ Y_n \end{bmatrix}$$

$X_1, X_2, \cdots, X_m$ 的样本均值分别记为 $\overline{X}_1, \overline{X}_2, \cdots, \overline{X}_m$。对 $\boldsymbol{X}$ 进行中心化处理，记为 $\boldsymbol{X}_c$：

$$\boldsymbol{X}_c = \begin{bmatrix} X_{11} - \overline{X}_1 & X_{12} - \overline{X}_2 & \cdots & X_{1m} - \overline{X}_m \\ X_{21} - \overline{X}_1 & X_{22} - \overline{X}_2 & \cdots & X_{2m} - \overline{X}_m \\ \cdots & \cdots & & \cdots \\ X_{n1} - \overline{X}_1 & X_{n2} - \overline{X}_2 & \cdots & X_{nm} - \overline{X}_m \end{bmatrix}$$

令 $\boldsymbol{L} = \boldsymbol{X}_c^{\mathrm{T}}\boldsymbol{X}_c$，其第 i 行第 j 列的元素记为 L_{ij}，其对角线元素为偏差平方和。Y 的偏差平方和记为 L_{yy}：

$$L_{yy}=\sum_{i=1}^{n}(Y_i-\overline{Y})^2=(\boldsymbol{Y}-\boldsymbol{1}_n\overline{Y})^{\mathrm{T}}(\boldsymbol{Y}-\boldsymbol{1}_n\overline{Y})$$

逐步回归法步骤如下：

Step1 计算每个变量的均值 $\overline{X}_1,\overline{X}_2,\cdots,\overline{X}_m,\overline{Y}$，偏差平方和 $L_{11},L_{22},\cdots,L_{mm},L_{yy}$，记各自的标准化变量为

$$u_j=\frac{X_j-\overline{X}_j}{\sqrt{L_{jj}}},j=1,2,\cdots,m,\ u_{p+1}=\frac{Y-\overline{Y}}{\sqrt{L_{yy}}} \tag{4.2.9}$$

Step2 计算 $X_1,X_2,\cdots,X_m,Y$ 的相关系数矩阵

$$\boldsymbol{R}^{(0)}=\begin{bmatrix}1 & r_{12} & \cdots & r_{1m} & r_{1y}\\ r_{21} & 1 & \cdots & r_{2m} & r_{2y}\\ \cdots & \cdots & & \cdots & \cdots\\ r_{m1} & r_{m2} & \cdots & 1 & r_{my}\\ r_{y1} & r_{y2} & \cdots & r_{1m} & 1\end{bmatrix}$$

Step3 设已经选上的 k 个变量为 $X_{i_1},X_{i_2},\cdots,X_{i_k}$，且 $i_1,i_2,\cdots,i_k$ 各不相同，期间 $\boldsymbol{R}^{(0)}$ 共经过 t 次变换 $\boldsymbol{L}_1,\boldsymbol{L}_2,\cdots,\boldsymbol{L}_t$ 后化为 $\boldsymbol{R}^{(t)}=(r_{ij}^{(t)})$，处理以下两种情况。

情况Ⅰ 若 $k\neq 0$，则首先对已经选上了的 k 个变量为 $X_{i_1},X_{i_2},\cdots,X_{i_k}$ 逐一进行检验，看有没有不显著的(如果某一变量是刚选上的，可以不对该变量进行检验，但是为了一般起见，仍可以假定放在一起进行检验)，检验步骤如下：

(1) 对 $j=1,2,\cdots,k$ 注意计算标准化变量 u_{i_j} 的偏回归平方和：

$$V_{i_j}^{(t)}=\frac{(r_{i_j,(m+1)}^{(t)})^2}{r_{i_j i_j}^{(t)}} \tag{4.2.10}$$

(2) 从中选出最小的，记为：

$$V_l^{(t)}=\min\{V_{i_j}^{(t)}\} \tag{4.2.11}$$

(3) 做 F 检验：

$$F=\frac{V_l^{(t)}}{r_{(m+1),(m+1)}^{(t)}/(n-k-1)} \tag{4.2.12}$$

(4) 对于给定的显著水平 α，如果 $F\geqslant F_\alpha(1,n-k-1)$，则转入情况Ⅱ进一步挑选变量；否则从所选上的变量集合中删除 X_l，对 $R^{(t)}$ 作变换 $\boldsymbol{L}_l$，变换次数计数器 $t:=t+1$，重新对留下的变量重复进行情况Ⅰ中的步骤。

情况Ⅱ 如果选上的 k 个变量为 $X_{i_1},X_{i_2},\cdots,X_{i_k}$ 中已经没有要删除的变量了，则进一步挑选新的变量，步骤如下：

(1) 对 $i\neq i_1,i_2,\cdots,i_k$ 注意计算标准化变量 u_i 的偏回归平方和：

$$V_i^{(t+1)}=\frac{(r_{i,(m+1)}^{(t)})^2}{r_{ii}^{(t)}} \tag{4.2.13}$$

(2) 从中选出最大的，记为：

$$V_l^{(t+1)}=\max_{i\neq i_1,i_2,\cdots,i_k}\{V_i^{(t+1)}\} \tag{4.2.14}$$

(3) 做 F 检验：

$$F=\frac{V_l^{(t+1)}}{[r_{(m+1),(m+1)}^{(t)}-V_l^{(t+1)}]/(n-k-2)} \tag{4.2.15}$$

(4) 对于给定的显著水平 α，如果 $F < F_\alpha(1, n-k-2)$，则结束变量选择；否则，在原有的变量集合中加入新的变量 X_l，对 $R^{(t)}$ 作变换 $\boldsymbol{L}_l$，变换次数计数器 $t:=t+1$，再重复情况Ⅰ的步骤。

Step4 设最终选上了 k 个变量为 $X_{i_1}, X_{i_2}, \cdots, X_{i_k}$，且 $i_1, i_2, \cdots, i_k$ 各不相同，$\boldsymbol{R}^{(0)}$ 经过 t 次变换 $L_1, L_2, \cdots, L_t$ 后化为 $\boldsymbol{R}^{(t)} = (r_{ij}^{(t)})$，则可以写出中心化的回归方程：

$$\frac{Y-\overline{Y}}{\sqrt{L_{yy}}} = r_{i_1,(m+1)}^{(t)} \frac{X_{i_1}-\overline{X}_{i_1}}{\sqrt{L_{i_1 i_1}}} + r_{i_2,(m+1)}^{(t)} \frac{X_{i_2}-\overline{X}_{i_2}}{\sqrt{L_{i_2 i_2}}} + \cdots + r_{i_k,(m+1)}^{(t)} \frac{X_{i_k}-\overline{X}_{i_k}}{\sqrt{L_{i_k i_k}}} \tag{4.2.16}$$

通过代数运算得到回归方程：

$$Y = \hat{\beta}_0 + \hat{\beta}_{i_1} X_{i_1} + \hat{\beta}_{i_2} X_{i_2} + \cdots + \hat{\beta}_{i_k} X_{i_k} \tag{4.2.17}$$

Step5 回归方程(4.2.17)对应的各种平方和以及相关的量为

$$\begin{aligned} \mathrm{TSS} &= L_{yy} \\ \mathrm{RSS} &= L_{yy} r_{(m+1),(m+1)}^{(t)} \\ \mathrm{MSS} &= \mathrm{TSS} - \mathrm{RSS} \end{aligned} \tag{4.2.18}$$

对回归方程做显著性检验的统计量值为

$$F = \frac{\mathrm{MSS}/k}{\mathrm{RSS}/(n-k-1)} \tag{4.2.19}$$

对应的复相关系数为

$$R = \sqrt{1 - r_{(m+1),(m+1)}^{(t)}} \tag{4.2.20}$$

σ^2 的估计为

$$\hat{\sigma}^2 = \frac{\mathrm{RSS}}{n-k-1} \tag{4.2.21}$$

X_{i_j} 的偏回归平方和为

$$Q_{i_j} = L_{yy} V_{i_j}^{(t)} \tag{4.2.22}$$

例 4.2.2 对例 4.1.1 所给的问题用逐步回归法建立最优回归方程。(为方便起见，在计算过程中，对于不同的 k 值，临界值 $F_\alpha(1, n-k-1)$ 和 $F_\alpha(1, n-k-2)$ 均近似地取 4)

解 根据题目数据可知 $n = 13, m = 4$。

首先计算每一个变量的均值和偏差平方和的平方根：

$$(\overline{X}_1, \overline{X}_2, \cdots, \overline{X}_m, \overline{Y}) = (7.4615, 48.1538, 11.7692, 30.0000, 95.4231)$$

$$(\sqrt{L_{11}}, \sqrt{L_{22}}, \cdots, \sqrt{L_{mm}}, \sqrt{L_{yy}}) = (20.3772, 53.9045, 22.1880, 57.9828, 52.1130)$$

接下来计算出相关系数矩阵为

$$\boldsymbol{R}^{(0)} = \begin{bmatrix} 1 & r_{12} & \cdots & r_{1m} & r_{1y} \\ r_{21} & 1 & \cdots & r_{2m} & r_{2y} \\ \cdots & \cdots & & \cdots & \cdots \\ r_{m1} & r_{m2} & \cdots & 1 & r_{my} \\ r_{y1} & r_{y2} & \cdots & r_{1m} & 1 \end{bmatrix}$$

$$
= \begin{bmatrix} 1.0000 & 0.2286 & -0.8241 & -0.2454 & 0.7307 \\ 0.2286 & 1.0000 & -0.1392 & -0.9730 & 0.8163 \\ -0.8241 & -0.1392 & 1.0000 & 0.0295 & -0.5347 \\ -0.2454 & -0.9730 & 0.0295 & 1.0000 & -0.8213 \\ 0.7307 & 0.8163 & -0.5347 & -0.8213 & 1.0000 \end{bmatrix}
$$

现在还没有变量被选入，所以选入变量个数 $k=0$，变换次数 $t=0$，4个自变量都是待选择的，根据式(4.2.13)逐个计算其偏回归平方和：

$$
V_1^{(1)} = \frac{(r_{15}^{(0)})^2}{r_{11}^{(0)}} = \frac{0.7307^2}{1} = 0.5339,\ V_2^{(1)} = \frac{(r_{25}^{(0)})^2}{r_{22}^{(0)}} = \frac{0.8163^2}{1} = 0.6663
$$

$$
V_3^{(1)} = \frac{(r_{35}^{(0)})^2}{r_{33}^{(0)}} = \frac{(-0.5347)^2}{1} = 0.2859,\ V_4^{(1)} = \frac{(r_{45}^{(0)})^2}{r_{33}^{(0)}} = \frac{(-0.8213)^2}{1} = 0.6745
$$

最大的是 $V_4^{(1)}$，所以 $l=4$，根据式(4.2.15)对其做 F 检验：

$$
F = \frac{V_l^{(t+1)}}{[r_{(m+1),(m+1)}^{(t)} - V_l^{(t+1)}]/(n-k-2)} = \frac{0.6745}{(1-0.6745)/(13-0-2)}
$$
$$
= 22.7942 > 4
$$

所以选上变量 X_4，对 $\boldsymbol{R}^{(0)}$ 做 $\boldsymbol{L}_4$ 变换得

$$
\boldsymbol{R}^{(1)} = \begin{bmatrix} 0.9398 & -0.0102 & -0.8169 & 0.2454 & 0.5291 \\ -0.0102 & 0.0534 & -0.1105 & 0.9730 & 0.0172 \\ -0.8169 & -0.1105 & 0.9991 & -0.0295 & -0.5104 \\ -0.2454 & -0.9730 & 0.0295 & 1.0000 & -0.8213 \\ 0.5291 & 0.0172 & -0.5104 & 0.8213 & 0.3255 \end{bmatrix}
$$

下面开始选第2个变量，已经选入的变量个数 $k=1$，变换次数 $t=1$，待选择的变量为 X_1, X_2, X_3，根据式(4.2.13)逐个计算偏回归平方和：

$$
V_1^{(2)} = \frac{(r_{15}^{(1)})^2}{r_{11}^{(1)}} = \frac{0.5291^2}{0.9398} = 0.2979,\ V_2^{(2)} = \frac{(r_{25}^{(1)})^2}{r_{22}^{(1)}} = \frac{0.0172^2}{0.0534} = 0.0055
$$

$$
V_3^{(2)} = \frac{(r_{35}^{(1)})^2}{r_{33}^{(1)}} = \frac{(-0.5104)^2}{0.9991} = 0.2607
$$

最大的是 $V_1^{(2)}$，所以 $l=1$，根据式(4.2.15)对其做 F 检验：

$$
F = \frac{V_l^{(t+1)}}{[r_{(m+1),(m+1)}^{(t)} - V_l^{(t+1)}]/(n-k-2)} = \frac{0.2979}{(0.3255-0.2979)/(13-1-2)}
$$
$$
= 107.9348 > 4
$$

所以选上变量 X_1，对 $\boldsymbol{R}^{(1)}$ 做 $\boldsymbol{L}_1$ 变换得

$$
\boldsymbol{R}^{(2)} = \begin{bmatrix} 1.0641 & -0.0109 & -0.8693 & 0.2612 & 0.5631 \\ 0.0109 & 0.0532 & -0.1194 & 0.9756 & 0.0229 \\ 0.8693 & -0.1194 & 0.2891 & 0.1838 & -0.0505 \\ 0.2612 & -0.9756 & -0.1838 & 1.0641 & -0.6831 \\ -0.5631 & 0.0229 & -0.0505 & 0.6831 & 0.0275 \end{bmatrix}
$$

由于选上了新变量，所以对原有的变量 X_4 重新进行检验，此时已选出的变量个数 $k=2$，变换次数 $t=2$。根据式(4.2.10)算出偏回归平方和：

$$
V_4^{(2)} = \frac{(r_{45}^{(2)})^2}{r_{44}^{(2)}} = \frac{(-0.6831)^2}{1.6041} = 0.4385
$$

再根据式(4.2.12)进行 F 检验：

$$F=\frac{V_l^{(t)}}{r_{(m+1),(m+1)}^{(t)}/(n-k-1)}=\frac{0.438\ 5}{0.027\ 5/(13-2-1)}=159.454\ 5>4$$

所以 X_4 不能被剔除。此时已经选出的变量是 X_1 和 X_4。

接下来开始选第 3 个变量，变量 X_1 和 X_4 已经被选出，已选出的变量个数 $k=2$，变换次数 $t=2$，待选变量是 X_2 和 X_3，根据式(4.2.13)逐个计算偏回归平方和：

$$V_2^{(3)}=\frac{(r_{25}^{(2)})^2}{r_{22}^{(2)}}=\frac{0.022\ 9^2}{0.053\ 2}=0.009\ 9,\ V_3^{(3)}=\frac{(r_{35}^{(2)})^2}{r_{33}^{(1)}}=\frac{(-0.050\ 5)^2}{0.289\ 1}=0.008\ 8$$

最大的是 $V_2^{(3)}$，所以 $l=2$，根据式(4.2.15)对其做 F 检验：

$$F=\frac{V_l^{(t+1)}}{[r_{(m+1),(m+1)}^{(t)}-V_l^{(t+1)}]/(n-k-2)}=\frac{0.009\ 9}{(0.027\ 5-0.009\ 9)/(13-2-2)}$$
$$=5.062\ 5>4$$

所以选上变量 X_2，对 $\boldsymbol{R}^{(2)}$ 做 $\boldsymbol{L}_2$ 变换得

$$\boldsymbol{R}^{(3)}=\begin{bmatrix}1.066\ 3 & 0.204\ 4 & -0.893\ 7 & 0.460\ 6 & 0.567\ 7\\ 0.204\ 4 & 18.780\ 3 & -2.242\ 3 & 18.322\ 6 & 0.430\ 4\\ 0.893\ 7 & 2.242\ 3 & 0.021\ 3 & 2.371\ 4 & 0.000\ 9\\ 0.460\ 6 & 18.322\ 6 & -2.371\ 4 & 18.940\ 1 & -0.263\ 2\\ -0.567\ 7 & -0.430\ 4 & 0.000\ 9 & 0.263\ 2 & 0.017\ 7\end{bmatrix}$$

由于选上了新变量，所以对原有的变量 X_1 和 X_4 重新进行检验，此时已选出的变量个数 $k=3$，变换次数 $t=3$，要考虑是否有变量要剔除。根据式(4.2.10)算出偏回归平方和：

$$V_1^{(3)}=\frac{(r_{15}^{(3)})^2}{r_{11}^{(3)}}=\frac{0.567\ 7^2}{1.066\ 3}=0.302\ 2,\ V_4^{(3)}=\frac{(r_{45}^{(3)})^2}{r_{44}^{(2)}}=\frac{(-0.263\ 2)^2}{18.940\ 0}=0.003\ 7$$

其中最小的是 $V_4^{(3)}$，所以 $l=4$，再根据式(4.2.12)进行 F 检验：

$$F=\frac{V_l^{(t)}}{r_{(m+1),(m+1)}^{(t)}/(n-k-1)}=\frac{0.003\ 7}{0.017\ 7/(13-2-1)}=2.090\ 4<4$$

所以要剔除 X_4，$l=4$，对 $\boldsymbol{R}^{(3)}$ 做 $\boldsymbol{L}_4$ 变换得

$$\boldsymbol{R}^{(4)}=\begin{bmatrix}1.055\ 1 & -0.241\ 2 & -0.836\ 0 & -0.024\ 3 & 0.574\ 1\\ -0.241\ 2 & 1.055\ 1 & 0.051\ 8 & -0.967\ 4 & 0.685\ 0\\ 0.836\ 0 & -0.051\ 8 & 0.318\ 3 & -0.125\ 2 & 0.033\ 9\\ 0.024\ 3 & 0.967\ 4 & -0.125\ 2 & 0.052\ 8 & -0.013\ 9\\ -0.574\ 1 & -0.685\ 0 & 0.033\ 9 & -0.013\ 9 & 0.021\ 3\end{bmatrix}$$

由于剔除了 X_4，此时留下的变量是 X_1 和 X_2，已选出的变量个数 $k=2$，仍不为 0，因此继续考虑 X_1 和 X_2 有没有要被剔除的。此时变换次数 $t=4$，对 X_1 和 X_2 计算偏回归平方和：

$$V_1^{(4)}=\frac{(r_{15}^{(4)})^2}{r_{11}^{(4)}}=\frac{0.574\ 1^2}{1.055\ 1}=0.312\ 4,\ V_2^{(4)}=\frac{(r_{25}^{(4)})^2}{r_{22}^{(4)}}=\frac{0.685\ 0^2}{1.055\ 1}=0.444\ 7$$

其中最小的是 $V_1^{(4)}$，再根据式(4.2.12)进行 F 检验：

$$F=\frac{V_l^{(t)}}{r_{(m+1),(m+1)}^{(t)}/(n-k-1)}=\frac{0.312\ 4}{0.021\ 3/(13-2-1)}=146.666\ 7>4$$

所以没有变量要剔除。再考虑 X_3 和 X_4 有没有应该被选入的：

$$V_3^{(5)} = \frac{(r_{35}^{(4)})^2}{r_{33}^{(4)}} = \frac{0.033\,9^2}{0.318\,3} = 0.003\,6,\ V_4^{(5)} = \frac{(r_{45}^{(4)})^2}{r_{44}^{(4)}} = \frac{(-0.013\,9)^2}{0.052\,8} = 0.003\,7$$

其中最大的是 $V_4^{(5)}$，所以 $l=4$，根据式(4.2.15)对其做 F 检验：

$$F = \frac{V_l^{(t+1)}}{[r_{(m+1),(m+1)}^{(t)} - V_l^{(t+1)}]/(n-k-2)} = \frac{0.003\,7}{(0.021\,3-0.003\,7)/(13-2-2)}$$
$$= 1.892\,0 < 4$$

所以没有变量应该被选入。至此，变量选择过程结束。最终选出的最优变量子集为 $\{X_1, X_2\}$。

最后，根据式(4.2.16)和式(4.2.17)得最优回归方程为

$$Y = 52.774 + 1.468\,8X_1 + 0.662\,3X_2$$

经过检验，该回归方程本身和各个回归系数都是显著的。

§4.3 多因变量的多元线性回归

在实际应用中，除了前面介绍过的单个因变量线性回归问题之外，还存在多个因变量的多元线性回归问题。例如在环境科学中，在同一时间地点，抽取了大气样品，测得多种污染气体的浓度。大气样品中多种污染气体组成一个多维的随机向量，作为因变量，而大气中各污染气体的含量又与污染源的排放量以及气象因子等有关，这就是一个多因变量的回归问题。多因变量的回归问题一般不能化为多个多元线性回归问题来解决，因为多因变量之间一般存在某种相关关系，分开处理会丢失一部分它们之间相互联系的信息，使分析结果失真。

一、多因变量的多元线性回归模型

设有 m 个自变量 $X_1, X_2, \cdots, X_m$，p 个因变量 $Y_1, Y_2, \cdots, Y_p$。假设它们之间有线性关系

$$\begin{cases} Y_1 = \beta_{01} + \beta_{11}X_1 + \cdots + \beta_{m1}X_m \\ Y_2 = \beta_{02} + \beta_{12}X_1 + \cdots + \beta_{m2}X_m \\ \cdots\cdots \\ Y_p = \beta_{0p} + \beta_{1p}X_1 + \cdots + \beta_{mp}X_m \end{cases} \tag{4.3.1}$$

对 $(X_1, X_2, \cdots, X_m, Y_1, Y_2, \cdots, Y_p)$ 进行了 n 次观测，设自变量和因变量的样本矩阵分别为

$$\boldsymbol{X} = \begin{bmatrix} X_{11} & X_{12} & \cdots & X_{1m} \\ X_{21} & X_{22} & \cdots & X_{2m} \\ \cdots & \cdots & & \cdots \\ X_{n1} & X_{n2} & \cdots & X_{nm} \end{bmatrix}, \boldsymbol{Y} = \begin{bmatrix} Y_{11} & Y_{12} & \cdots & Y_{1p} \\ Y_{21} & Y_{22} & \cdots & Y_{2p} \\ \cdots & \cdots & & \cdots \\ Y_{n1} & Y_{n2} & \cdots & Y_{np} \end{bmatrix}$$

假设自变量和因变量的结果满足

$$Y_{tj} = \beta_{0j} + \beta_{1j}X_{t1} + \cdots + \beta_{mj}X_{tm} + \varepsilon_{tj} \quad (t=1,2,\cdots,n; j=1,2,\cdots,p)$$

记

$$\boldsymbol{\beta} = \begin{bmatrix} \beta_{01} & \beta_{02} & \cdots & \beta_{0p} \\ \beta_{11} & \beta_{12} & \cdots & \beta_{1p} \\ \cdots & \cdots & & \cdots \\ \beta_{m1} & \beta_{m2} & \cdots & \beta_{mp} \end{bmatrix} = \begin{bmatrix} \boldsymbol{\beta}_{(0)}^{\mathrm{T}} \\ \boldsymbol{\beta}_{(1)}^{\mathrm{T}} \\ \cdots \\ \boldsymbol{\beta}_{(m)}^{\mathrm{T}} \end{bmatrix} = (\boldsymbol{\beta}_1, \boldsymbol{\beta}_2, \cdots, \boldsymbol{\beta}_p)$$

$$\boldsymbol{E}=\begin{bmatrix}\varepsilon_{11} & \varepsilon_{12} & \cdots & \varepsilon_{1p}\\ \varepsilon_{21} & \varepsilon_{22} & \cdots & \varepsilon_{2p}\\ \cdots & \cdots & & \cdots\\ \varepsilon_{n1} & \varepsilon_{n2} & \cdots & \varepsilon_{np}\end{bmatrix}=\begin{bmatrix}\boldsymbol{\varepsilon}_{(1)}^{\mathrm{T}}\\ \boldsymbol{\varepsilon}_{(2)}^{\mathrm{T}}\\ \cdots\\ \boldsymbol{\varepsilon}_{(n)}^{\mathrm{T}}\end{bmatrix}=(\boldsymbol{\varepsilon}_1,\boldsymbol{\varepsilon}_2,\cdots,\boldsymbol{\varepsilon}_p)$$

$$\boldsymbol{C}=(\boldsymbol{1}_n \mid \boldsymbol{X})=\begin{bmatrix}1 & X_{11} & X_{12} & \cdots & X_{1m}\\ 1 & X_{21} & X_{22} & \cdots & X_{2m}\\ \cdots & \cdots & \cdots & & \cdots\\ 1 & X_{n1} & X_{n2} & \cdots & X_{nm}\end{bmatrix}$$

多个因变量与多个自变量的线性回归模型为

$$\begin{cases}\boldsymbol{Y}=(\boldsymbol{1}_n \mid \boldsymbol{X})\boldsymbol{\beta}+\boldsymbol{E}=\boldsymbol{C}\boldsymbol{\beta}+\boldsymbol{E}\\ \varepsilon_{(i)}\sim N_p(\boldsymbol{O},\boldsymbol{\Sigma})(i=1,2,\cdots,n),\text{且相互独立}\end{cases}\tag{4.3.2}$$

其中 $\mathrm{rank}(\boldsymbol{C})=m+1$。

二、$\boldsymbol{\beta}$ 与 $\boldsymbol{\Sigma}$ 的估计及其性质

对于参数矩阵 $\boldsymbol{\beta}$,与一个因变量的多元线性回归分析中的处理方法一样,仍采用最小二乘法进行估计,其主要思想是选取合适的参数矩阵使得残差平方和 $Q=\sum\limits_{i=1}^{n}\sum\limits_{j=1}^{p}\varepsilon_{ij}^2$ 达到最小,此时的参数矩阵就是估计结果。下面不加证明地给出结果。

定理 4.3.1 在模型(4.3.2)的条件下,有

(1) 参数矩阵 $\boldsymbol{\beta}$ 的最小二乘估计为

$$\hat{\boldsymbol{\beta}}=(\boldsymbol{C}^{\mathrm{T}}\boldsymbol{C})^{-1}\boldsymbol{C}^{\mathrm{T}}\boldsymbol{Y}\tag{4.3.3}$$

(2) $\hat{\boldsymbol{\beta}}$ 是 $\boldsymbol{\beta}$ 的无偏估计量。

(3) $\hat{\boldsymbol{\beta}}$ 服从正态分布。

若取

$$\boldsymbol{b}_{(0)}=(\beta_{01},\beta_{02},\cdots,\beta_{0p}),\boldsymbol{B}=\begin{bmatrix}\beta_{11} & \beta_{12} & \cdots & \beta_{1p}\\ \beta_{21} & \beta_{22} & \cdots & \beta_{2p}\\ \cdots & \cdots & & \cdots\\ \beta_{m1} & \beta_{m2} & \cdots & \beta_{mp}\end{bmatrix}$$

则有 $\boldsymbol{\beta}=\begin{bmatrix}\boldsymbol{b}_{(0)}\\ \boldsymbol{B}\end{bmatrix}$,再令

$$\boldsymbol{L}_{XX}=\boldsymbol{X}^{\mathrm{T}}(\boldsymbol{I}_n-\frac{1}{n}\boldsymbol{1}_n\boldsymbol{1}_n^{\mathrm{T}})\boldsymbol{X}$$

$$\overline{\boldsymbol{X}}=\frac{1}{n}\boldsymbol{X}^{\mathrm{T}}\boldsymbol{1}_n=(\overline{X}_1,\cdots,\overline{X}_m)^{\mathrm{T}}$$

$$\overline{\boldsymbol{Y}}=\frac{1}{n}\boldsymbol{Y}^{\mathrm{T}}\boldsymbol{1}_n=(\overline{Y}_1,\cdots,\overline{Y}_p)^{\mathrm{T}}$$

$$\boldsymbol{J}=\boldsymbol{1}_n\boldsymbol{1}_n^{\mathrm{T}}=(1)_{n\times n}$$

$$\boldsymbol{L}_{YY}=\boldsymbol{Y}^{\mathrm{T}}\left(\boldsymbol{I}_n-\frac{1}{n}\boldsymbol{1}_n\boldsymbol{1}_n^{\mathrm{T}}\right)\boldsymbol{Y}=\boldsymbol{Y}^{\mathrm{T}}(\boldsymbol{I}_n-\frac{1}{n}\boldsymbol{J})\boldsymbol{Y}$$

$$L_{XY}=X^{T}(I_n-\frac{1}{n}J)Y=X^{T}Y-n\bar{X}\bar{Y}^{T}=L_{YX}^{T}$$

参数矩阵 $\boldsymbol{\beta}$ 的最小二乘估计还可表示为

$$\hat{\boldsymbol{\beta}}=\begin{bmatrix}\hat{\boldsymbol{b}}_{(0)}\\ \hat{\boldsymbol{B}}\end{bmatrix}=\begin{bmatrix}\bar{\boldsymbol{Y}}^{T}-\bar{\boldsymbol{X}}^{T}\boldsymbol{L}_{XX}^{-1}\boldsymbol{L}_{XY}\\ \boldsymbol{L}_{XX}^{-1}\boldsymbol{L}_{XY}\end{bmatrix} \tag{4.3.4}$$

即

$$\hat{\boldsymbol{B}}=\boldsymbol{L}_{XX}^{-1}\boldsymbol{L}_{XY},\hat{\boldsymbol{b}}_{(0)}=\bar{\boldsymbol{Y}}^{T}-\bar{\boldsymbol{X}}^{T}\hat{\boldsymbol{B}} \tag{4.3.5}$$

在得到参数矩阵 $\boldsymbol{\beta}$ 的估计 $\hat{\boldsymbol{\beta}}$ 之后，代入式(4.3.1)便可得到回归方程，进而可以得到 $\boldsymbol{Y}$ 的理论值

$$\hat{\boldsymbol{Y}}=(\boldsymbol{1}_n,\boldsymbol{X})\begin{bmatrix}\hat{\boldsymbol{b}}_{(0)}\\ \hat{\boldsymbol{B}}\end{bmatrix}=\boldsymbol{1}_n\hat{\boldsymbol{b}}_{(0)}+\boldsymbol{X}\hat{\boldsymbol{B}}=\boldsymbol{1}_n\bar{\boldsymbol{Y}}^{T}+(\boldsymbol{I}_n-\frac{1}{n}\boldsymbol{J})\boldsymbol{X}\hat{\boldsymbol{B}} \tag{4.3.6}$$

称 $\boldsymbol{Y}-\hat{\boldsymbol{Y}}$ 为残差，利用残差可以对 $\boldsymbol{\Sigma}$ 进行估计。称

$$\boldsymbol{Q}=(\boldsymbol{Y}-\hat{\boldsymbol{Y}})^{T}(\boldsymbol{Y}-\hat{\boldsymbol{Y}})=\boldsymbol{Y}^{T}(\boldsymbol{I}_n-\boldsymbol{H})\boldsymbol{Y} \tag{4.3.7}$$

为**残差阵**，其中 $\boldsymbol{H}=\boldsymbol{C}(\boldsymbol{C}^{T}\boldsymbol{C})^{-1}\boldsymbol{C}^{T}$。

定理 4.3.2 在模型(4.3.2)的条件下，有

(1) $\hat{\boldsymbol{\Sigma}}=\frac{1}{n-m-1}\boldsymbol{Q}$ 是 $\boldsymbol{\Sigma}$ 的无偏估计量。

(2) $\hat{\boldsymbol{\beta}}$ 与 $\boldsymbol{Q}$ 相互独立。

(3) $\boldsymbol{Q}\sim \boldsymbol{W}_p(n-m-1,\boldsymbol{\Sigma})$。

若记 $\boldsymbol{L}_{XX}^{-1}=(l^{ij})$，$\hat{\boldsymbol{B}}=(b_{ij})_{m\times p}=(\hat{\boldsymbol{b}}_1,\cdots,\hat{\boldsymbol{b}}_p)=\begin{bmatrix}\hat{\boldsymbol{b}}_{(1)}\\ \vdots\\ \hat{\boldsymbol{b}}_{(m)}\end{bmatrix}$，$\boldsymbol{\Sigma}=(\sigma_{ij})$，则还有下面的定理成立。

定理 4.3.3 在模型(4.3.2)的条件下，有

(1) $\hat{\boldsymbol{b}}_{(0)}^{T}\sim N_p\left(\boldsymbol{b}_{(0)}^{T},(\frac{1}{n}+\bar{\boldsymbol{X}}^{T}\boldsymbol{L}_{XX}^{-1}\bar{\boldsymbol{X}})\boldsymbol{\Sigma}\right)$。

(2) $\hat{\boldsymbol{b}}_{(i)}^{T}\sim N_p(\boldsymbol{b}_{(i)}^{T},l^{ii}\boldsymbol{\Sigma})$ $(i=1,2,\cdots,m)$。

(3) $\hat{\boldsymbol{b}}_j\sim N_m(\boldsymbol{b}_j,\sigma_{jj}\boldsymbol{L}_{XX}^{-1})$ $(j=1,2,\cdots,p)$。

三、回归参数的显著性检验

多个因变量的多元线性回归分析中，回归参数的检验有两个方面。一方面是检验某个变量 X_i 的系数 $\boldsymbol{\beta}_{(i)}$ 是否全为零，借此判断变量 X_i 的作用是否显著；另一方面是判断某些变量的系数矩阵是否为零矩阵，借此判断这部分变量的作用是否显著。

首先对模型(4.1.2)的形式进行改写，使其变为

$$\begin{cases}\boldsymbol{Y}=(\boldsymbol{1}_n\ \vdots\ \boldsymbol{X})\begin{bmatrix}\boldsymbol{b}_{(0)}\\ \boldsymbol{B}_1\end{bmatrix}+\boldsymbol{X}_2\boldsymbol{B}_2+\boldsymbol{E},\\ \varepsilon_{(i)}\sim N_p(\boldsymbol{O},\boldsymbol{\Sigma})(i=1,2,\cdots,n)\end{cases} \tag{4.3.8}$$

其中 $\boldsymbol{C}=(\boldsymbol{1}_n \mid \boldsymbol{X})=(\boldsymbol{1}_n \mid \boldsymbol{X}_1 \mid \boldsymbol{X}_2)$，$\boldsymbol{X}_1$ 为 $n\times m_1$ 给定矩阵，$\boldsymbol{X}_2$ 为 $n\times m_2$ 给定矩阵，且 $m_1+m_2=m$，$\boldsymbol{B}=\begin{bmatrix}\boldsymbol{B}_1\\ \boldsymbol{B}_2\end{bmatrix}$，其中 $\boldsymbol{B}_1$ 为 $m_1\times p$ 参数矩阵，$\boldsymbol{B}_2$ 为 $m_2\times p$ 参数矩阵，且 $\operatorname{rank}(\boldsymbol{C})=\operatorname{rank}(\boldsymbol{1}_n \mid \boldsymbol{X}_1 \mid \boldsymbol{X}_2)=m+1$。

1. 检验 $H_0^{(i)}:\boldsymbol{\beta}_{(i)}=\boldsymbol{O}_p$

由定理 4.3.3 知

$$\hat{\boldsymbol{\beta}}_{(i)}=\hat{\boldsymbol{b}}_{(i)}^{\mathrm{T}}\sim N_p(\boldsymbol{\beta}_{(i)},l^{ii}\boldsymbol{\Sigma})\ (i=1,2,\cdots,m) \tag{4.3.9}$$

所以当 $H_0^{(i)}$ 为真时，有

$$\frac{1}{\sqrt{l^{ii}}}\boldsymbol{I}_p\hat{\boldsymbol{\beta}}_{(i)}\sim N_p(\boldsymbol{O},\boldsymbol{\Sigma}) \tag{4.3.10}$$

再由定理 4.3.2 知

$$\boldsymbol{Q}\sim \boldsymbol{W}_p(n-m-1,\boldsymbol{\Sigma}) \tag{4.3.11}$$

且 $\boldsymbol{Q}$ 与 $\hat{\boldsymbol{\beta}}_{(i)}$ 相互独立，由霍特林 T^2 分布的定义可得，当 $H_0^{(i)}$ 为真时，有

$$T^2=(n-m-1)\frac{\hat{\boldsymbol{\beta}}_{(i)}^{\mathrm{T}}\boldsymbol{Q}^{-1}\hat{\boldsymbol{\beta}}_{(i)}}{l^{ii}}\sim T^2(p,n-m-1)$$

利用霍特林 T^2 分布和 F 分布的关系可以构造出 $H_0^{(i)}$ 的检验统计量为

$$F=\frac{(n-m-1)-p+1}{(n-m-1)p}T^2=\frac{n-m-p}{p}\cdot\frac{\hat{\boldsymbol{\beta}}_{(i)}^{\mathrm{T}}\boldsymbol{Q}^{-1}\hat{\boldsymbol{\beta}}_{(i)}}{l^{ii}} \tag{4.3.12}$$

当 $H_0^{(i)}$ 为真时，$F\sim F(p,n-m-p)$。对于给定的显著水平 α，当 $F\geqslant F_\alpha(p,n-m-p)$ 时，拒绝 $H_0^{(i)}$，否则接受 $H_0^{(i)}$。

2. 检验 $H_0:\boldsymbol{B}_2=\boldsymbol{O}$

当 H_0 为真时，模型(4.3.8)变为

$$\begin{cases}\boldsymbol{Y}=(\boldsymbol{1}_n \mid \boldsymbol{X}_1)\begin{bmatrix}\boldsymbol{b}_{(0)}\\ \boldsymbol{B}_1\end{bmatrix}+\boldsymbol{E}=\boldsymbol{C}_1\boldsymbol{\beta}(1)+\boldsymbol{E},\\ \varepsilon_{(i)}\sim N_p(\boldsymbol{O},\boldsymbol{\Sigma})(i=1,2,\cdots,n)\text{ 且相互独立}\end{cases} \tag{4.3.13}$$

其相应的残差阵为 $\boldsymbol{Q}_1=\boldsymbol{Y}^{\mathrm{T}}(\boldsymbol{I}_n-\boldsymbol{H}_1)\boldsymbol{Y}$，其中 $\boldsymbol{H}_1=\boldsymbol{C}_1(\boldsymbol{C}_1{}^{\mathrm{T}}\boldsymbol{C}_1)^{-1}\boldsymbol{C}_1{}^{\mathrm{T}}$。

而模型(4.3.8)的残差阵为 $\boldsymbol{Q}=\boldsymbol{Y}^{\mathrm{T}}(\boldsymbol{I}_n-\boldsymbol{H})\boldsymbol{Y}$，其中 $\boldsymbol{H}=\boldsymbol{C}(\boldsymbol{C}^{\mathrm{T}}\boldsymbol{C})^{-1}\boldsymbol{C}^{\mathrm{T}}$。

定理 4.3.2 已经给出 $\boldsymbol{Q}\sim\boldsymbol{W}_p(n-m-1,\boldsymbol{\Sigma})$，事实上，还可以证明，当 H_0 为真时，有 $\boldsymbol{Q}_1-\boldsymbol{Q}\sim\boldsymbol{W}_p(m_2,\boldsymbol{\Sigma})$，且 $\boldsymbol{Q}$ 与 $\boldsymbol{Q}_1-\boldsymbol{Q}$ 相互独立。于是，利用似然比原理和威尔克斯 Λ 分布的定义可知，当 H_0 为真时，有

$$U=\frac{|\boldsymbol{Q}|}{|\boldsymbol{Q}+(\boldsymbol{Q}_1-\boldsymbol{Q})|}=\frac{|\boldsymbol{Q}|}{|\boldsymbol{Q}_1|}\sim\Lambda(p,n-m-1,m_2) \tag{4.3.14}$$

直观地看，若 H_0 成立，则 U 值应近似等于 1，若 U 值太小，则应否定假设 H_0。结合第 3 章中给出的威尔克斯 Λ 分布与 F 分布和 χ^2 分布的关系，可以把式(4.3.14)转化为 F 分布和 χ^2 分布来完成对 H_0 的检验。

(1) 当 $m_2=1$ 时：

$$F=\frac{n-m-p}{p}\cdot\frac{1-U}{U}\sim F(p,n-m-p) \tag{4.3.15}$$

对于给定的显著水平 α，当 $F \geqslant F_\alpha(p, n-m-p)$ 时，拒绝 H_0，否则接受 H_0。

(2) 当 $m_2 = 2$ 时：

$$F = \frac{n-m-p-1}{p} \cdot \frac{1-\sqrt{U}}{\sqrt{U}} \sim F(2p, 2(n-m-p-1)) \tag{4.3.16}$$

对于给定的显著水平 α，当 $F \geqslant F_\alpha(2p, 2(n-m-p-1))$ 时，拒绝 H_0，否则接受 H_0。

(3) 当 $p = 1$ 时：

$$F = \frac{n-m-1}{m_2} \cdot \frac{1-U}{U} \sim F(m_2, n-m-1) \tag{4.3.17}$$

对于给定的显著水平 α，当 $F \geqslant F_\alpha(m_2, n-m-1)$ 时，拒绝 H_0，否则接受 H_0。

(4) 当 $p = 2$ 时：

$$F = \frac{n-m-2}{m_2} \cdot \frac{1-\sqrt{U}}{\sqrt{U}} \sim F(2m_2, 2(n-m-2)) \tag{4.3.18}$$

对于给定的显著水平 α，当 $F \geqslant F_\alpha(2m_2, 2(n-m-2))$ 时，拒绝 H_0，否则接受 H_0。

(5) 在其他情况下，当 $n-m-1 > p$ 时，有近似分布

$$V = -\left(n - m_1 - 1 - \frac{p+m_2+1}{2}\right)\ln U \overset{\text{近似}}{\sim} \chi^2(pm_2) \tag{4.3.19}$$

对于给定的显著水平 α，当 $V \geqslant \chi_\alpha^2(pm_2)$ 时，拒绝 H_0，否则接受 H_0。

需要说明的是，当 H_0 被接受时，B_2 对应的那部分变量所起的作用不显著，此时可以用剩下的那部分变量来建立回归方程。当 $m_2 = m$ 时，H_0 代表着对回归方程整体的检验。

例 4.3.1 某育种实验室对某种作物的 9 各不同品种进行了实验，数据如表 4.3.1 所列，其中 X_1 代表冬季分蘖数(单位:万)，X_2 代表株高(单位:厘米)，Y_1 代表每穗粒数，Y_2 代表千粒重(单位:克)。试求 Y_1, Y_2 关于 X_1, X_2 的线性回归方程，并对 $\boldsymbol{\Sigma}$ 进行估计，在 0.05 的水平下分别对回归系数和回归方程进行检验(即检验 $H_0^{(i)}: \boldsymbol{\beta}_{(i)} = \boldsymbol{O}_2$，$(i=1,2)$ 和 $H_0: \boldsymbol{B}_2 = \boldsymbol{O}(m_2 = m)$)。

表 4.3.1 **育种实验数据表**

种子编号	X_1	X_2	Y_1	Y_2
1	11.5	95.3	26.4	39.2
2	9.0	97.7	30.8	46.8
3	7.9	110.7	39.7	39.1
4	9.1	89.0	35.4	35.3
5	11.6	88.0	29.3	37.0
6	13.0	87.7	24.6	44.8
7	11.6	79.7	25.6	43.7
8	10.7	119.3	29.9	38.8
9	11.1	87.7	32.2	35.6

解 由题目数据可知 $n = 9, m = 2, p = 2$，样本矩阵分别为

$$X=\begin{bmatrix}11.5 & 95.3\\ 9.0 & 97.7\\ 7.9 & 110.7\\ 9.1 & 89.0\\ 11.6 & 88.0\\ 13.0 & 87.7\\ 11.6 & 79.7\\ 10.7 & 119.3\\ 11.1 & 87.7\end{bmatrix},Y=\begin{bmatrix}26.4 & 39.2\\ 30.8 & 46.8\\ 39.7 & 39.1\\ 35.4 & 35.3\\ 29.3 & 37.0\\ 24.6 & 44.8\\ 25.6 & 43.7\\ 29.9 & 38.8\\ 32.2 & 35.6\end{bmatrix},C=\begin{bmatrix}1 & 11.5 & 95.3\\ 1 & 9.0 & 97.7\\ 1 & 7.9 & 110.7\\ 1 & 9.1 & 89.0\\ 1 & 11.6 & 88.0\\ 1 & 13.0 & 87.7\\ 1 & 11.6 & 79.7\\ 1 & 10.7 & 119.3\\ 1 & 11.1 & 87.7\end{bmatrix}$$

由 $\hat{\boldsymbol{\beta}}=(\boldsymbol{C}^{\mathrm{T}}\boldsymbol{C})^{-1}\boldsymbol{C}^{\mathrm{T}}\boldsymbol{Y}$ 算得

$$\hat{\boldsymbol{\beta}}=\begin{bmatrix}58.0806 & 36.9666\\ -2.6490 & 0.3472\\ 0.0049 & -0.0065\end{bmatrix}$$

从而得回归方程为

$$\begin{cases}Y_1=58.0806-2.6490X_1+0.0049X_2\\ Y_2=36.9666+0.3472X_1-0.0065X_2\end{cases}$$

由 $\boldsymbol{H}=\boldsymbol{C}(\boldsymbol{C}^{\mathrm{T}}\boldsymbol{C})^{-1}\boldsymbol{C}^{\mathrm{T}}$ 和 $\boldsymbol{Q}=\boldsymbol{Y}^{\mathrm{T}}(\boldsymbol{I}_n-\boldsymbol{H})\boldsymbol{Y}$ 算得

$$\boldsymbol{Q}=\begin{bmatrix}40.1001 & -54.8066\\ -54.8066 & 133.3692\end{bmatrix}$$

从而得

$$\hat{\boldsymbol{\Sigma}}=\frac{1}{n-m-1}\boldsymbol{Q}=\begin{bmatrix}6.6834 & -9.1344\\ -9.1344 & 22.2282\end{bmatrix}$$

由 $\boldsymbol{L}_{XX}=\boldsymbol{X}^{\mathrm{T}}(\boldsymbol{I}_n-\frac{1}{n}\boldsymbol{1}_n\boldsymbol{1}_n^{\mathrm{T}})\boldsymbol{X}$ 算得

$$\boldsymbol{L}_{XX}=\begin{bmatrix}20.9 & -78.5\\ -78.5 & 1\,270\end{bmatrix},\boldsymbol{L}_{XX}^{-1}=\begin{bmatrix}0.0622 & 0.0038\\ 0.0038 & 0.0010\end{bmatrix}$$

再由 $F=\frac{n-m-p}{p}\cdot\frac{\hat{\boldsymbol{\beta}}_{(i)}^{\mathrm{T}}\boldsymbol{Q}^{-1}\hat{\boldsymbol{\beta}}_{(i)}}{l^{ii}}$ 算得回归系数的检验统计量为 $F_1=14.4020$，$F_2=0.0014$，查表得 $F_\alpha(p,n-m-p)=F_{0.05}(2,5)=5.7861$，表明变量 X_1 对 Y_1,Y_2 的作用是显著的，而变量 X_2 对 Y_1,Y_2 的作用是不显著的。

由 $\boldsymbol{H}_1=\boldsymbol{C}_1(\boldsymbol{C}_1^{\mathrm{T}}\boldsymbol{C}_1)^{-1}\boldsymbol{C}_1^{\mathrm{T}}$ 和 $\boldsymbol{Q}_1=\boldsymbol{Y}^{\mathrm{T}}(\boldsymbol{I}_n-\boldsymbol{H}_1)\boldsymbol{Y}$，以及 $\boldsymbol{C}_1=\boldsymbol{1}_n$ 算得

$$\boldsymbol{Q}_1=\begin{bmatrix}189.02 & -75.58\\ -75.58 & 136.30\end{bmatrix},U=\frac{|Q|}{|Q_1|}=0.1169$$

由于 $m_2=2$，所以回归方程的检验统计量为

$$F=\frac{n-m-p-1}{p}\cdot\frac{1-\sqrt{U}}{\sqrt{U}}=3.8491$$

而查表得 $F_\alpha(2p,2(n-m-p-1))=F_{0.05}(4,8)=3.8397$，所以回归方程整体是显著的。

从这个例子，我们可以看到，和一个因变量的多元线性回归问题类似，多因变量的多元

线性回归问题也会出现回归方程整体是显著的,但部分变量不显著的情况。所以为了寻找每个变量和回归方程同时都是显著的最优回归方程,人们对多因变量的多元线性回归也研究出了逐步回归等方法。由于这些方法比较复杂,本书在此不做描述,有兴趣的读者可以参考相关的文献。

习题四

1. 棉花的纤维强度 Y 跟纤维的公制支数 X_1 和纤维成熟度 X_2 有关,现对28个棉花样本进行了观测,得到观测数据如下表所列,试建立 Y 关于 X_1,X_2 的线性回归方程,并在0.05的水平下对回归系数和回归方程的显著性进行检验,同时给出 σ^2 的估计和修正过的判定系数。

序号	X_1	X_2	Y	序号	X_1	X_2	Y
1	5 145	1.58	4.03	15	6 208	1.70	4.00
2	5 700	1.38	4.01	16	5 798	1.59	3.81
3	5 674	1.57	4.00	17	5 551	1.61	4.19
4	5 698	1.55	4.09	18	6 689	1.57	3.81
5	6 165	1.52	3.73	19	6 060	1.53	3.96
6	5 929	1.60	4.09	20	6 059	1.55	3.93
7	7 505	1.14	2.95	21	6 370	1.49	3.72
8	5 920	1.50	3.90	22	6 102	1.45	3.84
9	7 646	1.18	2.89	23	6 245	1.50	3.88
10	6 556	1.27	3.48	24	6 644	1.45	3.38
11	6 475	1.50	3.60	25	6 191	1.58	3.76
12	5 907	1.50	3.77	26	6 532	1.50	3.79
13	5 679	1.54	3.94	27	5 999	1.59	4.09
14	6 618	1.20	3.66	28	5 815	1.70	3.92

2. 设 Y 与 X_1,X_2,X_3 有线性关系,观测数据如下表所列,使用全子集法的7个评价指标分别寻找最优回归变量集。

序号	X_1	X_2	X_3	Y
1	38	47.5	23	66
2	41	21.3	17	43
3	34	36.5	21	36
4	35	18.0	14	23
5	31	29.5	11	27
6	34	14.2	9	14
7	29	21.0	4	12
8	32	10.0	8	8

3. 已知男性年龄和头发粗细的 6 组观测值如下表所列：

序号	1	2	3	4	5	6
年龄 X	20	30	40	50	60	70
头发粗度 Y	101	98	96	94	86	80

年龄 X 和头发粗度 Y 之间的关系大约为

$$Y=\beta_0+\beta_1 X+\beta_2 X^2$$

试求该回归方程并进行评价。

4. 考虑洛河在某河段河水受污染情况，考察的指标因变量有两个，Y_1 表示 BOD 浓度，Y_2 表示氧亏浓度。自变量有 7 个，X_1 表示初始断面的 BOD 浓度 L_0，X_2 表示初始断面的氧亏浓度 C_0，X_3 表示水温 T，X_4 河流流量 Q，X_5 表示排口流量 g，X_6 表示污水 BOD 浓度 l，X_7 流过该河段所需时间 t。共观测了 15 组数据，如下表所列。试求回归方程，并对回归方程和回归系数进行检验（显著水平取 0.05）。

序号	X_1	X_2	X_3	X_4	X_5	X_6	X_7	Y_1	Y_2
1	6.88	−0.25	27.0	67.478 4	1.123 2	477	0.083	9.35	−2.66
2	6.08	−2.21	27.5	47.779 2	1.123 2	193	0.083	12.30	−4.02
3	2.14	−3.04	26.0	47.779 2	1.123 2	404	0.083	15.60	−4.59
4	5.02	−0.73	26.0	85.622 4	1.123 2	363	0.073	5.88	−3.96
5	7.89	−2.26	26.0	85.622 4	1.123 2	363	0.069	6.34	−3.02
6	2.38	−1.65	15.0	149.040 0	1.555 2	428	0.104	4.00	−1.74
7	1.86	−1.35	15.8	149.040 0	1.555 2	428	0.104	3.76	−1.47
8	1.02	−2.12	17.1	149.472 0	1.382 4	428	0.104	3.98	−2.33
9	1.22	−1.92	17.5	149.472 0	1.382 4	428	0.104	3.98	−2.19
10	0.90	−0.27	17.0	362.880 0	0.993 6	202	0.104	2.78	0.33
11	2.58	−0.09	17.0	362.880 0	0.993 6	202	0.104	1.88	0.23
12	2.78	−1.17	13.5	326.592 0	0.993 6	114	0.104	2.56	−0.74
13	2.10	−1.30	13.5	326.592 0	0.993 6	114	0.104	2.72	−0.80
14	2.32	−0.60	14.5	364.608 0	0.864 0	57	0.104	1.64	−0.62
15	2.96	−0.60	14.5	364.608 0	0.864 0	57	0.104	2.36	−0.32

第5章 聚类分析

我国有句成语叫作“物以类聚，人以群分”，用来比喻同类的东西常聚在一起，志同道合的人相聚成群，反之就分开。对事物进行分类，是人们认识事物的出发点，也是人们认识世界的一种重要方法。例如，在考古学中，要将某些古生物化石进行科学的分类；在生物学中，要根据各生物体的综合特征进行分类。

本章要介绍的分类方法称为聚类分析。聚类分析就是一种分类方法，它将一批样本或变量，按照一定的指标对它们在性质上相似或疏远程度进行科学的分组。所谓的类，指的就是我们分出来的组。而度量相似或疏远程度常有两种指标：距离和相似系数。

有人称按照观测值对变量的分类为R型聚类，而称按照变量对观测值的分类称为Q型聚类。这两种聚类在数学上是对称的，没有什么不同。

§5.1 聚类统计量

一、数据变换

假设自变量为 $X_1, X_2, \cdots, X_m$，对其进行了 n 次观测，获得的样本矩阵为

$$\boldsymbol{X}=\begin{bmatrix} X_{11} & X_{12} & \cdots & X_{1m} \\ X_{21} & X_{22} & \cdots & X_{2m} \\ \cdots & \cdots & & \cdots \\ X_{n1} & X_{n2} & \cdots & X_{nm} \end{bmatrix}$$

其中 $\boldsymbol{X}$ 的每一行代表依次观测结果，每一列代表同一个变量的 n 次观测结果。通常用 $\overline{X}_j=\frac{1}{n}\sum_{i=1}^{n}X_{ij}$ 代表变量 $X_j(j=1,2,\cdots,m)$ 的均值，用 $S_j=\sqrt{\frac{1}{n-1}\sum_{i=1}^{n}(X_{ij}-\overline{X}_j)^2}$ 代表变量 $X_j(j=1,2,\cdots,m)$ 的标准差，用 $R_j=\max\limits_{i=1,\cdots,n}\{X_{ij}\}-\min\limits_{i=1,\cdots,n}\{X_{ij}\}$ 代表量 $X_j(j=1,2,\cdots,m)$ 的极差。对于样本数据，有时要经过一定的变换之后才能使用，常用的数据变换方法有：

（1）中心化变换，变换形式为

$$X_{ij}^{*}=X_{ij}-\overline{X}_j,(i=1,2,\cdots,n;j=1,2,\cdots,m) \tag{5.1.1}$$

（2）标准化变换，变换形式为

$$X_{ij}^{*}=\frac{X_{ij}-\overline{X}_j}{S_j},(i=1,2,\cdots,n;j=1,2,\cdots,m) \tag{5.1.2}$$

（3）极差标准化变换，变换形式为

$$X_{ij}^{*}=\frac{X_{ij}-\overline{X}_j}{R_j},(i=1,2,\cdots,n;j=1,2,\cdots,m) \tag{5.1.3}$$

（4）极差正规化变换，变换形式为

$$X_{ij}^* = \frac{X_{ij} - \min\limits_{i=1,\cdots,n}\{X_{ij}\}}{R_j},(i=1,2,\cdots,n;j=1,2,\cdots,m) \tag{5.1.4}$$

（5）对数变换，变换形式为

$$X_{ij}^* = \ln X_{ij},(X_{ij}>0,i=1,2,\cdots,n;j=1,2,\cdots,m) \tag{5.1.5}$$

这些变换各有优点，中心化变换不会改变协方差阵，而标准化变换、极差标准化变换、极差正规化变换的结果都是无量纲的，对数变换则可以将指数关系变为线性关系。

二、样本的相似性度量

度量样本之间的相似性常用的是距离。两个样本之间的距离公式可以从不同角度进行定义，令 d_{ij} 表示样品 $\boldsymbol{X}_{(i)}$ 与 $\boldsymbol{X}_{(j)}$ 的距离，d_{ij} 应满足以下要求：

（1）非负性：$d_{ij} \geqslant 0$，当且仅当 $i=j$ 时取等号。

（2）对称性：$d_{ij}=d_{ji}$ 恒成立。

（3）三角不等式：$d_{ik}+d_{kj} \geqslant d_{ij}$ 恒成立。

常用的距离表达形式有：

1. 闵科夫斯基(Minkowski)距离

简称闵氏距离，表达式为

$$d_{ij}(q) = \left(\sum_{k=1}^{m} |X_{ik}-X_{jk}|^q\right)^{1/q},(i,j=1,2,\cdots,n) \tag{5.1.6}$$

闵氏距离按 q 的取值不同又可分成：

（1）$q=1$ 时称为绝对值距离：

$$d_{ij}(1) = \sum_{k=1}^{m} |X_{ik}-X_{jk}| \tag{5.1.7}$$

（2）$q=2$ 时称为欧氏距离：

$$d_{ij}(2) = \left(\sum_{k=1}^{m} |X_{ik}-X_{jk}|^2\right)^{1/2} \tag{5.1.8}$$

（3）$q=\infty$ 时称为切比雪夫距离：

$$d_{ij}(\infty) = \max_{1\leqslant k\leqslant m} |X_{ik}-X_{jk}| \tag{5.1.9}$$

2. 马氏距离

全称为马哈拉诺比斯(Mahalanobis)距离，表达式为

$$d_{ij}(M) = (\boldsymbol{X}_{(i)}-\boldsymbol{X}_{(j)})^{\mathrm{T}}\boldsymbol{S}^{-1}(\boldsymbol{X}_{(i)}-\boldsymbol{X}_{(j)}) \tag{5.1.10}$$

其中 $\boldsymbol{S}$ 为样本协方差阵。马氏距离又称为广义欧氏距离。马氏距离与上述各种距离的主要不同就是它考虑了观测变量之间的相关性。马氏距离还考虑了观测变量之间的变异性，不再受各指标量纲的影响。将原始数据作线性变换后，马氏距离不变。

3. 兰氏距离

兰氏距离表达式为

$$d_{ij}(L) = \frac{1}{m}\sum_{k=1}^{m} \frac{|X_{ik}-X_{jk}|}{X_{ik}+X_{jk}} \tag{5.1.11}$$

这个距离最早是由 Lance 和 Williams 提出来的，所以称为兰氏距离。兰氏距离适用于 $X_{ij}>0$ 的情况。这个距离也可以克服各个指标之间量纲的影响，对大的奇异值不敏感，它特别适合于高度偏倚的数据。但它没有考虑指标之间的相关性。

4. 斜交空间距离

斜交空间距离表达式为

$$d_{ij}=\left[\frac{1}{m^2}\sum_{k=1}^{m}\sum_{l=1}^{m}(X_{ik}-X_{jk})(X_{il}-X_{jl})r_{kl}\right]^{1/2} \tag{5.1.12}$$

其中 r_{kl} 是变量 X_k 与 X_l 间的相关系数。斜交空间距离可以在变量之间具有一定相关性的情况下保持变量的谱系结构不发生变形。

三、变量之间的相似性度量

聚类不仅可以施用于样本，也可以施用于变量。当对 m 个变量进行聚类时，用相似系数衡量变量间的关联程度。一般地，称 C_{ij} 为变量 X_i 和 X_j 之间的相似系数，如果对一切的 $1\leqslant i,j\leqslant p$ 恒有 $|C_{ij}|\leqslant 1$，并且 $C_{ii}=1$，以及 $C_{ij}=C_{ji}$。

C_{ij} 越接近于1，说明变量 X_i 和 X_j 之间的关系越密切。设 $(X_{1i},X_{2i},\cdots,X_{mi})^{\mathrm{T}}$ 表示对变量 $X_i(i=1,2,\cdots,m)$ 的 n 个观测值，常用的相似系数有：

1. 夹角余弦

其表达式为

$$C_{ij}(1)=\cos\theta_{ij}=\frac{\sum_{k=1}^{n}X_{ki}X_{kj}}{\sqrt{\sum_{k=1}^{n}X_{ki}^2\sum_{k=1}^{n}X_{kj}^2}}\quad(i,j=1,2,\cdots,m) \tag{5.1.13}$$

当 $C_{ij}(1)=1$ 时，说明 X_i 和 X_j 完全相似；当 $C_{ij}(1)=0$ 时，说明 X_i 和 X_j 完全不一样。

2. 相关系数

从统计角度看，两个随机变量的相关系数是描述这两个变量线性关系强弱的一个很有用的数字特征。因此，用任意两个变量的 n 个观测值对其相关系数的估计可作为两个变量关联性的一种度量。相关系数的表达式为

$$C_{ij}(2)=r_{ij}=\frac{\sum_{k=1}^{n}(X_{ki}-\overline{X}_i)(X_{kj}-\overline{X}_j)}{\sqrt{\sum_{k=1}^{n}(X_{ki}-\overline{X}_i)^2}\sqrt{\sum_{k=1}^{n}(X_{kj}-\overline{X}_j)^2}}\quad(i,j=1,2,\cdots,m) \tag{5.1.14}$$

§5.2 系统聚类法

系统聚类法也被称为谱系聚类法，是使用比较广泛的一种聚类方法，其结果可以用谱系图进行表达，直观易用。

一、系统聚类的思想

假设我们有对自变量为 $X_1,X_2,\cdots,X_m$ 的 n 次观测样本 $\boldsymbol{X}_{(1)},\boldsymbol{X}_{(2)},\cdots,\boldsymbol{X}_{(n)}$，系统聚类的基本思想是：首先定义样本之间的距离和类与类之间的距离，计算出所有样本之间的距离，找到距离最小的两个样本（也可能是若干个距离相等且同时最小的样本），将其合并，形成一个类。然后把剩余的样本也看成类，计算所有类与类之间的距离，找到距离最小的将其合并为新的类，不断地重复这一过程，直到所有的样本都被聚为一类为止。完成聚类以后，再根

据实际需要确定分类的个数，从聚类结果中找出每一个类的成员。

从系统聚类的思想可以看出，样本之间的距离和类与类之间的距离如何定义，对于聚类结果有着重要影响，不同的距离定义产生了不同的系统聚类方法。样本之间的距离定义在上一节已经介绍过，下面介绍类与类之间的距离定义。

二、类与类之间的距离

用 G_i 和 G_j 分别表示第 i 类和第 j 类，它们之间的距离用 D_{ij} 表示，用 d_{ij} 表示样品 $\boldsymbol{X}_{(i)}$ 与 $\boldsymbol{X}_{(j)}$ 的距离。类与类之间的距离定义多以递归的方式给出，常用的定义方法有以下几种：

1. 最短距离法

类 G_p 与 G_q 之间的距离为两类中所有样品之间距离最小者，即

$$D_{pq} = \min_{X_{(i)} \in G_p, X_{(j)} \in G_q} d_{ij}$$

当类 G_p 与 G_q 合并成一个新类 G_r 后，则任一类 G_k 与 G_r 的距离为

$$D_{kr} = \min_{X_{(i)} \in G_k, X_{(j)} \in G_r} d_{ij} = \min\{D_{kp}, D_{kq}\} \tag{5.2.1}$$

2. 最长距离法

类 G_p 与 G_q 之间的距离为两类最远样品的距离，即

$$D_{pq} = \max_{X_i \in G_p, X_j \in G_q} d_{ij}$$

将类 G_p 与 G_q 合并为类 G_r，则任一类 G_k 与 G_r 的类距离公式为

$$D_{kr} = \max_{X_{(i)} \in G_k, X_{(j)} \in G_r} d_{ij} = \max\{D_{kp}, D_{kq}\} \tag{5.2.2}$$

3. 中间距离法

如果 $G_r = G_p \cup G_q$，则任一类 G_k 与新类 G_r 的距离公式为

$$D_{kr}^2 = \frac{1}{2}D_{kp}^2 + \frac{1}{2}D_{kq}^2 + \beta D_{pq}^2 \quad \left(-\frac{1}{4} \leqslant \beta \leqslant 0, k \neq p, q\right) \tag{5.2.3}$$

如果用最短距离法，则 $D_{kr} = D_{kp}$。如果用最长距离法，则 $D_{kr} = D_{kq}$。当 $\beta = -\frac{1}{4}$ 时，D_{kr} 就是以 D_{kp}, D_{kq}, D_{pq} 为边长的三角形 D_{pq} 边上的中线。

4. 重心法

设 G_p 与 G_q 合并成新类 G_r，它们分别含有 n_p、n_q 和 n_r（$n_r = n_p + n_q$）个样本点，它们的重心分别为 $\overline{\boldsymbol{X}}^{(p)}$、$\overline{\boldsymbol{X}}^{(q)}$ 和 $\overline{\boldsymbol{X}}^{(r)}$，则 $\overline{\boldsymbol{X}}^{(r)} = \frac{1}{n_r}(n_p\overline{\boldsymbol{X}}^{(p)} + n_q\overline{\boldsymbol{X}}^{(q)})$。设某一类 G_k 的重心为 $\overline{\boldsymbol{X}}^{(k)}$，则它与新类 G_r 的距离公式为

$$D_{kr}^2 = \frac{n_p}{n_r}D_{kp}^2 + \frac{n_q}{n_r}D_{kq}^2 - \frac{n_p}{n_r}\frac{n_q}{n_r}D_{pq}^2 (k \neq p, q) \tag{5.2.4}$$

实际上，D_{kr}^2 就是 $\overline{\boldsymbol{X}}^{(k)}$ 与 $\overline{\boldsymbol{X}}^{(r)}$ 的欧氏距离。

5. 类平均法

类平均法定义类间距离平方为这两类元素两两之间距离平方的平均数，即

$$D_{pq}^2 = \frac{1}{n_p n_q}\sum_{X_{(i)} \in G_p}\sum_{X_{(j)} \in G_q} d_{ij}^2 \tag{5.2.5}$$

设聚类的某一步将 G_p 和 G_q 合并为新类 G_r，则任意一个类 G_k 与 G_r 的距离为

$$D_{kr}^2=\frac{1}{n_kn_r}\sum_{X_{(i)}\in G_k}\sum_{X_{(j)}\in G_r}d_{ij}^2=\frac{1}{n_kn_r}\Big(\sum_{X_{(i)}\in G_k}\sum_{X_{(j)}\in G_p}d_{ij}^2+\sum_{X_{(i)}\in G_k}\sum_{X_{(j)}\in G_q}d_{ij}^2\Big)=\frac{n_p}{n_r}D_{kp}^2+\frac{n_q}{n_r}D_{kq}^2$$

6. 可变类平均法

如果将 G_p 与 G_q 合并为新类 G_r，类 G_k 与新并类 G_r 的距离公式为

$$D_{kr}^2=(1-\beta)\left(\frac{n_p}{n_r}D_{kp}^2+\frac{n_q}{n_r}D_{kq}^2\right)+\beta D_{pq}^2 \tag{5.2.6}$$

其中 β 是可变的，且 $\beta<1$。使用这种定义去分类时，分类效果与 β 有极为密切的关系，β 越靠近 1 时分类效果越不好，一般常用负值。

7. 可变法

如果将类 G_p 和 G_q 合并为新类 G_r，类 G_k 与新并类 G_r 的距离公式为

$$D_{kr}^2=\frac{1-\beta}{2}(D_{kp}^2+D_{kq}^2)+\beta D_{pq}^2 \tag{5.2.7}$$

其中 β 是可变的，且 $\beta<1$。显然在可变类平均法中取 $\frac{n_p}{n_r}=\frac{n_q}{n_r}=\frac{1}{2}$，即为可变法。与可变类平均法一样，可变法的分类效果与 β 的选择关系很大，在实际应用中 β 常取负值。

8. 离差平方和法

如果将类 G_p 与 G_q 合并为新类 G_r，类 G_k 与新并类 G_r 的距离公式为

$$D_{kr}^2=\frac{n_k+n_p}{n_r+n_k}D_{kp}^2+\frac{n_k+n_q}{n_r+n_k}D_{kq}^2-\frac{n_k}{n_r+n_k}D_{pq}^2 \tag{5.2.8}$$

三、系统聚类的步骤

根据系统聚类法的思想，在定义了类与类之间的距离之后，总结出系统聚类的基本步骤如下：

Step1 选取样本间距离公式和类间距离公式。计算所有样本之间的距离，得到样本的两两距离阵，此时相当于把每个样本看成一个类，类的总数为样本容量 n。

Step2 进行第 $i(i=1,2,3,\cdots)$ 次聚类：根据类间距离矩阵 $\boldsymbol{D}^{(i-1)}$ 找出距离最小的两个类，将其合并为一个新类，类的总数减少 1 个。

Step3 判断类的总数是否为 1。若类的总数为 1，则进行下一步。若类的总数仍大于 1，则利用选择的类间距公式计算 Step2 中并类后的两两类间距离矩阵 $\boldsymbol{D}^{(i)}$，计数器 $i:=i+1$，转到 Step2 继续执行。

Step4 根据聚类结果画出聚类谱系图。

Step5 决定分类个数以及每个类的成员。

对变量的系统聚类法步骤与对样本的系统聚类法类似。

这里应该注意，使用不同的距离定义，即不同的聚类方法，聚类结果不一定完全相同，一般只是大致相似。如果有很大的差异，则应该仔细考查，找到问题所在。另外，可将聚类结果与实际问题对照，看哪一个结果更符合经验。对于不同的类间距离定义，Lance 和 Williams 在 1967 年给出了一个统一的公式：

$$D_{kr}^2=\alpha_pD_{kp}^2+\alpha_qD_{kq}^2+\beta D_{pq}^2+\gamma\left|D_{kp}^2-D_{kq}^2\right| \tag{5.2.9}$$

参数 α_p、α_q、β、γ 选取不同的值可以得到式(5.2.1)～式(5.2.8)中的所有公式，对应关系如表 5.2.1 所列。

表 5.2.1　　系统聚类法参数表

方　法	α_p	α_q	β	γ
最短距离法	1/2	1/2	0	−1/2
最长距离法	1/2	1/2	0	1/2
中间距离法	1/2	1/2	−1/4	0
重心法	n_p/n_r	n_q/n_r	$-\alpha_p\alpha_q$	0
类平均法	n_p/n_r	n_q/n_r	0	0
可变类平均法	$(1-\beta)n_p/n_r$	$(1-\beta)n_q/n_r$	$\beta(<1)$	0
可变法	$(1-\beta)/2$	$(1-\beta)/2$	$\beta(<1)$	0
离差平方和法	$(n_p+n_k)/(n_r+n_k)$	$(n_q+n_k)/(n_r+n_k)$	$-n_k/(n_k+n_r)$	0

四、系统聚类的性质

1. 单调性

设 D_k 是系统聚类中第 k 次并类的距离，一个系统聚类法若能保证 $\{D_k\}$ 是严格单调上升的，则称它具有单调性。前面提到的 8 种方法中，中心法和中间距离法不具有单调性，其他 6 种都具有单调性。

2. 空间的浓缩和扩张

设有两种系统聚类法 A 和 B，它们在第 i 步的距离矩阵分别为 $\boldsymbol{A}_i$ 和 $\boldsymbol{B}_i$。若 $\boldsymbol{A}_i$ 中的元素均大于等于 $\boldsymbol{B}_i$ 中的对应元素，则记为 $\boldsymbol{A}_i \geqslant \boldsymbol{B}_i (i=0,1,\cdots,n-1)$，称方法 A 比方法 B 更使空间扩张，或则称方法 B 比方法 A 更使空间浓缩。

太浓缩的方法不够灵敏，太扩张的方法容易失真，不太浓缩也不太扩张的方法比较适中。前面提到的 8 种方法中，类平均法就是比较适中的方法。

3. 最优化性质

设有 n 个样品，欲分成 k 类，设 $b_k=\{P_1,P_2,\cdots,P_k\}$ 是任意一种分法，定义一个损失函数 $L(b_k)$，若 $L(\cdot)$ 越小表示分类越合理，则希望找到一个 b_k^*，使得

$$L(b_k^*)=\min_{b_k\in F_k} L(b_k)$$

其中 F_k 是一切 b_k 的集合，则称 b_k^* 是(在损失函数 $L(b_k)$ 意义下的)最优解。

定义损失函数的方法有许多，如 $L(b_k)=\sum_{i=1}^{k} D_{P_i}$，其中 D_{P_k} 表示 P_k 的直径。最短距离法是具有最优化性质的方法。

相对而言，类平均法、最短距离法和离差平方和法是实际应用中比较多的聚类方法。

五、类的个数的确定

将样本或变量分为多少个类是最合理的，目前仍无定论。在聚类分析的实际应用中，除了根据需要人为指定类的个数以外，还有一些其他的确定类的个数的方法。例如，选取适当的阈值，类间距离小于该阈值的可以归为一类，否则不能归为一类。又如，利用数据点的散点图直观地确定类的个数。此外，也可以利用一些统计量确定类的个数。

例 5.2.1　现有 6 台设备的 4 个指标（X_1,X_2,X_3,X_4）的观测数据，如表 5.2.2 所列，若采用欧氏距离作为样本间距离，采用最小距离法作为类间距离定义，试用系统聚类法对这

6 台设备进行聚类。

表 5.2.2　　　　6 台设备的观测数据

序号	X_1	X_2	X_3	X_4
设备 1	10	29	39	17
设备 2	13	27	75	30
设备 3	17	32	69	33
设备 4	20	37	41	24
设备 5	19	33	40	40
设备 6	25	39	46	46

解　首先计算出初始的 6 个样本间的距离矩阵为

$$\begin{array}{c} \\ \text{设备 1} \\ \text{设备 2} \\ \text{设备 3} \\ \text{设备 4} \\ \text{设备 5} \\ \text{设备 6} \end{array} \begin{array}{c} \begin{array}{cccccc} \text{设备 1} & \text{设备 2} & \text{设备 3} & \text{设备 4} & \text{设备 5} & \text{设备 6} \end{array} \\ \begin{bmatrix} 0.0000 & 38.4448 & 34.8425 & 14.7309 & 25.0400 & 34.8569 \\ & 0.0000 & 9.2736 & 36.6197 & 37.3765 & 37.2156 \\ & & 0.0000 & 29.9833 & 29.9166 & 28.4781 \\ & & & 0.0000 & 16.5529 & 23.1948 \\ & & & & 0.0000 & 12.0000 \\ & & & & & 0.0000 \end{bmatrix} \end{array}$$

从初始距离矩阵可以看出，最小距离 9.273 6 是设备 2 和设备 3 之间的距离，因此将设备 2 和设备 3 聚为一类，记为“CL1”，然后计算出第一次聚类后的距离矩阵为

$$\begin{array}{c} \\ \text{设备 1} \\ \text{CL1} \\ \text{设备 4} \\ \text{设备 5} \\ \text{设备 6} \end{array} \begin{array}{c} \begin{array}{ccccc} \text{设备 1} & \text{CL1} & \text{设备 4} & \text{设备 5} & \text{设备 6} \end{array} \\ \begin{bmatrix} 0.0000 & 34.8425 & 14.7309 & 25.0400 & 34.8569 \\ & 0.0000 & 29.9833 & 29.9166 & 28.4781 \\ & & 0.0000 & 16.5529 & 23.1948 \\ & & & 0.0000 & 12.0000 \\ & & & & 0.0000 \end{bmatrix} \end{array}$$

从第一次聚类后的距离矩阵中找出最小距离为 12，是设备 5 和设备 6 的距离，于是将设备 5 和设备 6 聚为一类，记为“CL2”，计算出第二次聚类后的距离矩阵为

$$\begin{array}{c} \\ \text{设备 1} \\ \text{CL1} \\ \text{设备 4} \\ \text{CL2} \end{array} \begin{array}{c} \begin{array}{cccc} \text{设备 1} & \text{CL1} & \text{设备 4} & \text{CL2} \end{array} \\ \begin{bmatrix} 0.0000 & 34.8425 & 14.7309 & 25.0400 \\ & 0.0000 & 29.9833 & 28.4781 \\ & & 0.0000 & 16.5529 \\ & & & 0.0000 \end{bmatrix} \end{array}$$

从第二次聚类后的距离矩阵中找出最小距离为 14.730 9，是设备 1 和设备 4 的距离，于是将设备 1 和设备 4 聚为一类，记为“CL3”，计算出第三次聚类后的距离矩阵为

$$\begin{array}{c} \\ \text{CL3} \\ \text{CL1} \\ \text{CL2} \end{array} \begin{array}{c} \begin{array}{ccc} \text{CL3} & \text{CL1} & \text{CL2} \end{array} \\ \begin{bmatrix} 0.0000 & 29.9833 & 16.5529 \\ & 0.0000 & 28.4781 \\ & & 0.0000 \end{bmatrix} \end{array}$$

从第三次聚类后的距离矩阵中找出最小距离为 16.552 9,是 CL2 和 CL3 的距离,于是将 CL2 和 CL3 聚为一类,记为"CL4",计算出第四次聚类后的距离矩阵为

	CL4	CL1
CL4	0.000 0	28.478 1
CL1		0.000 0

最后将 CL1 和 CL4 并为一类,聚类结束。画出谱系图如图 5.2.1 所示。

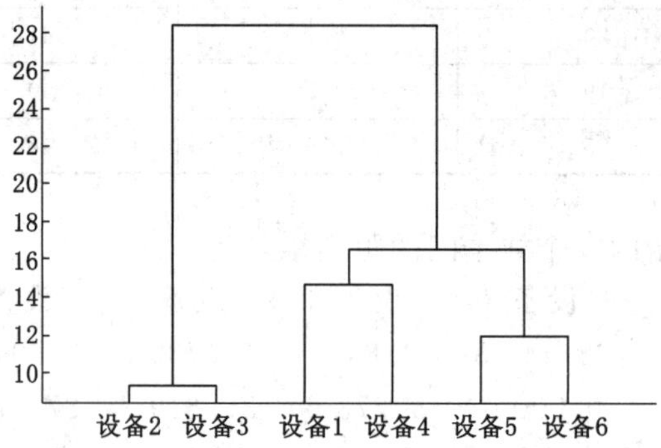

图 5.2.1　例 5.2.1 的聚类结果谱系图

根据谱系图可以看出,如果最终决定将这 6 台设备分为两类的话,则这两类应分别为{设备 2,设备 3}和{设备 1,设备 4,设备 5,设备 6}。

§5.3　*K* 均值聚类法

系统聚类法虽然简单易用,但该方法的计算量比较大,尤其是当样本观测数非常大时,系统聚类法的存储开销是相当可观的,而且系统聚类法分出来的类是一次成型的,这就要求一次就分得很准确,这些都是系统聚类法的缺点。为了提高分类效率,改善分类效果,人们研发了动态聚类法。

动态聚类法的基本思想是:首先进行一次粗略的大致分类,然后按照某种最优原则对初始分类不断进行修改,直到最终形成一个合理的分类为止。

在动态聚类法中,1967 年由 MacQueen 提出的 K 均值聚类法是比较常用的一种方法。K 均值聚类法的基本步骤为:

Step1　将所有的样本分成 K 个初始类。

Step2　通过欧氏距离将某个样本划入离中心最近的类中,并对获得样本的类和失去样本的类,重新计算中心坐标。

Step3　重复 Step2,直到所有的样本都不能再分配时为止。

需要注意的是,K 均值聚类的结果与初始分类方法有关,可以人为地将所有样本划分为 K 个类别,也可以随机地将所有样本划分为 K 个类别。还可以选择 K 个初始凝聚点,计算所有样本到这些凝聚点的距离,以距离近为标准将样本归为 K 类,凝聚点可以随机选取,也可以人为指定,初始凝聚点不同,初始分类有可能不同。不同的初始分类方法产生的最终聚类结果可能不同。

对变量的 K 均值聚类法的步骤与对样本的 K 均值聚类法步骤类似。

例 5.3.1 现有 8 名学生 4 门课程的成绩，数据如表 5.3.1 所列。

表 5.3.1 **学生课程成绩**

学生	语文	数学	英语	政治
S1	98	81	96	100
S2	88	88	99	96
S3	91	72	96	78
S4	78	82	75	97
S5	73	88	97	89
S6	72	43	67	78
S7	75	50	34	37
S8	82	90	62	39

将前 4 个和后 4 个学生分别看作一类，以此为初始分类方式，用 K 均值聚类法将这些学生成绩分为两类。

解 首先按题目所给的初始分类方法，记

$$\boldsymbol{G}_1^{(0)} = \{S1, S2, S3, S4\}$$

$$\boldsymbol{G}_2^{(0)} = \{S5, S6, S7, S8\}$$

计算出初始的类重心分别为

$$\overline{\boldsymbol{G}}_1^{(0)} = (88.750\,0, 80.750\,0, 91.500\,0, 92.750\,0)^{\mathrm{T}}$$

$$\overline{\boldsymbol{G}}_2^{(0)} = (75.500\,0, 67.750\,0, 65.000\,0, 60.750\,0)^{\mathrm{T}}$$

然后进行第一轮计算。计算出 S1 到 $\overline{\boldsymbol{G}}_1^{(0)}$ 和 $\overline{\boldsymbol{G}}_2^{(0)}$ 分别为 12.587 2 和 56.421 4，S1 到 $\overline{\boldsymbol{G}}_1^{(0)}$ 的距离近，所以分类不变。接下来计算出 S2 到 $\overline{\boldsymbol{G}}_1^{(0)}$ 和 $\overline{\boldsymbol{G}}_2^{(0)}$ 分别为 10.951 6 和 54.450 7，S2 到 $\overline{\boldsymbol{G}}_1^{(0)}$ 的距离近，所以分类不变。再计算出 S3 到 $\overline{\boldsymbol{G}}_1^{(0)}$ 和 $\overline{\boldsymbol{G}}_2^{(0)}$ 分别为 17.872 8 和38.947 1，S3 到 $\overline{\boldsymbol{G}}_1^{(0)}$ 的距离近，所以分类不变。计算出 S4 到 $\overline{\boldsymbol{G}}_1^{(0)}$ 和 $\overline{\boldsymbol{G}}_2^{(0)}$ 分别为 20.185 1 和40.291 1，S4 到 $\overline{\boldsymbol{G}}_1^{(0)}$ 的距离近，所以分类不变。计算出 S5 到 $\overline{\boldsymbol{G}}_1^{(0)}$ 和 $\overline{\boldsymbol{G}}_2^{(0)}$ 分别为 18.572 5 和47.311 5，S5 到 $\overline{\boldsymbol{G}}_1^{(0)}$ 的距离近，所以 S5 应加入 $\boldsymbol{G}_1^{(0)}$，此时分类变为

$$\boldsymbol{G}_1^{(1)} = \{S1, S2, S3, S4, S5\}$$

$$\boldsymbol{G}_2^{(1)} = \{S6, S7, S8\}$$

重新计算出的类重心分别为

$$\overline{\boldsymbol{G}}_1^{(1)} = (85.600\,0, 82.200\,0, 92.600\,0, 92.000\,0)^{\mathrm{T}}$$

$$\overline{\boldsymbol{G}}_2^{(1)} = (76.333\,3, 61.000\,0, 54.333\,3, 51.333\,3)^{\mathrm{T}}$$

接下来进行第二轮计算。计算出 S1 到 $\overline{\boldsymbol{G}}_1^{(1)}$ 和 $\overline{\boldsymbol{G}}_2^{(1)}$ 分别为 15.190 8 和 70.526 6，S1 到 $\overline{\boldsymbol{G}}_1^{(1)}$ 的距离近，所以分类不变。计算出 S2 到 $\overline{\boldsymbol{G}}_1^{(1)}$ 和 $\overline{\boldsymbol{G}}_2^{(1)}$ 分别为 9.816 3 和 69.680 2，S2 到 $\overline{\boldsymbol{G}}_1^{(1)}$ 的距离近，所以分类不变。计算出 S3 到 $\overline{\boldsymbol{G}}_1^{(1)}$ 和 $\overline{\boldsymbol{G}}_2^{(1)}$ 分别为 18.459 7 和 52.757 3，S3 到 $\overline{\boldsymbol{G}}_1^{(1)}$ 的距离近，所以分类不变。计算出 S4 到 $\overline{\boldsymbol{G}}_1^{(1)}$ 和 $\overline{\boldsymbol{G}}_2^{(1)}$ 分别为 19.813 1 和 54.372 2，S4 到 $\overline{\boldsymbol{G}}_1^{(1)}$ 的距离近，所以分类不变。计算出 S5 到 $\overline{\boldsymbol{G}}_1^{(1)}$ 和 $\overline{\boldsymbol{G}}_2^{(1)}$ 分别为 14.858 0 和 63.082 0，S5 到

$\overline{G}_1^{(1)}$ 的距离近,所以分类不变。计算出 S6 到 $\overline{G}_1^{(1)}$ 和 $\overline{G}_2^{(1)}$ 分别为 50.724 4 和 34.847 3,S6 到 $\overline{G}_2^{(1)}$ 的距离近,所以分类不变。计算出 S7 到 $\overline{G}_1^{(1)}$ 和 $\overline{G}_2^{(1)}$ 分别为 87.224 8 和 27.233 6,S7 到 $\overline{G}_2^{(1)}$ 的距离近,所以分类不变。计算出 S8 到 $\overline{G}_1^{(1)}$ 和 $\overline{G}_2^{(1)}$ 分别为 61.799 4 和 32.924 2,S8 到 $\overline{G}_2^{(1)}$ 的距离近,所以分类不变。

第二轮全部计算结束后,分类未发生变化,所以聚类结束。最终的聚类结果为:

$$\boldsymbol{G}_1 = \{S1, S2, S3, S4, S5\}$$

$$\boldsymbol{G}_2 = \{S6, S7, S8\}$$

习题五

1. 假设 5 个样本的样本值分别为 1、2、4.5、6、8,使用绝对值距离和最短距离系统聚类法对这些样本进行聚类,写出聚类结果。

2. 某一年全国部分城市的各月平均气温(℃)如下表所列,使用欧氏距离作为样本间距离,用类平均系统聚类法对这些城市进行聚类分析,画出聚类谱系图。

城　市	1月	2月	3月	4月	5月	6月	7月	8月	9月	10月	11月	12月
北京	−1.9	−0.9	8.0	13.5	20.4	25.9	25.9	26.4	21.8	16.1	6.7	−1.0
天津	−2.7	−1.4	7.5	13.2	20.3	26.4	25.9	26.4	21.3	16.2	6.5	−1.7
石家庄	−0.9	1.6	10.3	15.1	21.3	27.4	27.0	25.9	21.8	17.8	8.0	0.4
太原	−3.6	−0.4	6.8	14.5	19.1	23.2	25.7	23.1	17.4	13.4	4.4	−2.5
呼和浩特	−9.2	−7.0	2.2	10.3	17.4	21.8	24.5	22.0	16.3	11.5	1.3	−7.7
沈阳	−12.7	−8.1	0.5	8.0	18.3	21.6	24.2	24.3	17.5	11.6	0.8	−6.7
长春	−14.5	−10.6	−1.3	6.1	17.0	20.2	23.5	23.3	17.1	9.6	−2.3	−9.3
哈尔滨	−17.7	−12.6	−2.8	5.9	17.1	19.9	23.4	23.1	16.2	7.4	−4.5	−12.1
上海	5.7	5.6	11.1	16.6	20.8	25.6	29.4	30.2	23.9	22.1	15.7	8.2
南京	3.9	4.3	11.3	17.1	21.2	26.5	28.7	29.5	22.5	20.3	12.8	5.2
杭州	5.8	6.1	12.4	18.3	21.5	25.9	30.1	30.6	23.3	21.9	15.1	7.7
合肥	3.4	4.5	11.7	17.2	21.7	26.7	28.8	29.0	22.2	20.4	12.8	5.0
福州	12.5	12.5	14.0	19.4	22.3	26.5	29.4	29.0	25.9	24.4	19.8	14.1
南昌	6.6	6.5	12.7	19.3	22.7	26.0	30.0	30.0	24.3	22.1	15.0	8.1
济南	0	2.1	10.2	16.5	21.5	26.9	27.4	26.0	21.4	19.5	10.0	1.6
郑州	0.3	3.9	11.5	17.1	21.8	27.8	27.1	26.1	21.2	19.0	10.8	3.0
武汉	4.2	5.8	12.8	19.0	23.9	28.4	30.2	29.7	24.0	21.0	14.0	6.8
长沙	5.3	6.2	12.5	19.9	23.6	27.0	30.1	29.5	24.0	21.3	14.7	7.8
广州	15.8	17.3	17.9	23.6	25.3	27.8	29.8	29.4	27.0	26.4	21.9	16.0
南宁	14.3	14.3	17.5	23.9	25.2	27.6	28.0	27.2	25.7	25.6	20.4	14.0
海口	18.5	20.5	21.8	26.7	28.3	29.4	30.0	28.5	27.4	27.1	25.3	20.8
重庆	7.8	9.0	13.3	19.2	22.9	25.4	31.0	32.4	24.8	20.6	14.6	9.4

续表

城 市	1月	2月	3月	4月	5月	6月	7月	8月	9月	10月	11月	12月
温州	5.8	7.5	12.1	17.9	21.6	24.0	26.9	26.6	20.9	19.0	13.3	6.9
贵阳	4.3	5.4	10.2	17.0	18.9	21.1	23.8	23.2	20.5	16.7	11.2	5.8
昆明	10.8	13.2	15.9	18.0	18.0	20.4	21.3	20.6	18.3	16.9	13.2	9.8
拉萨	2.7	5.0	6.2	8.3	12.8	17.8	18.3	17.1	14.7	8.6	3.7	1.2
西安	−0.2	4.3	10.8	16.8	21.4	26.5	28.2	26.0	19.5	16.8	9.4	2.3
兰州	−6.9	−2.6	3.2	10.3	15.6	20.0	22.2	21.9	13.8	10.2	1.5	−7.4
西宁	−6.5	−3.0	1.4	7.1	12.0	15.5	18.7	18.2	11.7	7.6	0.3	−6.4
银川	−7.4	−2.2	4.9	13.6	18.8	23.7	24.8	23.8	16.5	13.7	4.4	−4.3
乌鲁木齐	−14.2	−6.7	1.2	12.0	16.8	23.2	24.5	24.1	17.6	11.4	1.9	−8.8

3. 一些国家和地区3个年份的婴儿死亡率(‰)数据如下表,用K均值聚类方法将其分为三类,按顺序平均分为三组作为初始分类。

国家和地区	1990年	2000年	2006年
文莱	10.0	8.0	8.0
柬埔寨	84.5	78.0	64.8
印度	80.0	68.0	57.4
印度尼西亚	60.0	36.0	26.4
伊朗	54.0	36.0	30.0
以色列	10.0	5.6	4.2
日本	4.6	3.2	2.6
哈萨克斯坦	50.5	37.1	25.8
朝鲜	42.0	42.0	42.0
韩国	8.0	5.0	4.5
新加坡	6.7	2.9	2.3
斯里兰卡	25.6	16.1	11.2
泰国	25.7	11.4	7.2
越南	38.0	23.0	14.6
南非	45.0	50.0	56.0
巴西	48.1	26.9	18.6
墨西哥	41.5	31.6	29.1
美国	9.4	6.9	6.5

第6章 判别分析

判别问题是我们在生活和工作中经常遇到的一类问题。例如,不同地区出产的同一种矿石的特征是已知的,现在获得了一块矿石样本,根据其理化分析指标来判断这块矿石样本可能产自哪个地区,这就是一种判别问题。再例如,人们已经掌握了若干种病毒的感染数据信息,当有人感染了病毒时,如何根据病人的化验数据来判定他感染的是哪一种病毒,这也是判别问题。

处理判别问题的方法我们称之为判别分析。可以这样来描述判别分析的基本过程,假设有若干个样本,每个样本都属于已知的 k 个类别(称为总体)中的某一个,我们通过对这些样本的分析,找出区分这一种方法,尽量把这 k 个类别区分开,对于新获取的样本,能根据判断它应该归为哪一类。

判别分析的内容很多,人们从不同的角度出发,建立了各种各样的判别准则,从而形成了很多不同的判别方法,常见的有距离判别法、Bayes 判别法、Fisher 判别法等等。

§6.1 距离判别法

距离判别法的基本思想是:样本距离哪个总体的距离最近,就将其归为哪个总体。

一、马氏距离的概念

提到距离,人们最熟悉的往往是欧氏距离,欧氏距离能给人们带来非常直观的感受,所以欧氏距离的使用也比较广泛,但欧氏距离并不能解决所有的问题。下面举例说明。

在一片草原上,只有甲乙两家牧羊人,两家相距 20 km,甲的羊通常在以甲家为中心半径 5 km 的范围内活动,乙的羊通常在以乙家为中心半径 10 km 的范围内活动。现在有一只羊出现在甲乙两家之间,距离甲家 8 km,距离乙家 12 km,假设这只羊一定是甲乙其中一家的,请问这只羊更可能是谁家的呢?

从欧氏距离上看,这只羊离甲家更近,所以会认为它更可能是甲家的。但是仔细考虑一下会发现,甲家的羊活动范围比较小,乙家的羊活动范围比较大,这只羊更靠近乙家羊的活动范围,所以更可能是从乙家跑出来的。用数学表达式来讲,在考虑活动范围的情况下,这只羊离甲家的“距离”应该是 $\frac{8}{5}=1.6$,离乙家的“距离”应该是 $\frac{12}{10}=1.2$,1.2 比 1.6 小,所以这只羊更可能是乙家的。

马氏距离就是这种考虑了“活动范围”的距离,它的全称叫马哈拉诺比斯(Mahalanobis)距离,是印度的统计学家马哈拉诺比斯于 1936 年提出来的。

定义 6.1.1 假设 m 元总体 G 的均值向量为 $\boldsymbol{\mu}=(\mu_1,\mu_2,\cdots,\mu_m)^{\mathrm{T}}$,协方差阵为 $\boldsymbol{\Sigma}=(\sigma_{ij})_{m\times m}$,则样本 $\boldsymbol{X}=(X_1,X_2,\cdots,X_m)^{\mathrm{T}}$ 与总体 G 的马氏距离为

$$d^2(\boldsymbol{X},G)=(\boldsymbol{X}-\boldsymbol{\mu})^{\mathrm{T}}\boldsymbol{\Sigma}^{-1}(\boldsymbol{X}-\boldsymbol{\mu}) \tag{6.1.1}$$

当 $m=1$ 是，$d^2(x,G)=\dfrac{(x-\mu)^2}{\sigma^2}$。

实际上，当 $\boldsymbol{\Sigma}=\boldsymbol{I}$（单位矩阵）时，马氏距离就是欧氏距离。

二、两个总体的判别

假设两个 m 元总体分别为 G_1 和 G_2，其均值向量分别为 $\boldsymbol{\mu}_1$ 和 $\boldsymbol{\mu}_2$，协方差阵分别为 $\boldsymbol{\Sigma}_1$ 和 $\boldsymbol{\Sigma}_2$，待判别的样本为 $\boldsymbol{X}=(X_1,X_2,\cdots,X_m)^{\mathrm{T}}$，则该样本到两个总体的距离分别为

$$d^2(\boldsymbol{X},G_1)=(\boldsymbol{X}-\boldsymbol{\mu}_1)^{\mathrm{T}}\boldsymbol{\Sigma}_1^{-1}(\boldsymbol{X}-\boldsymbol{\mu}_1)$$
$$d^2(\boldsymbol{X},G_2)=(\boldsymbol{X}-\boldsymbol{\mu}_2)^{\mathrm{T}}\boldsymbol{\Sigma}_2^{-1}(\boldsymbol{X}-\boldsymbol{\mu}_2)$$

此时距离判别准则为

$$\begin{cases}\boldsymbol{X}\in G_1, & d^2(\boldsymbol{X},G_1)<d^2(\boldsymbol{X},G_2)\\ \boldsymbol{X}\in G_2, & d^2(\boldsymbol{X},G_1)\geqslant d^2(\boldsymbol{X},G_2)\end{cases}\tag{6.1.2}$$

需要注意的是，当两个总体的均值比较接近时，容易发生误判，所以只有当两个总体有显著差异时，做判别分析才有意义。

通常 $\boldsymbol{\mu}_1$、$\boldsymbol{\mu}_2$ 以及 $\boldsymbol{\Sigma}_1$、$\boldsymbol{\Sigma}_2$ 都是未知的，要用训练样本的均值向量和样本离差阵去估计，所谓训练样本就是已经明确属于哪个类别的样本。

假设 G_1 的训练样本为 $\boldsymbol{X}_{(t)}^{(1)}=(X_{t1}^{(1)},X_{t2}^{(1)},\cdots,X_{tm}^{(1)})^{\mathrm{T}},(t=1,2,\cdots,n_1)$，则 $\boldsymbol{\mu}_1$ 和 $\boldsymbol{\Sigma}_1$ 的估计分别为

$$\hat{\boldsymbol{\mu}}_1=\overline{\boldsymbol{X}}^{(1)},\hat{\boldsymbol{\Sigma}}_1=\boldsymbol{S}_1=\frac{1}{n_1-1}\boldsymbol{A}_1$$

假设 G_2 的训练样本为 $\boldsymbol{X}_{(t)}^{(2)}=(X_{t1}^{(2)},X_{t2}^{(2)},\cdots,X_{tm}^{(2)})^{\mathrm{T}},(t=1,2,\cdots,n_2)$，则 $\boldsymbol{\mu}_2$ 和 $\boldsymbol{\Sigma}_2$ 的估计分别为

$$\hat{\boldsymbol{\mu}}_2=\overline{\boldsymbol{X}}^{(2)},\hat{\boldsymbol{\Sigma}}_2=\boldsymbol{S}_2=\frac{1}{n_2-1}\boldsymbol{A}_2$$

1. $\boldsymbol{\Sigma}_1=\boldsymbol{\Sigma}_2$ 时的判别方法

如果 $\boldsymbol{\Sigma}_1=\boldsymbol{\Sigma}_2=\boldsymbol{\Sigma}$，则取 $\boldsymbol{\Sigma}$ 的联合无偏估计为

$$\hat{\boldsymbol{\Sigma}}=\boldsymbol{S}=\frac{1}{n_1+n_2-2}(\boldsymbol{A}_1+\boldsymbol{A}_2)\tag{6.1.3}$$

此时样本到两个总体的马氏距离为

$$d^2(\boldsymbol{X},G_i)=(\boldsymbol{X}-\overline{\boldsymbol{X}}^{(i)})^{\mathrm{T}}\boldsymbol{S}^{-1}(\boldsymbol{X}-\overline{\boldsymbol{X}}^{(i)}),(i=1,2)\tag{6.1.4}$$

样本到两个总体的距离之差为

$$d^2(\boldsymbol{X},G_2)-d^2(\boldsymbol{X},G_1)=2\left(\boldsymbol{X}-\frac{1}{2}(\overline{\boldsymbol{X}}^{(1)}+\overline{\boldsymbol{X}}^{(2)})\right)^{\mathrm{T}}\boldsymbol{S}^{-1}(\overline{\boldsymbol{X}}^{(1)}-\overline{\boldsymbol{X}}^{(2)})$$

令 $W(\boldsymbol{X})=\left(\boldsymbol{X}-\frac{1}{2}(\overline{\boldsymbol{X}}^{(1)}+\overline{\boldsymbol{X}}^{(2)})\right)^{\mathrm{T}}\boldsymbol{S}^{-1}(\overline{\boldsymbol{X}}^{(1)}-\overline{\boldsymbol{X}}^{(2)})$，并记 $\boldsymbol{X}^*=\frac{1}{2}(\overline{\boldsymbol{X}}^{(1)}+\overline{\boldsymbol{X}}^{(2)})$，由于 $a=\boldsymbol{S}^{-1}(\overline{\boldsymbol{X}}^{(1)}-\overline{\boldsymbol{X}}^{(2)})$ 为常量，所以用 $W(\boldsymbol{X})=a^{\mathrm{T}}(\boldsymbol{X}-\boldsymbol{X}^*)$ 也可以进行判别。称 $W(\boldsymbol{X})$ 为**线性判别函数**，称 a 为**判别系数**。此时判别准则还可以写为

$$\begin{cases}\boldsymbol{X}\in G_1, & W(\boldsymbol{X})>0\\ \boldsymbol{X}\in G_2, & W(\boldsymbol{X})\leqslant 0\end{cases}\tag{6.1.5}$$

2. $\boldsymbol{\Sigma}_1\neq\boldsymbol{\Sigma}_2$ 时的判别方法

当 $\boldsymbol{\Sigma}_1\neq\boldsymbol{\Sigma}_2$ 时，则取 $\hat{\boldsymbol{\Sigma}}_1=\boldsymbol{S}_1$ 和 $\hat{\boldsymbol{\Sigma}}_2=\boldsymbol{S}_2$ 分别计算样本到两个总体的距离

$$d^2(\boldsymbol{X},G_1)=(\boldsymbol{X}-\overline{\boldsymbol{X}}^{(1)})^{\mathrm{T}}\boldsymbol{S}_1^{-1}(\boldsymbol{X}-\overline{\boldsymbol{X}}^{(1)})$$
$$d^2(\boldsymbol{X},G_2)=(\boldsymbol{X}-\overline{\boldsymbol{X}}^{(2)})^{\mathrm{T}}\boldsymbol{S}_2^{-1}(\boldsymbol{X}-\overline{\boldsymbol{X}}^{(2)})$$

然后根据判别准则(6.1.2)对样本进行判别。

三、多个总体的判别

假设 k 个 m 元总体分别为 $G_1,G_2,\cdots,G_k$，其均值向量分别为 $\boldsymbol{\mu}_1,\boldsymbol{\mu}_2,\cdots,\boldsymbol{\mu}_k$，协方差阵分别为 $\boldsymbol{\Sigma}_1,\boldsymbol{\Sigma}_2,\cdots,\boldsymbol{\Sigma}_k$，待判别的样本为 $\boldsymbol{X}=(X_1,X_2,\cdots,X_m)^{\mathrm{T}}$，则该样本到两个总体的距离分别为

$$d^2(\boldsymbol{X},G_i)=(\boldsymbol{X}-\boldsymbol{\mu}_i)^{\mathrm{T}}\boldsymbol{\Sigma}_i^{-1}(\boldsymbol{X}-\boldsymbol{\mu}_i),(i=1,2,\cdots,k)$$

此时距离判别准则为

$$\boldsymbol{X}\in G_i\text{，如果 }d^2(\boldsymbol{X},G_i)=\min_{j=1,2,\cdots,k}\{d^2(\boldsymbol{X},G_j)\} \tag{6.1.6}$$

在计算过程中，若 $\boldsymbol{\Sigma}_1,\boldsymbol{\Sigma}_2,\cdots,\boldsymbol{\Sigma}_k$ 全相等，则取

$$\hat{\boldsymbol{\mu}}_i=\overline{\boldsymbol{X}}^{(i)},\hat{\boldsymbol{\Sigma}}_i=\boldsymbol{S}=\frac{1}{n_1+n_2+\cdots+n_k-k}(\boldsymbol{A}_1+\boldsymbol{A}_2+\cdots+\boldsymbol{A}_k),(i=1,2,\cdots,k)$$

分别代替 $\boldsymbol{\mu}_1,\boldsymbol{\mu}_2,\cdots,\boldsymbol{\mu}_k$ 和 $\boldsymbol{\Sigma}_1,\boldsymbol{\Sigma}_2,\cdots,\boldsymbol{\Sigma}_k$。

若 $\boldsymbol{\Sigma}_1,\boldsymbol{\Sigma}_2,\cdots,\boldsymbol{\Sigma}_k$ 不全相等，则取

$$\hat{\boldsymbol{\mu}}_i=\overline{\boldsymbol{X}}^{(i)},\hat{\boldsymbol{\Sigma}}_i=\boldsymbol{S}_i=\frac{1}{n_i-1}\boldsymbol{A}_i,(i=1,2,\cdots,k)$$

分别代替 $\boldsymbol{\mu}_1,\boldsymbol{\mu}_2,\cdots,\boldsymbol{\mu}_k$ 和 $\boldsymbol{\Sigma}_1,\boldsymbol{\Sigma}_2,\cdots,\boldsymbol{\Sigma}_k$。

例 6.1.1 地质人员在某地区采集了 14 块岩石标本，其中 7 块含矿，7 块不含矿，化验了铜、银、铋含量，数据如下(表 6.1.1)。现有一块新的岩石标本，测得铜、银、铋含量分别为2.95、2.15、1.54，判断该标本属于含矿岩石还是不含矿岩石。(假设两总体的协方差阵相等)

表 6.1.1 **岩石标本化验数据**

含矿				不含矿			
标本序号	铜	银	铋	标本序号	铜	银	铋
1	2.58	0.90	0.95	8	2.25	1.98	1.06
2	2.90	1.23	1.00	9	2.16	1.80	1.06
3	3.55	1.15	1.00	10	2.33	1.74	1.00
4	2.35	1.15	0.79	11	1.96	1.48	1.04
5	3.54	1.85	0.79	12	1.94	1.40	1.00
6	2.70	2.23	1.30	13	3.00	1.30	1.00
7	2.70	1.70	0.48	14	2.78	1.70	1.48

解 将含矿标本视为第一个总体，不含矿标本视为第二个总体，由题目可得总体元数为 $m=3$，样本容量 $n_1=n_2=7$，两个总体的样本矩阵分别为

$$\boldsymbol{X}^{(1)}=\begin{bmatrix}2.58&0.90&0.95\\2.90&1.23&1.00\\3.55&1.15&1.00\\2.35&1.15&0.79\\3.54&1.85&0.79\\2.70&2.23&1.30\\2.70&1.70&0.48\end{bmatrix},\boldsymbol{X}^{(2)}=\begin{bmatrix}2.25&1.98&1.06\\2.16&1.80&1.06\\2.33&1.74&1.00\\1.96&1.48&1.04\\1.94&1.40&1.00\\3.00&1.30&1.00\\2.78&1.70&1.48\end{bmatrix}$$

算得均值向量分别为

$$\overline{\boldsymbol{X}}^{(1)}=\frac{1}{n_1}\boldsymbol{X}^{(1)\mathrm{T}}\boldsymbol{1}_{n_1}=(2.9029,1.4586,0.9014)^{\mathrm{T}}$$

$$\overline{\boldsymbol{X}}^{(2)}=\frac{1}{n_2}\boldsymbol{X}^{(2)\mathrm{T}}\boldsymbol{1}_{n_2}=(2.3457,1.6286,1.0914)^{\mathrm{T}}$$

算得样本离差阵分别为

$$\boldsymbol{A}_1=\boldsymbol{X}^{(1)\mathrm{T}}(\boldsymbol{I}_{n_1}-\frac{1}{n_1}\boldsymbol{1}_{n_1}\boldsymbol{1}_{n_1}^{\mathrm{T}})\boldsymbol{X}^{(1)}=\begin{bmatrix}1.3169 & 0.1958 & 0.0431\\ 0.1958 & 1.3613 & 0.1164\\ 0.0431 & 0.1164 & 0.3831\end{bmatrix}$$

$$\boldsymbol{A}_2=\boldsymbol{X}^{(2)\mathrm{T}}(\boldsymbol{I}_{n_2}-\frac{1}{n_2}\boldsymbol{1}_{n_2}\boldsymbol{1}_{n_2}^{\mathrm{T}})\boldsymbol{X}^{(2)}=\begin{bmatrix}0.9740 & -0.1011 & 0.1761\\ -0.1011 & 0.3527 & 0.0597\\ 0.1761 & 0.0597 & 0.1807\end{bmatrix}$$

从而得

$$\boldsymbol{S}=\frac{1}{n_1+n_2-2}(\boldsymbol{A}_1+\boldsymbol{A}_2)=\begin{bmatrix}0.1909 & 0.0079 & 0.0183\\ 0.0079 & 0.1428 & 0.0147\\ 0.0183 & 0.0147 & 0.0470\end{bmatrix},$$

$$\boldsymbol{S}^{-1}=\begin{bmatrix}5.4415 & -0.0859 & -2.0890\\ -0.0859 & 7.2349 & -2.2268\\ -2.0890 & -2.2268 & 22.7932\end{bmatrix}$$

样本到两个总体的距离分别为

$$d^2(\boldsymbol{X},G_1)=(\boldsymbol{X}-\overline{\boldsymbol{X}}^{(1)})^{\mathrm{T}}\boldsymbol{S}_1^{-1}(\boldsymbol{X}-\overline{\boldsymbol{X}}^{(1)})=10.6676$$

$$d^2(\boldsymbol{X},G_2)=(\boldsymbol{X}-\overline{\boldsymbol{X}}^{(2)})^{\mathrm{T}}\boldsymbol{S}_2^{-1}(\boldsymbol{X}-\overline{\boldsymbol{X}}^{(2)})=6.3121$$

由于 $d^2(\boldsymbol{X},G_1)>d^2(\boldsymbol{X},G_2)$，所以认为新的岩石标本应归为不含矿类岩石。

§6.2 Bayes 判别法

在距离判别法中没有考虑不同总体出现的概率大小，没有考虑误判带来的损失，这是不合理的，Bayes 判别法正是基于这两点而提出来的。

一、Bayes 判别法的基本原理

假设 k 个 m 元总体分别为 $G_1,G_2,\cdots,G_k$，它们出现的概率分别为 $q_1,q_2,\cdots,q_k$，$(\sum_{i=1}^{k}q_i=1,q_i>0)$，这组概率称为先验概率。先验概率的值可以根据已有的经验或历史数据获取，也可以用训练样本在各总体中所占的比例来代替。如果没有任何东西可以借鉴，也可以假定先验概率相同，都取 $\frac{1}{k}$。

有了先验概率之后，判别法 D 关于先验概率的错判平均损失 $g(D)$ 可定义为

$$g(D)=\sum_{t=1}^{k}q_t\sum_{j=1}^{k}P(j\mid t)L(j\mid t) \tag{6.2.1}$$

其中 $P(j\mid t)$ 代表使用判别法 D 时，将本属于 G_t 的样本错判给 G_j 的概率，这个概率可以用训练样本回判的出错率来估计，也可以使用检验集的判错率来估计，还可以通过交叉确

认法来获得。$L(j \mid t)$ 代表将本属于 G_t 的样本错判给 G_j 所造成的损失，这个损失可以人为指定，也可以假定相等。

对于总体 $G_1, G_2, \cdots, G_k$ 而言，若有判别法 D^* 使得 $g(D^*) = \min\{g(D)\}$，则称 D^* 符合 Bayes 判别准则，或称 D^* 为 Bayes 判别的解。若已知 G_i 的联合密度为 $f_i(\boldsymbol{X})$，可以证明 Bayes 判别的解为

$$D_t^* = \{\boldsymbol{X} \mid h_t(\boldsymbol{X}) = \min_{j=1,\cdots,k} h_j(\boldsymbol{X})\} \tag{6.2.2}$$

其中 $h_j(\boldsymbol{X}) = \sum_{i=1}^{k} q_i L(j \mid i) f_i(\boldsymbol{X})$，它代表把样本 $\boldsymbol{X}$ 错判给 G_j 的平均损失。若假定错判损失相等，则

$$D_t^* = \{\boldsymbol{X} \mid q_t f_t(\boldsymbol{X}) = \max_{j=1,\cdots,k} q_j f_j(\boldsymbol{X})\} \tag{6.2.3}$$

式(6.2.2)所表达的是寻找最小平均损失的思想，而式(6.2.3)则表达了寻找最大概率的思想。

二、正态总体的 Bayes 判别法

假设 k 个 m 元总体分别为 $G_1, G_2, \cdots, G_k$，且 $G_i \sim N_m(\boldsymbol{\mu}^{(i)}, \boldsymbol{\Sigma}_i), (i = 1, 2, \cdots, k)$，其先验概率分别为 $q_1, q_2, \cdots, q_k, (\sum_{i=1}^{k} q_i = 1, q_i > 0)$。待判别样本为 $\boldsymbol{X}$。假定错判损失相等。下面分两种情况给出正态总体下的 Bayes 判别法。

1. $\boldsymbol{\Sigma}_1 = \boldsymbol{\Sigma}_2 = \cdots = \boldsymbol{\Sigma}_k = \boldsymbol{\Sigma}$，即总体协方差阵均相等

当 $G_i \sim N_m(\boldsymbol{\mu}^{(i)}, \boldsymbol{\Sigma})$ 时，其联合密度为

$$f_i(\boldsymbol{X}) = \frac{1}{(2\pi)^{\frac{m}{2}} \mid \boldsymbol{\Sigma} \mid^{\frac{1}{2}}} \exp\left\{-\frac{1}{2}(\boldsymbol{X} - \boldsymbol{\mu}^{(i)})^{\mathrm{T}} \boldsymbol{\Sigma}^{-1} (\boldsymbol{X} - \boldsymbol{\mu}^{(i)})\right\}$$

所以

$$q_i f_i(\boldsymbol{X}) = \frac{q_i}{(2\pi)^{\frac{m}{2}} \mid \boldsymbol{\Sigma} \mid^{\frac{1}{2}}} \exp\left\{-\frac{1}{2}(\boldsymbol{X} - \boldsymbol{\mu}^{(i)})^{\mathrm{T}} \boldsymbol{\Sigma}^{-1} (\boldsymbol{X} - \boldsymbol{\mu}^{(i)})\right\}$$

考虑到对数函数的单调性，用通过取对数来进行化简，得

$$\ln q_i f_i(\boldsymbol{X}) = -\frac{1}{2}[\ln \mid \boldsymbol{\Sigma} \mid + m\ln(2\pi) + \boldsymbol{X}^{\mathrm{T}} \boldsymbol{\Sigma}^{-1} \boldsymbol{X}] + \ln q_i - \frac{1}{2} \boldsymbol{\mu}^{(i)\mathrm{T}} \boldsymbol{\Sigma}^{-1} \boldsymbol{\mu}^{(i)} + \boldsymbol{X}^{\mathrm{T}} \boldsymbol{\Sigma}^{-1} \boldsymbol{\mu}^{(i)}$$

令

$$C_0 = -\frac{1}{2}[\ln \mid \boldsymbol{\Sigma} \mid + m\ln(2\pi) + \boldsymbol{X}^{\mathrm{T}} \boldsymbol{\Sigma}^{-1} \boldsymbol{X}] \tag{6.2.4}$$

$$Y_i(\boldsymbol{X}) = \ln q_i - \frac{1}{2} \boldsymbol{\mu}^{(i)\mathrm{T}} \boldsymbol{\Sigma}^{-1} \boldsymbol{\mu}^{(i)} + \boldsymbol{X}^{\mathrm{T}} \boldsymbol{\Sigma}^{-1} \boldsymbol{\mu}^{(i)} \tag{6.2.5}$$

则 $\ln q_i f_i(\boldsymbol{X}) = C_0 + Y_i(\boldsymbol{X})$，这里 C_0 与 G_i 无关，所以根据式(6.2.3)，只要线性判别函数 $Y_i(\boldsymbol{X})$ 达到最大便可使 $q_i f_i(\boldsymbol{X})$ 达到最大，从而对样本 $\boldsymbol{X}$ 做出判别。

在实际计算中，$\boldsymbol{\mu}^{(i)}$ 和 $\boldsymbol{\Sigma}$ 往往是未知的，一般取其估计量来代替，即

$$\hat{\boldsymbol{\mu}}^{(i)} = \overline{\boldsymbol{X}}^{(i)}, \hat{\boldsymbol{\Sigma}} = \boldsymbol{S} = \frac{1}{n_1 + n_2 + \cdots + n_k - k}(\boldsymbol{A}_1 + \boldsymbol{A}_2 + \cdots + \boldsymbol{A}_k), (i = 1, 2, \cdots, k)$$

从而算得

$$\hat{C}_0 = -\frac{1}{2}[\ln \mid \boldsymbol{S} \mid + m\ln(2\pi) + \boldsymbol{X}^{\mathrm{T}} \boldsymbol{S}^{-1} \boldsymbol{X}] \tag{6.2.6}$$

$$\hat{Y}_i(\boldsymbol{X}) = \ln q_i - \frac{1}{2}\overline{\boldsymbol{X}}^{(i)\mathrm{T}}\boldsymbol{S}^{-1}\overline{\boldsymbol{X}}^{(i)} + \boldsymbol{X}^{\mathrm{T}}\boldsymbol{S}^{-1}\overline{\boldsymbol{X}}^{(i)} \tag{6.2.7}$$

此时判别准则为

$$\boldsymbol{X} \in G_t,\text{若 } D_t^* = \{\boldsymbol{X} \mid \hat{Y}_i(\boldsymbol{X}) = \max_{j=1,\cdots,k} \hat{Y}_i(\boldsymbol{X})\} \tag{6.2.8}$$

2. $\boldsymbol{\Sigma}_1,\boldsymbol{\Sigma}_2,\cdots,\boldsymbol{\Sigma}_k$ 不全相等

当总体协方差阵不全相等时,

$$\ln q_i f_i(\boldsymbol{X}) = -\frac{m}{2}\ln(2\pi) - \frac{1}{2}[-2\ln q_i + \ln|\boldsymbol{\Sigma}_i| + (\boldsymbol{X}-\boldsymbol{\mu}^{(i)})^{\mathrm{T}}\boldsymbol{\Sigma}_i^{-1}(\boldsymbol{X}-\boldsymbol{\mu}^{(i)})]$$

令

$$d_0 = -\frac{m}{2}\ln(2\pi) \tag{6.2.9}$$

$$Z_i(\boldsymbol{X}) = -2\ln q_i + \ln|\boldsymbol{\Sigma}_i| + (\boldsymbol{X}-\boldsymbol{\mu}^{(i)})^{\mathrm{T}}\boldsymbol{\Sigma}_i^{-1}(\boldsymbol{X}-\boldsymbol{\mu}^{(i)}) \tag{6.2.10}$$

则 $\ln q_i f_i(\boldsymbol{X}) = d_0 - \frac{1}{2}Z_i(\boldsymbol{X})$,这里 d_0 与 G_i 无关,所以根据式(6.2.3),只要 $Z_i(\boldsymbol{X})$ 达到最大便可使 $q_i f_i(\boldsymbol{X})$ 达到最大,从而对样本 $\boldsymbol{X}$ 做出判别。

在实际计算中,$\boldsymbol{\mu}^{(i)}$ 和 $\boldsymbol{\Sigma}_i$ 往往是未知的,一般取其估计量来代替,即

$$\hat{\boldsymbol{\mu}}_i = \overline{X}^{(i)},\hat{\boldsymbol{\Sigma}}_i = \boldsymbol{S}_i = \frac{1}{n_i - 1}\boldsymbol{A}_i,(i = 1,2,\cdots,k)$$

从而算得

$$\hat{Z}_i(\boldsymbol{X}) = -2\ln q_i + \ln|\boldsymbol{S}_i| + (\boldsymbol{X}-\overline{\boldsymbol{X}}^{(i)})^{\mathrm{T}}\boldsymbol{S}_i^{-1}(\boldsymbol{X}-\overline{\boldsymbol{X}}^{(i)}) \tag{6.2.11}$$

此时判别准则为

$$\boldsymbol{X} \in G_t,\text{若 } D_t^* = \{\boldsymbol{X} \mid \hat{Z}_i(\boldsymbol{X}) = \max_{j=1,\cdots,k} \hat{Z}_i(\boldsymbol{X})\} \tag{6.2.12}$$

例 6.2.1 来精神病院就诊的病人主要有三类,对每一类病人测定两个指标 X_1 和 X_2,假定第 i 类病人总体的两个指标服从 $N_2(\boldsymbol{\mu}^{(i)},\boldsymbol{\Sigma}_i)$,$(i=1,2,3)$。现有如下资料数据:第一类病人有 115 人,其均值向量为 $\overline{\boldsymbol{X}}^{(1)} = (2.9,1.7)^{\mathrm{T}}$;第二类病人有 33 人,其均值向量为 $\overline{\boldsymbol{X}}^{(2)} = (3.0,1.2)^{\mathrm{T}}$;第三类病人有 32 人,其均值向量为 $\overline{\boldsymbol{X}}^{(3)} = (3.8,1.8)^{\mathrm{T}}$。并算得 $\boldsymbol{S} = \begin{pmatrix} 2.30 & 0.25 \\ 0.25 & 0.61 \end{pmatrix}$。取先验概率为 $q_i = \frac{n_i}{n}$,$(i=1,2,3,n=n_1+n_2+n_2)$。现在新来了一位病人,测定他的指标为 $\boldsymbol{X} = (2,1)^{\mathrm{T}}$,试用 Bayes 判别法判定他属于哪一类病人。

解 由题意算得先验概率分别为 $q_1 = \frac{115}{180},q_2 = \frac{33}{180},q_3 = \frac{32}{180}$

又算得 $\boldsymbol{S}^{-1} = \begin{pmatrix} 0.455\,1 & -0.186\,5 \\ -0.186\,5 & 1.715\,8 \end{pmatrix}$,代入式(6.2.7)得

$$\hat{Y}_1(\boldsymbol{X}) = 0.459\,8,\hat{Y}_2(\boldsymbol{X}) = -0.526\,0,\hat{Y}_3(\boldsymbol{X}) = -1.349\,9$$

由于 $\hat{Y}_1(\boldsymbol{X})$ 最大,所以新病人应判断为属于第一类病人。

§6.3 Fisher 判别法

在生活中,很多人都有这样的经验,当我们面向一排树木看过去的时候,如果视线方向

和树木的排列方向比较接近，有些树木之间的距离关系就区分不太清楚，此时我们转一个角度，让视线方向和树木的排列方向尽量垂直，那么原来分不太清的树木则会区分得很清楚了。这种思想和 Fisher 判别法的思想有些类似，Fisher 判别法主要是对已有的总体进行投影，使各个总体在投影之后的差异变得更明显，更容易区分，然后对于新样本再使用距离判别等方法进行判别归类。

一、线性判别函数的构造

若取 $\boldsymbol{u}=(u_1,u_2,\cdots,u_m)^{\mathrm{T}}$，对于向量 $\boldsymbol{X}=(X_1,X_2,\cdots,X_m)^{\mathrm{T}}$，$\boldsymbol{u}^{\mathrm{T}}\boldsymbol{X}$ 则是 $\boldsymbol{X}$ 在 $\boldsymbol{u}$ 方向上的投影，投影后 m 维数据变成了 1 维数据。$U(\boldsymbol{X})=\boldsymbol{u}^{\mathrm{T}}\boldsymbol{X}$ 就是对 $\boldsymbol{X}$ 进行投影变换。

假设 k 个 m 元总体分别为 $G_1,G_2,\cdots,G_k$，其样本分别为

$$\boldsymbol{X}_{(i)}^{(t)}=(X_{i1}^{(t)},X_{i2}^{(t)},\cdots,X_{im}^{(t)}),(t=1,2,\cdots,k,i=1,2,\cdots,n_t)$$

$\overline{\boldsymbol{X}}^{(t)}(t=1,2,\cdots,k)$ 为各总体的样本均值向量，取 $n=n_1+\cdots+n_k$，$\overline{\boldsymbol{X}}=\dfrac{1}{n}\sum\limits_{t=1}^{k}\sum\limits_{i=1}^{n_t}X_{(i)}^{(t)}$ 为总均值向量。

对各总体样本均值和总样本均值进行投影变换，并取

$$\sum_{t=1}^{k}\sum_{i=1}^{n_t}(\boldsymbol{u}^{\mathrm{T}}\boldsymbol{X}_{(i)}^{(t)}-\boldsymbol{u}^{\mathrm{T}}\overline{\boldsymbol{X}}^{(t)})^2=\boldsymbol{u}^{\mathrm{T}}\Big[\sum_{t=1}^{k}\sum_{i=1}^{n_t}(\boldsymbol{X}_{(i)}^{(t)}-\overline{\boldsymbol{X}}^{(t)})(\boldsymbol{X}_{(i)}^{(t)}-\overline{\boldsymbol{X}}^{(t)})^{\mathrm{T}}\Big]\boldsymbol{u}=\boldsymbol{u}^{\mathrm{T}}\boldsymbol{A}\boldsymbol{u}$$

$$\sum_{t=1}^{k}n_t(\boldsymbol{u}^{\mathrm{T}}\overline{\boldsymbol{X}}^{(t)}-\boldsymbol{u}^{\mathrm{T}}\overline{\boldsymbol{X}})^2=\boldsymbol{u}^{\mathrm{T}}\Big[\sum_{t=1}^{k}n_t(\overline{\boldsymbol{X}}^{(t)}-\overline{\boldsymbol{X}})(\overline{\boldsymbol{X}}^{(t)}-\overline{\boldsymbol{X}})^{\mathrm{T}}\Big]\boldsymbol{u}=\boldsymbol{u}^{\mathrm{T}}\boldsymbol{B}\boldsymbol{u}$$

其中

$$\boldsymbol{A}=\sum_{t=1}^{k}\sum_{i=1}^{n_t}(\boldsymbol{X}_{(i)}^{(t)}-\overline{\boldsymbol{X}}^{(t)})(\boldsymbol{X}_{(i)}^{(t)}-\overline{\boldsymbol{X}}^{(t)})^{\mathrm{T}}=\sum_{t=1}^{k}\boldsymbol{A}_t \tag{6.3.1}$$

$$\boldsymbol{B}=\sum_{t=1}^{k}n_t(\overline{\boldsymbol{X}}^{(t)}-\overline{\boldsymbol{X}})(\overline{\boldsymbol{X}}^{(t)}-\overline{\boldsymbol{X}})^{\mathrm{T}} \tag{6.3.2}$$

$\boldsymbol{A}$ 反映的是样本的组内差异，$\boldsymbol{B}$ 反映的是样本的组间差异。要想使得总体 $G_1,G_2,\cdots,G_k$ 之间的差异最明显，只要找出合适的 $\boldsymbol{u}$ 使 $\dfrac{\boldsymbol{u}^{\mathrm{T}}\boldsymbol{B}\boldsymbol{u}}{\boldsymbol{u}^{\mathrm{T}}\boldsymbol{A}\boldsymbol{u}}$ 达到最大即可。

为了找到合适的 $\boldsymbol{u}$，通常以 $\boldsymbol{u}^{\mathrm{T}}\boldsymbol{A}\boldsymbol{u}=1$ 为约束条件来简化计算，此时只要 $\boldsymbol{u}^{\mathrm{T}}\boldsymbol{B}\boldsymbol{u}$ 达到最大值即可，利用拉格朗日乘数法将其化为条件极值问题。令 λ 为拉格朗日乘数，从而得到要满足的条件为 $2(\boldsymbol{B}-\lambda\boldsymbol{A})\boldsymbol{u}=0$，在其两端同时左乘 $\boldsymbol{A}^{-1}$ 得 $2(\boldsymbol{A}^{-1}\boldsymbol{B}-\lambda\boldsymbol{I})\boldsymbol{u}=0$，由齐次线性方程组非零解存在的条件可知 $|\boldsymbol{A}^{-1}\boldsymbol{B}-\lambda\boldsymbol{I}|=0$，这表明 λ 实际上是 $\boldsymbol{A}^{-1}\boldsymbol{B}$ 的特征值，$\boldsymbol{u}$ 为 λ 对应的特征向量。所以，要想使 $\dfrac{\boldsymbol{u}^{\mathrm{T}}\boldsymbol{B}\boldsymbol{u}}{\boldsymbol{u}^{\mathrm{T}}\boldsymbol{A}\boldsymbol{u}}$ 达到最大值，只要找到 $\boldsymbol{A}^{-1}\boldsymbol{B}$ 的最大特征值 λ_1 所对应的满足 $\boldsymbol{u}^{\mathrm{T}}\boldsymbol{A}\boldsymbol{u}=1$ 的特征向量 $\boldsymbol{u}_1$ 即可。

通常，我们称 $U(\boldsymbol{X})=\boldsymbol{u}^{\mathrm{T}}\boldsymbol{X}$ 为**线性判别函数**，称 $\dfrac{\boldsymbol{u}^{\mathrm{T}}\boldsymbol{B}\boldsymbol{u}}{\boldsymbol{u}^{\mathrm{T}}\boldsymbol{A}\boldsymbol{u}}$ 的值为**判别效率**。假设 $\boldsymbol{A}^{-1}\boldsymbol{B}$ 的特征值为 $\lambda_1\geqslant\lambda_2\geqslant\cdots\geqslant\lambda_r>0$，对应地满足 $\boldsymbol{u}^{\mathrm{T}}\boldsymbol{A}\boldsymbol{u}=1$ 的特征向量为 $\boldsymbol{u}_1,\boldsymbol{u}_2,\cdots,\boldsymbol{u}_r$，有的问题建立一个判别函数 $U_1(\boldsymbol{X})=\boldsymbol{u}_1^{\mathrm{T}}\boldsymbol{X}$ 不够用，那就依次选用 $U_2(\boldsymbol{X})=\boldsymbol{u}_2^{\mathrm{T}}\boldsymbol{X}$、$U_3(\boldsymbol{X})=\boldsymbol{u}_3^{\mathrm{T}}\boldsymbol{X}\cdots\cdots$，直到能把 $G_1,G_2,\cdots,G_k$ 很好地区分开为止。称 $\dfrac{\lambda_1}{\sum\limits_{i=1}^{r}\lambda_i}$ 为 $U_1(\boldsymbol{X})=\boldsymbol{u}_1^{\mathrm{T}}\boldsymbol{X}$ 的**判别能力**，称

$\dfrac{\lambda_1+\cdots+\lambda_t}{\sum\limits_{i=1}^{r}\lambda_i}$ 为前 t 个判别函数的**累计判别能力**。

事实上，由特征向量的性质可知，如果 $\boldsymbol{p}$ 是 $\boldsymbol{A}^{-1}\boldsymbol{B}$ 的特征向量，β 是非零常数，则 $\beta\boldsymbol{p}$ 也是 $\boldsymbol{A}^{-1}\boldsymbol{B}$ 的特征向量，所以要想求出满足 $\boldsymbol{u}^{\mathrm{T}}\boldsymbol{A}\boldsymbol{u}=1$ 的特征向量，只要先求出 λ_1 所对应的特征向量 $\boldsymbol{p}_1$，令 $\beta=\dfrac{1}{\sqrt{\boldsymbol{p}_1^{\mathrm{T}}\boldsymbol{A}\boldsymbol{p}_1}}$，然后取 $\boldsymbol{u}_1=\beta\boldsymbol{p}_1$ 即可。

二、Fisher 判别准则

在得到判别函数 $U_1(\boldsymbol{X})=\boldsymbol{u}_1^{\mathrm{T}}\boldsymbol{X}$ 之后，对 $G_1,G_2,\cdots,G_k$ 的样本均值进行投影变换得到 $y_i=\boldsymbol{u}_1^{\mathrm{T}}\overline{\boldsymbol{X}}^{(i)}(i=1,2,\cdots,k)$，对待判别样本 $\boldsymbol{X}$ 也进行同样的投影变换 $y=\boldsymbol{u}_1^{\mathrm{T}}\boldsymbol{X}$，然后计算投影后的距离

$$d_i=\frac{(y-y_i)^2}{\hat{\sigma}_i^2}=\frac{(\boldsymbol{u}_1^{\mathrm{T}}\boldsymbol{X}-\boldsymbol{u}_1^{\mathrm{T}}\overline{\boldsymbol{X}}^{(i)})^2}{\dfrac{1}{n_i-1}\boldsymbol{u}_1^{\mathrm{T}}\boldsymbol{A}_i\boldsymbol{u}_1},(i=1,2,\cdots,k) \tag{6.3.3}$$

相应的判别准则为

$$\boldsymbol{X}\in G_t,\text{若 } d_t=\min_{i=1,\cdots,k}\{d_i\} \tag{6.3.4}$$

如果有 l 个总体同时达到最小距离，接下来对这 l 个总体再选用线性判别函数 $U_2(\boldsymbol{X})=\boldsymbol{u}_2^{\mathrm{T}}\boldsymbol{X}$ 进行投影变换，再用准则(6.3.4)进行判别，依次重复下去，直到将样本 $\boldsymbol{X}$ 判别归为某一个总体为止。

例 6.3.1　为研究某地区的人口死亡情况，已按某种方法将 15 个样本分为 3 类，指标 X_1 表示 0 岁死亡组的指数，X_2 表示 1 岁死亡组的指数，X_3 表示 10 岁死亡组的指数，X_4 表示 55 岁死亡组的指数，X_5 表示 80 岁死亡组的指数，X_6 表示平均预期寿命。现有待判定样本 $\boldsymbol{X}=(50.22,6.66,1.08,22.54,170.6,65.2)^{\mathrm{T}}$，试用 Fisher 判别法对这个样本进行判别。已知样本数据见表 6.3.1。

表 6.3.1　　**某地区人口死亡指数**

组别	样本序号	X_1	X_2	X_3	X_4	X_5	X_6
Ⅰ	1	34.16	7.44	1.12	7.87	95.19	69.3
	2	33.06	6.34	1.08	6.77	94.08	69.7
	3	36.26	9.24	1.04	8.97	97.30	68.8
	4	40.17	13.45	1.43	13.88	101.2	66.2
	5	50.56	23.03	2.83	23.74	112.52	63.3
Ⅱ	6	33.24	6.24	1.18	22.90	160.01	65.4
	7	32.22	4.22	1.06	20.70	124.70	68.7
	8	41.15	10.08	2.32	32.84	172.06	65.85
	9	53.04	25.74	4.06	34.87	152.03	63.5
	10	38.03	11.2	6.07	27.84	146.32	66.8

续表 6.3.1

组别	样本序号	X_1	X_2	X_3	X_4	X_5	X_6
Ⅲ	11	34.03	5.41	0.07	5.20	90.10	69.5
	12	32.11	3.02	0.09	3.14	85.15	70.8
	13	44.12	15.02	1.08	15.15	103.121	64.8
	14	54.17	25.03	2.11	25.15	110.14	63.7
	15	28.07	2.01	0.07	3.02	81.22	68.3

解 由题目数据可知，三个总体的样本容量为 $n_1 = n_2 = n_3 = 5$

三个样本矩阵分别为

$$\boldsymbol{X}^{(1)} = \begin{bmatrix} 34.16 & 7.44 & 1.12 & 7.87 & 95.19 & 69.3 \\ 33.06 & 6.34 & 1.08 & 6.77 & 94.08 & 69.7 \\ 36.26 & 9.24 & 1.04 & 8.97 & 97.3 & 68.8 \\ 40.17 & 13.45 & 1.43 & 13.88 & 101.2 & 66.2 \\ 50.56 & 23.03 & 2.83 & 23.74 & 112.52 & 63.3 \end{bmatrix}$$

$$\boldsymbol{X}^{(2)} = \begin{bmatrix} 33.24 & 6.24 & 1.18 & 22.9 & 160.01 & 65.4 \\ 32.22 & 4.22 & 1.06 & 20.7 & 124.7 & 68.7 \\ 41.15 & 10.08 & 2.32 & 32.84 & 172.06 & 65.85 \\ 53.04 & 25.74 & 4.06 & 34.87 & 152.03 & 63.5 \\ 38.03 & 11.2 & 6.07 & 27.84 & 146.32 & 66.8 \end{bmatrix}$$

$$\boldsymbol{X}^{(3)} = \begin{bmatrix} 34.03 & 5.41 & 0.07 & 5.20 & 90.10 & 69.5 \\ 32.11 & 3.02 & 0.09 & 3.14 & 85.15 & 70.8 \\ 44.12 & 15.02 & 1.08 & 15.15 & 103.121 & 64.8 \\ 54.17 & 25.03 & 2.11 & 25.15 & 110.14 & 63.7 \\ 28.07 & 2.01 & 0.07 & 3.02 & 81.22 & 68.3 \end{bmatrix}$$

算得均值向量分别为

$$\overline{\boldsymbol{X}}^{(1)} = \frac{1}{n_1}\boldsymbol{X}^{(1)\mathrm{T}}\boldsymbol{1}_{n_1} = (38.842\,0, 11.900\,0, 1.500\,0, 12.246\,0, 100.058\,0, 67.460\,0)^{\mathrm{T}}$$

$$\overline{\boldsymbol{X}}^{(2)} = \frac{1}{n_2}\boldsymbol{X}^{(2)\mathrm{T}}\boldsymbol{1}_{n_2} = (39.536\,0, 11.496\,0, 2.938\,0, 27.830\,0, 151.024\,0, 66.050\,0)^{\mathrm{T}}$$

$$\overline{\boldsymbol{X}}^{(3)} = \frac{1}{n_3}\boldsymbol{X}^{(3)\mathrm{T}}\boldsymbol{1}_{n_3} = (38.500\,0, 10.098\,0, 0.684\,0, 10.332\,0, 93.946\,2, 67.420\,0)^{\mathrm{T}}$$

由 $\boldsymbol{A}_i = \boldsymbol{X}^{(i)\mathrm{T}}(\boldsymbol{I}_{n_i} - \frac{1}{n_i}\boldsymbol{1}_{n_i}\boldsymbol{1}_{n_i}^{\mathrm{T}})\boldsymbol{X}^{(i)}$ 算得样本离差阵 $\boldsymbol{A}_i$：

$$\boldsymbol{A}_1 = \begin{bmatrix} 201.094\,5 & 192.377\,5 & 20.887\,3 & 197.465\,9 & 212.024\,2 & -75.446\,6 \\ 192.377\,5 & 184.160\,2 & 19.948\,0 & 189.138\,6 & 202.757\,4 & -72.479\,0 \\ 20.887\,3 & 19.948\,0 & 2.306\,2 & 20.642\,4 & 22.123\,8 & -7.701\,0 \\ 197.465\,9 & 189.138\,6 & 20.642\,4 & 194.650\,1 & 208.177\,4 & -74.581\,8 \\ 212.024\,2 & 202.757\,4 & 22.123\,8 & 208.177\,4 & 223.646\,1 & -79.324\,4 \\ -75.446\,6 & -72.479\,0 & -7.701\,0 & -74.581\,8 & -79.324\,4 & 29.092\,0 \end{bmatrix}$$

$$A_2 = 10^3 \begin{bmatrix} 0.2804 & 0.2768 & 0.0342 & 0.1863 & 0.1906 & -0.0512 \\ 0.2768 & 0.2855 & 0.0388 & 0.1710 & 0.1302 & -0.0521 \\ 0.0342 & 0.0388 & 0.0181 & 0.0269 & 0.0070 & -0.0042 \\ 0.1863 & 0.1710 & 0.0269 & 0.1498 & 0.2558 & -0.0346 \\ 0.1906 & 0.1302 & 0.0070 & 0.2558 & 1.2394 & -0.0859 \\ -0.0512 & -0.0521 & -0.0042 & -0.0346 & -0.0859 & 0.0145 \end{bmatrix}$$

$$A_3 = \begin{bmatrix} 446.7312 & 412.1877 & 37.5152 & 404.4363 & 511.4537 & -113.0910 \\ 412.1877 & 384.6819 & 35.2909 & 379.0798 & 470.1842 & -109.2348 \\ 37.5152 & 35.2909 & 3.2971 & 34.9511 & 42.1260 & -10.1674 \\ 404.4363 & 379.0798 & 34.9511 & 374.3139 & 460.2189 & -109.1642 \\ 511.4537 & 470.1842 & 42.1260 & 460.2189 & 600.5387 & -133.2092 \\ -113.0910 & -109.2348 & -10.1674 & -109.1642 & -133.2092 & 37.2280 \end{bmatrix}$$

进而得

$$A = A_1 + A_2 + A_3 = 10^3 \begin{bmatrix} 0.9282 & 0.8814 & 0.0926 & 0.7882 & 0.9141 & -0.2397 \\ 0.8814 & 0.8544 & 0.0941 & 0.7392 & 0.8032 & -0.2338 \\ 0.0926 & 0.0941 & 0.0237 & 0.0825 & 0.0713 & -0.0221 \\ 0.7882 & 0.7392 & 0.0825 & 0.7188 & 0.9242 & -0.2184 \\ 0.9141 & 0.8032 & 0.0713 & 0.9242 & 2.0635 & -0.2984 \\ -0.2397 & -0.2338 & -0.0221 & -0.2184 & -0.2984 & 0.0809 \end{bmatrix}$$

又由 $B = \sum_{t=1}^{k} n_t (\overline{X}^{(t)} - \overline{X})(\overline{X}^{(t)} - \overline{X})^{\mathrm{T}}$ 算得

$$B = 10^3 \begin{bmatrix} 0.0028 & 0.0030 & 0.0060 & 0.0493 & 0.1610 & -0.0040 \\ 0.0030 & 0.0089 & 0.0067 & 0.0360 & 0.1170 & -0.0021 \\ 0.0060 & 0.0067 & 0.0130 & 0.1057 & 0.3449 & -0.0085 \\ 0.0493 & 0.0360 & 0.1057 & 0.9212 & 3.0078 & -0.0764 \\ 0.1610 & 0.1170 & 0.3449 & 3.0078 & 9.8213 & -0.2497 \\ -0.0040 & -0.0021 & -0.0085 & -0.0764 & -0.2497 & 0.0064 \end{bmatrix}$$

算得 $A^{-1}B$ 的最大特征值为 $\lambda_1 = 54.7090$，对应的特征向量为

$$p_1 = (-0.5937, 0.5170, -0.2736, 0.2669, 0.0290, 0.4831)^{\mathrm{T}}$$

从而得

$$u_1 = \frac{1}{\sqrt{p_1^{\mathrm{T}} A p_1}} p_1 = (-0.5153, 0.4487, -0.2375, 0.2316, 0.0252, 0.4193)^{\mathrm{T}}$$

所以线性判别函数为

$$U_1(X) = u_1^{\mathrm{T}} X = -0.5153x_1 + 0.4487x_2 - 0.2375x_3 + 0.2316x_4 + 0.0252x_5 + 0.4193x_6$$

将 $X = (50.22, 6.66, 1.08, 22.54, 170.6, 65.2)^{\mathrm{T}}$ 代入式(6.3.3)得

$$d_1 = 1733.3,\ d_2 = 1209.1,\ d_3 = 82.8614$$

由于 d_3 最小，所以将待判定样本 X 判定为第Ⅲ组。

习题六

1. 一个银行贷款员把公司客户分为拖欠和不拖欠两部分，流动比率和资产负债率是企业贷款拖欠与否的重要因素，现有已知的 18 个企业的数据如下表所列，一个新企业的流动比率为 1.0，资产负债率为 24%，用距离判别法来判断这家企业是否属于拖欠型企业。

企业序号	流动比率	负债比率/%	是否拖欠
1	3.6	60	否
2	3.0	20	否
3	3.0	60	否
4	2.8	44	否
5	2.4	60	否
6	2.2	28	否
7	2.0	40	否
8	2.0	48	否
9	1.6	20	否
10	3.0	76	是
11	2.6	68	是
12	2.6	68	是
13	2.4	40	是
14	1.8	60	是
15	1.6	44	是
16	1.4	44	是
17	1.0	32	是
18	1.0	60	是

2. 心电图检查中的两个指标 X_1 和 X_2 可以用于区分健康人、主动脉硬化患者和冠心病患者这三类人，经验数据如下表所列，现有一人的两个指标分别为 267.88 和 10.66，取先验概率为经验数据中各类人所占的比例，用 Bayes 判别法判断他属于哪一类人。

类别	序号	X_1	X_2	类别	序号	X_1	X_2
健康人	1	261.01	7.36	主动脉硬化患者	13	308.90	8.49
	2	185.39	5.99		14	258.69	7.16
	3	249.58	6.11		15	355.54	9.43
	4	137.13	4.35		16	476.69	11.32
	5	213.34	8.79		17	316.12	8.17
	6	231.38	8.53		18	274.57	9.67
	7	260.25	10.02		19	409.42	10.49
	8	259.51	9.79	冠心病患者	20	330.34	9.61
	9	273.84	8.79		21	331.47	13.72
	10	303.59	8.53		22	352.50	11.00
	11	231.03	6.15		23	347.31	11.19
	12	270.51	7.35		24	189.56	6.94

3. 根据经验，今天与昨天的湿度差 X_1 和今天的压温差 X_2 是预报明天下雨或不下雨的两个重要因子，以往的经验数据如下表所列，今天测得 $X_1 = 8.1, X_2 = 2.0$，试用 Fisher 判别法确定应该预报明天下雨还是不下雨。

下雨		不下雨	
X_1	X_2	X_1	X_2
−1.9	3.2	0.2	6.2
−6.9	10.4	−0.1	7.5
5.2	2.0	0.4	14.6
5.0	2.5	2.7	8.3
7.3	0.0	2.1	0.8
6.8	12.7	−4.6	4.3
0.9	−15.4	−1.7	10.9
−10.5	−2.5	−2.6	13.1
1.5	1.3	2.6	12.8
3.8	6.8	−2.8	10.0

第7章 主成分分析

在对实际问题的研究中，为了能够全面、准确地反映出问题的特征和规律，避免遗漏重要的信息，人们往往会考虑与问题有关的多个指标。这样做一方面由于指标的众多会增加问题的复杂性，另一方面，由于各指标均是对同一问题或事物的反映，不可避免地会有信息重叠的情况。因此，人们希望在研究中能够合理减少涉及的指标而又使信息损失不多，有利于抓住问题的主要矛盾，揭示事物内部变量之间的内在规律。主成分分析是当多个变量之间存在一定程度的相关性时，利用原指标或数据的线性组合的方式来提取信息，从而把研究对象的多个相关变量（指标）化为少数几个不相关的综合变量（指标）的一种多元统计方法。例如，制作一件上衣要测量很多尺寸，如身长、袖长、胸围、腰围、肩宽、肩厚等十几项指标，但服装厂要生产一批新型服装绝不可能把尺寸的型号分得过多，而是从多种指标中综合成少数几个综合指标，作为分类的型号，如利用主成分分析将十几项指标综合成3项指标，一项是反映长度的指标，一项是反映胖瘦的指标，一项是反映特体的指标。这体现了降维的思想。基于这种降维的思想，还产生了因子分析、典型相关分析、偏最小二乘回归等统计方法。

一般地，主成分分析往往不是目的，而是达到某个目的的一种手段，经常用于一些项目研究的中间环节，如判别分析中多个总体的 Fisher 判别中，建立前 r 个判别函数的思想就是主成分的思想等。此外，主成分还用于回归分析与图法聚类等领域。

主成分的概念首先由皮尔逊（Karl Parson）在1901年引入，1933年由霍特林（Hotelling）将这个概念推广到了随机变量。本章介绍主成分分析的基本理论和方法、主成分分析的计算步骤与算法。

§7.1 总体的主成分

一、主成分的概念

设 $\boldsymbol{X}=(X_1,X_2,\cdots,X_p)^{\mathrm{T}}$ 是 p 维随机向量，$E(\boldsymbol{X})=\boldsymbol{\mu}$，协方差阵 $D(\boldsymbol{X})=\boldsymbol{\Sigma}>0$，考虑 $\boldsymbol{X}$ 的线性变换：

$$\begin{cases} Z_1 = a_{11}X_1 + a_{21}X_2 + \cdots + a_{p1}X_p \\ Z_2 = a_{12}X_1 + a_{22}X_2 + \cdots + a_{p2}X_p \\ \cdots \\ Z_p = a_{1p}X_1 + a_{2p}X_2 + \cdots + a_{pp}X_p \end{cases} \tag{7.1.1}$$

其中 $Z_i=\boldsymbol{a}_i^{\mathrm{T}}\boldsymbol{X}(i=1,2,\cdots,p)$，易知，有 $D(Z_i)=\boldsymbol{a}_i^{\mathrm{T}}\boldsymbol{\Sigma}\boldsymbol{a}_i$，$\mathrm{Cov}(Z_i,Z_j)=\boldsymbol{a}_i^{\mathrm{T}}\boldsymbol{\Sigma}\boldsymbol{a}_j$。

记 $\boldsymbol{A}=(a_{ij})_{p\times p}$，$\boldsymbol{Z}=(Z_1,\cdots,Z_p)^{\mathrm{T}}$，则以上有矩阵形式 $\boldsymbol{Z}=\boldsymbol{A}^{\mathrm{T}}\boldsymbol{X}$。

如果我们希望用新变量 $Z_1=\boldsymbol{a}_1^{\mathrm{T}}\boldsymbol{X}$ 替代原来 p 个变量 $X_1,X_2,\cdots,X_p$，这就要求 Z_1 尽可能多地反映原来 p 个变量的信息。从统计分析的角度来看，一个指标或一串数据所含的信息，可以用方差来表示，方差越大，所包含的信息量就越大。因此我们用 Z_1 的方差 $D(Z_1)$ 来表达 Z_1 所含信息的多少，$D(Z_1)$ 越大，表示 Z_1 所含 p 个变量 $X_1, X_2, \cdots, X_p$ 的信息越多。而若令 $\boldsymbol{a}_1 = C\boldsymbol{a}_1^*$，$C \in R$，$C$ 是任意常数，由 $Z_1 = \boldsymbol{a}_1^{\mathrm{T}}\boldsymbol{X}$，则

$$D(Z_1) = D(\boldsymbol{a}_1^{\mathrm{T}}\boldsymbol{X}) = D(C\boldsymbol{a}_1^{*\,\mathrm{T}}\boldsymbol{X}) = C^2\boldsymbol{a}_1^{*\,\mathrm{T}}\boldsymbol{\Sigma}\boldsymbol{a}_1^* \tag{7.1.2}$$

可见，若对系数向量 $\boldsymbol{a}_1$ 不加限制，则由于常数 C 可以任意大，因而系数向量 $\boldsymbol{a}_1$ 可以任意大，问题变得没有意义了。因此，限定系数向量 $\boldsymbol{a}_1^{\mathrm{T}}\boldsymbol{a}_1 = 1$。

若存在满足约束条件 $\boldsymbol{a}_1^{\mathrm{T}}\boldsymbol{a}_1 = 1$ 的向量 $\boldsymbol{a}_1$，使 $D(Z_1)$ 达到最大，就称 $Z_1 = \boldsymbol{a}_1^{\mathrm{T}}\boldsymbol{X}$ 为第一主成分（或主分量）。若第一主成分 Z_1 不足以表达原 p 个变量足够多的信息就考虑 $\boldsymbol{X}$ 的第二个线性组合 $Z_2 = \boldsymbol{a}_2^{\mathrm{T}}\boldsymbol{X}$。第一主成分 Z_1 中已体现的信息不希望在 Z_2 中再出现，要求 $\mathrm{Cov}(Z_2, Z_1) = \boldsymbol{a}_2^{\mathrm{T}}\boldsymbol{\Sigma}\boldsymbol{a}_1 = 0$。于是若存在满足约束条件 $\boldsymbol{a}_2^{\mathrm{T}}\boldsymbol{a}_2 = 1$ 与 $\mathrm{Cov}(Z_2, Z_1) = 0$ 的向量 $\boldsymbol{a}_2$，使 $D(Z_2)$ 达到最大，就称 $Z_2 = \boldsymbol{a}_2^{\mathrm{T}}\boldsymbol{X}$ 为第二主成分（或主分量）。若 Z_1 与 Z_2 仍不足以表达原 p 个变量足够多的信息，那么就考虑第三个线性组合 $Z_3 = \boldsymbol{a}_3^{\mathrm{T}}\boldsymbol{X}$……对于第 i 个主成分，它是在条件 $\boldsymbol{a}_i^{\mathrm{T}}\boldsymbol{a}_i = 1$ 下使 $D(Z_i)$ 最大，且与 $Z_1, Z_2, \cdots, Z_{i-1}$ 线性无关的 $\boldsymbol{X}$ 的线性组合。

定义 7.1.1　设 $\boldsymbol{X} = (X_1, X_2, \cdots, X_p)^{\mathrm{T}}$ 是 p 维随机向量，$Z_i = \boldsymbol{a}_i^{\mathrm{T}}\boldsymbol{X} (i = 1, 2, \cdots, p)$ 为 $\boldsymbol{X}$ 的第 i 主成分，如果：

(1) $\boldsymbol{a}_i^{\mathrm{T}}\boldsymbol{a}_i = 1, (i = 1, 2, \cdots, p)$；

(2) 当 $i > 1$ 时，$\boldsymbol{a}_i^{\mathrm{T}}\boldsymbol{\Sigma}\boldsymbol{a}_j = 0, (j = 1, 2, \cdots, i-1)$；

(3) $D(Z_i) = \max\limits_{\boldsymbol{a}^{\mathrm{T}}\boldsymbol{a}=1, \boldsymbol{a}^{\mathrm{T}}\boldsymbol{\Sigma}\boldsymbol{a}_j=0(j=1,2,\cdots,i-1)} D(\boldsymbol{a}^{\mathrm{T}}\boldsymbol{X})$。

从代数学观点看，主成分就是满足以上条件的 p 个原始变量的一些特殊线性组合。

由定义 7.1.1 可知，求第一主成分 $Z_1 = \boldsymbol{a}_1^{\mathrm{T}}\boldsymbol{X}$ 的问题即为求向量 $\boldsymbol{a}_1 = (a_{11}, a_{21}, \cdots, a_{p1})^{\mathrm{T}}$，使得在条件 $\boldsymbol{a}_1^{\mathrm{T}}\boldsymbol{a}_1 = 1$ 下，$D(Z_1)$ 达最大。这是条件极值问题，用拉格朗日乘子法求解。令

$$\phi(\boldsymbol{a}_1) = D(\boldsymbol{a}_1^{\mathrm{T}}\boldsymbol{X}) - \lambda(\boldsymbol{a}_1^{\mathrm{T}}\boldsymbol{a}_1 - 1) = \boldsymbol{a}_1^{\mathrm{T}}\boldsymbol{\Sigma}\boldsymbol{a}_1 - \lambda(\boldsymbol{a}_1^{\mathrm{T}}\boldsymbol{a}_1 - 1) \tag{7.1.3}$$

考虑

$$\begin{cases} \dfrac{\partial \phi}{\partial \boldsymbol{a}_1} = 2(\boldsymbol{\Sigma} - \lambda \boldsymbol{I})\boldsymbol{a}_1 = 0 \\ \dfrac{\partial \phi}{\partial \lambda} = \boldsymbol{a}_1^{\mathrm{T}}\boldsymbol{a}_1 - 1 = 0 \end{cases} \tag{7.1.4}$$

则系数向量 $\boldsymbol{a}_1$ 满足 $\boldsymbol{\Sigma}\boldsymbol{a}_1 = \lambda\boldsymbol{a}_1$，$\boldsymbol{a}_1^{\mathrm{T}}\boldsymbol{a}_1 = 1$，是协方差阵 $\boldsymbol{\Sigma}$ 对应于特征值 λ 的单位特征向量。由 $\boldsymbol{\Sigma}$ 的正定性可知，其特征值均大于零，不妨设其 p 个特征值为 $\lambda_1 \geqslant \lambda_2 \geqslant \cdots \geqslant \lambda_p \geqslant 0$。由下面定理可知，$p$ 维随机向量 $\boldsymbol{X}$ 的协方差阵 $\boldsymbol{\Sigma}$ 的 p 个特征值 $\lambda_1 \geqslant \lambda_2 \geqslant \cdots \geqslant \lambda_p \geqslant 0$ 即为主成分的方差，最大特征值 λ_1 就是第一主成分的方差，而对应于最大特征值 λ_1 的单位特征向量即为 $\boldsymbol{a}_1$。

引理 7.1.1　设 p 阶方阵 $\boldsymbol{B}$，满足 $\boldsymbol{B}^{\mathrm{T}} = \boldsymbol{B}$，$\lambda_i$ 是 $\boldsymbol{B}$ 的第 i 大特征值，$\boldsymbol{l}_i$ 是对应于特征值 λ_i 的 $\boldsymbol{B}$ 的标准化特征向量 $(i = 1, 2, \cdots, p)$，则对于任意 p 维非零向量 $\boldsymbol{x}$，有：

(1) $\lambda_p \leqslant \dfrac{\boldsymbol{x}^{\mathrm{T}}\boldsymbol{B}\boldsymbol{x}}{\boldsymbol{x}^{\mathrm{T}}\boldsymbol{x}} \leqslant \lambda_1$；

(2) 记 $V = \mathrm{span}(\boldsymbol{l}_{r+1}, \cdots \boldsymbol{l}_p)$，则 $\max\limits_{\boldsymbol{x} \neq \boldsymbol{O}\, \boldsymbol{x} \in V} \dfrac{\boldsymbol{x}^{\mathrm{T}}\boldsymbol{B}\boldsymbol{x}}{\boldsymbol{x}^{\mathrm{T}}\boldsymbol{x}} = \lambda_{r+1}$，且当 $\boldsymbol{x} = c\boldsymbol{l}_{r+1}$ 时达到最大值，这里

c 为非零常数。

证明 记 $\boldsymbol{P}=(\boldsymbol{l}_1,\boldsymbol{l}_2,\cdots,\boldsymbol{l}_p)$，它是正交矩阵，由特征值和特征向量的性质知：

$$\boldsymbol{B}=\boldsymbol{P}\mathrm{diag}(\lambda_1,\lambda_2,\cdots,\lambda_p)\boldsymbol{P}^{\mathrm{T}}$$

$\forall \boldsymbol{x}\neq\boldsymbol{O}$，令 $\boldsymbol{y}=\boldsymbol{P}^{\mathrm{T}}\boldsymbol{x}/\sqrt{\boldsymbol{x}^{\mathrm{T}}\boldsymbol{x}}=(y_1,y_2,\cdots,y_p)^{\mathrm{T}}$，那么 $\boldsymbol{y}^{\mathrm{T}}\boldsymbol{y}=1$。

$$\frac{\boldsymbol{x}^{\mathrm{T}}\boldsymbol{B}\boldsymbol{x}}{\boldsymbol{x}^{\mathrm{T}}\boldsymbol{x}}=\frac{\boldsymbol{x}^{\mathrm{T}}\boldsymbol{P}\mathrm{diag}(\lambda_1,\lambda_2,\cdots,\lambda_p)\boldsymbol{P}^{\mathrm{T}}\boldsymbol{x}}{\boldsymbol{x}^{\mathrm{T}}\boldsymbol{x}}=\frac{(\boldsymbol{P}^{\mathrm{T}}\boldsymbol{x})^{\mathrm{T}}\mathrm{diag}(\lambda_1,\lambda_2,\cdots,\lambda_p)\boldsymbol{P}^{\mathrm{T}}\boldsymbol{x}}{\boldsymbol{x}^{\mathrm{T}}\boldsymbol{x}}$$

$$=\boldsymbol{y}^{\mathrm{T}}\mathrm{diag}(\lambda_1,\lambda_2,\cdots,\lambda_p)\boldsymbol{y}=\sum_{i=1}^{p}\lambda_i y_i^2$$

于是

$$\lambda_p=\lambda_p\sum_{i=1}^{p}y_i^2\leqslant\sum_{i=1}^{p}\lambda_i y_i^2\leqslant\lambda_1\sum_{i=1}^{p}y_i^2=\lambda_1。$$

上式右边等式当 $\boldsymbol{y}=(1,0,\cdots,0)^{\mathrm{T}}$ 时成立，从而

$$\frac{\boldsymbol{x}}{\sqrt{\boldsymbol{x}^{\mathrm{T}}\boldsymbol{x}}}=\boldsymbol{P}\boldsymbol{y}=(\boldsymbol{l}_1,\boldsymbol{l}_2,\cdots\boldsymbol{l}_p)\begin{pmatrix}1\\0\\\vdots\\0\end{pmatrix}=\boldsymbol{l}_1\text{，即 }\boldsymbol{x}=c\boldsymbol{l}_1。$$

左边等式类似可证。

(2) 如果 $\boldsymbol{x}\in V=\mathrm{span}(\boldsymbol{l}_{r+1},\cdots,\boldsymbol{l}_p)$，则有 $\boldsymbol{x}=k_1\boldsymbol{l}_{r+1}+k_2\boldsymbol{l}_{r+2}+\cdots+k_{p-r}\boldsymbol{l}_p$，

$$\boldsymbol{l}_i^{\mathrm{T}}\boldsymbol{x}=\boldsymbol{l}_i^{\mathrm{T}}(k_1\boldsymbol{l}_{r+1}+k_2\boldsymbol{l}_{r+2}+\cdots+k_{p-r}\boldsymbol{l}_p)=\boldsymbol{O}(i=1,2,\cdots,r)。$$

因此

$$\boldsymbol{y}=\boldsymbol{P}^{\mathrm{T}}\boldsymbol{x}/\sqrt{\boldsymbol{x}^{\mathrm{T}}\boldsymbol{x}}=(\boldsymbol{l}_1,\boldsymbol{l}_2,\cdots\boldsymbol{l}_p)^{\mathrm{T}}\boldsymbol{x}/\sqrt{\boldsymbol{x}^{\mathrm{T}}\boldsymbol{x}}=(0,0,\cdots,y_{r+1},\cdots,y_p)^{\mathrm{T}},$$

$$\boldsymbol{y}^{\mathrm{T}}\boldsymbol{y}=\sum_{i=r+1}^{p}y_i^2=1,$$

$$\frac{\boldsymbol{x}^{\mathrm{T}}\boldsymbol{B}\boldsymbol{x}}{\boldsymbol{x}^{\mathrm{T}}\boldsymbol{x}}=\sum_{i=r+1}^{p}\lambda_i y_i^2\leqslant\lambda_{r+1}\sum_{i=r+1}^{p}y_i^2=\lambda_{r+1},$$

而且等号当 $\boldsymbol{y}=(0,\cdots,0,1,0,\cdots,0)^{\mathrm{T}}$ 时成立，其中 1 在第 $r+1$ 位置上。同上可知，此时 $\boldsymbol{x}=c\boldsymbol{l}_{r+1}$，(2)也得证。

定理 7.1.1 设 $\boldsymbol{X}=(X_1,X_2,\cdots,X_p)^{\mathrm{T}}$ 是 p 维随机向量，且 $D(\boldsymbol{X})=\boldsymbol{\Sigma}$，$\boldsymbol{\Sigma}$ 的特征值为 $\lambda_1\geqslant\lambda_2\geqslant\cdots\geqslant\lambda_p\geqslant0$，$\boldsymbol{a}_1,\boldsymbol{a}_2,\cdots,\boldsymbol{a}_p$ 是对应的单位正交特征向量，则 $\boldsymbol{X}$ 的第 i 主成分为

$$Z_i=\boldsymbol{a}_i^{\mathrm{T}}\boldsymbol{X}(i=1,2,\cdots,p)\tag{7.1.5}$$

证明：因为 $\boldsymbol{\Sigma}$ 为对称阵，由引理 7.1.1 的结论(1)可知 $\forall\boldsymbol{a}\neq\boldsymbol{O}$，$\lambda_p\leqslant\dfrac{\boldsymbol{a}^{\mathrm{T}}\boldsymbol{\Sigma}\boldsymbol{a}}{\boldsymbol{a}^{\mathrm{T}}\boldsymbol{a}}\leqslant\lambda_1$。在 $\boldsymbol{a}^{\mathrm{T}}\boldsymbol{a}=1$ 的条件下，$\lambda_p\leqslant\dfrac{\boldsymbol{a}^{\mathrm{T}}\boldsymbol{\Sigma}\boldsymbol{a}}{\boldsymbol{a}^{\mathrm{T}}\boldsymbol{a}}=\boldsymbol{a}^{\mathrm{T}}\boldsymbol{\Sigma}\boldsymbol{a}\leqslant\lambda_1$，且最大值 λ_1 在 $\boldsymbol{a}=\boldsymbol{a}_1$ 时达到。令 $Z_1=\boldsymbol{a}_1^{\mathrm{T}}\boldsymbol{X}$，则 $D(Z_1)=D(\boldsymbol{a}_1^{\mathrm{T}}\boldsymbol{X})=\boldsymbol{a}_1^{\mathrm{T}}\boldsymbol{\Sigma}\boldsymbol{a}_1=\lambda_1$。即在条件下 $\boldsymbol{a}^{\mathrm{T}}\boldsymbol{a}=1$，$Z_1=\boldsymbol{a}_1^{\mathrm{T}}\boldsymbol{X}$ 方差最大，根据第一主成分的定义，$Z_1=\boldsymbol{a}_1^{\mathrm{T}}\boldsymbol{X}$ 是 $\boldsymbol{X}$ 的第一主成分。

对于 $r=2,3,\cdots,p$，记 $V_r=\mathrm{span}(\boldsymbol{a}_r,\cdots,\boldsymbol{a}_p)$，利用引理 7.1.1 结论(2)可知，在 $\boldsymbol{a}^{\mathrm{T}}\boldsymbol{a}=1$ 的条件下，$\max\limits_{\substack{\boldsymbol{a}\neq\boldsymbol{O}\\ \boldsymbol{a}\in V_r}}\dfrac{\boldsymbol{a}^{\mathrm{T}}\sum\boldsymbol{a}}{\boldsymbol{a}^{\mathrm{T}}\boldsymbol{a}}=\max\limits_{\substack{\boldsymbol{a}\neq\boldsymbol{O}\\ \boldsymbol{a}\in V_r}}a^{\mathrm{T}}\sum\boldsymbol{a}=\lambda_r$ 且最大值 λ_r 在 $\boldsymbol{a}=\boldsymbol{a}_r$ 时达到，且

$$\boldsymbol{a}_r^{\mathrm{T}} \sum \boldsymbol{a}_j = \lambda_j \boldsymbol{a}_r^{\mathrm{T}} \boldsymbol{a}_j = 0, (j = 1,2,\cdots,r-1)$$

令 $Z_r = \boldsymbol{a}_r^{\mathrm{T}}\boldsymbol{X}, Z_j = \boldsymbol{a}_j^{\mathrm{T}}\boldsymbol{X} (j = 1,2,\cdots,r-1)$，则

$$D(Z_r) = \lambda_r, \mathrm{Cov}(Z_r, Z_j) = \boldsymbol{a}_r^{\mathrm{T}}\boldsymbol{\Sigma}\boldsymbol{a}_j = 0 (j = 1,2,\cdots,r-1)$$

根据主成分的定义，$Z_r = \boldsymbol{a}_r^{\mathrm{T}}\boldsymbol{X}$ 是 $\boldsymbol{X}$ 的第 r 主成分。

推论 设 $\boldsymbol{Z} = (Z_1, Z_2, \cdots, Z_p)^{\mathrm{T}}$ 为 p 维随机向量，则其分量 $Z_i (i=1,2,\cdots,p)$ 依次是 $\boldsymbol{X}$ 的第 i 主成分的充分必要条件是：

(1) $\boldsymbol{Z} = \boldsymbol{A}^{\mathrm{T}}\boldsymbol{X}, \boldsymbol{A}$ 为正交矩阵；

(2) $D(Z) = \mathrm{diag}(\lambda_1, \lambda_2, \cdots, \lambda_p)$，即随机向量 $\boldsymbol{Z}$ 的协方差矩阵为对角矩阵；

(3) $\lambda_1 \geqslant \lambda_2 \geqslant \cdots \geqslant \lambda_p$。

定义 7.1.2 第 k 个主成分的方差在全部方差中所占的比重

$$a_k = \frac{\lambda_k}{\sum_{i=1}^{p} \lambda_i} \tag{7.1.6}$$

称为第 k 个主成分的**方差贡献率**，反映了第 k 个主成分有多大的综合能力，a_k 越大，表明 Z_k 这个新变量综合原 p 个变量 $X_1, X_2, \cdots, X_p$ 信息的能力越强；前 m 个主成分的方差在全部方差中所占比重

$$\sum_{i=1}^{m} \lambda_i \Big/ \sum_{i=1}^{p} \lambda_i \tag{7.1.7}$$

称为前 m 个主成分的**累积贡献率**；第一主成分的方差贡献率最大。

进行主成分分析的目的之一是减少变量个数，因此主成分个数一般不会取 p 个，而是取 m（$m < p$）个主成分。m 的选取，一般是采取使前 m 个主成分的累积贡献率达到85%以上的值。这样，损失信息不太多，又能达到减少变量、简化问题的目的，此外也可根据特征值的变化来确定，按照主成分被提取的顺序，画出特征值随主成分个数变化的散点图，称为崖底碎石图。崖底碎石图是 (i, λ_i) 的连线，图上对应大特征值的点较高，然后陡然下落成“悬崖状”，对应后几个小特征值的点则似崖底下一堆碎石而得名。根据图的形状来判断主成分的个数。图的形状由陡变平，曲线开始变平的前一个点被认为是提取的最大主成分数。

用主成分的贡献率与累计贡献率可以度量主成分 $Z_1, Z_2, \cdots, Z_m$ 分别或一共从原始变量 $X_1, X_2, \cdots, X_p$ 中提取了多少信息。那么原始变量 $X_1, X_2, \cdots, X_p$ 各有多少信息分别被主成分 $Z_1, Z_2, \cdots, Z_m$ 所提取呢？由主成分 $\boldsymbol{Z} = \boldsymbol{A}^{\mathrm{T}}\boldsymbol{X}$，则 $\boldsymbol{X} = \boldsymbol{AZ}$，原始变量 X_i 可表示为 $Z_1, Z_2, \cdots, Z_p$ 的线性组合，即

$$X_i = a_{i1}Z_1 + a_{i2}Z_2 + \cdots + a_{ip}Z_p, (i = 1,2,\cdots,p)$$

由

$$D(X_i) = D(a_{i1}Z_1 + a_{i2}Z_2 + \cdots + a_{ip}Z_p)$$

可得

$$a_{i1}^2\lambda_1 + a_{i2}^2\lambda_2 + \cdots + a_{im}^2\lambda_m + \cdots + a_{ip}^2\lambda_p = \sigma_{ii} \tag{7.1.8}$$

其中 $a_{ik}^2\lambda_k$ 是主成分 Z_k 能说明的第 i 原始变量的方差，$a_{ik}^2\lambda_k/\sigma_{ii}$ 是 Z_k 提取的第 i 个原始变量信息的比重。如果我们仅仅提出了 m 个主成分，则第 i 个原始变量信息的被提取率为

$$\upsilon_i^{(m)} = \sum_{k=1}^{m} a_{ik}^2\lambda_k/\sigma_{ii} \tag{7.1.9}$$

二、主成分的性质

设 $\boldsymbol{X}=(X_1,X_2,\cdots X_p)^{\mathrm{T}}$ 是 p 维随机向量，且 $D(\boldsymbol{X})=\boldsymbol{\Sigma}$，记 $\boldsymbol{\Sigma}=(\sigma_{ij})_{p\times p}$，$\boldsymbol{\Sigma}$ 的特征值为 $\lambda_1\geqslant\lambda_2\geqslant\cdots\geqslant\lambda_p\geqslant 0$，$\boldsymbol{a}_1,\boldsymbol{a}_2,\cdots,\boldsymbol{a}_p$ 是对应的单位正交特征向量，记 $\boldsymbol{\Lambda}=\mathrm{diag}(\lambda_1,\lambda_2,\cdots,\lambda_p)$，$\boldsymbol{A}=(a_1,a_2,\cdots,a_p)$。$\boldsymbol{X}$ 的主成分记为 $\boldsymbol{Z}=(Z_1,Z_2,\cdots,Z_p)^{\mathrm{T}}$，其中 $Z_i=\boldsymbol{a}_i^{\mathrm{T}}\boldsymbol{X}(i=1,2,\cdots,p)$。

总体主成分有如下性质：

(1) $D(\boldsymbol{Z})=\boldsymbol{\Lambda}=\mathrm{diag}(\lambda_1,\lambda_2,\cdots,\lambda_p)$ (7.1.10)

(2) $\sum_{i=1}^{p}\sigma_{ii}=\sum_{i=1}^{p}\lambda_i$，即 $\sum_{i=1}^{p}D(X_i)=\sum_{i=1}^{p}D(Z_i)$ (7.1.11)

通常称 $\sum_{i=1}^{p}\sigma_{ii}$ 为原总体 X 的**总方差**（或称**总惯量**），即主成分的总方差等于原始变量的总方差。

(3) $\rho(Z_k,X_i)=\dfrac{\sqrt{\lambda_k}a_{ik}}{\sqrt{\sigma_{ii}}}\ (k,i=1,2,\cdots,p)$ (7.1.12)

(4) $\sum_{k=1}^{p}\rho^2(Z_k,X_i)=\sum_{k=1}^{p}\dfrac{\lambda_k a_{ik}^2}{\sigma_{ii}}=1\ (i=1,2,\cdots,p)$ (7.1.13)

(5) $\sum_{i=1}^{p}\sigma_{ii}\rho^2(Z_k,X_i)=\lambda_k(k=1,2,\cdots,p)$ (7.1.14)

性质(1)说明主成分向量的协方差矩阵为对角阵，主成分 Z_i 的方差为 $D(Z_i)=\lambda_i$，且 $\mathrm{Cov}(Z_i,Z_j)=0$，即它们是互不相关的。实际上，若 $\boldsymbol{X}\sim N_P(\boldsymbol{O},\boldsymbol{\Sigma})$，则有 $\boldsymbol{Z}\sim N_P(\boldsymbol{O},\boldsymbol{\Lambda})$。

性质(2)说明，原总体的总方差可以分解为不相关的主成分的方差和，也就是说 p 个互不相关的主成分包含了原始数据中的全部信息，并且所包含的信息更为集中。当后面 $p-m(m<p)$ 个特征值很小时，就有 $\sum_{i=1}^{p}\sigma_{ii}\approx\sum_{i=1}^{m}\lambda_i$，可以考虑用前 m 个主成分近似表示原总体信息的绝大部分。通常用主成分的贡献率与累计贡献率度量主成分 $Z_1,Z_2,\cdots,Z_m$ 分别或一共从原始变量 $X_1,X_2,\cdots,X_p$ 中提取了多少信息。

性质(3)中的 $\rho(Z_k,X_i)$ 称为**因子负荷量**（或**因子载荷量**），$\rho(Z_k,X_i)$ 越大，表明 X_i 的方差在 Z_k 上的承载越大，X_i 对 Z_k 越重要，而刻画了该主成分的主要意义及成因。

例 7.1.1 设随机向量的协方差阵为 $D(\boldsymbol{X})=\boldsymbol{\Sigma}=\begin{bmatrix}2&0&-2\\0&4&0\\-2&0&5\end{bmatrix}$，试求 $\boldsymbol{X}$ 的主成分及主成分对变量的贡献率。

解 由 $|\boldsymbol{\Sigma}-\lambda\boldsymbol{I}|=(\lambda-6)(\lambda-4)(\lambda-1)=0$ 解得特征值依次为

$$\lambda_1=6,\ \lambda_2=4,\ \lambda_3=1$$

解方程 $(\boldsymbol{\Sigma}-\lambda_i\boldsymbol{I})\boldsymbol{x}=0(i=1,2,3)$ 得相应的特征向量依次为

$$\boldsymbol{l}_1=(1,0,-2)^{\mathrm{T}},\boldsymbol{l}_2=(0,1,0)^{\mathrm{T}},\boldsymbol{l}_3=(2,0,1)^{\mathrm{T}}$$

实对称矩阵的不相等的特征根所对应的特征向量正交，$\boldsymbol{l}_1,\boldsymbol{l}_2,\boldsymbol{l}_3$ 两两正交，将 $\boldsymbol{l}_1,\boldsymbol{l}_2,\boldsymbol{l}_3$ 单位化得

$$\boldsymbol{a}_1=(\frac{1}{\sqrt{5}},0,-\frac{2}{\sqrt{5}})^{\mathrm{T}},\boldsymbol{a}_2=(0,1,0)^{\mathrm{T}},\boldsymbol{a}_3=(\frac{2}{\sqrt{5}},0,\frac{1}{\sqrt{5}})^{\mathrm{T}}$$

由于 $\mathrm{tr}(\boldsymbol{\Sigma})=2+4+5=11$，故第一个主成分的贡献率为$\frac{6}{11}\times 100\%\approx 54.55\%$，第二个主成分的贡献率为$\frac{4}{11}\times 100\%\approx 36.36\%$。前两个主成分的累加贡献率达 90.91%，故取前两个主成分就可以保留原数据信息的大部分。

前两个主成分为

$$Z_1=\boldsymbol{a}_1^{\mathrm{T}}\boldsymbol{X}=\frac{1}{\sqrt{5}}X_1-\frac{2}{\sqrt{5}}X_3,\ Z_2=\boldsymbol{a}_2^{\mathrm{T}}\boldsymbol{X}=X_2$$

前两个主成分与原始变量的相关系数按公式 $\rho(Z_k,X_i)=\frac{\sqrt{\lambda_k}a_{ik}}{\sqrt{\sigma_{ii}}}(i=1,2,3;k=1,2)$ 计算，结果如表 7.1.1 所列。

表 7.1.1　　原始变量与主成分的相关系数

主成分 / 原始变量	Z_1	Z_2
X_1	$\frac{\sqrt{6}}{\sqrt{2}}\cdot\frac{1}{\sqrt{5}}\approx 0.7746$	$\frac{\sqrt{4}\cdot 0}{\sqrt{2}}=0$
X_2	$\frac{\sqrt{6}}{\sqrt{4}}\cdot 0=0$	$\frac{\sqrt{4}\cdot 1}{\sqrt{4}}=1$
X_3	$\frac{\sqrt{6}}{\sqrt{5}}\cdot\frac{-2}{\sqrt{5}}\approx -0.9798$	$\frac{\sqrt{4}\cdot 0}{\sqrt{5}}=0$

这里 X_3 在主成分 Z_1 中拥有最大权数 $-2/\sqrt{5}\approx -0.8944$，也有与 Z_1（按绝对值）最大的相关系数 $-\frac{2\sqrt{6}}{5}\approx -0.9798$，$X_1$ 在主成分 Z_1 中的权数为 $1/\sqrt{5}\approx 0.4472$，与 Z_1 的相关系数为 $\sqrt{\frac{3}{5}}\approx 0.7746$，这说明对于 Z_1 的确定，X_3 的贡献比 X_1 的要大，由于这两个变量的系数都比较大，我们认为这两个变量都有助于对主成分 Z_1 的解释。X_2 在主成分 Z_2 中系数为 1，与 Z_2 的相关系数也为 1，这说明主成分 Z_2 由 X_2 完全解释。

前两个主成分（$m=2$）对 X_i 的贡献率 υ_i 计算如下：

$$\upsilon_1=\left(\frac{\sqrt{6}}{\sqrt{2}}\cdot\frac{1}{\sqrt{5}}\right)^2+\left(\frac{\sqrt{4}\cdot 0}{\sqrt{2}}\right)^2=0.6,$$

$$\upsilon_2=\left(\frac{\sqrt{6}}{\sqrt{4}}\cdot 0\right)^2+\left(\frac{\sqrt{4}\cdot 1}{\sqrt{4}}\right)^2=1,$$

$$\upsilon_3=\left(\frac{\sqrt{6}}{\sqrt{5}}\cdot\frac{-2}{\sqrt{5}}\right)^2+\left(\frac{\sqrt{4}\cdot 0}{\sqrt{5}}\right)^2=0.96$$

可见 Z_1 与 Z_2 对 X_2，X_3 的贡献率很高，对 X_1 的尚可。

三、主成分的几何意义

对 p 维随机向量 X 进行主成分分析，就是对 X 施行正交变换 $\boldsymbol{Z}=\boldsymbol{A}^{\mathrm{T}}\boldsymbol{X}$，其中 $\boldsymbol{A}$ 是正交

矩阵。正交变换在几何上就是作一个坐标旋转,因此,主成分分析在二维空间中有明显的几何意义。

假设共有 n 个样品,每个样品测量了两个指标 X_1, X_2,在坐标系 x_1Ox_2 中画出样本点的散布图,一般的,散点的分布总是可能沿着某一个方向略显扩张。不妨假设 (X_1, X_2) 服从二元正态分布,这样样品点大致分布在一个椭圆内,沿椭圆长轴方向最为分散。

将该坐标系按逆时针方向旋转一个角度 θ,沿椭圆长轴与短轴方向建立新坐标系 z_1Oz_2,由旋转变换有 $\begin{cases} Z_1 = X_1\cos\theta + X_2\sin\theta \\ Z_2 = -X_1\sin\theta + X_2\cos\theta \end{cases}$,$\boldsymbol{A} = \begin{pmatrix} \cos\theta & -\sin\theta \\ \sin\theta & \cos\theta \end{pmatrix}$ 为旋转变换矩阵,是个正交矩阵,即 $\boldsymbol{A}^{\mathrm{T}} = \boldsymbol{A}^{-1}$。在新坐标系 z_1Oz_2 下,n 个样本点在 z_1 轴上最为分散,离散程度用方差来表示,沿 z_1 轴的方差达到最大,在 z_1 轴方向上包含了有关 n 个样品的最大信息量。实际上,椭圆形状越扁平,n 个点在 z_1 轴上的方差就相对越大,在 z_2 轴上的方差就相对越小,用第一主成分 Z_1 代替所有样品所造成的信息损失也就越小。经过上述旋转变换原始数据的大部分信息集中到 z_1 轴上,只取第一个主成分 Z_1 即可,这样二维问题即可降为一维问题。

当椭圆的长轴与短轴长度相等时,椭圆即为圆,第一主成分只含有二维空间点的约一半的信息,若只用这一个综合变量,则将损失约 50%的信息,这显然不可取,这是因为原始变量几乎不相关,相当于它们所包含的信息几乎不重迭,因此无法用一个一维的综合变量来代替。又当椭圆扁平到了极限,变成了轴上的一条线段,第一主成分包含了二维空间点的全部信息,这时用这一个综合变量代替数据不会有任何的信息损失,第二主成分不包含任何信息,舍弃它没有任何信息损失。

在一般情况下,p 个变量组成 p 维空间,n 个样品点就是 p 维空间的 n 个点。对于 p 维正态随机向量来说,找主成分的问题就是找 p 维空间中椭球的主轴问题。

四、标准化变量的主成分

记 $E(X_i) = \mu_i, D(X_i) = \sigma_i^2 = \sigma_{ii}$,令 $X_i^* = \dfrac{X_i - E(X_i)}{\sqrt{D(X_i)}} = \dfrac{X_i - \mu_i}{\sigma_i}(i = 1,2,\cdots,p)$,又若记 $\boldsymbol{V}^{1/2} = \mathrm{diag}(\sqrt{\sigma_{11}},\cdots,\sqrt{\sigma_{pp}}), \boldsymbol{\mu} = (\mu_1,\cdots,\mu_p)^{\mathrm{T}}$,则有 $\boldsymbol{X}^* = \begin{bmatrix} X_1^* \\ \vdots \\ X_p^* \end{bmatrix} = (\boldsymbol{V}^{1/2})^{-1}(\boldsymbol{X} - \boldsymbol{\mu})$。显然有 $E(X^*) = 0, \mathrm{Cov}(X^*) = \boldsymbol{R}$。这时标准化后的随机向量的协方差阵就是原随机向量的相关阵。从标准化变量的协方差矩阵 $\boldsymbol{\Sigma}^*$ 求主成分就是从原始变量的相关阵 $\boldsymbol{R}$ 出发求主成分。

记 $\lambda_1^* \geqslant \lambda_2^* \geqslant \cdots \geqslant \lambda_p^*$ 为相关阵 $\boldsymbol{R}$ 的特征值,$\boldsymbol{a}_1^*, \boldsymbol{a}_2^*, \cdots, \boldsymbol{a}_p^*$ 是 $\boldsymbol{R}$ 对应的单位正交特征向量,记 $\boldsymbol{A}^* = (\boldsymbol{a}_1^*, \boldsymbol{a}_2^*, \cdots, \boldsymbol{a}_p^*)$,主成分向量为 $\boldsymbol{Z}^* = (Z_1^*, Z_2^*, \cdots, Z_p^*)^{\mathrm{T}}$,其中 $Z_i^* = (\boldsymbol{a}_i^*)^{\mathrm{T}}\boldsymbol{X}^*(i = 1,2,\cdots,p)$,则

$$\begin{cases} Z_1^* = a_{11}^* X_1^* + a_{21}^* X_2^* + \cdots + a_{p1}^* X_p^* \\ Z_2^* = a_{12}^* X_1^* + a_{22}^* X_2^* + \cdots + a_{p2}^* X_p^* \\ \cdots \\ Z_p^* = a_{1p}^* X_1^* + a_{2p}^* X_2^* + \cdots + a_{pp}^* X_p^* \end{cases} \tag{7.1.15}$$

主成分的矩阵形式为 $\boldsymbol{Z}^* = (\boldsymbol{A}^*)^{\mathrm{T}}\boldsymbol{X}^*$

标准化变量的主成分与原始变量的主成分有类似的性质。

例 7.1.2　设随机变量 $\boldsymbol{X}=(X_1,X_2)^{\mathrm{T}}$ 的协差阵为 $\boldsymbol{\Sigma}=\begin{bmatrix}1 & 4\\ 4 & 100\end{bmatrix}$，试从 $\boldsymbol{\Sigma}$ 和相关阵 $\boldsymbol{R}$ 出发求出总体主成分，并加以比较。

解　(1) 先从 $\boldsymbol{\Sigma}$ 出发求总体主成分，$\boldsymbol{\Sigma}$ 的特征值为 $\lambda_1=100.161\,4$，$\lambda_2=0.838\,6$。相应单位正交特征向量为

$$\boldsymbol{a}_1^{\mathrm{T}}=(0.040\,3,0.999\,2),\ \boldsymbol{a}_2^{\mathrm{T}}=(0.999\,2,-0.040\,3)$$

对应主成分为

$$Z_1=\boldsymbol{a}_1^{\mathrm{T}}\boldsymbol{X}=0.040\,3X_1+0.999\,2X_2;Z_2=\boldsymbol{a}_2^{\mathrm{T}}\boldsymbol{X}=0.999\,2X_1-0.040\,3X_2$$

Z_1，Z_2 的方差贡献率分别为 99.169 7%，0.830 3%，相差非常大。

(2) 再从 $\boldsymbol{R}$ 出发求总体主成分，容易得出 $\boldsymbol{R}=\begin{bmatrix}1 & 0.4\\ 0.4 & 1\end{bmatrix}$。$\boldsymbol{R}$ 的特征值分别为 $\lambda_1=1.4$ 和 $\lambda_2=0.6$。相应单位正交特征向量为

$$\boldsymbol{a}_1^{\mathrm{T}}=(\frac{1}{\sqrt{2}},\frac{1}{\sqrt{2}})=(0.707\,1,0.707\,1),\boldsymbol{a}_2^{\mathrm{T}}=(\frac{1}{\sqrt{2}},-\frac{1}{\sqrt{2}})=(0.707\,1,-0.707\,1)$$

对应主成分为

$$Z_1=\boldsymbol{a}_1^{\mathrm{T}}\boldsymbol{X}=0.707\,1X_1+0.707\,1X_2;Z_2=a_2^{\mathrm{T}}X=0.707\,1X_1-0.707\,1X_2$$

Z_1，Z_2 的方差贡献率分别为 70%和 30%。

我们看到变量对于第一主成分的相对重要性受到标准化的极大影响。当 $\boldsymbol{X}=(X_1,X_2)^{\mathrm{T}}$ 的方差差距很大时，如果从协方差阵出发，就导致两个主成分贡献率相差非常大，而且主成分中两个变量的系数相差非常大；反之若从相关阵出发时，两个主成分贡献率相差不大，主成分中两个变量的系数也比较均衡。

本例表明由协方差阵导出的主成分与由相关系数矩阵导出的主成分是不同的，而且一组主成分也不是另外一组的简单函数。这说明，标准化不是无关紧要的。

一般地，如果各变量或指标间的数量级相差较大，特别是各指标有不同的量纲，较为合理的做法是从相关矩阵出发进行主成分分析，即用标准化数据做主成分分析，这样便于剖析实际问题，也可以避免异常数据的影响。对同度量或取值范围在同量级的数据，还是直接从协方差矩阵出发做主成分分析为宜。

§7.2　样本的主成分

一、样本的主成分计算

设 p 维随机向量 $\boldsymbol{X}=(X_1,X_2,\cdots,X_p)^{\mathrm{T}}$ 的 n 次观测值构成样本数据阵 $\boldsymbol{X}$，来自总体的样本为 $\boldsymbol{X}_{(t)}=(X_{t1},\cdots,X_{tp})^{\mathrm{T}}(t=1,\cdots,n)$，记样本数据阵为

$$\boldsymbol{X}=(X_{ij})_{n\times p}=\begin{bmatrix}X_{11} & X_{12} & \cdots & X_{1p}\\ X_{21} & X_{22} & \cdots & X_{2p}\\ \cdots & \cdots & & \cdots\\ X_{n1} & X_{n2} & \cdots & X_{np}\end{bmatrix}=\begin{bmatrix}\boldsymbol{X}_{(1)}^{\mathrm{T}}\\ \boldsymbol{X}_{(2)}^{\mathrm{T}}\\ \cdots\\ \boldsymbol{X}_{(n)}^{\mathrm{T}}\end{bmatrix}=(\boldsymbol{X}_1,\boldsymbol{X}_2,\cdots,\boldsymbol{X}_p)$$

则样本协方差阵

$$\boldsymbol{S}=(s_{ij})_{p\times p}=\frac{1}{n-1}\sum_{t=1}^{n}(\boldsymbol{X}_{(t)}-\overline{\boldsymbol{X}})(\boldsymbol{X}_{(t)}-\overline{\boldsymbol{X}})^{\mathrm{T}}$$

其中

$$\overline{\boldsymbol{X}}=\frac{1}{n}\sum_{t=1}^{n}\boldsymbol{X}_{(t)}=(\overline{X}_1,\cdots,\overline{X}_p)^{\mathrm{T}}$$

$$s_{ij}=\frac{1}{n-1}\sum_{t=1}^{n}(X_{ti}-\overline{X}_i)(X_{tj}-\overline{X}_j)$$

我们可以用样本协方差阵 $\boldsymbol{S}$ 作为 $\boldsymbol{\Sigma}$ 的估计，然后按上节的方法即可获得样本的主成分。

设 $\boldsymbol{S}$ 的特征值为 $\hat{\lambda}_1\geqslant\hat{\lambda}_2\geqslant\cdots\geqslant\hat{\lambda}_p\geqslant 0$，相应的正交单位化特征向量为 $\hat{\boldsymbol{a}}_1,\hat{\boldsymbol{a}}_2,\cdots,\hat{\boldsymbol{a}}_p$，则第 i 个样本主成分为

$$\hat{Z}_i=\hat{\boldsymbol{a}}_i^{\mathrm{T}}\boldsymbol{X}=\hat{\boldsymbol{a}}_{1i}X_1+\hat{\boldsymbol{a}}_{2i}X_2+\cdots+\hat{\boldsymbol{a}}_{pi}X_p\quad(i=1,2,\cdots,p)\tag{7.2.1}$$

定义 7.2.1 当用样本协方差阵 $\boldsymbol{S}$ 求主成分时，将 $\boldsymbol{X}$ 的 n 个观测值的中心化值

$$\boldsymbol{X}_{(k)}-\overline{\boldsymbol{X}}=(X_{1k}-\overline{X}_1,X_{2k}-\overline{X}_2,\cdots,X_{pk}-\overline{X}_p)^{\mathrm{T}}\quad(k=1,2,\cdots,n)$$

代入第 i 个主成分表达式，所得第 i 个样本主成分 $\hat{Z}_{(i)}$ 的 n 个观测值 $\hat{z}_{ki}(k=1,2,\cdots,n)$，

$$\begin{aligned}\hat{z}_{ki}&=\hat{\boldsymbol{a}}_i^{T}(\boldsymbol{X}_{(k)}-\overline{\boldsymbol{X}})\\&=\hat{a}_{1i}(X_{1k}-\overline{X}_1)+\hat{a}_{2i}(X_{2k}-\overline{X}_2)+\cdots+\hat{a}_{pi}(X_{pk}-\overline{X}_p)\end{aligned}\tag{7.2.2}$$

称为第 k 个样品的第 i 个(由协方差阵生成的)主成分的得分 $(i=1,2,\cdots,p)$。

记 $\hat{\boldsymbol{A}}=(\hat{a}_1,\hat{a}_2,\cdots,\hat{a}_p)$ 为正交矩阵，则

$$\hat{\boldsymbol{Z}}_{(t)}=(z_{t1},z_{t2},\cdots,z_{tp})^{\mathrm{T}}=\hat{\boldsymbol{A}}^{\mathrm{T}}(\boldsymbol{X}_{(t)}-\overline{\boldsymbol{X}})\ (t=1,2,\cdots,n)\tag{7.2.3}$$

令

$$\boldsymbol{Z}=\begin{pmatrix}z_{11}&z_{12}&\cdots&z_{1p}\\z_{21}&z_{22}&\cdots&z_{2p}\\\cdots&\cdots&&\cdots\\z_{n1}&z_{n2}&\cdots&z_{np}\end{pmatrix}=\begin{pmatrix}\boldsymbol{Z}_{(1)}^{\mathrm{T}}\\\boldsymbol{Z}_{(2)}^{\mathrm{T}}\\\cdots\\\boldsymbol{Z}_{(n)}^{\mathrm{T}}\end{pmatrix}=(\boldsymbol{Z}_1,\boldsymbol{Z}_2,\cdots,\boldsymbol{Z}_p)\tag{7.2.4}$$

称为**主成分得分矩阵**。

易得第 i 主成分的样本方差为

$$D(\hat{Z}_i)=\hat{\boldsymbol{a}}_i^{\mathrm{T}}\boldsymbol{S}\hat{\boldsymbol{a}}_i=\hat{\lambda}_i,\ (i=1,2,\cdots,p)\tag{7.2.5}$$

$\hat{Z}_i$ 与 $\hat{Z}_j$ 样本协方差为

$$\mathrm{Cov}(\hat{Z}_i,\hat{Z}_j)=\hat{\boldsymbol{a}}_i^{\mathrm{T}}\boldsymbol{S}\hat{\boldsymbol{a}}_j=0,i\neq j\tag{7.2.6}$$

样本总方差为

$$\sum_{i=1}^{p}s_{ii}=\sum_{i=1}^{p}\hat{\lambda}_i\tag{7.2.7}$$

这时，前 m 个样本主成分的**累积贡献率**为

$$\sum_{i=1}^{m}\hat{\lambda}_i\Big/\sum_{i=1}^{p}\hat{\lambda}_i\tag{7.2.8}$$

有时为了消除量纲的影响，需要对样本进行标准化，即令

$$\boldsymbol{X}_i^* = \left(\frac{X_{i1}-\overline{X}_1}{\sqrt{s_{11}}},\frac{X_{i2}-\overline{X}_2}{\sqrt{s_{22}}},\cdots,\frac{X_{ip}-\overline{X}_p}{\sqrt{s_{pp}}}\right)^{\mathrm{T}} \quad (i=1,2,\cdots,p)$$

记标准化数据矩阵 $\boldsymbol{X}^* = (X_{ij}^*)_{n\times p}$，标准化数据阵的样本协方差矩阵 $\boldsymbol{\Sigma}^*$ 即为原数据的样本相关矩阵 $\boldsymbol{R}$。样本相关矩阵 $\boldsymbol{R}=(r_{ij})_{p\times p}$，其中 $r_{ij}=\dfrac{s_{ij}}{\sqrt{s_{ii}}\sqrt{s_{jj}}}(i,j=1,2,\cdots,p)$。

由 $\boldsymbol{R}$ 出发所得的样本主成分称为**标准化样本主成分**。只要求出 $\boldsymbol{R}$ 的特征值及相应的单位正交化特征向量，类似上述结果可求得标准化样本主成分。

$\boldsymbol{R}$ 特征根分别记为 $\hat{\lambda}_1^*,\hat{\lambda}_2^*,\cdots,\hat{\lambda}_p^*$，对应的单位特征向量依次记作 $\hat{\boldsymbol{a}}_1^*,\hat{\boldsymbol{a}}_2^*,\cdots,\hat{\boldsymbol{a}}_p^*$，记 $\hat{\boldsymbol{A}}^*=(\hat{\boldsymbol{a}}_1^*,\hat{\boldsymbol{a}}_2^*,\cdots,\hat{\boldsymbol{a}}_p^*)$ 为正交矩阵，满足 $(\boldsymbol{A}^*)^{\mathrm{T}}\boldsymbol{A}^*=\boldsymbol{I}$。则第 i 个标准化样本主成分为 $\hat{Z}_i^* = (\boldsymbol{a}_i^*)^{\mathrm{T}}\boldsymbol{X}^*(i=1,2,\cdots,p)$。易知标准化样本的样本总方差为 p。把原数据的标准化数据 $\boldsymbol{X}_{(k)}^*=(X_{1k}^*,X_{2k}^*,\cdots,X_{pk}^*)^{\mathrm{T}}(k=1,2,\cdots,n)$ 代入第 i 个样本主成分表达式，得到第 i 个样本主成分 $\hat{Z}_i^*$ 的 n 个观测值 $\hat{z}_{ki}^*=(\hat{\boldsymbol{a}}_i^*)^{\mathrm{T}}\boldsymbol{X}_{(k)}^*(k=1,2,\cdots,n)$，称为第 k 个样品的第 i 个(由相关阵生成的)主成分的得分。

对于标准化数据矩阵 $\boldsymbol{X}^*$，协方差矩阵为 $\boldsymbol{R}=\dfrac{1}{n-1}(\boldsymbol{X}^*)^{\mathrm{T}}\boldsymbol{X}^*$，且有 $\hat{\boldsymbol{Z}}^*=\boldsymbol{X}^*\boldsymbol{A}^*$，或 $\boldsymbol{X}^*=\hat{\boldsymbol{Z}}^*(\boldsymbol{A}^*)^{\mathrm{T}}$，其中 $\hat{\boldsymbol{Z}}^*$ 是标准化样本主成分的得分矩阵。

标准化样本主成分有如下性质：

(1) $D(\hat{\boldsymbol{Z}}^*)=\boldsymbol{\Lambda}^*=\mathrm{diag}(\lambda_1^*,\lambda_2^*,\cdots,\lambda_p^*)$

(2) $\sum\limits_{i=1}^{p}\lambda_i^*=\sum\limits_{i=1}^{p}r_{ii}=p$

(3) $\rho(Z_k^*,X_i^*)=\sqrt{\lambda_k^*}\,a_{ki}^*(k,i=1,2,\cdots,p)$

(4) $\sum\limits_{i=1}^{p}\rho^2(Z_k^*,X_i^*)=\sum\limits_{i=1}^{p}\lambda_k^*(a_{ik}^*)^2=\lambda_k^*(k=1,2,\cdots,p)$

在实际应用中，从样本方差阵 $\boldsymbol{S}$ 出发作主成分分析的具体步骤可以归纳为：

Step1　由原始数据阵 $\boldsymbol{X}$ 计算样本方差阵 $\boldsymbol{S}$。

Step2　求样本方差阵 $\boldsymbol{S}$ 的特征值 $\lambda_1\geqslant\lambda_2\geqslant\cdots\geqslant\lambda_p\geqslant 0$ 与对应的单位正交特征向量 $\boldsymbol{a}_1,\cdots,\boldsymbol{a}_p$。

Step3　计算贡献率与累积贡献率，确定 m。

Step4　写出主成分

$$\begin{cases} Z_1 = a_{11}X_1+\cdots+a_{p1}X_p \\ \qquad\cdots \\ Z_m = a_{1m}X_1+\cdots+a_{pm}X_p \end{cases}$$

如果是从相关阵 $\boldsymbol{R}$ 出发进行主成分分析，步骤如下：

Step1　把原始数据阵 $\boldsymbol{X}$ 标准化得标准化数矩阵 $\boldsymbol{X}^*$。

Step2　求样本相关阵 $\boldsymbol{R}$ 及其特征值 $\lambda_1^*\geqslant\cdots\geqslant\lambda_p^*\geqslant 0$ 与对应的单位正交特征向量 $\boldsymbol{a}_1^*,\cdots,\boldsymbol{a}_p^*$。

Step3　计算贡献率与累积贡献率，确定 m。

Step4　写出主成分

$$\begin{cases} Z_1^* = a_{11}^* X_1^* + \cdots + a_{p1}^* X_p^* \\ \cdots \\ Z_m^* = a_{1m}^* X_1^* + \cdots + a_{pm}^* X_p^* \end{cases}$$

二、主成分的个数与解释

主成分的个数 m 的确定可以从以下几个方面考虑：

(1) 按方差的累积贡献率 $\sum_{i=1}^{m} \hat{\lambda}_i / \sum_{i=1}^{p} \hat{\lambda}_i$ 达到一定程度(如 70%或 80%以上)来确定 m。

(2) 取大于所有特征值的均值为 $\bar{\lambda}$ 的特征值个数为 m。

(3) 画崖底碎石图,即以数对 (i,λ_i) 作图,在该图上找拐弯处,选取拐弯点对应的序号,此序号后的特征值全部较小且彼此大小相差不多,这样选出的号码作为 m。

值得注意的是上述确定主成分个数的方法各有利弊,在实际应用中应尽量结合使用。

主成分是原始变量进行线性组合所得到的新变量,对于这些新变量赋予恰当的含义是主成分分析中至关重要的一个环节。

对主成分意义进行解释时,结合被研究事物的具体指标及其变量系数的大小,可尝试以下思路与方法：

(1) 从特征向量的各个分量 a_{ij} 数值的大小入手进行分析与概括。

a_{ij} 表明了变量 $X_j(X_j^*)$ 与主成分 Z_i 之间的关系。主成分 Z_i 在变量 $X_j(X_j^*)$ 上的系数 a_{ij} 越大,说明该主成分主要代表了该变量 $X_j(X_j^*)$ 的信息;反之,若越接近于 0,则表明几乎没有该变量什么信息。

(2) 从特征向量的各个分量 a_{ij} 数值的符号入手进行分析与概括。

主成分系数 a_{ij} 的符号表明了变量 $X_j(X_j^*)$ 与主成分 Z_i 之间的作用关系,一般地,正号表示变量与主成分的作用同方向;而负号则表示变量与主成分作用是逆向变动关系。

(3) 如果变量分组较有规则,则从特征向量各分量 a_{ij} 数值作出组内、组间对比分析。

(4) 如果主成分中,各变量的系数都大致相同,则要考虑是否存在一个一般性的影响因素。

例 7.2.1 为了研究农业生态系统的状况,现选取了 21 个区域,对 9 个指标进行了调查,数据如表 7.2.1 所列,其中 X_1 代表人口密度(单位:人/平方千米),X_2 代表人均耕地面积(单位:ha),X_3 代表森林覆盖率(单位:%),X_4 代表农民纯收入(单位:元/人),X_5 代表人均粮食产量(单位:千克/人),X_6 代表经济作物占比(单位:%),X_7 代表耕地面积占比(单位:%),X_8 代表果园和林地面积占比(单位:%),X_9 代表灌溉田面积占比(单位:%)。试对这 21 个区域的农业系统状况进行主成分分析。

表 7.2.1　某农业生态经济系统各区域的有关数据

序号	X_1	X_2	X_3	X_4	X_5	X_6	X_7	X_8	X_9
1	363.91	0.352	16.101	192.11	295.34	26.724	18.492	2.231	26.262
2	141.50	1.684	24.301	1 752.35	452.26	32.314	14.464	1.455	27.066
3	100.70	1.067	65.601	1 181.54	270.12	18.266	0.162	7.474	12.489

续表 7.2.1

序号	X_1	X_2	X_3	X_4	X_5	X_6	X_7	X_8	X_9
4	143.74	1.336	33.205	1 436.12	354.26	17.486	11.805	1.892	17.534
5	131.41	1.623	16.607	1 405.09	586.59	40.683	14.401	0.303	22.932
6	68.337	2.032	76.204	1 540.29	216.39	8.128	4.065	0.011	4.861
7	95.416	0.801	71.106	926.35	291.52	8.135	4.063	0.012	4.862
8	62.901	1.652	73.307	1 501.24	225.25	18.352	2.645	0.034	3.201
9	86.624	0.841	68.904	897.36	196.37	16.861	5.176	0.055	6.167
10	91.394	0.812	66.502	911.24	226.51	18.279	5.643	0.076	4.477
11	76.912	0.858	50.302	103.52	217.09	19.793	4.881	0.001	6.165
12	51.274	1.041	64.609	968.33	181.38	4.005	4.066	0.015	5.402
13	68.831	0.836	62.804	957.14	194.04	9.110	4.484	0.002	5.79
14	77.301	0.623	60.102	824.37	188.09	19.409	5.721	5.055	8.413
15	76.948	1.022	68.001	1 255.42	211.55	11.102	3.133	0.010	3.425
16	99.265	0.654	60.702	1 251.03	220.91	4.383	4.615	0.011	5.593
17	118.51	0.661	63.304	1 246.47	242.16	10.706	6.053	0.154	8.701
18	141.47	0.737	54.206	814.21	193.46	11.419	6.442	0.012	12.945
19	137.76	0.598	55.901	1 124.05	228.44	9.521	7.881	0.069	12.654
20	117.61	1.245	54.503	805.67	175.23	18.106	5.789	0.048	8.461
21	122.78	0.731	49.102	1 313.11	236.29	26.724	7.162	0.092	10.078

解　由于各指标间数量级相差较大,因此从相关矩阵出发进行主成分分析。

根据题目数据算得样本相关阵为

$$\boldsymbol{R}=\begin{bmatrix} 1.000\,0 & -0.327\,4 & -0.714\,4 & -0.335\,6 & 0.308\,5 & 0.407\,5 & 0.790\,2 & 0.155\,9 & 0.744\,4 \\ -0.327\,4 & 1.000\,0 & -0.034\,9 & 0.644\,1 & 0.419\,7 & 0.254\,9 & 0.008\,6 & -0.077\,8 & 0.094\,3 \\ -0.714\,4 & -0.034\,9 & 1.000\,0 & 0.070\,0 & -0.739\,7 & -0.754\,7 & -0.930\,3 & -0.109\,5 & -0.923\,8 \\ -0.335\,6 & 0.644\,1 & 0.070\,0 & 1.000\,0 & 0.382\,5 & 0.069\,0 & -0.046\,0 & -0.031\,0 & 0.072\,6 \\ 0.308\,5 & 0.419\,7 & -0.739\,7 & 0.382\,5 & 1.000\,0 & 0.734\,2 & 0.672\,1 & 0.098\,1 & 0.746\,5 \\ 0.407\,5 & 0.254\,9 & -0.754\,7 & 0.069\,0 & 0.734\,2 & 1.000\,0 & 0.657\,6 & 0.221\,7 & 0.706\,7 \\ 0.790\,2 & 0.008\,6 & -0.930\,3 & -0.046\,0 & 0.672\,1 & 0.657\,6 & 1.000\,0 & -0.0296 & 0.890\,4 \\ 0.155\,9 & -0.0778 & -0.109\,5 & -0.031\,0 & 0.098\,1 & 0.221\,7 & -0.029\,6 & 1.000\,0 & 0.289\,5 \\ 0.744\,4 & 0.094\,3 & -0.923\,8 & 0.072\,6 & 0.746\,5 & 0.706\,7 & 0.890\,4 & 0.289\,5 & 1.000\,0 \end{bmatrix}$$

特征值和对应的正交化特征向量矩阵分别为

$$\boldsymbol{\lambda}=(4.661\,1,2.089\,5,1.043\,0,0.507\,4,0.315\,2,0.192\,6,0.114\,4,0.045\,3,0.031\,5)^{\mathrm{T}}$$

$$A=\begin{bmatrix}-0.0169 & 0.0711 & -0.3804 & 0.7566 & 0.2013 & 0.0443 & 0.3765 & -0.2333 & -0.1972\\ -0.7683 & -0.3655 & -0.3532 & -0.0832 & 0.2326 & 0.0182 & -0.1930 & -0.0470 & 0.2249\\ 0.0174 & -0.1997 & -0.1093 & 0.3887 & -0.4652 & 0.1224 & -0.0373 & 0.6924 & 0.2910\\ -0.0888 & 0.0432 & -0.0561 & 0.2203 & -0.3202 & -0.0008 & -0.7156 & -0.1395 & -0.5518\\ 0.0427 & 0.3553 & -0.4311 & -0.0719 & -0.1828 & -0.7718 & -0.0576 & -0.0082 & 0.2200\\ -0.3182 & 0.2463 & -0.2724 & -0.3632 & -0.4563 & 0.2439 & 0.4535 & 0.0788 & -0.3905\\ 0.0927 & -0.6278 & 0.0295 & -0.0884 & 0.0866 & -0.4745 & 0.2231 & 0.2354 & -0.5008\\ 0.5377 & -0.2622 & -0.6604 & -0.2682 & 0.0566 & 0.3135 & -0.1536 & -0.0856 & 0.0407\\ -0.0242 & 0.4121 & -0.1355 & -0.0651 & 0.5780 & 0.0641 & -0.1585 & 0.6128 & -0.2610\end{bmatrix}$$

特征值的累积贡献率依次为

0.517 9,0.750 1,0.866 0,0.922 3,0.957 4,0.978 8,0.991 5,0.996 5,1.000 0

从中可以看出前 3 个主成分的累积贡献率已达到 86.60%,大于 85%,故可取 $m=3$。

相应的主成分为

$$Z_1=-0.0169X_1-0.7683X_2+0.0174X_3-0.0888X_4+0.0427X_5-0.3182X_6+0.0927X_7+0.5377X_8-0.0242X_9$$

$$Z_2=0.0711X_1-0.3655X_2-0.1997X_3+0.0432X_4+0.3553X_5+0.2463X_6-0.6278X_7-0.2622X_8+0.4121X_9$$

$$Z_3=-0.3804X_1-0.3532X_2-0.1093X_3-0.0561X_4-0.4311X_5-0.2724X_6+0.0295X_7-0.6604X_8-0.1355X_9$$

第一主成分 Z_1 与 X_3,X_5,X_7,X_8 呈现出正相关,与其余的变量呈现出负相关,而这几个变量都是资源环境指标,因此可以认为第一主成分 Z_1 体现了资源环境在生态系统中的作用。

第二主成分 Z_2 与 $X_1,X_4,,X_5,X_6,X_9$ 呈现出正相关,与其余的变量呈现出负相关,这几个变量都与农村的经济发展因素有关,所以 Z_2 反映了农村的经济发展对生态系统的影响。

第三主成分 Z_3 只与 X_7 呈现出正相关,与其余变量均为负相关,而 X_7 代表耕地面积占比,因此 Z_3 表明了耕地资源在农村生态结构中所起的重要作用。

显然,用这三个主成分代替原来 9 个变量来描述农业生态经济系统,可以使问题更进一步简化、明了。

习题七

1. 设随机向量 $\boldsymbol{X}=(X_1,X_2,X_3)^{\mathrm{T}}$ 的协差阵为 $\boldsymbol{\Sigma}=\begin{bmatrix}1 & -2 & 0\\ -2 & 5 & 0\\ 0 & 0 & 2\end{bmatrix}$,试求 $\boldsymbol{X}$ 的主成分及主成分对向量 $\boldsymbol{X}$ 的累积贡献率。

2. 企业经济效益综合分析。某公司对下属 20 个厂,按 5 大经济指标考核统计,见下表。试用主成分分析法确定 5 项指标的样本主成分,并对这几个主成分进行解。X_1 代表固定资产的产值率,X_2 代表净产值的劳动生产率,X_3 代表百元产值的流动资金占有率,X_4

代表百元资产的利润率，X_5 代表百元资金的利润率。

序号	X_1	X_2	X_3	X_4	X_5
1	243.87	16 521	6.46	34.57	149.85
2	240.31	8 210	9.89	16.92	55.89
3	211.15	15 349	10.09	29.77	80.13
4	413.18	16 760	7.67	24.14	105.36
5	349.60	7 721	6.47	16.27	99.41
6	205.47	8 123	12.33	18.47	46.18
7	298.11	13 308	5.05	27.35	138.76
8	414.94	13 781	4.10	16.65	98.20
9	287.25	14 043	4.29	17.67	58.35
10	303.93	11 126	7.63	18.39	74.23
11	608.40	22 392	2.94	24.56	233.37
12	433.92	12 508	0.69	20.06	118.70
13	572.63	12 102	2.76	12.08	110.43
14	533.78	11 990	3.80	11.59	75.55
15	545.70	9 678	3.55	9.46	61.19
16	284.61	6 513	6.41	12.83	48.15
17	572.07	18 664	2.31	17.76	162.11
18	409.86	7 329	5.89	12.23	76.68
19	564.02	14 911	4.93	28.50	233.58
20	221.20	6 443	14.08	30.25	80.48

第8章 因子分析

因子分析也是一种数据降维的方法，一般认为因子分析始于1904年查尔斯·斯皮尔曼(Charles Spearman)发表"对智力测验得分进行统计分析"一文。因子分析就是要通过研究众多变量之间的内部依赖关系，探求观测数据中的基本结构，并用少数几个潜在的不可观测变量去解释众多可观测变量中存在的复杂关系。

例如，在企业形象或品牌形象的研究中，消费者可以通过一个有24个指标构成的评价体系，评价百货商场的24个方面的优劣。通过因子分析的方法，把这24个方面的优劣归纳为潜在的3个方面的优劣，即商店的环境、商店的服务和商品的价格，进而对商店进行综合评价。这24个方面的分数可以用上述3个不可测因子表述为线性函数，这3个不可观测因子称为公共因子，由24个变量共享，而每个变量又都有其特殊性，我们还要将体现这种特殊性的24个特殊因子考虑进来，这样就形成了一个完整的因子模型。

因子分析是主成分分析的推广和发展。主成分分析仅仅是变量变换，是用原始变量的线性组合表示新的综合变量；而因子分析则需要构造模型，用潜在的假想变量和随机影响变量的线性组合表示原始变量。

根据研究对象的不同，因子分析分为R型和Q型因子分析。R型因子分析是对变量进行因子分析，而Q型因子分析是对样本进行因子分析。本章重点介绍R型因子分析。

§8.1 R型因子分析

一、正交因子模型

设 $\boldsymbol{X}=(X_1,X_2,\cdots,X_p)^{\mathrm{T}}$ 是可观测 p 维随机向量，且 $E(\boldsymbol{X})=\boldsymbol{\mu}=(\mu_1,\mu_2,\cdots,\mu_p)^{\mathrm{T}}$，$D(\boldsymbol{X})=\boldsymbol{\Sigma}=(\sigma_{ij})_{p\times p}$，如果随机向量满足下面的模型：

$$\begin{cases}X_1-\mu_1=a_{11}F_1+a_{12}F_2+\cdots+a_{1m}F_m+\varepsilon_1\\X_2-\mu_2=a_{21}F_1+a_{22}F_2+\cdots+a_{2m}F_m+\varepsilon_2\\\cdots\cdots\\X_p-\mu_p=a_{p1}F_1+a_{p2}F_2+\cdots+a_{pm}F_m+\varepsilon_p\end{cases}\tag{8.1.1}$$

其中 $\boldsymbol{F}=(F_1,F_2,\cdots,F_m)^{\mathrm{T}}\ (m<p)$ 与 $\boldsymbol{\varepsilon}=(\varepsilon_1,\varepsilon_2,\cdots,\varepsilon_p)^{\mathrm{T}}$ 是不可观测的随机向量；$F_1,F_2,\cdots,F_m$ 称为 $\boldsymbol{X}$ 的**公共因子**，$\varepsilon_1,\varepsilon_2,\cdots,\varepsilon_p$ 称为 $\boldsymbol{X}$ 的**特殊因子**，是不能被前 m 个公共因子包含的部分。一般情况下，公共因子对每一个原始变量都有作用，特殊因子只对相应的原始变量起作用。通常还要假设 F_i 与 ε_i 满足公共因子互不相关且方差为1，特殊因子互不相关且与公共因子也不相关，即

F_i 要满足：$\mathrm{Cov}(F_i,F_j)=\delta_{ij}=\begin{cases}1,i=j\\0,i\neq j\end{cases}$，即 $D(\boldsymbol{F})=\boldsymbol{I}_m$

ε_i 要满足：$\mathrm{Cov}(\varepsilon_i,\varepsilon_j)=\sigma_{ij}=\begin{cases}\sigma_i^2, i=j\\ 0, i\neq j\end{cases}$，即 $D(\boldsymbol{\varepsilon})=\mathrm{diag}(\sigma_1^2,\sigma_2^2,\cdots,\sigma_p^2)=\boldsymbol{D}$

F_i 与 ε_i 之间还要满足：$\mathrm{Cov}(\varepsilon_i,F_j)=0(i=1,2,\cdots,p;j=1,2,\cdots,m)$

满足以上条件的模型(8.1.1)称为正交因子模型，用矩阵形式可表示为

$$\begin{cases}\boldsymbol{X}=\boldsymbol{\mu}+\boldsymbol{AF}+\boldsymbol{\varepsilon}\\ E(\boldsymbol{F})=\boldsymbol{O},\mathrm{Cov}(\boldsymbol{F})=\boldsymbol{I}_m\\ E(\boldsymbol{\varepsilon})=\boldsymbol{O},\mathrm{Cov}(\boldsymbol{\varepsilon})=\boldsymbol{D}\\ \mathrm{Cov}(\boldsymbol{\varepsilon},\boldsymbol{F})=\boldsymbol{O}\end{cases} \tag{8.1.2}$$

其中 $a_{ij}(i=1,2,\cdots,p;j=1,2,\cdots,m)$ 称为第 i 个变量在第 j 个因子上的载荷，简称为**因子载荷**，$\boldsymbol{A}=(a_{ij})_{p\times m}$ 是待估计的系数矩阵，称为**因子载荷矩阵**。

对于正交因子模型，有以下几点说明：

1. 正交因子模型的协方差结构

在正交因子模型下，变量的协方差矩阵 $\boldsymbol{\Sigma}$ 可以用载荷因子矩阵表示为

$$\begin{aligned}\boldsymbol{\Sigma}=D(\boldsymbol{X})&=E(\boldsymbol{X}-\boldsymbol{\mu})(\boldsymbol{X}-\boldsymbol{\mu})^{\mathrm{T}}=E(\boldsymbol{AF}+\boldsymbol{\varepsilon})(\boldsymbol{AF}+\boldsymbol{\varepsilon})^{\mathrm{T}}\\ &=\boldsymbol{A}D(\boldsymbol{F})\boldsymbol{A}^{\mathrm{T}}+D(\boldsymbol{\varepsilon})=\boldsymbol{AA}^{\mathrm{T}}+\boldsymbol{D}\end{aligned} \tag{8.1.3}$$

由式(8.1.3)，变量 X 的第 j 个变量和第 k 个变量的协方差由下式给出：

$$\sigma_{jk}=\begin{cases}\sum_{t=1}^{m}a_{jt}a_{kt}, & j\neq k\\ \sum_{t=1}^{m}a_{jt}^2+\sigma_j^2, & j=k\end{cases} \tag{8.1.4}$$

$\boldsymbol{D}$ 主对角线上元素值越小，则公共因子共享的成分越多。由 $\boldsymbol{\Sigma}=\boldsymbol{AA}^{\mathrm{T}}+\boldsymbol{D}$，可得到 $\boldsymbol{\Sigma}-\boldsymbol{D}=\boldsymbol{AA}^{\mathrm{T}}$，可见用因子载荷矩阵可以表示变量 $\boldsymbol{X}$ 的协方差矩阵，即简化了变量 $\boldsymbol{X}$ 的协方差矩阵的结构。如果原始变量是标准变量，则有 $\boldsymbol{R}-\boldsymbol{D}=\boldsymbol{AA}^{\mathrm{T}}$，此时，公共因子解释了观测变量间的相关性，用正交模型预测的相关与实际的相关之间的差异就是剩余相关，评估正交因子模型拟合优度的好方法就是考察剩余相关的大小。

又由于

$$\begin{aligned}\mathrm{Cov}(\boldsymbol{X},\boldsymbol{F})&=E[(\boldsymbol{X}-E(\boldsymbol{X}))(\boldsymbol{F}-E(\boldsymbol{F}))^{\mathrm{T}}]\\ &=E[(\boldsymbol{X}-\boldsymbol{\mu})\boldsymbol{F}^{\mathrm{T}}]=E[(\boldsymbol{AF}+\boldsymbol{\varepsilon})\boldsymbol{F}^{\mathrm{T}}]\\ &=\boldsymbol{A}E(\boldsymbol{FF}^{\mathrm{T}})+E(\boldsymbol{\varepsilon F}^{\mathrm{T}})=\boldsymbol{A}\end{aligned} \tag{8.1.5}$$

可见 $\boldsymbol{A}$ 中元素 a_{ij} 刻画了变量 X_i 与 F_j 之间的相关性，称为 **$\boldsymbol{X_i}$ 在 $\boldsymbol{F_j}$ 上的因子载荷**。式(8.1.3)和式(8.1.5)称为**正交因子模型的协方差结构**。

2. 正交因子模型不受量纲影响

变量 $\boldsymbol{X}$ 作单位变换等价于作变换 $\boldsymbol{X}^*=\boldsymbol{CX}$，其中 $\boldsymbol{C}$ 为对角矩阵，则仍有因子模型

$$\begin{cases}\boldsymbol{X}^*=\boldsymbol{\mu}^*+\boldsymbol{A}^*\boldsymbol{F}+\boldsymbol{\varepsilon}^*\\ \boldsymbol{\Sigma}^*=\boldsymbol{A}^*(\boldsymbol{A}^*)^{\mathrm{T}}+\boldsymbol{D}^*\end{cases} \tag{8.1.6}$$

其中 $\boldsymbol{\mu}^*=\boldsymbol{C\mu}=E(\boldsymbol{X}^*)$，$\boldsymbol{A}^*=\boldsymbol{CA}$，$\boldsymbol{C\Sigma C}^{\mathrm{T}}=\boldsymbol{\Sigma}^*$，$\boldsymbol{CDC}^{\mathrm{T}}=\boldsymbol{D}^*$，$\boldsymbol{\varepsilon}^*=\boldsymbol{C\varepsilon}$。

3. 因子载荷矩阵不唯一

设 $\boldsymbol{\Gamma}$ 是任意 $m\times m$ 正交矩阵，由于 $\boldsymbol{AF}=(\boldsymbol{A\Gamma})(\boldsymbol{\Gamma}^{\mathrm{T}}\boldsymbol{F})$，且 $E(\boldsymbol{\Gamma}^{\mathrm{T}}\boldsymbol{F})=\boldsymbol{O}$，$D(\boldsymbol{\Gamma}^{\mathrm{T}}\boldsymbol{F})=\boldsymbol{I}_m$，

$\mathrm{Cov}(\boldsymbol{\Gamma}^{\mathrm{T}}\boldsymbol{F},\boldsymbol{\varepsilon})=\boldsymbol{\Gamma}^{\mathrm{T}}\mathrm{Cov}(\boldsymbol{F},\boldsymbol{\varepsilon})=\boldsymbol{O}$，所以 $\boldsymbol{X}=\boldsymbol{\mu}+\boldsymbol{AF}+\boldsymbol{\varepsilon}=\boldsymbol{\mu}+(\boldsymbol{A\Gamma})(\boldsymbol{\Gamma}^{\mathrm{T}}\boldsymbol{F})+\boldsymbol{\varepsilon}$，相当于将 $\boldsymbol{\Gamma}^{\mathrm{T}}\boldsymbol{F}$ 看成公共因子，$\boldsymbol{A\Gamma}$ 看成相应的因子载荷矩阵。可见，因子载荷矩阵 $\boldsymbol{A}$ 不唯一（此时 $\boldsymbol{\Sigma}=\boldsymbol{AA}^{\mathrm{T}}+\boldsymbol{D}=(\boldsymbol{A\Gamma})(\boldsymbol{A\Gamma})^{\mathrm{T}}+\boldsymbol{D}$）。

由于因子载荷矩阵的不唯一性，使我们对公共因子 $\boldsymbol{F}$ 有更多的选择余地，反而是有利的。当用某种方法找出的 $\boldsymbol{F}$ 没有明确的意义时，我们可以选择 $\boldsymbol{\Gamma}$，使 $\boldsymbol{\Gamma}^{\mathrm{T}}\boldsymbol{F}$ 的意义变得更明确。由于 $\boldsymbol{\Gamma}$ 是正交矩阵，$\boldsymbol{\Gamma}^{\mathrm{T}}\boldsymbol{F}$ 相当于对 $\boldsymbol{F}$ 进行旋转。

二、正交因子模型的参数估计

在实际应用中，建立因子分析的具体模型，关键就是根据样本数据估计载荷 a_{ij} 和特殊因子方差 σ_i^2，使其满足 $\boldsymbol{\Sigma}=\boldsymbol{AA}^{\mathrm{T}}+\boldsymbol{D}$，其中 $\boldsymbol{A}=(a_{ij})_{p\times m}$ 为因子载荷矩阵，$\boldsymbol{D}=\mathrm{diag}(\sigma_1^2,\cdots,\sigma_p^2)$ 为特殊因子方差矩阵。常用的参数估计方法有主成分分析法、主因子解、最大似然法等。其中主成分分析法用得最为广泛，所以本节先介绍主成分分析法，在下一节讨论因子模型中各个量的统计意义之后，再介绍一下主因子解方法。

由于样本协方差阵 $\boldsymbol{S}$ 是总体协方差阵 $\boldsymbol{\Sigma}$ 的无偏估计，所以我们从 $\boldsymbol{S}$ 处来寻找 $\boldsymbol{A}$ 和 $\boldsymbol{D}$ 的解。设样本协方差阵 $\boldsymbol{S}$ 的特征值为 $\lambda_1\geqslant\lambda_2\geqslant\cdots\geqslant\lambda_p\geqslant 0$，相应单位正交特征向量为 $\boldsymbol{l}_1,\boldsymbol{l}_2,\cdots,\boldsymbol{l}_p$，则 $\boldsymbol{S}$ 有谱分解式：$\boldsymbol{S}=\sum_{i=1}^{p}\lambda_i\boldsymbol{l}_i\boldsymbol{l}_i^{\mathrm{T}}$。当 $\boldsymbol{S}$ 的最后 $p-m$ 个特征值较小时，$\boldsymbol{S}$ 可近似地分解为

$$\boldsymbol{S}\approx\lambda_1\boldsymbol{l}_1\boldsymbol{l}_1^{\mathrm{T}}+\cdots+\lambda_m\boldsymbol{l}_m\boldsymbol{l}_m^{\mathrm{T}}+\boldsymbol{D}=(\sqrt{\lambda_1}\boldsymbol{l}_1,\cdots,\sqrt{\lambda_m}\boldsymbol{l}_m)\begin{pmatrix}\sqrt{\lambda_1}\boldsymbol{l}_1^{\mathrm{T}}\\ \vdots\\ \sqrt{\lambda_m}\boldsymbol{l}_m^{\mathrm{T}}\end{pmatrix}+\begin{pmatrix}\sigma_1^2 & & \\ & \ddots & \\ & & \sigma_p^2\end{pmatrix}$$

$$=\boldsymbol{AA}^{\mathrm{T}}+\boldsymbol{D}$$

其中

$$\boldsymbol{A}=(\sqrt{\lambda_1}\boldsymbol{l}_1,\cdots,\sqrt{\lambda_m}\boldsymbol{l}_m)=(\boldsymbol{l}_1,\cdots,\boldsymbol{l}_m)\begin{pmatrix}\sqrt{\lambda_1} & & 0\\ & \ddots & \\ 0 & & \sqrt{\lambda_m}\end{pmatrix}\tag{8.1.7}$$

$$\sigma_i^2=s_{ii}-\sum_{t=1}^{m}a_{it}^2\ (i=1,2,\cdots,p)\tag{8.1.8}$$

$$\boldsymbol{D}=\mathrm{diag}(\sigma_1^2,\cdots,\sigma_p^2)\tag{8.1.9}$$

注意到载荷矩阵 $\boldsymbol{A}$ 中的第 j 列和 $\boldsymbol{X}$ 的第 j 个主成分的系数相差 $\sqrt{\lambda_j}$ 倍，故上述形式的解常称为因子模型的主成分解。

对于公因子个数 m 的确定方法一般有两种，一是根据实际问题的意义或专业理论知识来确定，二是用确定主成分个数的原则，取满足 $\sum_{i=1}^{m}\lambda_i/\sum_{i=1}^{p}\lambda_i\geqslant P_0$ 的最小整数，P_0 通常取 0.7、0.8、0.9 等值。

设样本矩阵为 $\boldsymbol{X}=(X_{ij})_{n\times p}$，主成分估计法的具体步骤如下：

Step1 由样本矩阵 $\boldsymbol{X}$ 计算出样本协方差阵 $\boldsymbol{S}$。

Step2 计算 $\boldsymbol{S}$ 的特征值 $\hat{\lambda}_i$ 和单位正交特征向量 $\hat{\boldsymbol{l}}_i(i=1,2,\cdots,p)$。

Step3 确定因子个数 m。

Step4 求出因子载荷矩阵 $\boldsymbol{A}=(\hat{l}_1,\cdots,\hat{l}_m)\begin{pmatrix}\sqrt{\hat{\lambda}_1} & & 0\\ & \ddots & \\ 0 & & \sqrt{\hat{\lambda}_m}\end{pmatrix}$。

Step5 求出特殊因子方差 $\hat{\sigma}_i^2=s_{ii}-\sum_{t=1}^{m}\hat{a}_{it}^2(i=1,2,\cdots,p)$，以及 $D=\mathrm{diag}(\hat{\sigma}_1^2,\cdots,\hat{\sigma}_p^2)$。

Step6 对每个公共因子做出解释。

如果相关变量所取单位不同，我们常常先对变量标准化。标准化变量的样本协方差阵就是原始变量的样本相关阵 $\boldsymbol{R}$，再用 $\boldsymbol{R}$ 代替 $\boldsymbol{S}$，与上步骤类似，即可得主成分解。

例 8.1.1 假定某地固定资产投资率为 X_1，通货膨胀率为 X_2，失业率为 X_3，相关系数矩阵为

$$\boldsymbol{R}=\begin{bmatrix}1 & 1/5 & -1/5\\ 1/5 & 1 & -2/5\\ -1/5 & -2/5 & 1\end{bmatrix}$$

试用主成分分析法求解因子分析模型参数的估计。

解 相关系数矩阵的特征根为：

$$(\hat{\lambda}_1,\hat{\lambda}_2,\hat{\lambda}_3)=(1.5464,0.8536,0.6000)^{\mathrm{T}}$$

相应的单位正交特征向量为：

$$(\hat{\boldsymbol{l}}_1,\hat{\boldsymbol{l}}_2,\hat{\boldsymbol{l}}_3)=\begin{bmatrix}-0.8881 & -0.4597 & -0.0000\\ 0.3251 & -0.6280 & -0.7071\\ -0.3251 & 0.6280 & -0.7071\end{bmatrix}$$

因为 $\dfrac{\hat{\lambda}_1+\hat{\lambda}_2}{\hat{\lambda}_1+\hat{\lambda}_2+\hat{\lambda}_3}=0.8$，因此可选两个公共因子，即 $m=2$，从而得因子载荷矩阵为

$$\boldsymbol{A}=\begin{bmatrix}-1.1044 & -0.4247\\ 0.4042 & -0.5802\\ -0.4042 & 0.5802\end{bmatrix}$$

由 $\hat{\sigma}_i^2=r_{ii}-\sum_{t=1}^{3}\hat{a}_{it}^2(i=1,2,3)$ 算得

$$\boldsymbol{D}=\mathrm{diag}(\hat{\sigma}_1^2,\hat{\sigma}_2^2,\hat{\sigma}_3^2)=\begin{bmatrix}-0.4000 & 0 & 0\\ 0 & 0.5000 & 0\\ 0 & 0 & 0.5000\end{bmatrix}$$

根据因子载荷矩阵 $\boldsymbol{A}$ 中元素的符号，我们可以认为第一公共因子为物价因子，第二公共因子为投资因子。在较短的时期内，物价与通货膨胀通常是正相关的，与固定资产投资和失业率通常是负相关的；投资一般与通货膨胀是正相关的，与失业率是负相关的。从因子载荷矩阵 $\boldsymbol{A}$ 还可以看到一个有趣的现象，通货膨胀率和失业率对应的因子载荷数值刚好为相反数，说明二者可以相互替代，这与经济学上的解释是相吻合的。

§ 8.2　因子模型参数的统计意义

一、因子载荷的统计意义

由于

$$\mathrm{Cov}(X_i,F_j)=\mathrm{Cov}(\sum_{j=1}^{m}a_{ij}F_j+\varepsilon_i,F_j)=\mathrm{Cov}(\sum_{j=1}^{m}a_{ij}F_j,F_j)+\mathrm{Cov}(\varepsilon_i,F_j)=a_{ij}$$

所以当变量 X_i 是标准变量，即 $E(X_i)=0,D(X_i)=1$ 时，有

$$\rho_{ij}=\frac{\mathrm{Cov}(X_i,F_j)}{\sqrt{D(X_i)}\ \sqrt{D(F_j)}}=\mathrm{Cov}(X_i,F_j)=a_{ij} \tag{8.2.1}$$

这时因子载荷 a_{ij} 就是第 i 个变量与第 j 个公共因子的相关系数，它表示 X_i 依赖 F_j 的分量，反映第 i 个变量在第 j 个公共因子上的相对重要性，绝对值越大，相关程度越高。

二、共同度的统计意义

因子载荷矩阵 $\boldsymbol{A}$ 中各行元素的平方和 $h_i^2=\sum_{j=1}^{m}a_{ij}^2(i=1,2,\cdots,p)$ 称为变量 X_i 的共同度。

由 $D(X_i)=\sum_{t=1}^{m}a_{it}^2D(F_t)+D(\varepsilon_i)=h_i^2+\sigma_i^2$ 可以看出 X_i 的方差由两部分组成，一部分是全部公共因子对变量 X_i 的总方差所作出的贡献，称为**公因子方差**，即变量 X_i 的共同度 h_i^2；另一部分 σ_i^2 是由特定因子 ε_i 产生的方差，它仅与变量 X_i 有关，称为**剩余方差**。显然，若 h_i^2 大，σ_i^2 必小。而 h_i^2 大表明 X_i 对公共因子 $F_1,F_2,\cdots,F_m$ 的共同依赖度大。若 X_i 为标准变量，即 $D(X_i)=1$，则 $h_i^2+\sigma_i^2=1$，此时当 $h_i^2=1$ 时，$\sigma_i^2=0$，即完全能够由公共因子的线性组合表示；当 h_i^2 非常接近 1 时，此时 σ_i^2 很小，因子分析的效果好；当 $h_i^2\approx 0$ 时，表明公共因子对 X_i 影响很小，主要由特殊因子 ε_i 来描述。可见公因子方差也即共同度反映了变量对公共因子的依赖程度。

三、公共因子方差贡献的统计意义

因子载荷矩阵 $\boldsymbol{A}$ 中，各列元素的平方和 $q_j^2=\sum_{t=1}^{p}a_{tj}^2$ 称为公共因子 F_j 的**方差贡献**，它是第 j 个公共因子 F_j 对所有原始变量 X_i 的方差贡献总和，是衡量第 j 个公共因子相对重要性的指标。

当公共因子 F_j 的方差贡献与 p 个变量的总方差进行比较时，称为第 j 个公共因子 F_j 的**方差贡献率**。当 $X_i(i=1,2,\cdots,p)$ 为标准化变量时，这 p 个变量的总方差为 p，此时 F_j 的方差贡献率为 $\frac{1}{p}\sum_{t=1}^{p}a_{tj}^2(j=1,2,\cdots,m)$。方差贡献率越大，该公共因子就相对地越重要。

四、正交因子模型参数的主因子解

主因子解实际是对主成分法的一种修正，主因子解是从相关系数矩阵 R 出发来计算的。

由 $\boldsymbol{R}=\boldsymbol{A}\boldsymbol{A}^{\mathrm{T}}+\boldsymbol{D}$，则 $\boldsymbol{R}-\boldsymbol{D}=\boldsymbol{A}\boldsymbol{A}^{\mathrm{T}}$。设 $\boldsymbol{R}^*=\boldsymbol{R}-\boldsymbol{D}=\boldsymbol{A}\boldsymbol{A}^{\mathrm{T}}$，称 $\boldsymbol{R}^*$ 为约相关矩阵，约相关矩阵对角线上元素是 $h_i^2(i=1,2,\cdots,p)$，而不是 1。如果我们已知特殊方差的初始估计 $(\hat{\sigma}_i^*)^2$，则初始公因子方差（即共同度）的估计为：$(\hat{h}_i^*)^2=1-(\hat{\sigma}_i^*)^2$，约相关矩阵 $\boldsymbol{R}^*=\boldsymbol{R}-\hat{\boldsymbol{D}}$ 为

$$R^* = \begin{pmatrix} (\hat{h}_1^*)^2 & r_{12} & \cdots & r_{1p} \\ r_{21} & (\hat{h}_2^*)^2 & \cdots & r_{2p} \\ \vdots & \vdots & & \vdots \\ r_{p1} & r_{p2} & \cdots & (\hat{h}_p^*)^2 \end{pmatrix} \tag{8.2.2}$$

计算 $\boldsymbol{R}^*$ 的特征值和单位正交特征向量，可取前 m 个正特征值 $\lambda_1^* \geqslant \lambda_2^* \geqslant \cdots \geqslant \lambda_m^* > 0$，其相应的单位正交特征向量为 $\boldsymbol{l}_1^*, \boldsymbol{l}_2^*, \cdots, \boldsymbol{l}_m^*$，则有近似分解式：

$$\boldsymbol{R}^* = \boldsymbol{A}\boldsymbol{A}^{\mathrm{T}} \tag{8.2.3}$$

可得因子模型的一个解为

$$\boldsymbol{A} = (\sqrt{\lambda_1^*}\,\boldsymbol{l}_1^*, \cdots, \sqrt{\lambda_m^*}\,\boldsymbol{l}_m^*) \tag{8.2.4}$$

$$\hat{\sigma}_i^2 = 1 - \sum_{t=1}^{m} a_{it}^2 = 1 - \hat{h}_i^2 (i = 1,2,\cdots,p) \tag{8.2.5}$$

$$\boldsymbol{D}^* = \mathrm{diag}(\hat{\sigma}_1^2, \hat{\sigma}_2^2, \cdots, \hat{\sigma}_p^2) \tag{8.2.6}$$

这个解就称为**主因子解**。

为了提高精度，往往采用迭代法，即利用上面得到的 $\hat{\sigma}_i^2$ 代替前面的 $(\hat{\sigma}_i^*)^2$ 进行迭代，直到解稳定(例如两次相邻估计的向量距离小于误差限等)为止。

求主因子解的基本步骤如下：

Step1 给出初始估计 $(\hat{\sigma}_i^*)^2 (i = 1,2,\cdots,p)$，误差限 eps。

Step2 取 $\hat{D} = \mathrm{diag}((\hat{\sigma}_1^*)^2, (\hat{\sigma}_2^*)^2, \cdots, (\hat{\sigma}_p^*)^2)$，求出约相关矩阵 $\boldsymbol{R}^* = \boldsymbol{R} - \hat{\boldsymbol{D}}$。

Step3 求出约相关矩阵 $\boldsymbol{R}^*$ 的前 m 个特征根 $\lambda_1^* \geqslant \lambda_2^* \geqslant \cdots \geqslant \lambda_m^* > 0$ 及对应的前 m 个单位正交特征向量 $\boldsymbol{l}_1^*, \boldsymbol{l}_2^*, \cdots, \boldsymbol{l}_m^*$，且令 $\boldsymbol{A}_1 = (\sqrt{\lambda_1^*}\,\boldsymbol{l}_1^*, \cdots, \sqrt{\lambda_m^*}\,\boldsymbol{l}_m^*)$。

Step4 求出 $\boldsymbol{D}$ 的估计 $\boldsymbol{D}_1 = \boldsymbol{R} - \boldsymbol{A}_1\boldsymbol{A}_1^{\mathrm{T}}$，其对角线元素为 $(\hat{\sigma}_i^{**})^2 (i = 1,2,\cdots,p)$。

Step5 计算循环控制指标 d (如 $d = \sum_{i=1}^{p}((\hat{\sigma}_i^{**})^2 - (\hat{\sigma}_i^*)^2)^2$)，若 $d < eps$ 则迭代结束，给出因子模型的主因子解 $\boldsymbol{A} = \boldsymbol{A}_1$ 及 $\boldsymbol{D} = \boldsymbol{D}_1$，结束计算；若 $d \geqslant eps$，否则用 $(\hat{\sigma}_i^{**})^2$ 代替 $(\hat{\sigma}_i^*)^2$，返回 Step2 继续计算。

这里需注意以下两个问题：

(1) m 的选取问题。尽管 $\boldsymbol{R}$ 是非负定矩阵，但由其得到的约相关矩阵 $\boldsymbol{R}^*$ 却不一定是非负阵，可能会有负特征根。这时正的特征根之和将超过总共同度(即 R^* 的迹)，因为全部特征根之和就是总共同度。常用确定 m 的方法是按特征根由大至小的次序抽取，直到 $\sum_{i=1}^{q}\lambda_i^*$ 与 $\sum_{i=1}^{p}\lambda_i^* = \mathrm{tr}(\boldsymbol{R} - \boldsymbol{\varphi}^*) = \mathrm{tr}(\boldsymbol{R}^*) = \sum_{i=1}^{p} h_i^{*2}$ 接近为止。这样确定的 m 不超过正特征根的个数。

(2) 共同度 $(h_i^*)^2$ 的选取。实际应用中，相关系数矩阵 $\boldsymbol{R}$ 和特殊方差矩阵 $\boldsymbol{D}$ 一般是未知的。由 $\sigma_i^2 = 1 - h_i^2 (i = 1,2,\cdots,p)$ 估计个性方差 σ_i^2 等价于估计共性方差 h_i^2。σ_i^2 或 h_i^2 的较好估计一般很难直接得到，通常是先给出它的一个初始估计 $\hat{\sigma}_i^2$ 或 $\hat{h}_i^2$，待载荷矩阵 $\boldsymbol{A}$ 估计好

之后再给出 σ_i^2 或 h_i^2 的最终估计。σ_i^2 或 h_i^2 的常用初始估计方法有：

① 取 $h_i^2 = 1$，在这个情况下主因子解与主成分解等价。

② h_i^2 取为原始变量 X_i 与其他所有原始变量 $X_1, X_2, \cdots X_{i-1}, X_{i+1}, \cdots, X_p$ 的复相关系数的平方，即 X_i 对其余的 $p-1$ 个 X_j 的回归方程的判定系数，这是因为 X_i 与公共因子的关系是通过其余 $p-1$ 个 X_j 的线性组合联系起来的，则 $\hat{\sigma}_i^2 = 1 - \hat{h}_i^2$。

③ 取 $\hat{h}_i^2 = \max\limits_{j=1,\cdots,p,j\neq i}\{|r_{ij}|\}$，其中 r_{ij} 为 $\boldsymbol{R}$ 中的元素，即 X_i 取与其余的 X_j 简单相关系数的绝对值最大者，则 $\hat{\sigma}_i^2 = 1 - \hat{h}_i^2$。

④ 设 r_{ik}, r_{il} 为 $\boldsymbol{R}$ 的第 i 行上主对角线以外的两个最大值，取 $\hat{h}_i^2 = \dfrac{r_{ik}r_{il}}{r_{kl}}$，则 $\hat{\sigma}_i^2 = 1 - \hat{h}_i^2$。

⑤ 取 $h_i^2 = 1/r^{ii}$，其中 r^{ii} 是 $\boldsymbol{R}^{-1}$ 的对角元素。

例 8.2.1 采用例 8.1.1 中的变量和相关系数矩阵，取 $\hat{h}_i^2 = \max\limits_{j=1,\cdots,p,j\neq i}\{|r_{ij}|\}$，使用主因子解方法求因子模型参数的估计。

解 用 $\hat{h}_i^2 = \max\limits_{j=1,\cdots,p,j\neq i}\{|r_{ij}|\}$ 作为初值，$(\hat{h}_1^2, \hat{h}_2^2, \hat{h}_3^2) = \left(\dfrac{1}{5}, \dfrac{2}{5}, \dfrac{2}{5}\right)$

取误差限为 $eps = 0.000\,01$，以累积贡献率至少达到 0.8 作为选择 m 的标准，经过 76 次迭代之后满足误差限要求，迭代结束，得到的结果为

$$\boldsymbol{A} = (-0.001\,2, -0.695\,7, 0. -0.695\,2)^{\mathrm{T}}$$

$$\boldsymbol{D} = \begin{bmatrix} 1.000\,0 & 0 & 0 \\ 0 & 0.516\,0 & 0 \\ 0 & 0 & 0.516\,7 \end{bmatrix}$$

此时因子载荷矩阵变成了只有一列的矩阵，公共因子个数为 1，意味着固定资产投资率、通货膨胀率和失业率指标的背后有一个共同的支配因素，但从共同度可以看出，变量 X_1 对这个因子的依赖度比较低，那这个因素是什么呢？

事实上，在短时期内，根据菲利普斯曲线，失业率和通货膨胀之间存在反比关系，也就是说，通货膨胀越高，失业率越低，通货膨胀越低，失业率越高，通货膨胀率和失业率之间存在相互替代的关系。但如果经济发展过快，就会导致人才需求迅速上升，失业率降低，而同时通货膨胀率也上升，此时失业率和通货膨胀率便成了正相关的关系。再考虑到这个公共因子的 3 个系数符号相同，这个公共因子可以理解为经济发展速度的代表。

§8.3 正交旋转与因子得分

一、方差最大的正交旋转

因子分析的目标之一就是要对所提取的抽象因子的实际含义进行合理解释。有时直接根据特征根、特征向量求得的因子载荷矩阵难以看出公共因子的含义。此时要对因子载荷矩阵进行一定的变换，使同一列上的载荷尽可能地靠近 1 和靠近 0，两极分离。这时每个公共因子和其载荷较大的那些变量的联系与矛盾的主要方面显现出来了，该公共因子的含义也就能通过这些载荷较大变量做出合理的说明。

对因子载荷矩阵进行变换的方法很多,我们主要介绍正交旋转方法。之所以选择正交旋转方法,有两方面原因,一方面,前面我们已经提到过,如果 $\boldsymbol{A}$ 是 $\boldsymbol{F}$ 对应的因子载荷矩阵,$\boldsymbol{\Gamma}$ 是正交矩阵,那么 $\boldsymbol{A\Gamma}$ 就是 $\boldsymbol{\Gamma}^{\mathrm{T}}\boldsymbol{F}$ 所对应的因子载荷矩阵,这可以使问题的求解得到简化。另一方面 $\boldsymbol{\Gamma}^{\mathrm{T}}\boldsymbol{F}$ 本身就相当于对 $\boldsymbol{F}$ 做正交旋转,正交旋转在几何上可以保证形状不变。

根据正交矩阵 $\boldsymbol{\Gamma}$ 的不同选取方式,将构造出不同的正交旋转的方法。有三种主要的正交旋转法,即四次方最大法、方差最大法、等量最大法等。实践中,我们常用的方法是方差最大法。

设因子模型为 $\boldsymbol{X}=\boldsymbol{AF}+\boldsymbol{\varepsilon}$,$\boldsymbol{A}=(a_{ij})_{p\times m}$ 为公因子向量 $\boldsymbol{F}$ 的因子载荷矩阵,$h_i^2(i=1,2,\cdots,p)$ 为变量 X_i 的共同度。如果 $\boldsymbol{A}$ 的每一列(即因子载荷向量)数值越分散,相应的因子载荷向量的方差越大。为消除由于 a_{ij} 符号不同的影响及各变量对公共因子依赖程度不同的影响,令 $d_{ij}^2=\dfrac{a_{ij}^2}{h_i^2}(i=1,2,\cdots,p;j=1,2,\cdots,m)$,将第 j 列的 p 个数据 $d_{1j}^2,d_{2j}^2,\cdots,d_{pj}^2$ 的方差定义为

$$V_j=\sum_{i=1}^{p}(d_{ij}^2-\overline{d}_j)^2/p=\frac{1}{p^2}\left[p\sum_{i=1}^{p}\frac{a_{ij}^4}{h_i^4}-\left(\sum_{t=1}^{p}\frac{a_{tj}^2}{h_t^2}\right)^2\right]\tag{8.3.1}$$

其中

$$\overline{d}_j=\frac{1}{p}\sum_{t=1}^{p}d_{tj}^2(j=1,2,\cdots,m)\tag{8.3.2}$$

则因子载荷矩阵 $\boldsymbol{A}$ 的方差为

$$V=\sum_{j=1}^{m}V_j=\frac{1}{p^2}\left\{\sum_{j=1}^{m}\left[p\sum_{i=1}^{p}\frac{a_{ij}^4}{h_i^4}-\left(\sum_{t=1}^{p}\frac{a_{tj}^2}{h_t^2}\right)^2\right]\right\}\tag{8.3.3}$$

若 V_j 值越大,$\boldsymbol{A}$ 的第 j 个因子载荷向量数值越分散,如果载荷值趋于1或0,这时相应的公共因子 F_j 即具有简化结构,因而我们希望因子载荷矩阵 $\boldsymbol{A}$ 的方差尽可能大。

给载荷矩阵 $\boldsymbol{A}$ 右乘正交变换矩阵 $\boldsymbol{\Gamma}_{lk}$:

$$\boldsymbol{\Gamma}_{lk}=\begin{pmatrix}1&&&&&&&&\\&\ddots&&&&&&&\\&&\cos\theta&&&-\sin\theta&&&\\&&&1&&&&&\\&&&&\ddots&&&&\\&&&&&1&&&\\&&\sin\theta&&&\cos\theta&&&\\&&&&&&1&&\\&&&&&&&\ddots&\\&&&&&&&&1\end{pmatrix}\tag{8.3.4}$$

$\boldsymbol{A}$ 经过变换 $\boldsymbol{\Gamma}_{lk}$ 后,相当于将 F_l 与 F_k 所确定的因子平面旋转了一个角度 φ,记 $\widetilde{\boldsymbol{B}}=\boldsymbol{A\Gamma}_{lk}=(\widetilde{b}_{ij})_{p\times m}$ 其中

$$\widetilde{b}_{il}=a_{il}\cos\varphi+a_{ik}\sin\varphi\tag{8.3.5}$$

$$\widetilde{b}_{ik}=-a_{il}\sin\varphi+a_{ik}\cos\varphi\quad(i=1,2,\cdots,p)\tag{8.3.6}$$

$$\widetilde{b}_{it}=a_{it},(t\neq l,k)\tag{8.3.7}$$

如果有 m 个主因子，必须对 $\boldsymbol{A}$ 中所有 m 列全部配对旋转，旋转次数为 $C_m^2=\frac{1}{2}m(m-1)$，全部旋转完毕后为一次循环，此时经过一次循环后的因子载荷矩阵为

$$\boldsymbol{B}_{(1)}=\boldsymbol{A}\boldsymbol{\Gamma}_{12}\boldsymbol{\Gamma}_{13}\cdots\boldsymbol{\Gamma}_{1m}\cdots\boldsymbol{\Gamma}_{(m-1)m}=\boldsymbol{A}\prod_{l=1}^{m-1}\prod_{k=l+1}^{m}\boldsymbol{\Gamma}_{lk}=\boldsymbol{A}\boldsymbol{\Gamma}_1 \tag{8.3.8}$$

在 $\boldsymbol{B}_{(1)}$ 的基础上进行第二次循环，得到 $\boldsymbol{B}_{(2)}$，即 $\boldsymbol{B}_{(2)}=\boldsymbol{B}_{(1)}\boldsymbol{\Gamma}_2=\boldsymbol{A}\boldsymbol{\Gamma}_1\boldsymbol{\Gamma}_2$，并且从 $\boldsymbol{B}_{(2)}$ 计算出 $V_{(2)}$。继续下去有 $\boldsymbol{B}_{(3)}=\boldsymbol{B}_{(2)}\boldsymbol{\Gamma}_3=\boldsymbol{A}\boldsymbol{\Gamma}_1\boldsymbol{\Gamma}_2\boldsymbol{\Gamma}_3$，同时得到一个非降序列：

$$V_{(1)}\leqslant V_{(2)}\leqslant\cdots\leqslant V_{(k)}\leqslant\cdots$$

由于因子载荷值的绝对值不大于1，所以这个序列有上界，必收敛于某极限值 $\tilde{V}$，$\tilde{V}$ 即为 V 的最大值。即只要有充分大的 k，便有 $|V_k-\tilde{V}|<\varepsilon$，则 $\forall\varepsilon>0$，存在 k 和 V'_k，使得 $|V_k-V'_k|<\varepsilon$。所以有 $\boldsymbol{B}_{(k)}=\boldsymbol{A}\prod_{i=1}^{k}\boldsymbol{\Gamma}_i=\boldsymbol{A}\boldsymbol{\Gamma}$。

对于旋转角 φ 的确定必须满足：

$$V=\sum_{t=1}^{m}V_t=\sum_{t=1}^{m}\left\{\frac{1}{p^2}\left[p\sum_{i=1}^{p}\frac{b_{it}^4}{h_i^4}-\left(\sum_{i=1}^{p}\frac{b_{it}^2}{h_i^2}\right)^2\right]\right\}(t=1,2,\cdots,m)$$

代入式(8.3.5)、式(8.3.6)、式(8.3.7)，并令 $\frac{\partial V}{\partial\varphi}=\frac{\partial}{\partial\varphi}\left(\sum_{t=1}^{m}V_t\right)=0$，得 $\tan 4\varphi=\frac{d-2\alpha\beta/p}{c-(\alpha^2-\beta^2)/p}$。

若记

$$\mu_j=\left(\frac{a_{jl}}{h_j}\right)^2-\left(\frac{a_{jk}}{h_j}\right)^2,\ \nu_j=2\frac{a_{jl}a_{jk}}{h_j^2}\ (j=1,2,\cdots,p) \tag{8.3.9}$$

则

$$\alpha=\sum_{j=1}^{p}\mu_j,\ \beta=\sum_{j=1}^{p}\nu_j,\ c=\sum_{j=1}^{p}(\mu_j^2-\nu_j^2),\ d=2\sum_{j=1}^{p}\mu_j\nu_j \tag{8.3.10}$$

例 8.3.1 设随机变量 $\boldsymbol{X}=(X_1,X_2,X_3)^{\mathrm{T}}$，它的 11 次观测值的相关阵为

$$\boldsymbol{R}=\begin{bmatrix}1 & -0.0915 & -0.7957\\ -0.0915 & 1 & 0.0823\\ -0.7957 & 0.0823 & 1\end{bmatrix}$$

计算得到 $\boldsymbol{R}$ 的特征值与单位正交特征向量分别为

$$\lambda_1=1.81425,\ \lambda_2=0.98150,\ \lambda_3=0.20425$$

$$\hat{\boldsymbol{l}}_1=\begin{bmatrix}-0.69961\\0.14925\\0.69876\end{bmatrix},\ \hat{\boldsymbol{l}}_2=\begin{bmatrix}0.09968\\0.98877\\-0.11138\end{bmatrix},\ \hat{\boldsymbol{l}}_3=\begin{bmatrix}0.70753\\0.00827\\0.70663\end{bmatrix}$$

由于 $\frac{\lambda_1+\lambda_2}{\lambda_1+\lambda_2+\lambda_3}\times100\%=93\%$，故取前两个主因子，即 $m=2$，因子载荷矩阵为

$$\boldsymbol{A}=\left[\sqrt{\lambda_1}\hat{\boldsymbol{l}}_1,\quad\sqrt{\lambda_2}\hat{\boldsymbol{l}}_2\right]=\begin{bmatrix}-0.9423 & 0.0988\\0.2010 & 0.9796\\0.9412 & -0.1103\end{bmatrix}$$

下面对 $\boldsymbol{A}$ 进行方差最大正交旋转。

对 $\boldsymbol{A}$ 进行规格化处理：

$$\sqrt{h_1^2} = \sqrt{(-0.942\,3)^2 + 0.098\,8^2} = 0.947\,47$$

$$\sqrt{h_2^2} = \sqrt{0.201\,0^2 + 0.979\,6^2} = 1$$

$$\sqrt{h_3^2} = \sqrt{0.941\,2^2 + (-0.110\,3)^2} = 0.947\,64$$

记

$$\boldsymbol{A}_1 = (d_{ij})_{3\times 2}^{(1)} = \begin{bmatrix} a_{11}/h_1 & a_{12}/h_1 \\ a_{21}/h_2 & a_{22}/h_2 \\ a_{31}/h_3 & a_{32}/h_3 \end{bmatrix} = \begin{bmatrix} -0.994\,5 & 0.104\,3 \\ 0.201\,0 & 0.979\,6 \\ 0.993\,2 & -0.116\,4 \end{bmatrix}$$

由式(8.3.1)和式(8.3.3)算得因子的方差及总方差为

$$V_1^{(0)} = \frac{1}{9}\{3[(-0.994\,5)^4 + 0.201^4 + 0.993\,2^4] - [(-0.994\,5)^2 + 0.201^2 + 0.993\,2^2]^2\}$$

$$= 0.199\,43$$

$$V_2^{(0)} = 0.199\,46$$

$$V^{(0)} = V_1^{(0)} + V_2^{(0)} = 0.398\,89$$

方差最大正交旋转第一循环：对 F_1, F_2 进行正交旋转，使方差最大的旋转角达 φ_{12}。由式(8.3.9)计算得

$$\mu_1 = (a_{11}/h_1)^2 - (a_{12}/h_1)^2 = 0.978\,15$$

$$\mu_2 = (a_{21}/h_2)^2 - (a_{22}/h_2)^2 = -0.919\,22$$

$$\mu_3 = (a_{31}/h_3)^2 - (a_{32}/h_3)^2 = 0.972\,90$$

$$\nu_1 = 2(a_{11}/h_1)(a_{12}/h_2) = -0.207\,5$$

$$\nu_2 = 2(a_{21}/h_2)(a_{22}/h_2) = 0.393\,80$$

$$\nu_3 = 2(a_{31}/h_3)(a_{32}/h_3) = -0.231\,22$$

则由式(8.3.10)得

$$\alpha = \sum_{j=1}^{3} \mu_j = 1.031\,8, \beta = \sum_{j=1}^{3} \nu_j = -0.044\,87$$

$$c = \sum_{j=1}^{3} (\mu_j^2 - \nu_j^2) = 2.496\,7, d = 2\sum_{j=1}^{3} \mu_j \nu_j = -1.579\,7$$

$$\tan 4\varphi_{12} = \frac{d - 2\alpha\beta/p}{c - (\alpha^2 - \beta^2)/p} = \frac{-1.549\,1}{2.142\,5} = -0.723\,0$$

由 $\tan 4\varphi_{12}$ 分子为负，分母为正可知 $4\varphi_{12}$ 为第四象限角，$4\varphi_{12} = -35.87°, \varphi_{12} = -8.96°$

$$\boldsymbol{\Gamma}_{12} = \begin{bmatrix} \cos\varphi_{12} & -\sin\varphi_{12} \\ \sin\varphi_{12} & \cos\varphi_{12} \end{bmatrix} = \begin{bmatrix} 0.987\,78 & 0.155\,86 \\ -0.155\,86 & 0.987\,78 \end{bmatrix}$$

$$\boldsymbol{B}_1 = \boldsymbol{A\Gamma}_{12} = \begin{bmatrix} -0.942\,3 & 0.098\,8 \\ 0.201\,0 & 0.979\,6 \\ 0.941\,2 & -0.110\,3 \end{bmatrix} \begin{bmatrix} 0.987\,78 & 0.155\,86 \\ -0.155\,86 & 0.987\,78 \end{bmatrix}$$

$$= \begin{bmatrix} -0.946\,18 & -0.049\,27 \\ 0.045\,86 & 0.998\,96 \\ 0.946\,89 & 0.037\,74 \end{bmatrix}$$

记为 $\boldsymbol{B}_1 = \boldsymbol{A\Gamma}_{12} = \boldsymbol{AT}_1$。因为只有两个主因子，故第一次循环进行一次即结束。

将 $\boldsymbol{B}_1$ 规格化并计算第一次循环后的方差，得

$$V_1^{(1)} = 0.220\ 34,\ V_2^{(1)} = 0.220\ 35,\ V^{(1)} = V_1^{(1)} + V_2^{(1)} = 0.440\ 69$$

显然 $V^{(0)} < V^{(1)}$。进行方差最大正交旋转第二循环，可按第一循环的步骤类似进行，得

$$\tan 4\varphi_{12} = 0.000\ 090\ 17,\ \varphi_{12} = 0.001\ 3°$$

$$\boldsymbol{B}_2 = \boldsymbol{B}_1\boldsymbol{\Gamma}_{12}^{(2)} = \begin{bmatrix} -0.946\ 20 & 0.049\ 25 \\ 0.045\ 88 & 0.998\ 96 \\ 0.946\ 89 & 0.037\ 72 \end{bmatrix}$$

记为 $\boldsymbol{B}_2 = \boldsymbol{B}_1\boldsymbol{\Gamma}_{12}^{(2)} = \boldsymbol{A}\boldsymbol{\Gamma}_{12}^{(1)}\boldsymbol{\Gamma}_{12}^{(2)} = \boldsymbol{A}\boldsymbol{T}_1\boldsymbol{T}_2$。第二循环的最大方差为

$$V_1^{(2)} = 0.220\ 40,\ V_2^{(2)} = 0.220\ 41,\ V^{(2)} = V_1^{(1)} + V_2^{(1)} = 0.440\ 81$$

而 $|V^{(2)} - V^{(1)}| < 10^4$，第二次旋转方差改变很小，故停止旋转，方差最大旋转后的因子分析线性模型为 $\boldsymbol{X} = \boldsymbol{B}_2\boldsymbol{F}$。

比较 $\boldsymbol{A}$ 与 $\boldsymbol{B}_2$，可见 $\boldsymbol{B}_2$ 比 $\boldsymbol{A}$ 的元素按列向 0、1 两极分化更大。

二、因子得分

前面从样本协方差矩阵 $\boldsymbol{S}$ 或相关系数矩阵 $\boldsymbol{R}$ 出发，来获得公共因子和因子载荷矩阵，或经正交旋转后的因子载荷矩阵，并给出公因子的解释。但有时要求把公共因子表示成变量的线性组合或反过来对每一个样品计算公共因子的估计值，称为**因子得分**，因子得分是对不可观测的随机向量 $\boldsymbol{F}$ 取值的估计。巴特莱特从加权最小二乘法的角度出发，得到了我们称为巴特莱特因子得分的估计结果，汤普森则使用回归法得到了我们称为汤普森因子得分的估计结果。两种估计到底哪一种好，长期以来一直有争论，至今尚未有定论。下面我们进行简要说明。

1. 巴特莱特因子得分

设 X 满足正交因子模型 $\boldsymbol{X} - \boldsymbol{\mu} = \boldsymbol{AF} + \boldsymbol{\varepsilon}$。假定因子载荷矩阵 $\boldsymbol{A}$ 和特殊因子方差 $\boldsymbol{D}$ 已知，而把特殊因子 ε 看作误差。$D(\varepsilon_i) = \sigma_i^2 (i = 1,2,\cdots,p)$ 一般不相等，于是我们用加权最小二乘法估计公因子 $\boldsymbol{F}$ 的值。

用误差方差的倒数作为权重的误差平方和为，定义 $\phi(\boldsymbol{F})$ 为

$$\phi(\boldsymbol{F}) = \sum_{i=1}^{p} \frac{\varepsilon_i^2}{\sigma_i^2} = \varepsilon^{\mathrm{T}}\boldsymbol{D}^{-1}\varepsilon = (\boldsymbol{X} - \boldsymbol{\mu} - \boldsymbol{AF})^{\mathrm{T}}\boldsymbol{D}^{-1}(\boldsymbol{X} - \boldsymbol{\mu} - \boldsymbol{AF}) \tag{8.3.11}$$

求 $\boldsymbol{F}$ 的估计值 $\hat{\boldsymbol{F}}$，使 $\phi(\hat{\boldsymbol{F}}) = \min\phi(\boldsymbol{F})$。由 $\dfrac{\partial\phi(\boldsymbol{F})}{\partial\boldsymbol{F}} = \boldsymbol{O}$，可得 $\boldsymbol{A}^{\mathrm{T}}\boldsymbol{D}^{-1}(\boldsymbol{X}-\boldsymbol{\mu}) = \boldsymbol{A}^{\mathrm{T}}\boldsymbol{D}^{-1}\boldsymbol{AF}$，从而得到 $\boldsymbol{F}$ 的估计值为

$$\hat{\boldsymbol{F}} = [\boldsymbol{A}^{\mathrm{T}}\boldsymbol{D}^{-1}\boldsymbol{A}]^{-1}\boldsymbol{A}^{\mathrm{T}}\boldsymbol{D}^{-1}(\boldsymbol{X} - \boldsymbol{\mu}) \tag{8.3.12}$$

这个估计称为**巴特莱特因子得分**。

若假定 $\boldsymbol{F}$ 与 $\boldsymbol{\varepsilon}$ 相互独立，则

$$\begin{aligned} E(\hat{\boldsymbol{F}} \mid \boldsymbol{F}) &= [\boldsymbol{A}^{\mathrm{T}}\boldsymbol{D}^{-1}\boldsymbol{A}]^{-1}\boldsymbol{A}^{\mathrm{T}}\boldsymbol{D}^{-1}E[(\boldsymbol{X} - \boldsymbol{\mu}) \mid \boldsymbol{F}] = [\boldsymbol{A}^{\mathrm{T}}\boldsymbol{D}^{-1}\boldsymbol{A}]^{-1}\boldsymbol{A}^{\mathrm{T}}\boldsymbol{D}^{-1}E(\boldsymbol{AF} + \boldsymbol{\varepsilon} \mid \boldsymbol{F}) \\ &= [\boldsymbol{A}^{\mathrm{T}}\boldsymbol{D}^{-1}\boldsymbol{A}]^{-1}\boldsymbol{A}^{\mathrm{T}}\boldsymbol{D}^{-1}\boldsymbol{AF} = \boldsymbol{A}^{-1}\boldsymbol{D}(\boldsymbol{A}^{\mathrm{T}})^{-1}\boldsymbol{A}^{\mathrm{T}}\boldsymbol{D}^{-1}\boldsymbol{AF} = \boldsymbol{F} \end{aligned}$$

这表明加权最小二乘估计是无偏的。

$\hat{\boldsymbol{F}}$ 的估计精度为：

$$\hat{\boldsymbol{F}} - \boldsymbol{F} = [\boldsymbol{A}^{\mathrm{T}}\boldsymbol{D}^{-1}\boldsymbol{A}]^{-1}\boldsymbol{A}^{\mathrm{T}}\boldsymbol{D}^{-1}(\boldsymbol{AF} + \boldsymbol{\varepsilon}) - \boldsymbol{F} = [\boldsymbol{A}^{\mathrm{T}}\boldsymbol{D}^{-1}\boldsymbol{A}]^{-1}\boldsymbol{A}^{\mathrm{T}}\boldsymbol{D}^{-1}\boldsymbol{\varepsilon}$$

$$E(\hat{\boldsymbol{F}}-\boldsymbol{F})(\hat{\boldsymbol{F}}-\boldsymbol{F})^{\mathrm{T}} = [\boldsymbol{A}^{\mathrm{T}}\boldsymbol{D}^{-1}\boldsymbol{A}]^{-1}\boldsymbol{A}^{\mathrm{T}}\boldsymbol{D}^{-1}E(\boldsymbol{\varepsilon\varepsilon}^{\mathrm{T}})\boldsymbol{D}^{-1}\boldsymbol{A}[\boldsymbol{A}^{\mathrm{T}}\boldsymbol{D}^{-1}\boldsymbol{A}]^{-1}$$
$$= [\boldsymbol{A}^{t}\boldsymbol{D}^{-1}\boldsymbol{A}]^{-1}\boldsymbol{A}^{\mathrm{T}}\boldsymbol{D}^{-1}\boldsymbol{D}\boldsymbol{D}^{-1}\boldsymbol{A}[\boldsymbol{A}^{\mathrm{T}}\boldsymbol{D}^{-1}\boldsymbol{A}]^{-1} = [\boldsymbol{A}^{\mathrm{T}}\boldsymbol{D}^{-1}\boldsymbol{A}]^{-1}$$

2. 汤普森因子得分

将公因子表示为变量的线性组合

$$F_i = \beta_{i1}X_1 + \cdots + \beta_{ip}X_p (i = 1,2,\cdots,m) \tag{8.3.13}$$

用来计算每个样品的公因子得分。式(8.3.13)称为**因子得分函数**。

假设变量 X 和公因子 F 为标准化变量，回归方程模型为

$$F_j = b_{j1}X_1 + \cdots + b_{jp}X_p + \varepsilon_j (j = 1,2,\cdots,m) \tag{8.3.14}$$

由因子载荷的意义可知

$$a_{ij} = E(X_iF_j) = E[X_i(b_{j1}X_1 + \cdots + b_{jp}X_p)] = b_{j1}r_{i1} + \cdots + b_{jp}r_{ip}, (i = 1,2,\cdots,p)$$

写成矩阵形式为 $\boldsymbol{R}\boldsymbol{b}_{(j)} = \boldsymbol{a}_j$，其中 $\boldsymbol{b}_{(j)} = (b_{j1}, b_{j2}, \cdots b_{jp})^{\mathrm{T}}$，$\boldsymbol{a}_j = (a_{1j}, a_{2j}, \cdots a_{pj})^{\mathrm{T}}$，$\boldsymbol{R}$ 为相关系数矩阵，取

$$\boldsymbol{B} = \begin{bmatrix} \boldsymbol{b}_{(1)}^{\mathrm{T}} \\ \vdots \\ \boldsymbol{b}_{(m)}^{\mathrm{T}} \end{bmatrix} = \begin{bmatrix} (\boldsymbol{R}^{-1}\boldsymbol{a}_1)^{\mathrm{T}} \\ \vdots \\ (\boldsymbol{R}^{-1}\boldsymbol{a}_m)^{\mathrm{T}} \end{bmatrix} = \begin{bmatrix} \boldsymbol{a}_1^{\mathrm{T}} \\ \vdots \\ \boldsymbol{a}_m^{\mathrm{T}} \end{bmatrix} \boldsymbol{R}^{-1} = \boldsymbol{A}^{\mathrm{T}}\boldsymbol{R}^{-1}$$

由回归分析方法可得回归方程为

$$\hat{\boldsymbol{F}} = \begin{bmatrix} \hat{F}_1 \\ \vdots \\ \hat{F}_m \end{bmatrix} = \begin{bmatrix} \boldsymbol{b}_{(1)}^{\mathrm{T}}\boldsymbol{X} \\ \vdots \\ \boldsymbol{b}_{(m)}^{\mathrm{T}}\boldsymbol{X} \end{bmatrix} = \boldsymbol{B}\boldsymbol{X} = \boldsymbol{A}^{\mathrm{T}}\boldsymbol{R}^{-1}\boldsymbol{X} \tag{8.3.15}$$

这个估计结果 $\hat{\boldsymbol{F}} = \boldsymbol{A}^{\mathrm{T}}\boldsymbol{R}^{-1}\boldsymbol{X}$ 称为**汤普森因子得分**。

由于 $E(\hat{\boldsymbol{F}} \mid \boldsymbol{F}) = \boldsymbol{F} - (\boldsymbol{I} + \boldsymbol{A}^{\mathrm{T}}\boldsymbol{D}^{-1}\boldsymbol{A})^{-1}\boldsymbol{F}$ 表明汤普森因子得分是有偏的。平均预报误差为

$$E(\hat{\boldsymbol{F}}-\boldsymbol{F})(\hat{\boldsymbol{F}}-\boldsymbol{F})^{\mathrm{T}} = (\boldsymbol{I} + \boldsymbol{A}^{\mathrm{T}}\boldsymbol{D}^{-1}\boldsymbol{A})^{-1} \tag{8.3.16}$$

比较最小二乘估计与回归估计，前者是无偏估计，而后者是有偏的，但后者有较小的预报误差。

三、Q型因子分析

Q型因子分析研究的是样本之间的关系，也就是样本矩阵的行与行之间的关系。Q型因子分析一般从相似系数矩阵 $\boldsymbol{Q} = (q_{ij})_{n\times n}$ 出发来进行计算，其中 q_{ij} 表示样本 $\boldsymbol{X}_{(i)}$ 与 $\boldsymbol{X}_{(j)}$ 的相似度，定义为

$$q_{ij} = \frac{\sum_{t=1}^{p} X_{it}X_{jt}}{\sqrt{\sum_{t=1}^{p} X_{jt}^2}\sqrt{\sum_{t=1}^{p} X_{it}^2}}, (i,j = 1,2,\cdots,n) \tag{8.3.17}$$

得到相似系数矩阵 $\boldsymbol{Q}$ 之后，计算的步骤与R型因子分析基本一样，也是首先计算 $\boldsymbol{Q}$ 的特征值和单位正交化的特征向量，然后选取合适的方式确定因子个数 m，利用特征值和特征向量得到因子载荷矩阵。

当样本容量 n 较大时，计算相似系数矩阵 $\boldsymbol{Q}$ 的特征值和特征向量是非常麻烦的，这是

Q 型因子分析中的最大麻烦，通常要借助其他统计方法来解决 Q 型因子分析问题。

习题八

1. 设标准化变量 X_1, X_2, X_3 的相关系数矩阵为

$$R = \begin{bmatrix} 1 & 0.63 & 0.45 \\ 0.63 & 1 & 0.35 \\ 0.45 & 0.35 & 1 \end{bmatrix}$$

求 $m = 1$ 的正交因子模型。

2. 下表列出了邓阜仙岩体的化学成分，对其做因子分析。

序号	二氧化硅	二氧化钛	氧化亚铁	氧化钙	氧化钾
1	75.20	0.140	1.86	0.91	5.21
2	75.15	0.160	2.11	0.74	4.93
3	72.19	0.130	1.52	0.69	4.65
4	72.35	0.130	1.37	0.83	4.87
5	72.74	0.100	1.41	0.72	4.99
6	73.29	0.033	1.07	0.17	3.15
7	73.72	0.033	0.77	0.28	2.78

3. 利用因子分析方法分析下列 30 个学生成绩的因子构成，并分析各个学生较适合学文科还是理科。

序号	数学	物理	化学	语文	历史	英语
1	65	61	72	84	81	79
2	77	77	76	64	70	55
3	67	63	49	65	67	57
4	80	69	75	74	74	63
5	74	70	80	84	81	74
6	78	84	75	62	71	64
7	66	71	67	52	65	57
8	77	71	57	72	86	71
9	83	100	79	41	67	50
10	86	94	97	51	63	55
11	74	80	88	64	73	66
12	67	84	53	58	66	56
13	81	62	69	56	66	52
14	71	64	94	52	61	52

续表

15	78	96	81	80	89	76
16	69	56	67	75	94	80
17	77	90	80	68	66	60
18	84	67	75	60	70	63
19	62	67	83	71	85	77
20	74	65	75	72	90	73
21	91	74	97	62	71	66
22	72	87	72	79	83	76
23	82	70	83	68	77	85
24	63	70	60	91	85	82
25	74	79	95	59	74	59
26	66	61	77	62	73	64
27	90	82	98	47	71	60
28	77	90	85	68	73	76
29	91	82	84	54	62	60
30	78	84	100	51	60	60

第9章 典型相关分析

在许多实际问题中,需要研究多个变量与多个变量之间的相关关系。例如,在气象学中为了可靠地分析预报 24 h 后的天气,需要研究当天和前一天气象因子间的相关关系。又比如,在地质学中,为了研究岩石形成的成因关系,需要考察岩石的化学成分与其周围围岩化学成分的相关性。

典型相关分析是研究两组变量之间的相关关系的一种方法,它能够有效地表达两组变量相互之间的线性依赖关系。一般认为典型相关分析的研究开始于 1936 年霍特林在《生物统计》上发表的论文“两组变量之间的关系”。

典型相关分析的基本思想是:首先在两组变量中找出各组变量的一个线性组合,使得这两个线性组合之间具有最大的相关系数。然后在各组中继续选取和最初挑选的这对线性组合不相关的线性组合,将其配对,并选取相关系数最大的一对,如此继续下去,直到两组变量之间的相关性被提取完毕为止。被选出的线性组合配对称为典型变量,它们的相关系数称为典型相关系数。典型相关系数度量了这两组变量之间联系的强度。

§9.1 总体的典型相关分析

一、典型相关变量的概念

设有两组随机变量 $\boldsymbol{X}=(X_1,\cdots,X_p)^{\mathrm{T}}$ 与 $\boldsymbol{Y}=(Y_1,\cdots,Y_q)^{\mathrm{T}}$ 是两个相互关联的随机向量,分别在两组变量中选取若干有代表性的综合变量 U_i 和 V_i,使得每一个综合变量是原变量的线性组合,即 $U_i=\boldsymbol{\alpha}^{\mathrm{T}}\boldsymbol{X},V_i=\boldsymbol{\beta}^{\mathrm{T}}\boldsymbol{Y}$,且 U_i 和 V_i 的相关系数 $\rho(U_i,V_i)$ 达到最大。

由于

$$\rho(U_i,V_i)=\rho(\boldsymbol{\alpha}^{\mathrm{T}}\boldsymbol{X},\boldsymbol{\beta}^{\mathrm{T}}\boldsymbol{Y})=\frac{\mathrm{Cov}(\boldsymbol{\alpha}^{\mathrm{T}}\boldsymbol{X},\boldsymbol{\beta}^{\mathrm{T}}\boldsymbol{Y})}{\sqrt{D(\boldsymbol{\alpha}^{\mathrm{T}}\boldsymbol{X})}\ \sqrt{D(\boldsymbol{\beta}^{\mathrm{T}}\boldsymbol{Y})}} \tag{9.1.1}$$

并且对于任意常数 a,b,c,d 均有

$$\rho[a(\boldsymbol{\alpha}^{\mathrm{T}}\boldsymbol{X})+b,c(\boldsymbol{\beta}^{\mathrm{T}}\boldsymbol{Y})+d]=\rho(\boldsymbol{\alpha}^{\mathrm{T}}\boldsymbol{X},\boldsymbol{\beta}^{\mathrm{T}}\boldsymbol{Y}) \tag{9.1.2}$$

这说明使得相关系数最大的向量 $\boldsymbol{\alpha}^{\mathrm{T}}\boldsymbol{X}$ 和 $\boldsymbol{\beta}^{\mathrm{T}}\boldsymbol{Y}$ 并不唯一。因此在求综合变量时,常限定 $D(\boldsymbol{\alpha}^{\mathrm{T}}\boldsymbol{X})=1,D(\boldsymbol{\beta}^{\mathrm{T}}\boldsymbol{Y})=1$。

在 $D(\boldsymbol{\alpha}^{\mathrm{T}}\boldsymbol{X})=1,D(\boldsymbol{\beta}^{\mathrm{T}}\boldsymbol{Y})=1$ 的条件下,求使 $\rho(\boldsymbol{\alpha}^{\mathrm{T}}\boldsymbol{X},\boldsymbol{\beta}^{\mathrm{T}}\boldsymbol{Y})$ 达到最大的系数向量 $\boldsymbol{\alpha}_1$ 与 $\boldsymbol{\beta}_1$,从而得到第一对综合变量 $U_1=\boldsymbol{\alpha}_1^{\mathrm{T}}\boldsymbol{X},V_1=\boldsymbol{\beta}_1^{\mathrm{T}}\boldsymbol{Y}$,称为**第一对典型相关变量**。$\rho(U_1,V_1)$ 称为**第一个典型相关系数**。

求出第一对典型相关变量之后,可以类似地求出各对之间互不相关的第二对、第三对等典型相关变量。假设第 k 对典型相关变量为 $U_k=\boldsymbol{\alpha}_k^{\mathrm{T}}\boldsymbol{X},V_k=\boldsymbol{\beta}_k^{\mathrm{T}}\boldsymbol{Y}$,则 U_k,V_k 须满足以下三个条件:

(1) $D(U_k)=1, D(V_k)=1$。

(2) U_k, V_k 分别于 $U_1,\cdots,U_{k-1},V_1,\cdots,V_{k-1}$ 不相关。

(3) $\rho(U_k,V_k)$ 最大。

这些典型相关变量就反映了 X,Y 之间的线性相关情况。后面我们通过对各对典型相关变量相关系数的显著性进行检验,来反映每一对综合变量的代表性,如果某一对的相关程度不显著,那么这对变量就不具有代表性,就可以忽略。这样就可以通过对少数典型相关变量的研究来代替对原来两组变量之间的相关关系的研究,从而容易抓住问题的本质。

二、典型相关变量的求解

对于随机向量 $\boldsymbol{X}=(X_1,\cdots,X_p)^{\mathrm{T}}$ 与 $\boldsymbol{Y}=(Y_1,\cdots,Y_q)^{\mathrm{T}}$,不妨设 $p\leqslant q$,假定 $\boldsymbol{Z}=\begin{bmatrix}\boldsymbol{X}\\ \boldsymbol{Y}\end{bmatrix}\begin{matrix}p\\ q\end{matrix}$ 的均值向量 $\boldsymbol{E}(\boldsymbol{Z})=\boldsymbol{\mu}=\boldsymbol{O}$(否则只要以 $\boldsymbol{Z}-\boldsymbol{\mu}$ 代替 $\boldsymbol{Z}$ 即可),协方差阵 $\boldsymbol{D}(\boldsymbol{Z})=\boldsymbol{\Sigma}>0$,相应地将 $\boldsymbol{\Sigma}$ 剖分为

$$\boldsymbol{\Sigma}=\begin{bmatrix}\boldsymbol{\Sigma}_{11} & \boldsymbol{\Sigma}_{12}\\ \boldsymbol{\Sigma}_{21} & \boldsymbol{\Sigma}_{22}\end{bmatrix} \tag{9.1.3}$$

其中 $\boldsymbol{\Sigma}_{11}=\mathrm{Cov}(\boldsymbol{X},\boldsymbol{X}),\boldsymbol{\Sigma}_{22}=\mathrm{Cov}(\boldsymbol{Y},\boldsymbol{Y}),\boldsymbol{\Sigma}_{12}=\boldsymbol{\Sigma}_{21}^{\mathrm{T}}=\mathrm{Cov}(\boldsymbol{X},\boldsymbol{Y})$。令 $U=\boldsymbol{\alpha}^{\mathrm{T}}\boldsymbol{X},V=\boldsymbol{\beta}^{\mathrm{T}}\boldsymbol{Y}$,则相关系数是

$$\rho_{UV}=\frac{\alpha^{\mathrm{T}}\boldsymbol{\Sigma}_{12}\beta}{\sqrt{\alpha^{\mathrm{T}}\boldsymbol{\Sigma}_{11}\alpha}\ \sqrt{\beta^{\mathrm{T}}\boldsymbol{\Sigma}_{22}\beta}}$$

于是求第一对典型相关变量等价于在约束条件:$D(U)=1,D(V)=1$ 下,寻求 α 和 β 使 $\rho_{UV}=\boldsymbol{\alpha}^{\mathrm{T}}\boldsymbol{\Sigma}_{12}\boldsymbol{\beta}$ 达到最大。这是条件极值问题,用拉格朗日乘数法,令

$$L(\boldsymbol{\alpha},\boldsymbol{\beta})=\boldsymbol{\alpha}^{\mathrm{T}}\boldsymbol{\Sigma}_{12}\boldsymbol{\beta}-\frac{\lambda}{2}(\boldsymbol{\alpha}^{\mathrm{T}}\boldsymbol{\Sigma}_{11}\boldsymbol{\alpha}-1)-\frac{\upsilon}{2}(\boldsymbol{\beta}^{\mathrm{T}}\boldsymbol{\Sigma}_{22}\boldsymbol{\beta}-1) \tag{9.1.4}$$

其中 λ,υ 为拉格朗日乘数。α 和 β 应满足

$$\begin{cases}\dfrac{\partial \boldsymbol{L}}{\partial \boldsymbol{\alpha}}=\boldsymbol{\Sigma}_{12}\boldsymbol{\beta}-\lambda\boldsymbol{\Sigma}_{11}\boldsymbol{\alpha}=\boldsymbol{O}\\ \dfrac{\partial \boldsymbol{L}}{\partial \boldsymbol{\beta}}=\boldsymbol{\Sigma}_{21}\boldsymbol{\alpha}-\upsilon\boldsymbol{\Sigma}_{22}\boldsymbol{\beta}=\boldsymbol{O}\end{cases} \tag{9.1.5}$$

整理后可得

$$\begin{cases}(\boldsymbol{\Sigma}_{11}^{-1}\boldsymbol{\Sigma}_{12}\boldsymbol{\Sigma}_{22}^{-1}\boldsymbol{\Sigma}_{21}-\lambda^2\boldsymbol{I}_p)\boldsymbol{\alpha}=\boldsymbol{O}\\ (\boldsymbol{\Sigma}_{22}^{-1}\boldsymbol{\Sigma}_{21}\boldsymbol{\Sigma}_{11}^{-1}\boldsymbol{\Sigma}_{12}-\lambda^2\boldsymbol{I}_q)\boldsymbol{\beta}=\boldsymbol{O}\end{cases} \tag{9.1.6}$$

记 $\boldsymbol{M}_1=\boldsymbol{\Sigma}_{11}^{-1}\boldsymbol{\Sigma}_{12}\boldsymbol{\Sigma}_{22}^{-1}\boldsymbol{\Sigma}_{21},M_2=\boldsymbol{\Sigma}_{22}^{-1}\boldsymbol{\Sigma}_{21}\boldsymbol{\Sigma}_{11}^{-1}\boldsymbol{\Sigma}_{12}$,则式(9.1.6)变为

$$\begin{cases}(\boldsymbol{M}_1-\lambda^2\boldsymbol{I}_p)\boldsymbol{\alpha}=\boldsymbol{O}\\ (\boldsymbol{M}_2-\lambda^2\boldsymbol{I}_q)\boldsymbol{\beta}=\boldsymbol{O}\end{cases} \tag{9.1.7}$$

这说明 λ^2 既是 $\boldsymbol{M}_1$ 又是 $\boldsymbol{M}_2$ 的特征根,而 $\boldsymbol{\alpha}$ 和 $\boldsymbol{\beta}$ 分别是 $\boldsymbol{M}_1$ 与 $\boldsymbol{M}_2$ 相应于 λ^2 的特征向量。也就是说第一对典型相关变量的典型相关系数等于 $\boldsymbol{M}_1$ 与 $\boldsymbol{M}_2$ 的最大特征值的算术平方根,而典型变量的系数向量分别是 $\boldsymbol{M}_1$ 与 $\boldsymbol{M}_2$ 对应于最大特征根的满足 $D(U)=1,D(V)=1$ 的特征向量 $\boldsymbol{\alpha}_1$ 和 $\boldsymbol{\beta}_1$。可以证明 $\boldsymbol{M}_1$ 与 $\boldsymbol{M}_2$ 有相同的非零特征根,并且非零特征根的个数最多为 r($r=\mathrm{rank}(\boldsymbol{M}_1)=\mathrm{rank}(\boldsymbol{M}_2)$),用 $\lambda_1^2\geqslant\lambda_2^2\geqslant\cdots\geqslant\lambda_r^2>0$ 表示 $\boldsymbol{M}_1$ 与 $\boldsymbol{M}_2$ 的非零特征根,

进一步地,我们还可以得到第 k 对典型相关变量的系数向量就是第 k 个特征值对应的满足 $D(U)=1,D(V)=1$ 的特征向量 $\boldsymbol{\alpha}_k$ 和 $\boldsymbol{\beta}_k$（实际上 $\boldsymbol{\beta}_k=\frac{1}{\lambda_k}\boldsymbol{\Sigma}_{22}^{-1}\boldsymbol{\Sigma}_{21}\boldsymbol{\alpha}_k$）,且有

$$(1)\ \rho_{U_iU_j}=\mathrm{Cov}(U_i,U_j)=0,\ \rho_{V_iV_j}=\mathrm{Cov}(V_i,V_j)=0,i\neq j \tag{9.1.8}$$

$$(2)\ \rho_{U_iV_j}=\begin{cases}\lambda_i\neq 0, & i=j=1,2,\cdots,r\\ 0, & i\neq j\text{ 或 }j>r\end{cases} \tag{9.1.9}$$

根据上述内容,可以总结出求典型相关变量的步骤如下:

Step1 求出 $\boldsymbol{Z}=\begin{bmatrix}\boldsymbol{X}\\ \boldsymbol{Y}\end{bmatrix}_q^p$ 的协方差矩阵 $\boldsymbol{\Sigma}=\begin{bmatrix}\boldsymbol{\Sigma}_{11} & \boldsymbol{\Sigma}_{12}\\ \boldsymbol{\Sigma}_{21} & \boldsymbol{\Sigma}_{22}\end{bmatrix}$ 及 $\boldsymbol{\Sigma}_{11}^{-1},\boldsymbol{\Sigma}_{22}^{-1}$。

Step2 求出 $\boldsymbol{M}_1=\boldsymbol{\Sigma}_{11}^{-1}\boldsymbol{\Sigma}_{12}\boldsymbol{\Sigma}_{22}^{-1}\boldsymbol{\Sigma}_{21}$ 与 $\boldsymbol{M}_2=\boldsymbol{\Sigma}_{22}^{-1}\boldsymbol{\Sigma}_{21}\boldsymbol{\Sigma}_{11}^{-1}\boldsymbol{\Sigma}_{12}$。

Step3 求出 $\boldsymbol{M}_1$ 与 $\boldsymbol{M}_2$ 的非零特征值 $\lambda_1^2\geqslant\lambda_2^2\geqslant\cdots\geqslant\lambda_p^2>0$,以及 $\boldsymbol{M}_1$ 对应的特征向量 $\boldsymbol{a}^{(1)},\boldsymbol{a}^{(2)},\cdots,\boldsymbol{a}^{(r)}$,$\boldsymbol{M}_2$ 对应的特征向量 $\boldsymbol{b}^{(1)},\boldsymbol{b}^{(2)},\cdots,\boldsymbol{b}^{(p)}$。

Step4 计算 $c_i=\boldsymbol{a}^{(i)\mathrm{T}}\boldsymbol{\Sigma}_{11}\boldsymbol{a}^{(i)}$（和 $d_i=\boldsymbol{b}^{(i)\mathrm{T}}\boldsymbol{\Sigma}_{22}\boldsymbol{b}^{(i)}$）$(i=1,2,\cdots,p)$,从而得到 $\boldsymbol{\alpha}_i=\frac{1}{\sqrt{c_i}}\boldsymbol{a}^{(i)}$ 和 $\boldsymbol{\beta}_i=\frac{1}{\sqrt{d_i}}\boldsymbol{b}^{(i)}$,第 i 对典型相关变量为 $U_i=\boldsymbol{\alpha}_i^{\mathrm{T}}\boldsymbol{X},V_i=\boldsymbol{\beta}_i^{\mathrm{T}}\boldsymbol{Y}$。

值得说明的是,在上述步骤中,可以不必求出 $\boldsymbol{M}_2$ 及其特征向量,而利用 $\boldsymbol{\beta}_i=\frac{1}{\lambda_i}\boldsymbol{\Sigma}_{22}^{-1}\boldsymbol{\Sigma}_{21}\boldsymbol{\alpha}_i$ 来计算 $\boldsymbol{\beta}_i$,这样可以减少计算量。

若 $X_i,Y_j(i=1,\cdots,p;j=1,\cdots,q)$ 为标准化随机变量,则 $\boldsymbol{Z}=\begin{bmatrix}\boldsymbol{X}\\ \boldsymbol{Y}\end{bmatrix}_q^p$ 的协方差矩阵即为相关阵 $\boldsymbol{R}=\begin{bmatrix}\boldsymbol{R}_{11} & \boldsymbol{R}_{12}\\ \boldsymbol{R}_{21} & \boldsymbol{R}_{22}\end{bmatrix}$,把 $\boldsymbol{\Sigma}_{11}=\boldsymbol{R}_{11},\boldsymbol{\Sigma}_{12}=\boldsymbol{R}_{12},\boldsymbol{\Sigma}_{21}=\boldsymbol{R}_{21},\boldsymbol{\Sigma}_{22}=\boldsymbol{R}_{22}$ 代入上述步骤即得标准化随机变量求典型相关变量的解。

例 9.1.1 设 $\boldsymbol{X}=(X_1,X_2)^{\mathrm{T}}$ 和 $\boldsymbol{Y}=(Y_1,Y_2)^{\mathrm{T}}$ 是两组标准化随机变量,已知 $(X_1,X_2,Y_1,Y_2)^{\mathrm{T}}$ 的相关矩阵为

$$\boldsymbol{R}=\begin{bmatrix}\boldsymbol{R}_{11} & \boldsymbol{R}_{12}\\ \boldsymbol{R}_{21} & \boldsymbol{R}_{22}\end{bmatrix}=\begin{bmatrix}1 & \omega & \gamma & \gamma\\ \omega & 1 & \gamma & \gamma\\ \gamma & \gamma & 1 & \upsilon\\ \gamma & \gamma & \upsilon & 1\end{bmatrix},|\omega|<1,\ |\upsilon|<1$$

试求 $\boldsymbol{X}$ 和 $\boldsymbol{Y}$ 的典型相关变量和典型相关系数。

解 由已知相关阵求出 $\boldsymbol{R}_{11}^{-1}=\frac{1}{1-\omega^2}\begin{bmatrix}1 & -\omega\\ -\omega & 1\end{bmatrix}$,$\boldsymbol{R}_{22}^{-1}=\frac{1}{1-\upsilon^2}\begin{bmatrix}1 & -\upsilon\\ -\upsilon & 1\end{bmatrix}$

$$\boldsymbol{M}_1^*=\boldsymbol{R}_{11}^{-1}\boldsymbol{R}_{12}\boldsymbol{R}_{22}^{-1}\boldsymbol{R}_{21}=\frac{2\gamma^2}{(1+\omega)(1+\upsilon)}\begin{bmatrix}1 & 1\\ 1 & 1\end{bmatrix}$$

由于 $\begin{bmatrix}1 & 1\\ 1 & 1\end{bmatrix}$ 的特征值为 2 和 0,故 $\boldsymbol{M}_1^*$ 的特征值为 $\lambda_1^2=\frac{4\gamma^2}{(1+\omega)(1+\upsilon)},\lambda_2^2=0$

$\boldsymbol{M}_1^*$ 对应于 λ_1^2 的特征向量为 $\boldsymbol{a}=\frac{1}{\sqrt{2}}(1,1)^{\mathrm{T}}$,由 $\boldsymbol{a}^{\mathrm{T}}\boldsymbol{R}_{11}\boldsymbol{a}=\omega+1$ 得 $\boldsymbol{\alpha}_1=\frac{1}{\sqrt{2(1+\omega)}}(1,1)^{\mathrm{T}}$,再由 $\boldsymbol{\beta}_i=\frac{1}{\lambda_i}R_{22}^{-1}R_{21}\alpha_i$ 可得 $\boldsymbol{\beta}_1=\frac{1}{\sqrt{2(1+\upsilon)}}(1,1)^{\mathrm{T}}$。因此第一对典型相关变量为

$$U_1 = \boldsymbol{\alpha}_1^{\mathrm{T}}\boldsymbol{X} = \frac{1}{\sqrt{2(1+\omega)}}(X_1 + X_2), V_1 = \boldsymbol{\beta}_1^{\mathrm{T}}\boldsymbol{Y} = \frac{1}{\sqrt{2(1+\upsilon)}}(Y_1 + Y_2)$$

第一个典型相关系数为 $\rho_1 = \lambda_1 = \dfrac{2\gamma}{\sqrt{(1+\omega)(1+\upsilon)}}(0 < \rho_1 < 1)$。由于 $|\omega| < 1$，$|\upsilon| < 1$，则有 $\rho_1 > \gamma$，也就是说第一个典型相关系数大于两组变量之间的相关系数。

例 9.1.2　设 $\boldsymbol{X} = (X_1, X_2)^{\mathrm{T}}$ 和 $\boldsymbol{Y} = (Y_1, Y_2)^{\mathrm{T}}$ 是两组标准化随机变量，已知 $(X_1, X_2, Y_1, Y_2)^{\mathrm{T}}$ 的相关矩阵为

$$\boldsymbol{R} = \begin{bmatrix} \boldsymbol{R}_{11} & \boldsymbol{R}_{12} \\ \boldsymbol{R}_{21} & \boldsymbol{R}_{22} \end{bmatrix} = \begin{bmatrix} 1.0 & 0.4 & 0.5 & 0.6 \\ 0.4 & 1.0 & 0.3 & 0.4 \\ 0.5 & 0.3 & 1.0 & 0.2 \\ 0.6 & 0.4 & 0.2 & 1.0 \end{bmatrix}$$

试求 $\boldsymbol{X}$ 和 $\boldsymbol{Y}$ 的典型变量和典型相关系数。

解　首先算得 $\boldsymbol{R}_{11}^{-1} = \begin{bmatrix} 1.190\,5 & -0.476\,2 \\ -0.476\,2 & 1.190\,5 \end{bmatrix}$，$\boldsymbol{R}_{22}^{-1} = \begin{bmatrix} 1.041\,7 & -0.208\,3 \\ -0.208\,3 & 1.041\,7 \end{bmatrix}$

从而得

$$\boldsymbol{M}_1^* = \boldsymbol{R}_{11}^{-1}\boldsymbol{R}_{12}\boldsymbol{R}_{22}^{-1}\boldsymbol{R}_{21} = \begin{bmatrix} 0.451\,9 & 0.289\,2 \\ 0.146\,3 & 0.094\,7 \end{bmatrix}$$

对应的特征值和特征向量分别为

$$\lambda_1^2 = 0.545\,7,\ \lambda_1^2 = 0.000\,9$$

$$\boldsymbol{a}^{(1)} = (0.951\,2, 0.308\,6)^{\mathrm{T}}, \boldsymbol{a}^{(2)} = (-0.539\,8, 0.841\,8)^{\mathrm{T}}$$

由 $\boldsymbol{a}^{(1)\mathrm{T}}\boldsymbol{R}_{11}\boldsymbol{a}^{(1)} = 1.234\,9$，$\boldsymbol{a}^{(2)\mathrm{T}}\boldsymbol{R}_{11}\boldsymbol{a}^{(2)} = 0.636\,5$ 得到

$$\boldsymbol{\alpha}_1 = \frac{1}{\sqrt{1.234\,9}}\boldsymbol{a}^{(1)} = (0.856\,0, 0.277\,7)^{\mathrm{T}}, \boldsymbol{\alpha}_2 = \frac{1}{\sqrt{0.636\,5}}\boldsymbol{a}^{(2)} = (-0.676\,6, 1.055\,1)^{\mathrm{T}}$$

同理算得

$$\boldsymbol{\beta}_1 = (-0.544\,8, -0.736\,6)^{\mathrm{T}}, \boldsymbol{\beta}_2 = (-0.863\,0, 0.706\,4)^{\mathrm{T}}$$

因此第一对典型相关变量为

$$U_1 = \boldsymbol{\alpha}_1^{\mathrm{T}}\boldsymbol{X} = 0.856\,0X_1 + 0.277\,7X_2, V_1 = \boldsymbol{\beta}_1^{\mathrm{T}}\boldsymbol{Y} = 0.544\,8Y_1 + 0.736\,6Y_2$$

第一对典型相关系数为 $\rho_1 = \lambda_1 = \sqrt{0.545\,7} = 0.738\,7$。

第二对典型相关变量为

$$U_2 = \boldsymbol{\alpha}_2^{\mathrm{T}}\boldsymbol{X} = -0.676\,6X_1 + 1.055\,1X_2, V_2 = \boldsymbol{\beta}_2^{\mathrm{T}}\boldsymbol{Y} = -0.863\,0Y_1 + 0.706\,4Y_2$$

第二对典型相关系数为 $\rho_2 = \lambda_2 = 0.03$。第二对典型相关系数非常小，它只提供除第一对典型变量所提取的相关信息外的很小一部分相关信息，它对于分析相关性是不重要的。

§9.2　样本的典型相关分析

一、样本的典型相关变量和典型相关系数

在实际问题中，总体的均值向量 $\boldsymbol{\mu}$ 和协差阵 $\boldsymbol{\Sigma}$ 一般未知，需要用样本协方差阵估计。

设样本数据阵为

$$
\boldsymbol{Z}=\begin{bmatrix} X_{11} & X_{12} & \cdots & X_{1p} & Y_{11} & Y_{12} & \cdots & Y_{1q} \\ X_{21} & X_{22} & \cdots & X_{2p} & Y_{21} & Y_{22} & \cdots & Y_{2q} \\ \cdots & \cdots & & \cdots & \cdots & \cdots & & \cdots \\ X_{n1} & X_{n2} & \cdots & X_{np} & Y_{n1} & Y_{n2} & \cdots & Y_{nq} \end{bmatrix}_{n\times(p+q)} \tag{9.2.1}
$$

考虑到

$$
\hat{\boldsymbol{\Sigma}}=\boldsymbol{S}=\frac{1}{n-1}\sum_{i=1}^{n}(\boldsymbol{Z}_{(i)}-\overline{\boldsymbol{Z}})(\boldsymbol{Z}_{(i)}-\overline{\boldsymbol{Z}})^{\mathrm{T}} \tag{9.2.2}
$$

是 $\boldsymbol{\Sigma}$ 的无偏估计，其中 $\overline{\boldsymbol{Z}}=\frac{1}{n}\sum_{i=1}^{n}\boldsymbol{Z}_{(i)}$。所以只要按照 $\boldsymbol{\Sigma}=\begin{bmatrix}\boldsymbol{\Sigma}_{11} & \boldsymbol{\Sigma}_{12}\\ \boldsymbol{\Sigma}_{21} & \boldsymbol{\Sigma}_{22}\end{bmatrix}$ 的分块形式，将样本协方差阵 $\boldsymbol{S}$ 剖分为 $\boldsymbol{S}=\begin{bmatrix}\boldsymbol{S}_{11} & \boldsymbol{S}_{12}\\ \boldsymbol{S}_{21} & \boldsymbol{S}_{22}\end{bmatrix}$，取 $\hat{\boldsymbol{\Sigma}}_{11}=\boldsymbol{S}_{11}$，$\hat{\boldsymbol{\Sigma}}_{12}=\boldsymbol{S}_{12}$，$\hat{\boldsymbol{\Sigma}}_{21}=\boldsymbol{S}_{21}$，$\hat{\boldsymbol{\Sigma}}_{22}=\boldsymbol{S}_{22}$，然后按照上一节中的方法就可以求出样本的典型相关变量的系数向量和典型相关系数，步骤如下：

Step1　求出样本协方差矩阵 $\boldsymbol{S}=\begin{bmatrix}\boldsymbol{S}_{11} & \boldsymbol{S}_{12}\\ \boldsymbol{S}_{21} & \boldsymbol{S}_{22}\end{bmatrix}$ 及 $\boldsymbol{S}_{11}^{-1}$，$\boldsymbol{S}_{22}^{-1}$。

Step2　求出 $\widetilde{\boldsymbol{M}}_1=\boldsymbol{S}_{11}^{-1}\boldsymbol{S}_{12}\boldsymbol{S}_{22}^{-1}\boldsymbol{S}_{21}$。

Step3　求出 $\widetilde{\boldsymbol{M}}_1$ 的非零特征值 $\tilde{\lambda}_1^2\geqslant\tilde{\lambda}_2^2\geqslant\cdots\geqslant\tilde{\lambda}_p^2>0$ 和对应的特征向量 $\tilde{\boldsymbol{a}}^{(1)}$，$\tilde{\boldsymbol{a}}^{(2)}$，$\cdots$，$\tilde{\boldsymbol{a}}^{(p)}$。

Step4　计算 $\tilde{c}_i=\tilde{\boldsymbol{a}}^{(i)\mathrm{T}}\boldsymbol{S}_{11}\tilde{\boldsymbol{a}}^{(i)}(i=1,2,\cdots,p)$，从而得到 $\tilde{\boldsymbol{\alpha}}_i=\frac{1}{\sqrt{\tilde{c}_i}}\tilde{\boldsymbol{a}}^{(i)}$，$\tilde{\boldsymbol{\beta}}_i=\frac{1}{\tilde{\lambda}_i}\boldsymbol{S}_{22}^{-1}\boldsymbol{S}_{21}\tilde{\boldsymbol{\alpha}}_i$，第 i 对典型相关变量为 $\widetilde{U}_i=\tilde{\boldsymbol{\alpha}}_i^{\mathrm{T}}\boldsymbol{X}$，$\widetilde{V}_i=\tilde{\boldsymbol{\beta}}_i^{\mathrm{T}}\boldsymbol{Y}$。

也可以从样本相关阵出发求样本的典型相关变量与相关系数，但要注意的是，相关系数阵相当于标准化的变量的协方差阵，由相关系数阵计算出来的典型相关向量应该取标准化的变量，要经过变换之后才能使用到原始变量上。假设从相关系数阵出发，计算出来的典型相关向量的系数向量为 $\hat{\boldsymbol{\alpha}}_i$ 和 $\hat{\boldsymbol{\beta}}_i$，则作用到原始变量的系数向量为

$$
\tilde{\boldsymbol{\alpha}}_i=\operatorname{diag}\left(\frac{1}{\sqrt{s_{11}}},\frac{1}{\sqrt{s_{22}}},\cdots,\frac{1}{\sqrt{s_{pp}}}\right)\hat{\boldsymbol{\alpha}}_i \tag{9.2.3}
$$

$$
\tilde{\boldsymbol{\beta}}_i=\operatorname{diag}\left(\frac{1}{\sqrt{s_{p+1,p+1}}},\frac{1}{\sqrt{s_{p+2,p+2}}},\cdots,\frac{1}{\sqrt{s_{p+q,p+q}}}\right)\hat{\boldsymbol{\beta}}_i \tag{9.2.4}
$$

二、典型相关系数的显著性检验

在做两组变量 $\boldsymbol{X},\boldsymbol{Y}$ 的典型相关分析之前，首先应对两组原始变量进行组间线性相关性检验，检验两组变量是否相关，如果不相关，即 $\mathrm{Cov}(\boldsymbol{X},\boldsymbol{Y})=\boldsymbol{O}$，则讨论两组变量的典型相关就毫无意义。即使 $\mathrm{Cov}(\boldsymbol{X},\boldsymbol{Y})\neq\boldsymbol{O}$，为了验证每一对典型相关向量是否有意义，还要对单个的典型相关系数进行检验。

1. 两个总体的相关性检验

此时相当于检验 $H_0:\mathrm{Cov}(\boldsymbol{X},\boldsymbol{Y})=\boldsymbol{\Sigma}_{12}=\boldsymbol{O}$，$H_1:\mathrm{Cov}(\boldsymbol{X},\boldsymbol{Y})=\boldsymbol{\Sigma}_{12}\neq\boldsymbol{O}$。假设总体 $\boldsymbol{Z}=(\boldsymbol{X},\boldsymbol{Y})^{\mathrm{T}}\sim N_{p+q}(\boldsymbol{\mu},\boldsymbol{\Sigma})$，用似然比方法导出检验统计量为

$$
\Lambda_0=\frac{|\boldsymbol{S}|}{|\boldsymbol{S}_{11}||\boldsymbol{S}_{22}|}=\prod_{i=1}^{p}(1-\tilde{\lambda}_i^2) \tag{9.2.5}
$$

其中 $\tilde{\lambda}_i^2$ 是 $\boldsymbol{S}_{11}^{-1}\boldsymbol{S}_{12}\boldsymbol{S}_{22}^{-1}\boldsymbol{S}_{21}$ 的特征值。

很多人给出过该统计量的精确分布，但形式很复杂，又不易找到分布的临界值表，所以在具体应用中，一般使用近似统计量。一种常用的形式为，在 H_0 为真的前提下，当样本容量 n 足够大时，$Q_0=-m\ln\Lambda_0$ 近似服从 $\chi^2(f)$ 分布，其中 $m=n-1-\frac{1}{2}(p+q+1)$，$f=pq$。对于给定的显著水平 α，若 $Q_0\geqslant\chi_\alpha^2(f)$，则拒绝 H_0，否则接受 H_0。

2. 单个的典型相关系数的检验

若拒绝 H_0，说明至少有一个典型相关系数大于零，那自然应该是最大的典型相关系数 $\lambda_1>0$，所以单个典型相关系数的检验直接从第二个开始。

此时相当于检验 $H_0^{(k)}:\lambda_k=0, H_1^{(k)}:\lambda_k\neq 0(k=2,3,\cdots,p)$。检验统计量为

$$Q_k=-\left[n-k-\frac{1}{2}(p+q+1)\right]\sum_{i=k}^{p}\ln(1-\hat{\lambda}_i^2) \tag{9.2.6}$$

在 $H_0^{(k)}$ 为真的前提下，当样本容量 n 足够大时，Q_k 近似服从 $\chi^2(f_k)$ 分布，其中 $f_k=(p-k+1)(q-k+1)$。对于给定的显著水平 α，若 $Q_k\geqslant\chi_\alpha^2(f_k)$，则拒绝 $H_0^{(k)}$，否则接受 $H_0^{(k)}$。

对于 $H_0^{(k)}$，从 $k=2$ 开始逐个向后检验，直到遇到 $H_0^{(k)}$ 被接受为止，此时说明从当前典型相关系数开始，直到最后一个典型相关系数均为零。

例 9.2.1　康复俱乐部对20名中年人测量了三个生理指标和三个训练指标，数据如表9.2.1所列。其中 X_1 代表体重（单位：磅），X_2 代表腰围（单位：英寸），X_3 代表脉搏（单位：次/分钟），Y_1 代表引体向上次数，Y_2 代表仰卧起坐次数，Y_3 代表跳跃次数。分析生理指标与训练指标的相关性。

表 9.2.1　　**康复俱乐部数据**

序号	X_1	X_2	X_3	Y_1	Y_2	Y_3
1	191	36	50	5	162	60
2	189	37	52	2	110	60
3	193	38	58	12	101	101
4	162	35	62	12	105	37
5	189	35	46	13	155	58
6	182	36	56	4	101	42
7	211	38	56	8	101	38
8	167	34	60	6	125	40
9	176	31	74	15	200	40
10	154	33	56	17	251	250
11	169	34	50	17	120	38
12	166	33	52	13	210	115
13	154	34	64	14	215	105
14	247	46	50	1	50	50

续表 9.2.1

序号	X_1	X_2	X_3	Y_1	Y_2	Y_3
15	193	36	46	6	70	31
16	202	37	62	12	210	120
17	176	37	54	4	60	25
18	157	32	52	11	230	80
19	156	33	54	15	225	73
20	138	33	68	2	110	43

解 由题目数据可知 $n=20, p=q=3$，可以算得

$$\boldsymbol{S}_{11}=\begin{bmatrix}609.6211 & 68.8000 & -65.1158\\ 68.8000 & 10.2526 & -8.1474\\ -65.1158 & -8.1474 & 51.9895\end{bmatrix},\boldsymbol{S}_{12}=\begin{bmatrix}-50.8632 & -761.7158 & -286.5053\\ -9.3474 & -129.3368 & -31.4421\\ 5.7421 & 101.5211 & 12.9158\end{bmatrix}$$

$$\boldsymbol{S}_{21}=\begin{bmatrix}-50.8632 & -9.3474 & 5.7421\\ -761.7158 & -129.3368 & 101.5211\\ -286.5053 & -31.4421 & 12.9158\end{bmatrix},\boldsymbol{S}_{22}=10^3\begin{bmatrix}0.0279 & 0.2301 & 0.1344\\ 0.2301 & 3.9146 & 2.1470\\ 0.1344 & 2.1470 & 2.6294\end{bmatrix}$$

$$\boldsymbol{S}_{11}^{-1}=\begin{bmatrix}0.0069 & -0.0449 & 0.0016\\ -0.0449 & 0.4042 & 0.0072\\ 0.0016 & 0.0072 & 0.0223\end{bmatrix},\boldsymbol{S}_{22}^{-1}=\begin{bmatrix}0.0696 & -0.0039 & -0.0004\\ -0.0039 & 0.0007 & -0.0004\\ -0.0004 & -0.0004 & 0.0007\end{bmatrix}$$

$$\widetilde{\boldsymbol{M}}_1=S_{11}^{-1}S_{12}S_{22}^{-1}S_{21}=\begin{bmatrix}-0.2459 & -0.0552 & 0.0465\\ 4.4988 & 0.9071 & -0.7392\\ -0.0575 & -0.0139 & 0.0173\end{bmatrix}$$

$\widetilde{\boldsymbol{M}}_1$ 的特征值为

$$(\tilde{\lambda}_1^2,\tilde{\lambda}_2^2,\tilde{\lambda}_3^2)=(0.6330,0.0402,0.0053)$$

对应的特征向量为(列)

$$(\tilde{\boldsymbol{a}}^{(1)},\tilde{\boldsymbol{a}}^{(2)},\tilde{\boldsymbol{a}}^{(3)})=\begin{bmatrix}0.0635 & -0.2020 & -0.0360\\ -0.9978 & 0.9757 & 0.7347\\ 0.0166 & -0.0848 & 0.6775\end{bmatrix}$$

典型相关系数分别为

$$(\tilde{\lambda}_1,\tilde{\lambda}_2,\tilde{\lambda}_3)=(0.7956,0.2006,0.0726)$$

进而得典型相关变量的系数向量为(列)

$$(\tilde{\boldsymbol{\alpha}}_1,\tilde{\boldsymbol{\alpha}}_2,\tilde{\boldsymbol{\alpha}}_3)=\begin{bmatrix}0.0314 & -0.0763 & -0.0077\\ -0.4932 & 0.3687 & 0.1580\\ 0.0082 & -0.0321 & 0.1457\end{bmatrix},$$

$$(\tilde{\boldsymbol{\beta}}_1,\tilde{\boldsymbol{\beta}}_2,\tilde{\boldsymbol{\beta}}_3)=\begin{bmatrix}0.0661 & -0.0710 & -0.2453\\ 0.0168 & 0.0020 & 0.0198\\ -0.0140 & 0.0207 & -0.0082\end{bmatrix}$$

取显著水平为 0.1,算得 H_0 的检验统计量为 $Q_0=16.2550$，而 $\chi_\alpha^2(f)=14.6837$，说

明在 0.1 的水平下，应拒绝 H_0，两组变量整体上是相关的。同时也说明第一对典型相关变量是显著的。

算得 $H_0^{(2)}$ 的检验统计量 $Q_2 = 0.718\ 2$，而 $\chi_\alpha^2(f_2) = 7.779\ 4$，说明在 0.1 的水平下，第二对和第三对典型相关变量都是不显著的。

综上所述，在 0.1 的水平下，生理指标和训练指标之间只有一对典型变量，即

$$U_1 = 0.031\ 4X_1 - 0.493\ 2X_2 + 0.008\ 2X_3, V_1 = 0.066\ 1Y_1 + 0.016\ 8Y_2 - 0.014\ 0Y_3$$

习题九

1. 设 $\boldsymbol{X} = (X_1, X_2)^{\mathrm{T}}$ 和 $\boldsymbol{Y} = (Y_1, Y_2)^{\mathrm{T}}$ 是两组标准化随机变量，已知 $(X_1, X_2, Y_1, Y_2)^{\mathrm{T}}$ 的相关矩阵为

$$\boldsymbol{R} = \begin{pmatrix} \boldsymbol{R}_{11} & \boldsymbol{R}_{12} \\ \boldsymbol{R}_{21} & \boldsymbol{R}_{22} \end{pmatrix} = \begin{pmatrix} 1 & 0.505 & 0.569 & 0.602 \\ 0.505 & 1 & 0.422 & 0.467 \\ 0.569 & 0.422 & 1 & 0.926 \\ 0.602 & 0.467 & 0.926 & 1 \end{pmatrix}$$

试求 X 和 Y 的典型变量和典型相关系数。

2. 对下表所列的全国 30 个省市自治区农村居民收入和支出进行典型相关分析。其中反映农村居民收入的变量取 4 个：X_1 为劳动者报酬(元)，X_2 为家庭经营收入(元)，X_3 为转移性收入(元)，X_4 为财产性收入(元)。反映农村居民生活费支出的变量取 8 个：X_5 为食品支出(元)，X_6 为衣着支出(元)，X_7 为居住支出(元)，X_8 为家庭设备及服务支出(元)，X_9 为医疗保健支出(元)，X_{10} 为交通和通信支出(元)，X_{11} 为文教、娱乐用品及服务支出(元)，X_{12} 为其他商品及服务支出(元)。

序号	地　名	X_1	X_2	X_3	X_4	X_5	X_6
1	北　京	1 715.04	1 220.86	171.18	116.57	1 183.39	229.50
2	天　津	1 012.18	1 297.73	41.20	55.27	911.43	129.53
3	河　北	441.23	1 149.50	36.82	40.93	627.43	89.62
4	山　西	367.19	780.84	37.40	22.87	586.03	103.02
5	内蒙古	98.62	1 035.96	18.97	54.83	704.70	86.16
6	辽　宁	486.17	1 161.85	38.15	70.60	887.11	138.38
7	吉　林	165.59	1 277.47	21.17	145.37	841.85	134.03
8	黑龙江	130.27	1 534.15	21.40	80.45	813.40	139.64
9	上　海	2 733.99	1 183.35	173.44	154.83	1 491.40	252.31
10	江　苏	821.85	1 544.44	65.01	25.56	1 061.42	126.78
11	浙　江	1 109.76	1 696.61	97.37	62.45	1 197.97	157.06
12	安　徽	234.21	980.74	52.49	35.38	625.42	70.56
13	福　建	520.54	1 295.96	113.16	118.93	1 093.45	99.17
14	江　西	319.69	1 161.47	41.69	14.51	774.61	70.27

续表

序号	地　名	X_1	X_2	X_3	X_4	X_5	X_6
15	山　东	408.98	1 230.56	46.77	28.78	748.68	102.03
16	河　南	163.51	1 004.19	35.82	28.45	544.26	770.7
17	湖　北	192.36	123.87	47.51	33.48	753.91	81.11
18	湖　南	268.00	1 095.89	46.16	15.11	823.91	73.51
19	广　东	712.24	1 756.74	180.30	50.06	1 228.00	91.31
20	广　西	202.10	1 158.06	74.54	11.44	760.26	49.17
21	海　南	53.57	1 307.86	83.97	74.31	737.21	48.06
22	四　川	208.58	860.44	67.92	21.35	718.31	63.52
23	贵　州	146.34	871.37	52.63	16.28	661.85	55.64
24	云　南	120.84	792.04	41.09	57.00	602.92	60.77
25	西　藏	79.17	1 022.18	52.95	46.01	667.08	92.72
26	陕　西	186.04	723.15	36.41	17.29	542.02	61.82
27	甘　肃	91.68	734.00	36.40	18.26	649.29	45.50
28	青　海	96.71	908.23	21.85	2.98	593.90	85.49
29	宁　夏	188.78	767.21	20.23	22.53	617.67	84.43
30	新　疆	64.47	967.59	39.09	65.30	471.54	119.90

序号	地　名	X_7	X_8	X_9	X_{10}	X_{11}	X_{12}
1	北　京	224.96	196.24	107.27	91.65	246.33	56.28
2	天　津	212.46	66.54	62.10	37.29	97.84	31.30
3	河　北	165.41	58.15	40.93	33.47	73.04	16.25
4	山　西	77.62	42.95	31.09	14.05	62.80	10.43
5	内蒙古	157.02	50.01	48.49	22.39	97.45	14.24
6	辽　宁	169.88	60.12	48.57	35.58	107.28	25.01
7	吉　林	189.80	64.91	57.86	33.11	138.33	34.76
8	黑龙江	228.97	56.44	74.84	34.15	113.71	18.69
9	上　海	761.06	284.37	72.56	159.03	256.04	110.27
10	江　苏	344.62	132.95	49.07	52.31	139.18	31.68
11	浙　江	442.30	147.83	103.20	76.50	163.91	89.61
12	安　徽	165.63	57.23	34.07	21.29	79.45	16.99
13	福　建	212.45	83.05	44.39	70.61	148.72	41.84
14	江　西	167.60	57.87	39.48	32.30	93.48	20.47
15	山　东	208.63	73.68	40.25	43.05	106.08	16.06
16	河　南	131.94	43.76	34.43	17.37	63.53	17.03
17	湖　北	147.08	55.29	34.90	30.54	128.28	13.99
18	湖　南	192.42	68.79	35.78	28.29	128.84	17.76
19	广　东	345.65	140.54	67.51	82.08	245.16	54.76

续表

序号	地　名	X_7	X_8	X_9	X_{10}	X_{11}	X_{12}
20	广　西	139.49	51.98	29.04	27.33	127.69	17.96
21	海　南	92.23	49.15	24.58	16.98	92.54	19.71
22	四　川	127.27	50.72	29.35	18.38	75.36	10.00
23	贵　州	78.67	42.61	16.28	13.97	49.27	12.30
24	云　南	133.94	54.29	32.04	21.49	58.07	17.58
25	西　藏	44.98	61.61	6.41	8.49	6.37	9.14
26	陕　西	136.91	41.59	41.30	15.11	65.14	9.84
27	甘　肃	93.39	30.90	29.18	13.54	45.92	7.53
28	青　海	88.76	34.29	34.70	22.49	33.74	20.47
29	宁　夏	144.86	59.76	41.50	28.39	72.44	14.15
30	新　疆	121.22	56.26	47.96	35.69	64.90	24.11

第10章 对应分析

对应分析又称为相应分析，其思想首先由 Richardson 和 Kuder 于 1933 年提出，后来法国统计学家 Benzecri 在 20 世纪 70 年代对该方法进行了详细的研究论述而使其得到了发展。

在因子分析中，我们根据分析对象的不同，将因子分析分为 R 型因子分析和 Q 型因子分析，对变量的因子分析称为 R 型，对样本的因子分析称为 Q 型。对应分析方法是在 R 型因子分析和 Q 型因子分析的基础上发展出来的，所以又有人将其称为 R-Q 型因子分析。虽然 R 型因子分析和 Q 型因子分析的原理基本一样，但是在实际使用中，二者却有很大不同。一般来说，变量的个数相对较少，而样本的个数相对较多，假设我们对 20 个变量进行了 500 次观测，如果采用主成分法对因子载荷矩阵进行估计，当我们做 R 型因子分析时，需要求一个 20×20 阶的矩阵的特征值和特征向量，当我们做 Q 型因子分析时，却要求一个 500×500 阶的矩阵的特征值和特征向量，显然 Q 型因子分析的计算量远远大于 R 型因子分析，如果样本容量非常大，直接使用因子分析的基本原理做 Q 型因子分析是不现实的。

事实上，R 型因子分析和 Q 型因子分析都是反映一个整体的不同方面，它们之间是有一定内在联系的，如果能有办法根据 R 型因子分析的结果得到 Q 型因子分析的结果，那将给我们做因子分析带来极大的方便。不过要想由 R 型因子分析的结果得出 Q 型因子分析的结果，有两个问题要首先解决。一个问题是如何知道 R 型和 Q 型之间是否存在联系，如果二者之间是独立的，那我们就不可能根据 R 型因子分析的结果得到 Q 型因子分析的结果。另一个问题是，为了消除量纲和数量级等因素的影响，做 R 型因子分析时经常要进行变量的标准化处理，这种处理方法却不能施加到样本上，也就是说标准化处理对变量和样本是不对等的，我们需要寻找一种对等的数据处理方法。对应分析恰好给我们提供了这样一种解决方案，使我们能够实现从 R 型因子分析结果得到 Q 型因子分析结果的想法。

§10.1 对应分析的基本原理

一、列联表分析

为了研究对应分析方法，我们首先要看一下列联表分析方法，列联表方法一方面可以帮我们判断 R 型和 Q 型之间是否存在关联，另一方面也为寻找对等的数据处理方法提供了启示。

在数理统计中，列联表检验方法被用于检验变量之间是否具有独立性，是一种 χ^2 拟合检验方法，其基本过程如下：

假设有二维总体 (X,Y)，其中 X 的可能取值为 $X_1,X_2,\cdots,X_r$，Y 的可能取值为 $Y_1,Y_2,\cdots,Y_s$（也可以说成因素 X 有 r 个不同的水平，因素 Y 有 s 个不同的水平），样本观测值为 $(x_1,y_1),\cdots,(x_n,y_n)$，在水平 α 下检验 H_0：X 与 Y 相互独立。

首先在平面上做 $r\times s$ 个互不相交的区域 A_{ij}，使 $(X_i,Y_j)\subset A_{ij}$ $(i=1,\cdots,r;j=1,\cdots,s)$，将样本观测值落入 A_{ij} 的频数记为 n_{ij}，又记 $n_{i\cdot}=\sum_{j=1}^{s}n_{ij}$，$n_{\cdot j}=\sum_{i=1}^{r}n_{ij}$，然后列出如下 $r\times s$ 列联表（表 10.1.1）。

表 10.1.1　　$r\times s$ 列联表

		Y				$n_{i\cdot}=\sum_{j=1}^{s}n_{ij}$
		Y_1	Y_2	$\cdots$	Y_s	
X	X_1	n_{11}	n_{12}	$\cdots$	n_{1s}	$n_{1\cdot}$
	X_2	n_{21}	n_{22}	$\cdots$	n_{2s}	$n_{2\cdot}$
	$\vdots$	$\vdots$	$\vdots$	$\vdots$	$\vdots$	$\vdots$
	X_r	n_{r1}	n_{r2}	$\cdots$	n_{rs}	$n_{r\cdot}$
$n_{\cdot j}=\sum_{i=1}^{r}n_{ij}$		$n_{\cdot 1}$	$n_{\cdot 2}$	$\cdots$	$n_{\cdot s}$	$n=\sum_{i=1}^{r}\sum_{j=1}^{s}n_{ij}$

根据离散型随机量相互独立的定义可知：

$$H_0:X\text{ 与 }Y\text{ 相互独立}$$

等价于

$$H_0:p_{ij}=p_{i\cdot}\,p_{\cdot j}\ (i=1,\cdots,r;j=1,\cdots,s)$$

所以检验统计量应为 $\chi^2=\sum_{i=1}^{r}\sum_{j=1}^{s}\frac{(n_{ij}-np_{ij})^2}{np_{ij}}$，但 p_{ij} 未知，须进行估计。

在 H_0 为真的前提下，似然函数为

$$L=\frac{n!}{\prod_{i=1}^{r}\prod_{j=1}^{s}n_{ij}!}\prod_{i=1}^{r}\prod_{j=1}^{s}p_{ij}^{n_{ij}}=\frac{n!}{\prod_{i=1}^{r}\prod_{j=1}^{s}n_{ij}!}\prod_{i=1}^{r}p_{i\cdot}^{n_{i\cdot}}\prod_{j=1}^{s}p_{\cdot j}^{n_{\cdot j}}\tag{10.1.1}$$

由方程组 $\frac{\partial\ln L}{\partial p_{i\cdot}}=0,\frac{\partial\ln L}{\partial p_{\cdot j}}=0$ 以及 $\sum_{i=1}^{n}p_{i\cdot}=\sum_{i=1}^{n}p_{\cdot j}=1$ 解得 $\hat{p}_{i\cdot}=\frac{n_{i\cdot}}{n},\hat{p}_{\cdot j}=\frac{n_{\cdot j}}{n}$，于是得检验统计量为

$$\hat{\chi}^2=\sum_{i=1}^{r}\sum_{j=1}^{s}\frac{(n_{ij}-n\hat{p}_{i\cdot}\hat{p}_{\cdot j})^2}{n\hat{p}_{i\cdot}\hat{p}_{\cdot j}}=n\sum_{i=1}^{r}\sum_{j=1}^{s}\frac{\left(n_{ij}-\frac{n_{i\cdot}n_{\cdot j}}{n}\right)^2}{n_{i\cdot}n_{\cdot j}}\tag{10.1.2}$$

又由 $\sum_{i=1}^{n}p_{i\cdot}=\sum_{i=1}^{n}p_{\cdot j}=1$ 可知所估计的参数个数为 $r+s-2$，所以当 $n\to\infty$ 时，$\hat{\chi}^2$ 的极限分布为自由度是 $rs-(r+s-2)-1=(r-1)(s-1)$ 的 χ^2 分布。对于给定的显著水平 α，当 $\hat{\chi}^2\geqslant\chi_\alpha^2((r-1)(s-1))$ 时，拒绝 H_0；当 $\hat{\chi}^2<\chi_\alpha^2((r-1)(s-1))$ 时，接受 H_0。

例 10.1.1　某地震观测站要考察地下水位与发生地震之间是否有联系，收集了 1 700

个观察结果，得数据如下(表10.1.2)，在水平 $\alpha=0.05$ 下能否认为地下水位变化与发生地震有关？

表 10.1.2　　水位与地震观测数据

水位＼地震	有地震	无地震	合计
水位有变化	98	902	1 000
水位无变化	82	618	700
合计	180	1 520	1 700

解　对于表中数据引进随机变量 X,Y,X 用于表示水位有变化和水位无变化，Y 用于表示有地震和无地震，则 H_0：X 与 Y 相互独立。

检验统计量的观测值为

$$\hat{\chi}^2=1\ 700\times\frac{(98-1\ 000\times 1\ 80/1\ 700)^2}{1\ 000\times 180}+1\ 700\times\frac{(902-1\ 000\times 1\ 520/1\ 700)^2}{1\ 000\times 1\ 520}$$
$$+1\ 700\times\frac{(82-700\times 180/1\ 700)^2}{700\times 180}+1\ 700\times\frac{(618-700\times 1\ 520/1\ 700)^2}{700\times 1\ 520}$$
$$=1.592\ 9$$

查表得 $\chi^2_\alpha((r-1)(s-1))=\chi^2_{0.05}(1)=3.841$，由于 $1.592\ 9<3.841$，故接受 H_0，即认为地下水位变化与发生地震无关。

现在我们换个角度，将 $X_1,X_2,\cdots,X_r$ 看成是我们要研究的变量，将 $Y_1,Y_2,\cdots,Y_s$ 看成是我们获得的样本。R 型因子分析是对 $X_1,X_2,\cdots,X_r$ 进行的，Q 型因子分析是对 $Y_1,Y_2,\cdots,Y_s$ 进行的，利用列联表检验方法我们就可以知道 R 型和 Q 型之间是否存在联系，当 H_0 被拒绝时，从 R 型因子分析结果获取 Q 型因子分析结果的想法才有意义。这样我们解决了本章开篇提到的第一个问题。

观察列联表检验的过程我们还会发现，该方法实际上是把频数数据转化为频率数据来进行分析的，频数是绝对指标，频率是相对指标，频率是概率的估计，是无量纲的，这种数据变换方式对于 X 和 Y 是对等的，将这种数据变换思想应用到因子分析中，我们就解决了本章开篇提到的第二个问题。

二、对应分析的基本原理

假设对 p 个变量 $X_1,X_2,\cdots,X_p$ 进行了 n 次观测，得到样本矩阵为

$$\boldsymbol{X}=\begin{bmatrix} X_{11} & X_{12} & \cdots & X_{1p}\\ X_{21} & X_{22} & \cdots & X_{2p}\\ \cdots & \cdots & & \cdots\\ X_{n1} & X_{n2} & \cdots & X_{np}\end{bmatrix}\tag{10.1.3}$$

仿照列联表的结构，我们将观测数据写成表格(表10.1.3)。

表 10.1.3 **样本数据表**

样本序号	X_1	X_2	…	X_p	$X_{i\cdot}=\sum_{j=1}^{p}X_{ij}$
1	X_{11}	X_{12}	…	X_{1p}	$X_{1\cdot}$
2	X_{21}	X_{22}	…	X_{2s}	$X_{2\cdot}$
⋮	⋮	⋮	⋮	⋮	⋮
n	X_{n1}	X_{n2}	…	X_{np}	$X_{n\cdot}$
$X_{\cdot j}=\sum_{i=1}^{n}X_{ij}$	$X_{\cdot 1}$	$X_{\cdot 2}$	…	$X_{\cdot p}$	$T=\sum_{i=1}^{n}\sum_{j=1}^{p}X_{ij}$

然后对样本矩阵 $\boldsymbol{X}$ 进行变换

$$\boldsymbol{P}=\frac{1}{T}\boldsymbol{X}=\left(\frac{X_{ij}}{T}\right)_{n\times p}=(p_{ij})_{n\times p} \tag{10.1.4}$$

称 $\boldsymbol{P}$ 为对应阵，在这个变换的作用下，表 10.1.3 变成了表 10.1.4 的结构。

表 10.1.4 **样本数据表**

样本序号	X_1	X_2	…	X_p	$P_{i\cdot}=\sum_{j=1}^{p}X_{ij}$
1	p_{11}	p_{12}	…	p_{1p}	$P_{1\cdot}$
2	p_{21}	p_{22}	…	p_{2s}	$P_{2\cdot}$
⋮	⋮	⋮	⋮	⋮	⋮
n	p_{n1}	p_{n2}	…	p_{np}	$P_{n\cdot}$
$P_{\cdot j}=\sum_{i=1}^{n}X_{ij}$	$P_{\cdot 1}$	$P_{\cdot 2}$	…	$P_{\cdot p}$	1

称 $\boldsymbol{R}_i^{\mathrm{T}}=\left(\frac{p_{i1}}{P_{i\cdot}},\frac{p_{i2}}{P_{i\cdot}},\cdots,\frac{p_{ip}}{P_{i\cdot}}\right),(i=1,2,\cdots,n)$ 和 $\boldsymbol{C}_i=\left(\frac{p_{1j}}{P_{\cdot j}},\frac{p_{2j}}{P_{\cdot j}},\cdots,\frac{p_{nj}}{P_{\cdot j}}\right)^{\mathrm{T}},(j=1,2,\cdots,p)$ 分别为 $\boldsymbol{X}$ 在第 i 行和第 j 列的**分布轮廓**，$\boldsymbol{X}$ 在第 i 行的分布轮廓表达了变量在第 i 个样本上的分布情况，$\boldsymbol{X}$ 在第 j 列的分布轮廓表达了样本在第 j 个变量上的分布情况。不难看出

$$\boldsymbol{R}_i^{\mathrm{T}}=\left(\frac{p_{i1}}{P_{i\cdot}},\frac{p_{i2}}{P_{i\cdot}},\cdots,\frac{p_{ip}}{P_{i\cdot}}\right)=\left(\frac{X_{i1}}{X_{i\cdot}},\frac{X_{i2}}{X_{i\cdot}},\cdots,\frac{X_{ip}}{X_{i\cdot}}\right),(i=1,2,\cdots,n) \tag{10.1.5}$$

$$\boldsymbol{C}_i=\left(\frac{p_{1j}}{P_{\cdot j}},\frac{p_{2j}}{P_{\cdot j}},\cdots,\frac{p_{nj}}{P_{\cdot j}}\right)^{\mathrm{T}}=\left(\frac{X_{1j}}{X_{\cdot j}},\frac{X_{2j}}{X_{\cdot j}},\cdots,\frac{X_{nj}}{X_{\cdot j}}\right)^{\mathrm{T}},(j=1,2,\cdots,p) \tag{10.1.6}$$

为了从 $\boldsymbol{P}$ 出发计算协方差矩阵，再对 $\boldsymbol{P}$ 进行一次变换，变换的结果记为 $\boldsymbol{Z}=(z_{ij})_{n\times p}$，其中

$$z_{ij}=\frac{p_{ij}-P_{i\cdot}P_{\cdot j}}{\sqrt{P_{i\cdot}P_{\cdot j}}}=\frac{X_{ij}-\frac{X_{i\cdot}X_{\cdot j}}{T}}{\sqrt{X_{i\cdot}X_{\cdot j}}},(i=1,2,\cdots,n;j=1,2,\cdots,p) \tag{10.1.7}$$

对比式(10.1.2)和式(10.1.7)，不难体会对应分析从列联表分析中受到的启发。

可以证明，对于矩阵 $\boldsymbol{Z}$ 有下列结论成立：

(1) 若用 $\boldsymbol{S}_R$ 和 $\boldsymbol{S}_Q$ 分别代表进行 R 型因子分析和 Q 型因子分析所要用到的协方差矩阵,则

$$\boldsymbol{S}_R = \boldsymbol{Z}^{\mathrm{T}}\boldsymbol{Z},\ \boldsymbol{S}_Q = \boldsymbol{Z}\boldsymbol{Z}^{\mathrm{T}} \tag{10.1.8}$$

(2) $\boldsymbol{S}_R = \boldsymbol{Z}^{\mathrm{T}}\boldsymbol{Z}$ 和 $\boldsymbol{S}_Q = \boldsymbol{Z}\boldsymbol{Z}^{\mathrm{T}}$ 有相同的非零特征值。

(3) 若 λ 是 $\boldsymbol{S}_R = \boldsymbol{Z}^{\mathrm{T}}\boldsymbol{Z}$ 的特征值,其对应的特征向量为 $\boldsymbol{a}$,则 $\boldsymbol{S}_Q = \boldsymbol{Z}\boldsymbol{Z}^{\mathrm{T}}$ 对应 λ 的特征向量为

$$\boldsymbol{b} = \boldsymbol{Z}\boldsymbol{a} \tag{10.1.9}$$

(4) 检验行与列是否不相关的检验统计量为

$$\chi^2 = T \cdot \sum_{i=1}^{n}\sum_{j=1}^{p} z_{ij}^2 \tag{10.1.10}$$

检验的临界值为 $\chi_{\alpha}^2((p-1)(n-1))$。

§ 10.2 对应分析的计算

设样本矩阵为 $\boldsymbol{X} = (x_{ij})_{n\times p}$,使用主成分估计法,利用上一节中得到的矩阵 $\boldsymbol{Z}$ 和它的特性,结合因子分析的内容,我们总结出对应分析的基本计算过程如下:

Step1 对样本矩阵分别按行、列求和,得到 $X_{i\cdot} = \sum\limits_{j=1}^{p} X_{ij}, X_{\cdot j} = \sum\limits_{i=1}^{n} X_{ij}$,以及 $T = \sum\limits_{j=1}^{p} X_{\cdot j}$(或用 $T = \sum\limits_{i=1}^{n} X_{i\cdot}$)。

Step2 利用 $z_{ij} = \dfrac{X_{ij} - \dfrac{X_{i\cdot}X_{\cdot j}}{T}}{\sqrt{X_{i\cdot}X_{\cdot j}}}$ 计算出矩阵 $\boldsymbol{Z}$。

Step3 算出样本协方差阵 $\boldsymbol{S}_R = \boldsymbol{Z}^{\mathrm{T}}\boldsymbol{Z}$。

Step4 计算 $\boldsymbol{S}_R$ 的特征值 λ_i 和标准化特征向量 $\boldsymbol{l}_i (i = 1,2,\cdots,p)$。

Step5 确定因子个数 m。

Step6 求出 R 型因子载荷矩阵 $\boldsymbol{A}_R = (\boldsymbol{l}_1,\cdots,\boldsymbol{l}_m)\begin{pmatrix} \sqrt{\lambda_1} & & 0 \\ & \ddots & \\ 0 & & \sqrt{\lambda_m} \end{pmatrix}$。

Step7 计算 $\boldsymbol{S}_Q$ 的特征向量 $\boldsymbol{Z}\boldsymbol{l}_1,\cdots,\boldsymbol{Z}\boldsymbol{l}_m$,单位正交化后记为 $\boldsymbol{e}_1,\cdots,\boldsymbol{e}_m$,算出 Q 型因子载荷矩阵 $\boldsymbol{A}_Q = (\boldsymbol{e}_1,\cdots,\boldsymbol{e}_m)\begin{pmatrix} \sqrt{\lambda_1} & & 0 \\ & \ddots & \\ 0 & & \sqrt{\lambda_m} \end{pmatrix}$。

Step8 对结果进行解释。

在对应分析中,也可以将因子系数画出散点图,根据图形进行有关进行推断。如果恰好有两个因子,则直接在二维平面上做出两因子轴平面图即可。如果因子个数多于两个,则首先要想办法将因子系数投影成二维,然后再画图。为作图方便,经常取两个因子。

确定因子个数的时候,还有一种惯量的描述形式(实际上与贡献率是等价的)。通常将

$$Q = \sum_{i=1}^{n}\sum_{j=1}^{p} z_{ij}^2 = \mathrm{tr}(\boldsymbol{S}_R) = \sum_{i=1}^{m}\lambda_i = \sum_{i=1}^{m} d_i^2 \tag{10.2.1}$$

称为**总惯量**。$\lambda_i(i=1,2,\cdots,m)$ 为 $\boldsymbol{Z}^{\mathrm{T}}\boldsymbol{Z}$ 的特征值，$d_i=\sqrt{\lambda_i}$ 是 Z 的奇异值。通常将 $Q_i = d_i^2 = \lambda_i$ 称为第 i 个因子 $(i=1,2,\cdots,m)$ **轴末端的惯量**。

例 10.2.1 表 10.2.1 给出了我国十个省份某一年的农村居民家庭人均消费支出结构中部分项目比重数据。其中 X_1 代表食品，X_2 代表服装，X_3 代表住房，X_4 代表家电，X_5 代表医疗，X_6 代表交通，X_7 代表文化娱乐。使用对应分析方法进行分析。

表 10.2.1　十个省份农村居民消费支出结构数据

省份编号	X_1	X_2	X_3	X_4	X_5	X_6	X_7
1	0.583 910	0.111 480	0.092 473	0.050 073	0.038 193	0.018 803	0.079 946
2	0.581 220	0.081 315	0.112 380	0.042 396	0.043 280	0.040 004	0.083 339
3	0.565 040	0.100 121	0.123 970	0.041 121	0.043 429	0.031 328	0.078 919
4	0.530 918	0.105 360	0.116 952	0.045 064	0.043 735	0.038 508	0.095 256
5	0.555 200	0.096 500	0.143 498	0.037 566	0.052 111	0.026 267	0.072 829
6	0.654 950	0.047 852	0.095 238	0.047 945	0.022 134	0.018 519	0.096 844
7	0.640 010	0.061 680	0.116 677	0.048 471	0.033 529	0.017 439	0.072 043
8	0.725 240	0.056 362	0.073 262	0.044 388	0.016 366	0.015 720	0.059 261
9	0.678 630	0.058 043	0.088 316	0.038 100	0.039 794	0.015 167	0.067 990
10	0.665 913	0.088 508	0.096 899	0.038 191	0.039 275	0.019 243	0.033 801

解 由题目可知 $p=7, n=10$，原始样本矩阵为

$$\boldsymbol{X} = \begin{bmatrix} 0.583\,910 & 0.111\,480 & 0.092\,473 & 0.050\,073 & 0.038\,193 & 0.018\,803 & 0.079\,946 \\ 0.581\,220 & 0.081\,315 & 0.112\,380 & 0.042\,396 & 0.043\,280 & 0.040\,004 & 0.083\,339 \\ 0.565\,040 & 0.100\,121 & 0.123\,970 & 0.041\,121 & 0.043\,429 & 0.031\,328 & 0.078\,919 \\ 0.530\,918 & 0.105\,360 & 0.116\,952 & 0.045\,064 & 0.043\,735 & 0.038\,508 & 0.095\,256 \\ 0.555\,200 & 0.096\,500 & 0.143\,498 & 0.037\,566 & 0.052\,111 & 0.026\,267 & 0.072\,829 \\ 0.654\,950 & 0.047\,852 & 0.095\,238 & 0.047\,945 & 0.022\,134 & 0.018\,519 & 0.096\,844 \\ 0.640\,010 & 0.061\,680 & 0.116\,677 & 0.048\,471 & 0.033\,529 & 0.017\,439 & 0.072\,043 \\ 0.725\,240 & 0.056\,362 & 0.073\,262 & 0.044\,388 & 0.016\,366 & 0.015\,720 & 0.059\,261 \\ 0.678\,630 & 0.058\,043 & 0.088\,316 & 0.038\,100 & 0.039\,794 & 0.015\,167 & 0.067\,990 \\ 0.665\,913 & 0.088\,508 & 0.096\,899 & 0.038\,191 & 0.039\,275 & 0.019\,243 & 0.033\,801 \end{bmatrix}$$

行和 $X_{i\cdot} = \sum_{j=1}^{p} X_{ij}$ 分别为

0.974 9,0.983 9,0.983 9,0.975 8,0.984 0,0.983 5,0.989 8,0.990 6,0.986 0,0.981 8

列和 $X_{\cdot j} = \sum_{i=1}^{n} X_{ij}$ 分别为

6.181 0,0.807 2,1.059 7,0.433 3,0.371 8,0.241 0,0.740 2

总和为 $T = \sum_{j=1}^{p} X_{\cdot j} = 9.834\,3$，变换后的矩阵 $\boldsymbol{Z}$ 为

$$\boldsymbol{Z}=\begin{bmatrix} -0.0117 & 0.0355 & -0.0124 & 0.0110 & 0.0022 & -0.0105 & 0.0077 \\ -0.0151 & 0.0006 & 0.0062 & -0.0015 & 0.0100 & 0.0326 & 0.0109 \\ -0.0216 & 0.0217 & 0.0176 & -0.0034 & 0.0103 & 0.0148 & 0.0057 \\ -0.0335 & 0.0285 & 0.0116 & 0.0032 & 0.0114 & 0.0301 & 0.0257 \\ -0.0256 & 0.0177 & 0.0367 & -0.0089 & 0.0246 & 0.0044 & -0.0014 \\ 0.0149 & -0.0369 & -0.0105 & 0.0071 & -0.0249 & -0.0115 & 0.0267 \\ 0.0072 & -0.0219 & 0.0098 & 0.0074 & -0.0064 & -0.0140 & -0.0029 \\ 0.0415 & -0.0279 & -0.0327 & 0.0011 & -0.0347 & -0.0175 & -0.0179 \\ 0.0239 & -0.0257 & -0.0175 & -0.0082 & 0.0041 & -0.0185 & -0.0073 \\ 0.0198 & 0.0089 & -0.0087 & -0.0078 & 0.0036 & -0.0099 & -0.0470 \end{bmatrix}$$

R 型协方差阵为

$$\boldsymbol{S}_R=\boldsymbol{Z}^{\mathrm{T}}\boldsymbol{Z}=\begin{bmatrix} 0.0056 & -0.0046 & -0.0037 & -0.0001 & -0.0031 & -0.0034 & -0.0027 \\ -0.0046 & 0.0062 & 0.0024 & -0.0001 & 0.0030 & 0.0025 & 0.0005 \\ -0.0037 & 0.0024 & 0.0036 & -0.0003 & 0.0025 & 0.0021 & 0.0011 \\ -0.0001 & -0.0001 & -0.0003 & 0.0005 & -0.0005 & -0.0001 & 0.0007 \\ -0.0031 & 0.0030 & 0.0025 & -0.0005 & 0.0028 & 0.0018 & 0.0002 \\ -0.0034 & 0.0025 & 0.0021 & -0.0001 & 0.0018 & 0.0034 & 0.0018 \\ -0.0027 & 0.0005 & 0.0011 & 0.0007 & 0.0002 & 0.0018 & 0.0042 \end{bmatrix}$$

$\boldsymbol{S}_R$ 得特征值分别为

$$0.0172,0.0048,0.0023,0.0013,0.0005,0.0001,0.0000$$

累积贡献率分别为

$$0.6554,0.8394,0.9280,0.9764,0.9961,1.0000,1.0000$$

前两项的累积贡献率已经超过 0.8,所以公共因子个数取 $m=2$ 。

$\boldsymbol{S}_R$ 的前两个单位正交特征向量分别为

$$(0.3243,-0.0048,-0.3219,-0.2409,-0.1035,0.5807,-0.6207)^{\mathrm{T}}$$

$$(0.2065,-0.9280,0.2349,0.1094,0.1458,-0.0148,-0.0873)^{\mathrm{T}}$$

R 型因子载荷矩阵为

$$\boldsymbol{A}_R=\begin{bmatrix} 0.0426 & -0.0006 & -0.0423 & -0.0316 & -0.0136 & 0.0762 & -0.0815 \\ 0.0144 & -0.0646 & 0.0163 & 0.0076 & 0.0101 & -0.0010 & -0.0061 \end{bmatrix}^{\mathrm{T}}$$

由 $\boldsymbol{Zl}_1,\cdots,\boldsymbol{Zl}_m$ 算得 $\boldsymbol{S}_Q$ 的特征向量,单位正交化后进一步得到 Q 型因子载荷矩阵为

$$\boldsymbol{A}_Q=\begin{bmatrix} -0.0182 & -0.0287 & -0.0397 & -0.0577 & -0.0468 & \cdots \\ -0.0087 & 0.0135 & -0.0029 & 0.0154 & -0.0130 & \end{bmatrix}$$

$$\begin{matrix} 0.0376 & 0.0192 & 0.0716 & 0.0396 & 0.0225 \\ 0.0418 & 0.0069 & -0.0011 & -0.0034 & -0.0486 \end{matrix}\Bigg]^{\mathrm{T}}$$

将 $\boldsymbol{A}_R$ 和 $\boldsymbol{A}_Q$ 画在同一个坐标平面上,结果如图 10.2.1 所示。

从图中可以看出,大体可以将变量和省份分为两类。省份 1～5 的消费支出结构比较接近,变量包括 X_3,X_4,X_5,X_7。而省份 6～10 的消费支出结构比较接近,变量包括 X_1,X_2,X_6。

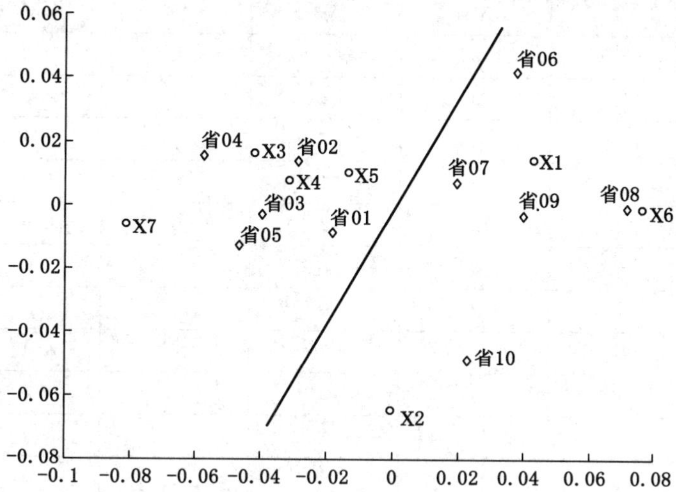

图 10.2.1 R型因子和Q型因子散点图

习题十

1. 美国从1973年到1978年授予的博士学位数量如下表所列，用对应分析方法进行分析。

年份	生命科学	物理学	社会学	行为科学	工程学	数学
1973	4 489	4 101	3 354	2 444	3 338	1 222
1974	4 303	3 800	3 286	2 587	3 144	1 196
1975	4 402	3 749	3 344	2 749	2 959	1 149
1976	4 350	3 572	3 278	2 879	2 791	1 003
1977	4 266	3 410	3 137	2 960	2 641	959
1978	4 361	3 234	3 008	3 049	2 432	959

2. 研究消费者对购买牙膏偏好的调查数据。通过市场的拦截访问，用7级量表询问受访者对以下陈述的认同程度(1表示非常不同意，7表示非常同意)。

V1：购买预防蛀牙的牙膏是重要的；

V2：我喜欢使牙齿亮泽的牙膏；

V3：牙膏应当保护牙龈；

V4：我喜欢使口气清新的牙膏；

V5：预防坏牙不是牙膏提供的一项重要利益；

V6：购买牙膏时最重要的考虑是富有魅力的牙齿。

调查数据如下表所列，用对应分析方法求出Q型因子分析的因子载荷矩阵。

受访者序号	V1	V2	V3	V4	V5	V6
1	7	3	6	4	2	4
2	1	3	2	4	5	4
3	6	2	7	4	1	3
4	4	5	4	6	2	5
5	1	2	2	3	6	2
6	6	3	6	4	2	4
7	5	3	6	3	4	3
8	6	4	7	4	1	4
9	3	4	2	3	6	3
10	2	6	2	6	7	6
11	6	4	7	3	2	3
12	2	3	1	4	5	4
13	7	2	6	4	1	3
14	4	6	4	5	3	6
15	1	3	2	2	6	4
16	6	4	6	3	3	4
17	5	3	6	3	3	4
18	7	3	7	4	1	4
19	2	4	3	3	6	3
20	3	5	3	6	4	6
21	1	3	2	3	5	3
22	5	4	5	4	2	4
23	2	2	1	5	4	4
24	4	6	4	6	4	7
25	6	5	4	2	1	4
26	3	5	4	6	4	7
27	4	4	7	2	2	5
28	3	7	2	6	4	3
29	4	6	3	7	2	7
30	2	3	2	4	7	2

第 11 章　偏最小二乘法回归

偏最小二乘法回归主要用于解决多对多的线性回归分析问题，尤其是变量之间存在多重相关性、变量多但样本容量小、异方差等问题时，使用最小二乘法回归具有经典线性回归无法比拟的优势。偏最小二乘法回归的分析过程集中了主成分分析、典型相关分析、线性回归分析等多种方法的特点，所以对问题的分析更加深入，提供的信息更加丰富，获得的结果更加合理。

§11.1　偏最小二乘法回归的基本原理

偏最小二乘法回归主要是对相关度最大的自变量与因变量的主成分，使用经典方法建立回归方程，然后再还原为自变量与因变量的回归方程。

设 m 个自变量为 $X_1, X_2, \cdots, X_m$，p 个因变量为 $Y_1, Y_2, \cdots, Y_p$，对自变量和因变量进行了 n 次观测，获得标准化的样本矩阵如下：

$$\boldsymbol{X}_0 = \begin{bmatrix} X_{11} & X_{12} & \cdots & X_{1m} \\ X_{21} & X_{22} & \cdots & X_{2m} \\ \cdots & \cdots & & \cdots \\ X_{n1} & X_{n2} & \cdots & X_{nm} \end{bmatrix}, \boldsymbol{Y}_0 = \begin{bmatrix} Y_{11} & Y_{12} & \cdots & X_{1p} \\ Y_{21} & Y_{22} & \cdots & Y_{2p} \\ \cdots & \cdots & & \cdots \\ Y_{n1} & Y_{n2} & \cdots & Y_{np} \end{bmatrix} \tag{11.1.1}$$

偏最小二乘法回归首先要求出 $X_1, X_2, \cdots, X_m$ 和 $Y_1, Y_2, \cdots, Y_p$ 的第一对主成分。

假设自变量和因变量的第一对主成分分别为 T_1 和 U_1，求出的 T_1 和 U_1 不但要尽可能多地提取所在变量组的变异信息，而且二者的相关度还要达到最大，这表明 T_1 和 U_1 不但要很好地代表自变量和因变量，而且解释能力要最强。

根据主成分的含义，T_1 和 U_1 分别是 $X_1, X_2, \cdots, X_m$ 和 $Y_1, Y_2, \cdots, Y_p$ 的线性组合，不妨记为

$$\begin{cases} T_1 = w_{11}X_1 + w_{12}X_2 + \cdots + w_{1m}X_m = \boldsymbol{w}_1^{\mathrm{T}}\boldsymbol{X} \\ U_1 = v_{11}Y_1 + v_{12}Y_2 + \cdots + v_{1p}Y_p = \boldsymbol{v}_1^{\mathrm{T}}\boldsymbol{Y} \end{cases} \tag{11.1.2}$$

其中 $\boldsymbol{w}_1 = (w_{11}, w_{12}, \cdots, w_{1m})^{\mathrm{T}}$ 被称为模型效应权重，$\boldsymbol{v}_1 = (v_{11}, v_{12}, \cdots, v_{1p})^{\mathrm{T}}$ 被称为因变量权重，代入标准化的原始样本观测矩阵 $\boldsymbol{X}_0, \boldsymbol{Y}_0$ 可得第一对主成分的得分向量分别为

$$\begin{cases} \boldsymbol{t}_1 = \boldsymbol{X}_0\boldsymbol{w}_1 = (t_{11}, t_{21}, \cdots t_{n1})^{\mathrm{T}} \\ \boldsymbol{u}_1 = \boldsymbol{Y}_0\boldsymbol{v}_1 = (u_{11}, u_{21}, \cdots u_{n1})^{\mathrm{T}} \end{cases} \tag{11.1.3}$$

于是得 T_1 和 U_1 的协方差为

$$\mathrm{Cov}(T_1, U_1) = \boldsymbol{t}_1^{\mathrm{T}}\boldsymbol{u}_1 = (\boldsymbol{X}_0\boldsymbol{w}_1)^{\mathrm{T}}(\boldsymbol{Y}_0\boldsymbol{v}_1) = \boldsymbol{w}_1^{\mathrm{T}}\boldsymbol{X}_0^{\mathrm{T}}\boldsymbol{Y}_0\boldsymbol{v}_1 \tag{11.1.4}$$

结合前面对 T_1 和 U_1 的要求，求 $\boldsymbol{w}_1, \boldsymbol{v}_1$ 相当于在满足 $\boldsymbol{w}_1^{\mathrm{T}}\boldsymbol{w}_1 = 1$ 和 $\boldsymbol{v}_1^{\mathrm{T}}\boldsymbol{v}_1 = 1$ 的条件下，求 $\boldsymbol{w}_1^{\mathrm{T}}\boldsymbol{X}_0^{\mathrm{T}}\boldsymbol{Y}_0\boldsymbol{v}_1$ 的最大值，利用拉格朗日乘数法，设

$$Q(\boldsymbol{w}_1,\boldsymbol{v}_1)=\boldsymbol{w}_1^{\mathrm{T}}\boldsymbol{X}_0^{\mathrm{T}}\boldsymbol{Y}_0\boldsymbol{v}_1-\lambda_1(\boldsymbol{w}_1^{\mathrm{T}}\boldsymbol{w}_1-1)-\lambda_2(\boldsymbol{v}_1^{\mathrm{T}}\boldsymbol{v}_1-1) \tag{11.1.5}$$

由

$$\begin{cases}\dfrac{\partial Q}{\partial \boldsymbol{w}_1}=\boldsymbol{X}_0^{\mathrm{T}}\boldsymbol{Y}_0\boldsymbol{v}_1-2\lambda_1\boldsymbol{w}_1=\boldsymbol{O}\\ \dfrac{\partial Q}{\partial \boldsymbol{v}_1}=\boldsymbol{Y}_0^{\mathrm{T}}\boldsymbol{X}_0\boldsymbol{w}_1-2\lambda_2\boldsymbol{v}_1=\boldsymbol{O}\end{cases} \tag{11.1.6}$$

可得

$$\begin{cases}\boldsymbol{w}_1^{\mathrm{T}}\boldsymbol{X}_0^{\mathrm{T}}\boldsymbol{Y}_0\boldsymbol{v}_1-2\lambda_1=0\\ \boldsymbol{v}_1^{\mathrm{T}}\boldsymbol{Y}_0^{\mathrm{T}}\boldsymbol{X}_0\boldsymbol{w}_1-2\lambda_2=0\end{cases} \tag{11.1.7}$$

由于 $\boldsymbol{w}_1^{\mathrm{T}}\boldsymbol{X}_0^{\mathrm{T}}\boldsymbol{Y}_0\boldsymbol{v}_1=\boldsymbol{v}_1^{\mathrm{T}}\boldsymbol{Y}_0^{\mathrm{T}}\boldsymbol{X}_0\boldsymbol{w}_1$，所以 $\lambda_1=\lambda_2$，将 $\theta_1=2\lambda_1=2\lambda_2$ 代入式(11.1.6)可得

$$(\boldsymbol{X}_0^{\mathrm{T}}\boldsymbol{Y}_0\boldsymbol{Y}_0^{\mathrm{T}}\boldsymbol{X}_0-\theta_1^2\boldsymbol{I}_m)\boldsymbol{w}_1=(\boldsymbol{M}-\theta_1^2\boldsymbol{I}_m)\boldsymbol{w}_1=0 \tag{11.1.8}$$

以及

$$\boldsymbol{v}_1=\frac{1}{\theta_1}\boldsymbol{Y}_0^{\mathrm{T}}\boldsymbol{X}_0\boldsymbol{w}_1 \tag{11.1.9}$$

由式(11.1.8)可知，$\boldsymbol{w}_1$ 是 $\boldsymbol{M}=\boldsymbol{X}_0^{\mathrm{T}}\boldsymbol{Y}_0\boldsymbol{Y}_0^{\mathrm{T}}\boldsymbol{X}_0$ 的最大特征值 θ_1^2 对应的单位化的特征向量，再利用式(11.1.9)就可以求出 $\boldsymbol{v}_1$。

接下来建立 $X_1,X_2,\cdots,X_m$ 和 $Y_1,Y_2,\cdots,Y_p$ 对 T_1 的回归方程，假设回归模型为

$$\begin{cases}\boldsymbol{X}_0=\boldsymbol{t}_1\boldsymbol{\alpha}_1^{\mathrm{T}}+\boldsymbol{E}_1\\ \boldsymbol{Y}_0=\boldsymbol{t}_1\boldsymbol{\beta}_1^{\mathrm{T}}+\boldsymbol{F}_1\end{cases} \tag{11.1.10}$$

其中 $\boldsymbol{\alpha}_1=(\alpha_{11},\alpha_{12},\cdots,\alpha_{1m})^{\mathrm{T}}$ 和 $\boldsymbol{\beta}_1=(\beta_{11},\beta_{12},\cdots,\beta_{1p})^{\mathrm{T}}$ 分别为多个因变量对一个自变量的回归方程中的参数向量，$\boldsymbol{\alpha}_1$ 还被称为**模型效应载荷量**，$\boldsymbol{E}_1$ 是 $n\times m$ 阶残差阵，$\boldsymbol{F}_1$ 是 $n\times p$ 阶残差阵，根据经典线性回归分析可得 $\boldsymbol{\alpha}_1$ 和 $\boldsymbol{\beta}_1$ 的最小二乘估计为

$$\boldsymbol{\alpha}_1=\frac{1}{\boldsymbol{t}_1^{T}\boldsymbol{t}_1}\boldsymbol{X}_0^{\mathrm{T}}\boldsymbol{t}_1,\boldsymbol{\beta}_1=\frac{1}{\boldsymbol{t}_1^{T}\boldsymbol{t}_1}\boldsymbol{Y}_0^{\mathrm{T}}\boldsymbol{t}_1 \tag{11.1.11}$$

获得 $\boldsymbol{\alpha}_1$ 和 $\boldsymbol{\beta}_1$ 的最小二乘估计之后，记 $\hat{\boldsymbol{X}}_0=\boldsymbol{t}_1\boldsymbol{\alpha}_1^{\mathrm{T}},\hat{\boldsymbol{Y}}_0=\boldsymbol{t}_1\boldsymbol{\beta}_1^{\mathrm{T}}$，则残差阵为

$$\boldsymbol{E}_1=\boldsymbol{X}_0-\hat{\boldsymbol{X}}_0,\boldsymbol{F}_1=\boldsymbol{Y}_0-\hat{\boldsymbol{Y}}_0 \tag{11.1.12}$$

然后，用 $\boldsymbol{E}_1,\boldsymbol{F}_1$ 分别代替 $\boldsymbol{X}_0,\boldsymbol{Y}_0$，重复以上过程，抽取第二对主成分 T_2,U_2，权重向量为

$$\boldsymbol{w}_2=(w_{21},w_{22},\cdots,w_{2m})^{\mathrm{T}},\boldsymbol{v}_2=(v_{21},v_{22},\cdots,v_{2p})^{\mathrm{T}}$$

第二对主成分的得分向量为 $\boldsymbol{t}_2=\boldsymbol{E}_1\boldsymbol{w}_2,\boldsymbol{u}_2=\boldsymbol{F}_1\boldsymbol{v}_2$，第二对主成分的载荷量为

$$\boldsymbol{\alpha}_2=\frac{1}{\boldsymbol{t}_2^{\mathrm{T}}\boldsymbol{t}_2}\boldsymbol{E}_1^{\mathrm{T}}\boldsymbol{t}_2,\boldsymbol{\beta}_2=\frac{1}{\boldsymbol{t}_2^{\mathrm{T}}\boldsymbol{t}_2}\boldsymbol{F}_1^{\mathrm{T}}\boldsymbol{t}_2$$

从而得到

$$\begin{cases}\boldsymbol{X}_0=\boldsymbol{t}_1\boldsymbol{\alpha}_1^{\mathrm{T}}+\boldsymbol{t}_2\boldsymbol{\alpha}_2^{\mathrm{T}}+\boldsymbol{E}_2\\ \boldsymbol{Y}_0=\boldsymbol{t}_1\boldsymbol{\beta}_1^{\mathrm{T}}+\boldsymbol{t}_2\boldsymbol{\beta}_2^{\mathrm{T}}+\boldsymbol{F}_2\end{cases}$$

再用 $\boldsymbol{E}_2,\boldsymbol{F}_2$ 分别代替 $\boldsymbol{X}_0,\boldsymbol{Y}_0$，依次重复下去。假设 $\mathrm{rank}(\boldsymbol{X}_0)=r<\min(n-1,m)$，则存在 r 对主成分使得

$$\begin{cases}\boldsymbol{X}_0=\boldsymbol{t}_1\boldsymbol{\alpha}_1^{\mathrm{T}}+\boldsymbol{t}_2\boldsymbol{\alpha}_2^{\mathrm{T}}+\cdots+\boldsymbol{t}_r\boldsymbol{\alpha}_r^{\mathrm{T}}+\boldsymbol{E}_r\\ \boldsymbol{Y}_0=\boldsymbol{t}_1\boldsymbol{\beta}_1^{\mathrm{T}}+\boldsymbol{t}_2\boldsymbol{\beta}_2^{\mathrm{T}}+\cdots+\boldsymbol{t}_r\boldsymbol{\beta}_r^{\mathrm{T}}+\boldsymbol{F}_r\end{cases} \tag{11.1.13}$$

假设 $X_1^*,X_2^*,\cdots,X_m^*$ 和 $Y_1^*,Y_2^*,\cdots,Y_p^*$ 为标准化的变量，将

$$t_k = w_{k1}X_1^* + w_{k2}X_2^* + \cdots + w_{km}X_m^* (k = 1,2,\cdots,r) \tag{11.1.14}$$

代入到

$$Y_j^* = t_1\beta_{1j} + t_2\beta_{2j} + \cdots + t_r\beta_{rj} (j = 1,2,\cdots,p)$$

得到标准化变量的偏最小二乘回归方程为

$$Y_j^* = a_{j1}^* X_1^* + a_{j2}^* X_2^* + \cdots + a_{jm}^* X_m^* (j = 1,2,\cdots,p) \tag{11.1.15}$$

还原为原始变量得到最小二乘回归方程为

$$Y_j = a_{j0} + a_{j1}X_1 + a_{j2}X_2 + \cdots + a_{jm}X_m (j = 1,2,\cdots,p) \tag{11.1.16}$$

用矩阵形式可将标准化变量的偏最小二乘回归方程表示为

$$\boldsymbol{Y}^* = \boldsymbol{BWX}^* \tag{11.1.17}$$

其中

$$\boldsymbol{X}^* = (X_1^*, X_2^*, \cdots, X_m^*)^{\mathrm{T}}, \boldsymbol{Y}^* = (Y_1^*, Y_2^*, \cdots, Y_p^*)^{\mathrm{T}}$$

$$\boldsymbol{B} = \begin{bmatrix} \beta_{11} & \beta_{21} & \cdots & \beta_{r1} \\ \beta_{12} & \beta_{22} & \cdots & \beta_{r2} \\ \cdots & \cdots & & \cdots \\ \beta_{1p} & \beta_{2p} & \cdots & \beta_{rp} \end{bmatrix} = (\boldsymbol{\beta}_1, \boldsymbol{\beta}_2, \cdots, \boldsymbol{\beta}_r),$$

$$\boldsymbol{W} = \begin{bmatrix} w_{11} & w_{12} & \cdots & w_{1m} \\ w_{21} & w_{22} & \cdots & w_{2m} \\ \cdots & \cdots & & \cdots \\ w_{r1} & w_{r2} & \cdots & w_{rm} \end{bmatrix} = (\boldsymbol{w}_1, \boldsymbol{w}_2, \cdots, \boldsymbol{w}_r)^{\mathrm{T}}$$

实际上，一般我们并不需要把所有的 r 对主成分都选出来建立回归方程，只要选取满足一定条件的 l 对即可。这些条件主要是从预测效果的角度来考虑的，所谓的预测效果指的是将自变量观测值代入回归方程后获得的理论结果与实际观测结果进行比较得出的差距，我们通常认为这个差距越小越好。常用的确定主成分数目 l 的方法有：

(1) 舍一交叉验证法

从观测结果中去掉第 $i(1 = 1,2,\cdots,n)$ 组，假设此时选取的主成分为 k 对，用剩下的 $n-1$ 组建立偏最小二乘回归方程，然后把去掉的第 i 组自变量观测值代入回归方程，得到因变量的理论值 $\hat{Y}_{ij}(k)(j = 1,2,\cdots,p)$，此时预测残差平方和为

$$\mathrm{PRESS}_i(k) = \sum_{j=1}^{p} (Y_{ij} - \hat{Y}_{ij}(k))^2 \tag{11.1.18}$$

每一组观测值都被去掉一次之后得到的 k 对主成分的总预测残差平方和为

$$\mathrm{PRESS}(k) = \sum_{i=1}^{n} \mathrm{PRESS}_i(k)$$

让 k 从 1 到 r 逐个取值，最小的那个 PRESS(k) 对应的 k 值就是要确定的主成分数目 l 值。

(2) 分批交叉验证法

这种方法与舍一交叉验证法类似，只是每次去掉的观测值为连续的 q 组，$q = 1$ 就是舍一交叉验证法。

(3) 分裂样本交叉验证法

与分批交叉验证法不同的是分裂样本法所去掉的样本不是连续的，一般是等距离抽取

的。例如第一次抽{1,5,10,…},第二次抽{2,6,11,…}等等。

(4) 随机样本交叉验证法

这种方法每次去掉的样本是随机抽取的。

§11.2 偏最小二乘法的计算

根据上一节的内容,以舍一交叉验证法作为选取主成分数目的标准,求标准化变量的偏最小二乘法回归自变量系数矩阵的计算步骤可以总结如下:

子程序 1:用于计算标准化变量的偏最小二乘回归方程自变量系数矩阵,传入参数为 $\boldsymbol{X}_0, \boldsymbol{Y}_0, k$,返回参数为 $\boldsymbol{BW}$。

Step1 初始矩阵 $\boldsymbol{X}_0, \boldsymbol{Y}_0$,设定主成分个数 k,取循环计数器 $i := 0$。

Step2 计算 $\boldsymbol{M} = \boldsymbol{X}_0^{\mathrm{T}}\boldsymbol{Y}_0\boldsymbol{Y}_0^{\mathrm{T}}\boldsymbol{X}_0$ 的最大特征值 θ^2 对应的单位化的特征向量 $\boldsymbol{z}$,依次计算下列结果:

(1) $\boldsymbol{w}_i = \boldsymbol{z}$

(2) $\boldsymbol{v}_i = \dfrac{1}{\theta}\boldsymbol{Y}_0^{\mathrm{T}}\boldsymbol{X}_0\boldsymbol{z}$

(3) $\boldsymbol{t}_i = \boldsymbol{X}_0\boldsymbol{w}_i$

(4) $\boldsymbol{\alpha}_i = \dfrac{1}{\boldsymbol{t}_i^{\mathrm{T}}\boldsymbol{t}_i}\boldsymbol{X}_0^{\mathrm{T}}\boldsymbol{t}_i$

(5) $\boldsymbol{\beta}_i = \dfrac{1}{\boldsymbol{t}_i^{\mathrm{T}}\boldsymbol{t}_i}\boldsymbol{Y}_0^{\mathrm{T}}\boldsymbol{t}_i$

(6) $\hat{\boldsymbol{X}}_0 = \sum_{j=1}^{i}\boldsymbol{t}_j\boldsymbol{\alpha}_j^{\mathrm{T}}$

(7) $\hat{\boldsymbol{Y}}_0 = \sum_{j=1}^{i}\boldsymbol{t}_j\boldsymbol{\beta}_j^{\mathrm{T}}$

(8) $\boldsymbol{E} = \boldsymbol{X}_0 - \hat{\boldsymbol{X}}_0$

(9) $\boldsymbol{F} = \boldsymbol{Y}_0 - \hat{\boldsymbol{Y}}_0$

Step3 判断 i 是否等于 k,若相等则进行下一步,否则计数器 $i := i+1$,取 $\boldsymbol{X}_0 = \boldsymbol{E}$,$\boldsymbol{Y}_0 = \boldsymbol{F}$,返回 Step2 继续进行。

Step4 计算并返回标准化自变量系数矩阵 $\boldsymbol{BW} = (\boldsymbol{\beta}_1, \boldsymbol{\beta}_2, \cdots, \boldsymbol{\beta}_k)(\boldsymbol{w}_1, \boldsymbol{w}_2, \cdots, \boldsymbol{w}_k)^{\mathrm{T}}$。

子程序 2:用于计算预测残差平方和,传入参数为原始标准化样本矩阵 $\boldsymbol{X}_0, \boldsymbol{Y}_0$,主成分数目 k,返回参数为预测残差平方和 PRESS(k)。

Step1 载入原始标准化样本矩阵 $\boldsymbol{X}_0, \boldsymbol{Y}_0$,初始化预测残差平方和 PRESS($k$) = 0,循环计数器 $i := 0$。

Step2 将 $\boldsymbol{X}_0$ 的第 i 行记为 $\boldsymbol{C}_0^{\mathrm{T}}$,将 $\boldsymbol{Y}_0$ 的第 i 行记为 $\boldsymbol{D}_0^{\mathrm{T}}$,将 $\boldsymbol{X}_0, \boldsymbol{Y}_0$ 分别去掉第 i 行后,与 k 一起作为传入参数,调用子程序 1,获得返回参数 $\boldsymbol{BW}$。

Step3 计算理论值 $\boldsymbol{BWC}_0$ 和预测残差平方和

$$\mathrm{PRESS}(k) = \mathrm{PRESS}(k) + (\boldsymbol{D}_0 - \boldsymbol{BWC}_0)^{\mathrm{T}}(\boldsymbol{D}_0 - \boldsymbol{BWC}_0)$$

Step4 判断 i 是否等于 n,若相等则进行下一步,否则计数器 $i := i+1$,返回 Step2 继续进行。

Step5　返回预测残差平方和 PRESS(k)。

主程序：

Step1　对原始样本矩阵进行标准化，结果记为 $\boldsymbol{X}_0$，$\boldsymbol{Y}_0$。

Step2　计算 $r = \text{rank}(\boldsymbol{X}_0)$。

Step3　对 $k = 1,2,\cdots,r$，以 $\boldsymbol{X}_0$，$\boldsymbol{Y}_0$，k 为传入参数依次调用子程序 2 计算 PRESS(k)，并找出最小的 PRESS(k) 对应的 k 值，取 $l = k$。

Step4　以 $\boldsymbol{X}_0$，$\boldsymbol{Y}_0$，l 为传入参数调用子程序 1，获得标准化变量的偏最小二乘回归方程系数 $\boldsymbol{BW}$，结束。

例 11.2.1　表 11.2.1 列出了我国 2002 年各地区的三个产业的 GDP 与三个产业的固定资产投资数据(单位：亿元)，使用偏最小二乘回归方法求回归方程的标准化变量的参数矩阵。

表 11.2.1　　　　**三个产业 2002 年的 GDP 和固定资产投资额**

地区	GDP			投资额		
	第一产业 X_1	第二产业 X_2	第三产业 X_3	第一产业 Y_1	第二产业 Y_2	第三产业 Y_3
北京	98.05	1 116.53	1 998.13	2.20	179.45	420.66
天津	84.00	1 001.90	965.26	1.01	332.37	258.18
河北	957.01	3 046.00	2 119.52	23.52	564.56	484.95
山西	197.80	1 083.79	735.95	8.00	430.93	232.23
内蒙古	374.69	728.34	631.28	47.31	338.98	236.49
辽宁	590.20	2 609.85	2 258.17	8.90	572.11	416.41
吉林	446.17	978.37	821.58	2.36	340.28	249.95
黑龙江	447.00	2 169.15	1 266.01	21.17	441.00	353.15
上海	88.24	2 564.69	2 755.83	3.28	665.50	613.89
江苏	1 119.12	5 550.98	3 961.65	5.58	1 008.65	854.48
浙江	694.00	3 982.00	3 120.00	6.18	793.11	958.25
安徽	772.55	1 552.21	1 244.34	3.84	448.32	306.76
附件	664.78	2 159.94	1 857.29	9.09	375.94	342.48
江西	535.98	951.77	962.73	5.10	300.02	302.49
山东	1 390.00	5 309.54	3 852.52	11.76	1 253.85	757.55
河南	1 288.36	2 951.06	1 929.31	14.47	642.12	497.05
湖北	707.00	2 446.05	1 822.58	21.34	753.69	423.54
湖南	847.25	1 737.20	1 756.49	7.82	429.38	404.67
广东	1 032.80	5 935.63	4 801.30	5.98	1 045.72	1 037.29
广西	595.68	863.96	995.72	7.29	300.31	253.23
海南	228.95	125.33	249.85	15.40	93.61	112.01

续表 11.2.1

地区	GDP			投资额		
	第一产业 X_1	第二产业 X_2	第三产业 X_3	第一产业 Y_1	第二产业 Y_2	第三产业 Y_3
重庆	315.78	827.55	827.97	9.96	249.03	335.72
四川	1 027.62	1 982.44	1 865.06	14.55	675.43	581.58
贵州	280.83	474.68	429.53	5.35	295.00	222.49
云南	470.50	951.48	810.34	7.12	324.21	294.70
西藏	39.68	32.93	88.81	3.83	65.65	63.41
山西	303.79	925.78	806.39	18.25	371.66	354.78
甘肃	214.45	530.36	416.62	19.14	263.75	195.00
青海	44.90	154.01	142.20	12.53	135.05	89.61
宁夏	52.84	151.16	125.28	4.82	101.86	76.02
新疆	305.00	672.10	621.18	27.73	419.20	249.65

解 首先要对数据进行标准化处理，然后再进行偏最小二乘法回归。

经过计算，$\text{rank}(\boldsymbol{X}_0) = 3$，所以最多可以提取三对主成分，利用舍一交叉验证法求出主成分为一对、两对、三对时的预测残差平方和分别为 1.627 8、1.710 4、6.279 5，所以取第一对主成分进行计算，权重向量分别为

$\boldsymbol{w}_1 = (-0.4851, -0.6202, -0.6165)^{\mathrm{T}}, \boldsymbol{v}_1 = (0.0616, -0.7112, -0.7003)^{\mathrm{T}}$

进一步算出

$\boldsymbol{\alpha}_1 = (-0.5337, -0.6060, -0.5925)^{\mathrm{T}}, \boldsymbol{\beta}_1 = (0.0502, -0.5790, -0.5701)^{\mathrm{T}}$

最后得标准化变量的偏最小二乘回归方程自变量系数矩阵为

$$\begin{bmatrix} -0.0243 & -0.0311 & -0.0309 \\ 0.2809 & 0.3591 & 0.3569 \\ 0.2765 & 0.3536 & 0.3515 \end{bmatrix}$$

即回归方程为

$$\begin{bmatrix} Y_1^* \\ Y_2^* \\ Y_3^* \end{bmatrix} = \begin{bmatrix} -0.0243 & -0.0311 & -0.0309 \\ 0.2809 & 0.3591 & 0.3569 \\ 0.2765 & 0.3536 & 0.3515 \end{bmatrix} \begin{bmatrix} X_1^* \\ X_2^* \\ X_3^* \end{bmatrix}$$

习题十一

1. 考虑洛河在某河段河水受污染情况，考察的指标因变量有两个，Y_1 表示 BOD 浓度，Y_2 表示氧亏浓度。自变量有 7 个，X_1 表示初始断面的 BOD 浓度 L_0，X_2 表示初始断面的氧亏浓度 C_0，X_3 表示水温 T，X_4 河流流量 Q，X_5 表示排口流量 g，X_6 表示污水 BOD 浓度 l，X_7 流过该河段所需时间 t。共观测了 15 组数据，如下表所列。试用偏最小二乘法求标准化变量的回归方程。

序号	X_1	X_2	X_3	X_4	X_5	X_6	X_7	Y_1	Y_2
1	6.88	−0.25	27.0	67.478 4	1.123 2	477	0.083	9.35	−2.66
2	6.08	−2.21	27.5	47.779 2	1.123 2	193	0.083	12.30	−4.02
3	2.14	−3.04	26.0	47.779 2	1.123 2	404	0.083	15.60	−4.59
4	5.02	−0.73	26.0	85.622 4	1.123 2	363	0.073	5.88	−3.96
5	7.89	−2.26	26.0	85.622 4	1.123 2	363	0.069	6.34	−3.02
6	2.38	−1.65	15.0	149.040 0	1.555 2	428	0.104	4.00	−1.74
7	1.86	−1.35	15.8	149.040 0	1.555 2	428	0.104	3.76	−1.47
8	1.02	−2.12	17.1	149.472 0	1.382 4	428	0.104	3.98	−2.33
9	1.22	−1.92	17.5	149.472 0	1.382 4	428	0.104	3.98	−2.19
10	0.90	−0.27	17.0	362.880 0	0.993 6	202	0.104	2.78	0.33
11	2.58	−0.09	17.0	362.880 0	0.993 6	202	0.104	1.88	0.23
12	2.78	−1.17	13.5	326.592 0	0.993 6	114	0.104	2.56	−0.74
13	2.10	−1.30	13.5	326.592 0	0.993 6	114	0.104	2.72	−0.80
14	2.32	−0.60	14.5	364.608 0	0.864 0	57	0.104	1.64	−0.62
15	2.96	−0.60	14.5	364.608 0	0.864 0	57	0.104	2.36	−0.32

2. 为了铣刀的磨损问题，对铣刀的磨损量（Y，单位：μm）、横坐标方向作用力（X_1，单位：N）、纵坐标方向作用力（X_2，单位：N）、竖坐标方向作用力（X_3，单位：N）、轴向转矩（X_4，单位：N·m）和铣削行程（X_5，单位：mm）进行了 10 次观测，数据如下表所列。根据经验，这些量之间的关系约为 $Y = a_0 \cdot X_1^{a_1} \cdot X_2^{a_2} \cdot X_3^{a_3} \cdot X_4^{a_4} \cdot X_5^{a_5}$，用偏最小二乘回归方法求标准化变量的回归方程。

序号	X_1	X_2	X_3	X_4	X_5	Y
1	482.864	751.030	620.655	3.438	102.4	58
2	494.491	839.381	665.833	3.655	307.2	134
3	545.946	956.572	701.956	4.293	512.0	177
4	499.069	923.429	708.182	4.052	614.4	185
5	398.541	754.418	595.752	3.544	716.8	186
6	443.403	781.060	691.427	3.721	819.2	188
7	475.448	874.172	685.476	3.935	921.6	208
8	478.011	927.270	761.193	4.026	1 126.4	254
9	517.197	1 068.540	800.104	4.460	1 228.8	276
10	513.443	1 063.510	822.901	4.326	1 331.2	290

第 12 章　Matlab 软件应用基础

Matlab 软件是一个非常著名的通用数学软件，在很多学科中都有广泛应用，我们在日常工作中遇到的数值计算几乎都可以借助 Matlab 软件来处理。本章主要结合多元统计分析的内容，对涉及的 Matlab 软件有关使用方法进行简要介绍。

§12.1　Matlab 软件简介

一、一些常用的命令行窗口指令

指令是 Matlab 软件的基本执行单位，这些指令有的用于对 Matlab 软件本身进行操作，例如清除命令行窗口的显示内容、清理内存变量等，有的用于数学计算（也被称为函数）。Matlab 指令可以在命令行窗口使用，也可以写在脚本文件（M 文件）中使用，区别在于，如果在命令行窗口使用，那么指令会得到立即执行，在脚本文件中使用则要等待使用者点击运行按钮或者在其他程序调用时才会得到执行。通常，如果我们要执行指令比较少，并且结构简单，直接在命令行窗口使用就比较方便，如果要用很多指令来完成一项比较复杂的运算，最好将这些指令写在脚本文件中，这样调试起来比较方便。

常用的命令行窗口指令有：

1. clc

用于清除屏幕上命令行窗口显示的内容，光标回到命令行窗口顶端。这条指令只是把已经显示出来的内容擦掉，并不会清理内存中已经存在的变量、数组等内容。

2. clear

用于清理内存中的变量、数组等，可以直接清除所有变量或数组，也可以清除指定的变量或数组。直接键入“clear”或“clear all”，则清除所有内存变量或数组，清除指定的变量或数组只要在“clear”后面加上相应的名称即可，可以一次清除一个，也可以一次清除多个。例如，“clear x”代表清除内存中的 x 变量或数组，“clear x y”则代表同时清除 x 和 y。

3. who 与 whos

这两个指令用于列出当前工作区内存存储的变量或数组信息，可以显示所有变量或数组信息，也可以显示指定变量或数组的信息。二者区别在于，“who”只列出变量或数组的名字，“whos”则会列出变量名称、大小、类型等详细信息。

4. save

用于保存工作区内存变量或数组到指定的“mat”文件，例如，“save ‘d:\\a’”代表把当前工作区内存的所有内容到 d 盘的“a. mat”文件中，“save ‘d:\\a’ x y”则代表把工作区内存中的 x 和 y 保存到 d 盘的“a. mat”文件中。

5. load

用于加载“mat”文件的内容到工作区内存，用法与“save”相似。例如，“load ‘d:\\a’”代表把“a. mat”的内容加载到工作区内存，“load ‘d:\\a’ x　y”则代表把“a. mat”中存储的 x 和 y 加载到工作区内存。

6. help

用于显示指令或函数的简要使用说明。例如，键入“help sin”并回车，则在命令行窗口显示 sin 函数的基本使用方法。

7. doc

用于显示指令或函数的详细使用说明。例如，键入“doc sin”并回车，Matlab 会打开本机帮助文档窗口，并调出 sin 函数帮助文档说明页，这里展示了有关 sin 函数的全部使用和说明信息。

8. ctrl＋c

这条指令指的是同时按“ctrl”和“c”这两个按键，用于终止当前正在执行的程序。

9. 上下左右箭头

Matlab 会把一定数量的最近执行过的指令存储起来，用上下左右箭头可以翻阅、编辑、重复使用这些指令。

除了上述几个指令之外，还有 delete、which、diary、what 等主要用于命令行窗口的指令，详细用法读者可以通过 help 或 doc 指令查看相应的帮助信息。

二、变量的命名规则

Matlab 软件的变量命名规则和大多数程序设计语言是类似的，主要有以下几条：

（1）必须以字母开头，允许使用字母、数字和下划线。例如，“get_my_x123”是合法的变量名称，“12xy”、“t. d1”是非法的变量名称。

（2）总长度不超过 63 个字符。

（3）对大小写敏感。例如，“X1”和“x1”是两个不同的变量。

（4）尽量不要与系统预定义变量重名。Matlab 软件本身预定义了一些变量，这些变量在 Matlab 软件启动时就被加载进来了，用户可以重新定义这些变量，但是当这些变量被 clear 等指令清除掉或重启 Matlab 软件之后又会重新恢复到预定义状态。系统预定义的变量主要有以下几个：

① ans，用于表示运算结果的缺省变量。

② eps，表示机器零阈值。

③ i 或 j，表示虚数单位。

④ Inf 或 inf，表示无穷大。

⑤ intmax 和 intmin，表示系统默认的最大整数和最小整数。

⑥ realmax 和 realmin，表示系统默认的最大实数和最小实数。

⑦ NaN 或 nan，表示非数(Not a Number)。

⑧ pi，表示圆周率。

⑨ nargin 和 nargout，用于函数，代表输入参数个数和输出参数个数。

三、输出结果的格式控制

Matlab 用 format style 的形式来控制输出结果的显示格式，style 有以下可供选择的选项：

(1) short，这是默认格式，显示小数点后 4 位小数。

(2) short e，带 4 位小数的科学计数法形式，10 的幂次为两位。

(3) short g，整数、小数合起来总共不超过 5 位，超过了就要舍入或用科学计数法表示。

(4) short eng，带 4 位小数的科学计数法形式，10 的幂次为三位。

(5) long，显示小数点后 15 位小数。

(6) long e，带 15 位小数的科学计数法形式，10 的幂次为两位。

(7) long g，整数、小数合起来总共不超过 15 位，超过了就要舍入或用科学计数法表示。

(8) long eng，带 15 位小数的科学计数法形式，10 的幂次为三位。

(9) bank，小数点后显示两个位小数。

(10) rat，将小数化为分数形式显示。

(11) hex，16 进制形式。

(12) loose，松散格式，在显示结果时，行与行之间添加空行。

(13) campact，紧凑格式，在显示结果时，行与行之间没有空格。

(14) ＋，只显示结果的正、负或零，零用空格表示。

需要注意的是，style 是不区分大小写的，例如，“format short”和“format sHorT”的效果是一样的，都表示显示小数点后 4 位。

四、Matlab 软件的运算

1. 算术运算

Matlab 软件的基本算术运算有：＋(加)、－(减)、*(乘)、/(右除)、\(左除)、∧(乘方)、'(转置)。运算是在矩阵意义下进行的，单个数据的算术运算只是一种特例。

(1) 矩阵加减运算

假定有两个矩阵 $\boldsymbol{A}$ 和 $\boldsymbol{B}$，则可以由 $\boldsymbol{A}+\boldsymbol{B}$ 和 $\boldsymbol{A}-\boldsymbol{B}$ 实现矩阵的加减运算。运算规则是：若 $\boldsymbol{A}$ 和 $\boldsymbol{B}$ 矩阵的维数相同，则可以执行矩阵的加减运算，$\boldsymbol{A}$ 和 $\boldsymbol{B}$ 矩阵的相应元素相加减。如果 $\boldsymbol{A}$ 与 $\boldsymbol{B}$ 的维数不相同，则 Matlab 软件将给出错误信息，提示用户两个矩阵的维数不匹配。

(2) 矩阵乘法运算

假定有两个矩阵 $\boldsymbol{A}$ 和 $\boldsymbol{B}$，若 $\boldsymbol{A}$ 为 $m\times n$ 矩阵，$\boldsymbol{B}$ 为 $n\times p$ 矩阵，则 $\boldsymbol{C}=\boldsymbol{A}*\boldsymbol{B}$ 为 $m\times p$ 矩阵。

(3) 矩阵除法运算

在 Matlab 软件中，有两种矩阵除法运算：\和/，分别表示左除和右除。如果 $\boldsymbol{A}$ 矩阵是非奇异方阵，则 $\boldsymbol{A}\backslash\boldsymbol{B}$ 和 $\boldsymbol{B}/\boldsymbol{A}$ 运算可以实现。$\boldsymbol{A}\backslash\boldsymbol{B}$ 等效于 $\boldsymbol{A}$ 的逆左乘 $\boldsymbol{B}$ 矩阵，也就是 inv($\boldsymbol{A}$) * $\boldsymbol{B}$，而 $\boldsymbol{B}/\boldsymbol{A}$ 等效于 $\boldsymbol{A}$ 矩阵的逆右乘 $\boldsymbol{B}$ 矩阵，也就是 $\boldsymbol{B}$ * inv($\boldsymbol{A}$)。对于含有标量的运算，两种除法运算的结果相同。对于矩阵来说，左除和右除表示两种不同的除数矩阵和被除数矩阵的关系，一般 $\boldsymbol{A}\backslash\boldsymbol{B}\neq\boldsymbol{B}/\boldsymbol{A}$。

(4) 矩阵的乘方运算

一个矩阵的乘方运算可以表示成 $\boldsymbol{A}\wedge x$，要求 $\boldsymbol{A}$ 为方阵，x 为标量。

(5) 矩阵的转置运算

矩阵的转置运算操作符为'。转置运算对实数矩阵进行的是行列互换操作，而对复数矩阵则为共轭转置。若对复数矩阵只想进行转置操作而不求共轭，则应使用操作符.'。

(6) 点运算

在 Matlab 软件中，有一种特殊的运算，因为其运算符是在有关算术运算符前面加点，所以叫点运算。点运算符有.*、./、.\和.∧。两矩阵进行点运算是指它们的对应元素进行相关运算，要求两矩阵的维参数相同。

2. 关系运算

Matlab 软件提供了 6 种关系运算符：<(小于)、<=(小于或等于)、>(大于)、>=(大于或等于)、==(等于)、~=(不等于)。关系运算符的运算法则为：

(1) 当两个比较量是标量时，直接比较两数的大小。若关系成立，关系表达式结果为 1，否则为 0。

(2) 当参与比较的量是两个维数相同的矩阵时，比较是对两矩阵相同位置的元素按标量关系运算规则逐个进行，并给出元素比较结果。最终的关系运算的结果是一个维数与原矩阵相同的矩阵，它的元素由 0 或 1 组成。

(3) 当参与比较的一个是标量，而另一个是矩阵时，则把标量与矩阵的每一个元素按标量关系运算规则逐个比较，并给出元素比较结果。最终关系运算的结果是一个维数与原矩阵相同的矩阵，它的元素由 0 或 1 组成。

3. 逻辑运算

Matlab 软件提供了 3 种逻辑运算符：&(与)、|(或)和~(非)。逻辑运算的运算法则为：

(1) 在逻辑运算中，确认非零元素为真，用 1 表示，零元素为假，用 0 表示。

(2) 设参与逻辑运算的是两个标量 a 和 b，那么，a&b 当 a，b 全为非零时，运算结果为 1，否则为 0。$a|b$ 当 a，b 中只要有一个非零，运算结果为 1，否则为 0。~a 当 a 是零时，运算结果为 1；当 a 非零时，运算结果为 0。

(3) 若参与逻辑运算的是两个同维矩阵，那么运算将对矩阵相同位置上的元素按标量规则逐个进行。最终运算结果是一个与原矩阵同维的矩阵，其元素由 1 或 0 组成。

(4) 若参与逻辑运算的一个是标量，一个是矩阵，那么运算将在标量与矩阵中的每个元素之间按标量规则逐个进行。最终运算结果是一个与矩阵同维的矩阵，其元素由 1 或 0 组成。

(5) 逻辑非是单目运算符，也服从矩阵运算规则。

在算术、关系、逻辑运算中，算术运算优先级最高，逻辑运算优先级最低。

五、Matlab 软件的数据类型

Matlab 软件中共有 15 种基本数据类型和 2 种自定义类型，默认数据存储类型为双精度浮点类型(double)。我们比较常用的是数值类型、字符类型和逻辑类型数据。

1. 数值类型

(1) 整数

Matlab 软件中有 4 种有符号整数类型，4 中无符号整数类型。有符号整数类型需要用 1 位来表示数据的正负，因此它的取值范围小于无符号整数类型。这 8 种类型分别是有符号 8 位整数、有符号 16 位整数、有符号 32 位整数、有符号 64 位整数、无符号 8 位整数、无符号 16 位整数、无符号 32 位整数、无符号 64 位整数，转换函数分别为 int8、int16、int32、 int64、uint8、uint16、uint32、uint64。

(2) 浮点数

浮点数分为单精度(single)和双精度(double),double需要64位存储空间,single需要32位存储空间,直接输入变量值创建的是double类型,创建single类型需要用single函数转化。

(3) 复数

表示复数时,可用字母i或j表示虚部,可直接输入或利用函数complex(a,b)创建复数。利用函数real(z)和imag(z)可以获得复数z的实部和虚部。

2. 逻辑类型

逻辑类型的变量有两种取值,逻辑真和逻辑假,分别用"1"和"0"表示。创建逻辑数组方式有多种,可以通过输入"true"或"false"直接创建逻辑数组,也可以通过对数组进行逻辑运算创建,还可以通过Matlab函数产生逻辑数组。函数logical可以将数值类型转化为逻辑类型。

3. 字符类型

创建字符数组最简单的方法是用单引号赋值,利用strcat函数也可将多个字符串串接到一起。如果要创建二维字符数组,则要求每行长度相同,如果长度不同,需要用空格来补充。字符串单元数组可以存储长度可变的字符串,利用cellstr函数可将字符数组转化为字符串单元数组。字符串类型常用的操作函数有:

(1) cellstr:将字符数组转化为字符串单元数组。

(2) char:将字符串单元数组转化为字符数组。

(3) deblank:移除字符串尾部的空格。

(4) iscellstr:判断是否为字符串单元数组。

(5) sort:元素排序。

(6) strcat:串接字符串。

(7) strcmp:比较字符串。

(8) strmatch:查找匹配字符串。

(9) strncmp:判断两个字符串的前n个字符是否相等。

(10) strcmpi、strncmpi:作用与strcmp、strncmp相同,只是不区分大小写。

(11) strrep:用于替换字符串中的某个字符。

(12) upper:将字符串的字符都转变成大写字符。

(13) lower:将字符串的字符都转变成小写字符。

(14) num2str:将数字转变成字符串.

(15) int2str:将整数转变成字符串。

(16) mat2str:将矩阵转变成可被eval函数使用的字符串。

(17) str2double:将字符串转变双精度类型的数据。

(18) str2num:将字符串转变为数字。

在Matlab软件中使用变量的时候,一般不需要对变量的类型事先进行定义,多数情况下,也不需要给变量赋初值,可以随用随赋值,这是Matlab软件比大多数程序设计语言都灵活的地方。

六、M 文件

Matlab 软件中有两种 M 文件，都是以“. m”为文件后缀名。一种是脚本文件，是一种 Matlab 指令的集合，与其他程序设计语言的源代码文件性质相同，可以在 Matlab 软件环境中直接运行。另一种是函数文件，用于编写自行设计的函数，第一行必须是函数定义行，最后一行必须是“end”。函数文件的文件名必须是所定义的函数名，一般不能在 Matlab 软件环境中直接运行，要使用定义的函数名称进行调用。下面分别举例说明。

例 12.1.1　脚本文件示例

文件名：mymfile. m

文件内容：

```
clear
clc
x=25;                    %定义变量 x
y=[1,2,3;4,5,6];         %定义矩阵
z=x*y
```

在这个文件中定义了一个变量 x，并赋值为 25，定义了一个 2 行 3 列的矩阵 $\boldsymbol{y}$，并赋值为[1,2,3;4,5,6]，最后计算 $x*\boldsymbol{y}$ 并存储于 $\boldsymbol{z}$。文件中行末的“;”表示执行这一行时不显示执行的结果，“%”是注释符号，表示后面的内容是注释内容，不会被执行。

例 12.1.2　函数文件

文件名：mycal. m

文件内容：

```
function y=mycal(x)
y=2*x∧2+x+1;
end
```

这个文件的第一行是函数的定义部分，必须以 function 开头，mycal 是函数的名称，函数文件的主文件名必须和函数名称相同，函数定义的基本结构为：输出变量=函数名(输入变量)。当函数具有多个输出变量时，用方括号“[ ]”括之；当函数有多个输入变量时，用圆括号“( )”括之。如：function [x,y,z]=thecal(theta, phi, rho)。当函数不含输出变量时，直接略去输出部分或采用空方括号表示，如：function req(x)或 function []=prs(x)。所有在函数中使用和生成的变量都为局部变量(除非利用 global 语句定义)，这些变量值只能通过输入和输出变量进行传递。因此，在调用函数时应通过输入变量将参数传递给函数；函数调用返回时也应通过输出变量将运算结果传递给函数调用者；其他在函数中产生的变量在返回时被全部清除。除了注释行以外，最后一行必须是“end”，代表函数内容至此结束。

自定义函数的调用方式跟系统自带函数的调用方式相同，例如上面的例 12.1.2 中的函数文件保存好以后，在命令行键入“mycal(2)”，则会显示计算结果“11”。

在函数文件中可以包含多个函数，其中第一个函数称为主函数，其函数名与文件名相同，它可由其他 M 文件或基本工作空间引用。在 M 函数文件中的其他函数称为子函数，它只能由这一个 M 函数件中的主函数或其他子函数引用。每个子函数也由函数定义行开始，紧跟其后的语句为函数体。各种子函数的次序任意，但主函数必须是第一个函数。

七、Matlab 软件的程序结构

与其他程序设计语言一样，Matlab 指令执行的结构也主要有三种：顺序结构、分支结构和循环结构。

1. 顺序结构

顺序结构就是按照指令的排列顺序，自上而下逐条执行。例如：

例 12.1.3 顺序结构示例

文件名：myfile.m

```
clc
x=1;
y=2;
z=3;
t=ones(x,y)*z;
disp('计算结果是：')
pause(10)
t
```

这个程序首先定义了三个变量并进行了赋值，然后计算 t，显示一串文字后再显示计算结果。其中 ones(x,y)表示建立一个 x 行 y 列的元素全是 1 的矩阵，pause(10)表示暂停 10 秒再继续执行，如果只用 pause，则要等待用户按任意键之后才能执行后面的指令。这个程序就是一个顺序结构，在执行时自上而下逐条指令执行。

2. 分支结构

Matlab 中的分支结构由 if、switch、try 三种，其中 if 可与 else 或 elseif 联用形成两分支或多分支结构。无论哪一种分支结构，都必须以"end"结尾。分支结构可以嵌套使用。

(1) 单独使用 if，形式为：

```
if 条件
指令或指令组
end
```

当条件被满足时，介于 if 和 end 之间的指令或指令组被执行，条件不满足则直接跳到 end 的下一条指令继续执行。

(2) if 和 else 联用，形式为

```
if 条件
指令或指令组 1
else
指令或指令组 2
end
```

当条件被满足时，执行指令或指令组 1，否则执行指令或指令组 2。

(3) if 与 elseif 联用，形式为：

```
if 条件 1
指令或指令组 1
elseif 条件 2
```

```
指令或指令组 2
elseif 条件 3
指令或指令组 3
……
else
指令或指令组 n
end
```

当条件 1 被满足时，执行指令或指令组 1，条件 2 被满足时，执行指令或指令组 2，……，如果以上条件都不满足，则执行指令或指令组 n。这种结构中，else 不是必需的，如果没有 else，当这些条件都不满足时，什么也不执行，直接跳到 end 后面的指令继续执行。

(4) switch 结构，形式为：

```
switch 表达式
case 值 1
指令或指令组 1
case 值 2
指令或指令组 2
……
case 值 m
指令或指令组 m
otherwise
指令或指令组 n
end
```

这种结构首先计算表达式的结果，如果等于值 1，则执行指令或指令组 1，等于值 2，则执行指令或指令组 2，……，等于值 m，则执行指令或指令组 m，如果结果跟值 1 到值 m 都不相等，则执行指令或指令组 n。switch 必须与 case 联用，otherwise 可以省略，如果省略 otherwise，当结果与值 1 到值 m 都不相等时，直接跳到 end 后面的指令继续执行。

(5) try 结构，形式为：

```
try
指令或指令组 1
catch
指令或指令组 2
end
```

try 语句先试探性执行指令或指令组 1，如果指令或指令组 1 在执行过程中出现错误，则将错误信息赋给保留的 lasterr 变量，并转去执行指令或指令组 2。

例 12.1.4　输入一个字符，若为大写字母，则输出其对应的小写字母；若为小写字母，则输出其对应的大写字母；若为数字字符则输出其对应的数值，若为其他字符则原样输出。

程序如下：

```
c=input('请输入一个字符','s');
if c>='A' & c<='Z'
```

```
  disp(setstr(abs(c)+abs('a')-abs('A')));
elseif c>='a'& c<='z'
    disp(setstr(abs(c)- abs('a')+abs('A')));
elseif c>='0'& c<='9'
    disp(abs(c)-abs('0'));
else
    disp(c);
end
```

例 12.1.5 某商场对顾客所购买的商品实行打折销售,标准如下(商品价格用 p 来表示):

$p<200$ 则没有折扣,$200\leqslant p<500$ 有 3%折扣,$500\leqslant p<1\ 000$ 有 5%折扣,$1\ 000\leqslant p<2\ 500$ 有 8%折扣,$2\ 500\leqslant p<5\ 000$ 有 10%折扣,$5\ 000\leqslant p$ 有 14%折扣。输入所售商品的价格,求其实际销售价格。

程序如下:

```
p=input('请输入商品价格');
switch fix(p/100)
  case {0,1}              %价格小于 200
      rate=0;
  case {2,3,4}              %价格大于等于 200 但小于 500
      rate=3/100;
  case num2cell(5:9)        %价格大于等于 500 但小于 1 000
      rate=5/100;
  case num2cell(10:24)      %价格大于等于 1 000 但小于 2 500
      rate=8/100;
  case num2cell(25:49)      %价格大于等于 2 500 但小于 5 000
      rate=10/100;
  otherwise                %价格大于等于 5 000
      rate=14/100;
end
p=p*(1-rate)                  %输出商品实际销售价格
```

例 12.1.6 矩阵乘法运算要求两矩阵的维数相容,否则会出错。先求两矩阵的乘积,若出错,则自动转去求两矩阵的点乘。

程序如下:

```
A=[1,2,3;4,5,6]; B=[7,8,9;10,11,12];
try
  C=A*B;
catch
  C=A.*B;
end
C
```

lasterr　%显示出错原因

3. 循环结构

Matlab 的循环结构有 for 和 while 两种，for 结构一般适用于循环次数已知的情况，while 结构一般适用于循环次数未知的情况。

(1) for 结构，形式为：

```
for 循环变量＝表达式 1:表达式 2:表达式 3
循环体语句
end
```

其中表达式 1 的值为循环变量的初值，表达式 2 的值为步长，表达式 3 的值为循环变量的终值。步长为 1 时，表达式 2 可以省略。循环变量可以是逐渐递增的，也可以是逐渐递减的。

for 结构更一般的格式为：

```
for 循环变量＝矩阵表达式
    循环体语句
end
```

执行过程是依次将矩阵的各列元素赋给循环变量，然后执行循环体语句，直至各列元素处理完毕。

(2) while 结构，形式为：

```
while (条件)
        循环体语句
end
```

其执行过程为：若条件成立，则执行循环体语句，执行后再判断条件是否成立，如果不成立则跳出循环。

例 12.1.7　计算 2 到 100 的所有偶数的平方和。

程序如下：

```
S=0;
for i=2:2:100
    S=S+i∧2;
end
S  %显示结果
```

例 12.1.8　每次产生一个随机数，并进行累加，直到其和大于 10 为止。

程序如下：

```
S=0;
while S<=10
        S=S+rand;
end
S  %显示结果
```

循环结构可以进行嵌套使用。与循环结构相关的语句还有 break 语句和 continue 语句，它们一般与 if 语句配合使用。break 语句用于终止本次循环，跳到本重循环的 end 指令之后继续执行。continue 语句控制跳过循环体中的某些语句，当在循环体内执行到该语句时，程序将跳过循环体中所有剩下的语句，继续下一次循环。

§12.2 数组与矩阵

在 Matlab 软件中，数组的定义是广义的，数组可以是任意类型的，而矩阵则是一种特殊的数组。数组是 Matlab 软件存储数据的基本结构，数组的使用也非常灵活，对于数学计算而言，通常我们用到的都是以数值为元素的数组，也就是矩阵，本节主要介绍有关矩阵的使用方法。

一、矩阵的建立

建立矩阵有很多种方法，可以从键盘录入，也可以从文件读取，也可以通过计算生成等等。

1. 用键盘直接输入

矩阵是用[ ]将一些数字按一定结构括起来形成的。同一行的各元素之间用空格或逗号分隔，不同行的元素之间用分号分隔。

例如，**A**=[1,2,3;4,5,6]表示建立一个 2 行 3 列的矩阵，第一行元素为 1,2,3，第二行元素为 4,5,6。**B**=[ ]则表示建立一个空矩阵。**C**=[1:2:10]表示建立一个行向量，元素为 1,3,5,7,9。

2. 用文件建立矩阵

当数据量比较大时，直接用键盘输入是非常麻烦的，这时可以考虑将数据存储到文件中，然后在 Matlab 软件中加载给变量。文件可以是纯文本的 txt 格式，也可以是 Excel 文件格式。txt 文件可以使用 load 指令加载，Excel 文件可以用 xlsread 指令加载。相应地，也可以将 Matlab 软件中的矩阵用 dlmwrite 指令写入某个 txt 文件中，或用 xlswrite 指令写入 Excel 文件中。

load 指令的使用格式为：A=load(filename)。

xlsread 指令的使用格式为：A=xlsread(filename,sheet,xrange)，sheet 为 Excel 文件选项卡的名字，xrange 为读取范围。sheet 和 xrange 可以省略，此时默认加载第一个选项卡的从左上角开始的所有数据。

dlmwrite 指令的使用格式为：dlmwrite(filename,A)，将 **A** 矩阵的内容写入 filename 文件中。

xlswrite 指令的使用格式为：xlswrite(filename,A,sheet, xrange)，将 **A** 矩阵的内容写入 filename 文件中，sheet 是选项卡的名字，xrange 是写入位置。sheet 和 xrange 可以省略，此时默认从第一个选项卡的左上角开始写入数据。

以上指令的 filename 可包含路径，写入时如果文件不存在会自动创建文件并显示警告信息。

例 12.2.1 将下列数据分别存储于 d 盘"m1.txt"文件和"m2.xlsx"文件中，用 load 指令加载给 A 矩阵，用 xlsread 指令加载给 B 矩阵，转置之后再分别写入"m3.txt"和"m4.xlsx"的 sheet2 中从第二行第二列开始的位置。

16	12	18	19	14	16
13	10	20	17	15	19
17	17	14	15	11	13

15	20	11	16	15	15
14	12	17	18	20	18
13	17	20	18	19	16
13	17	16	19	11	14
19	18	10	15	19	18
20	10	12	16	11	15
19	19	17	10	19	14
12	16	17	12	19	17
12	18	12	11	20	16
18	14	20	16	13	20
20	11	18	15	18	14
11	18	15	13	15	16
16	10	17	17	20	19
10	19	19	12	10	11
14	15	17	13	20	10
20	13	18	15	16	15
19	16	13	11	19	10

程序如下：

```
A=load('d:\\m1.txt')
B=xlsread('d:\\m2.xlsx')
dlmwrite('d:\\m3.txt',A')
xlswrite('d:\\m4.xlsx',B','sheet2','B2')
```

3. 用指令创建特殊矩阵

Matlab 软件提供了一些建立特殊矩阵的函数，常用的有：

(1) zeros：产生全 0 矩阵(零矩阵)。

(2) ones：产生全 1 矩阵(幺矩阵)。

(3) eye：产生单位矩阵。

(4) rand：产生 0～1 间均匀分布的随机矩阵。

(5) randn：产生均值为 0，方差为 1 的标准正态分布随机矩阵。

(6) magic：生成一个魔方阵。

(7) vander：生成一个范德蒙德矩阵。

(8) hilb 和 invhilb：生成希尔伯特(Hilbert)矩阵和逆希尔伯特矩阵。

(9) toeplitz：生成托普利兹(Toeplitz)矩阵。

(10) pascal：生成一个帕斯卡矩阵。

(11) compan：生成伴随矩阵。

(12) diag：生成对角阵。

(13) linspace：生成线性分布的向量。

在使用时，只要按照函数的要求根据实际需要指定相应的参数即可，例如生成 4 阶单位矩阵可以使用 eye(4)，生成 3 行 4 列全是 0 的矩阵可以用 zeros(3,4)，生成 5 阶魔方阵可以用 magic(5)。

二、矩阵的操作

1. 矩阵元素的引用

可以通过指定矩阵下标位置来引用矩阵的相应元素。例如 **A** 是一个 4 行 6 列的矩阵，**A**(2,3)表示引用 **A** 矩阵第 2 行第 3 列的位置的元素，**A**(:,2)表示引用 **A** 矩阵第 2 列的元素，**A**(1:3,:)表示引用 **A** 矩阵前 3 行的元素，**A**(1:3,4:6)表示引用 **A** 矩阵前 3 行后 3 列的元素。

也可以通过函数来引用矩阵元素，如

(1) diag(A)：引用 **A** 的对角线元素。

(2) triu(A)：引用 **A** 的上三角元素。

(3) tril(A)：引用 **A** 的下三角元素。

2. 矩阵的拼接与删除

利用[ ]可以将满足要求的多个矩阵合并为一个矩阵，也可以将一个矩阵的某些行或某些列删除。

例如，**A** 是一个 4 行 6 列的矩阵，**B** 是一个 4 行 2 列矩阵，则[**A**,**B**]则将 **A** 和 **B** 合并为一个 4 行 8 列的 **A** 在左 **B** 在右的矩阵。**A** 是一个 4 行 6 列的矩阵，**C** 是一个 2 行 6 列的矩阵，则[**A**;**C**]将 **A** 和 **C** 合并成一个 6 行 6 列的 **A** 在下 **C** 在上的新矩阵。*A*(1,:)=[]表示删掉 **A** 中的第 1 行，**A** 的行数减少 1 个。*B*(:,3:4)=[]则表示删掉 **B** 的第 3 列和第 4 列，**B** 的列数减少 2 个。*C*[:,4:end]表示引用 **C** 矩阵从第 4 列到最后一列的元素。

Matlab 软件还提供了一些矩阵拼接函数，主要有：

(1) cat：按指定方向拼接矩阵。

(2) horzcat：水平拼接。

(3) vertcat：垂直拼接。

(4) repmat：通过对现有矩阵的复制和粘贴操作拼成新矩阵。

(5) blkdiag：用现有矩阵拼接一个分块对角阵。

3. 矩阵的翻与转

(1) transpose(A)：对矩阵 **A** 转置，相当于 **A'**。

(2) rot90(A)：将 **A** 逆时针旋转 90°。

(3) flipud(A)：将 **A** 上下翻转。

(4) fliplr(A)：将 **A** 左右翻转。

三、矩阵的计算函数

(1) det(A)：求方阵 **A** 的行列式。

(2) inv(A)：求方阵 **A** 的逆矩阵，等同于 **A**∧(−1)。

(3) rank(A)：求矩阵 **A** 的秩。

(4) trace(A)：求矩阵 **A** 的迹。

(5) eig(A)：求矩阵 **A** 的特征值。

[v,d]=eig(A)：求矩阵 **A** 的特征值和特征向量，特征向量存储于 ***v*** 矩阵，每一列是一个特征向量，特征值存储于 ***d*** 矩阵，***d*** 是对角阵，对角线元素为特征值，特征值与其特征向量的位置是对应的。

(6) norm(A,1)：计算矩阵 **A** 的 1 范数。

norm(A)：计算矩阵 **A** 的 2 范数。

norm(A,inf)：计算矩阵 **A** 的无穷范数。

(7) orth(A)：求 **A** 矩阵的列向量组的规范正交基，若记返回结果为 B，则 B 的列数为 **A** 的秩，$B' * B=I$。

(8) sortrows(A,k)：对 **A** 矩阵按第 k 列元素的大小重新排列行的顺序，默认为从上到下升序排列，k 若为负值则表示从上到下按降序排列，k 可省略，省略 k 则按第一列元素排序。

(9) [m,n]=size(A)：求 **A** 矩阵的行数和列数，行数存储于 m，列数存储于 n。

例 12.2.2　对矩阵 **A**=[8,9,3;9,6,5;1,1,9]求特征值和特征向量，并将特征值按从大到小顺序排列输出，特征向量进行规范正交化，按对应特征值的次序输出。

程序如下：

```
A=[8,9,3;9,6,5;1,1,9];
[m,n]=size(A);
[v,d]=eig(A);
temp1=[diag(d),v'];
temp2=sortrows(temp1,-1);
lambda=temp2(:,1)                  %特征值
vectors=orth(temp2(:,2:end)')      %规范正交化的特征向量
```

需要注意的是，Matlab 是按列存储矩阵的，很多函数的运算也是按列进行的，例如 sum(A)表示对 **A** 矩阵按列求和，其结果是一个行向量，每个元素是 **A** 中相应列的和。又如，假设 **A**=[8,0,0;0,0,6;0,0,9]，find(A)返回的是 **A** 中不是 0 的元素的位置，这个位置是按列计算的，其结果为 1,8,9，是对 **A** 按从左到右从上到下的顺序计数的，引用 **A**(8)会得到 6，也是同样的道理。

§12.3　图形绘制

一、二维绘图函数

1. plot 函数

调用格式：

(1) plot(x, y, s)，x，y 是向量，表示绘图点的横坐标和纵坐标，plot 会自动将点之间按顺序用线连起来，s 代表绘图式样。

(2) plot(x1, y1, s1, x2, y2, s2,…, xn, yn, sn)，可以在同一个坐标系内画多条曲线。

s 代表对曲线类型、颜色，以及数据点形状的控制参数，省略 s 则由 Matlab 自动分配式样。s 可选项以及标识符见表 12.3.1。

表 12.3.1　　**plot 函数绘图式样参数**

线型	标识符	数据点	标识符	颜色	标识符
实线	—	点	.	蓝色	b
点	:	圆圈	o	绿色	g
点画线	—.	x 形状	x	青色	r

续表 12.3.1

线型	标识符	数据点	标识符	颜色	标识符
虚线	--	加号	+	洋红色	m
		星号	*	黄色	y
		方形	S	黑色	k
		菱形	d	白色	w
		下三角	v		
		上三角	∧		
		左三角	<		
		右三角	>		
		五角星	p		
		六角星	h		

例 12.3.1 在同一个坐标系内画出 sin(x)和 cos(x)的图形，sin(x)用红色虚线，数据点用圈表示，cos(x)用蓝色点线，数据点用星号表示。

程序如下：

```
x=linspace(0,2 * pi,30);
y1=sin(x);
y2=cos(x);
plot(x,y1,'r- -o',x,y2,'b: * ')
```

2. ezplot 函数

调用格式：

(1) ezplot('f(x)',[a,b])，在 $a<x<b$ 区间内绘制显函数 $f=f(x)$ 的函数图。

(2) ezplot('f(x,y)', [xmin, xmax, ymin, ymax])，在区间 $x_{min}<x<x_{max}$ 和 $y_{min}<y<y_{max}$ 上绘制隐函数 $f(x,y)=0$ 的函数图像。

(3) ezplot('x(t)', 'y(t)' ,[tmin, tmax])，在区间 $t_{min}<t<t_{max}$ 上绘制参数方程 $x=x(t)$，$y=y(t)$ 的函数图像。

3. fplot 函数

调用格式：fplot('fun', lims)，表示绘制字符串 fun 指定的函数在 lims=[x_{min},x_{max}]的图形。fun 必须是 M 文件的函数名或是独立变量为 x 的字符串，fplot 函数不能画参数方程和隐函数图形，但在一个图上可以画多个图形。

4. polar 函数

调用格式：polar(theta, r, s)，绘制极坐标图形，**theata**，***r*** 是向量，表示用于描绘曲线的点的极角和极径，s 代表绘图式样，控制参数与 plot 相同。

5. plotyy 函数

调用格式：plotyy(x1,y1,x2,y2)，绘制双纵坐标图，$x1$，$y1$ 对应一条曲线，$x2$，$y2$ 对应另一条曲线。横坐标的标度相同，纵坐标有两个，左边的对应 $x1$，$y1$ 数据对，右边的对应 $x2$，$y2$。

6. 一些其他函数

(1) bar:绘制直方图。

(2) hist:绘制统计直方图。

(3) stairs:绘制阶梯图。

(4) stem: 绘制火柴杆图。

(5) rose:绘制统计扇形图。

(6) comet:绘制彗星曲线。

(7) area:绘制区域图。

(8) pie:绘制饼图。

(9) semilogx,semilogy:绘制半对数坐标图。

(10) loglog:绘制全对数坐标图。

(11) fill:绘制填充图。

(12) scatter:绘制散点图。

二、二维图形修饰与控制

1. 图形标注

在绘制图形时,可以对图形加上一些说明,如图形的名称、坐标轴说明以及图形某一部分的含义等,这些操作称为添加图形标注。有关图形标注函数的调用格式为:

(1) title('图形名称'),标注图形名称。

(2) xlabel('x 轴说明'),ylabel('y 轴说明'),标注坐标名称。

(3) text(x,y,'图形说明'),在 x,y 位置添加说明。

(4) legend('图例 1','图例 2',…),显示图例。

2. 坐标控制

(1) axis([xmin xmax ymin yma,]):给出的 x、y 轴的最小值和最大值选择坐标系范围。

(2) axis equal:纵横坐标轴采用等长刻度。

(3) axis square:产生正方形坐标系(默认为矩形)。

(4) axis auto:系统自动配置坐标,这是默认设置。

(5) axis on /off:显示/隐藏坐标轴。

3. 网格线控制

grid on/off:显示/隐藏网格线,不带参数的 grid 命令在两种之间进行切换。给坐标加边框用 box 命令控制,用法与 grid 一样。

4. 图形保持

一般情况下,每执行一次绘图命令,就刷新一次当前图形窗口,图形窗口原有图形将不复存在,如果希望在已经存在的图形上再继续添加新的图形,可以使用图形保持命令 hold。

hold on/off:保持/不保持原有图形,不带参数的 hold 命令在两者之间进行切换。

5. 图形窗口控制

(1) figure:建立图形窗口。

(2) figure(k):建立或定位到图形窗口 k。

(3) subplot(m,n,p):把当前窗口分成 $m\times n$ 个绘图区,m 行,每行 n 个绘图区,区号按

行优先编号。其中第 p 个区为当前活动区。每一个绘图区允许以不同的坐标系单独绘制图形。

例 12.3.2 分别以条形图、阶梯图、火柴杆图和填充图形式绘制曲线 $y=2\sin(x)$。

程序如下：

```
x=0:pi/10:2*pi;
y=2*sin(x);
subplot(2,2,1);bar(x,y,'g');
title('bar(x,y,"g")');axis([0,7,-2,2]);
subplot(2,2,2);stairs(x,y,'b');
title('stairs(x,y,"b")');axis([0,7,-2,2]);
subplot(2,2,3);stem(x,y,'k');
title('stem(x,y,"k")');axis([0,7,-2,2]);
subplot(2,2,4);fill(x,y,'y');
title('fill(x,y,"y")');axis([0,7,-2,2]);
```

三、三维绘图函数

1. plot3 函数

plot3 函数主要用于绘制三维曲线，用法和二维曲线绘图函数 plot 类似。调用格式为：

plot3(x1,y1,z1,s1,x2,y2,z2,s2,…)，其中每一组 x,y,z 组成一组曲线的坐标参数，s 为绘图式样，绘图式样的定义与 plot 的选项一样。当 x,y,z 是同维向量时，则 x,y,z 对应元素构成一条三维曲线。当 x,y,z 是同维矩阵时，则以 x,y,z 对应列元素绘制三维曲线，曲线条数等于矩阵的列数。

例 12.3.3 绘制空间曲线

该曲线对应的参数方程为：

```
t=0:pi/50:2*pi;
x=8*cos(t);
y=4*sqrt(2)*sin(t);
z=-4*sqrt(2)*sin(t);
plot3(x,y,z,'p');
title('Line in 3-D Space');
text(0,0,0,'origin');
xlabel('X');ylabel('Y');zlabel('Z');grid;
```

2. meshgrid 函数

当绘制 $z=f(x,y)$ 所代表的三维曲面图时，先要在 xoy 平面选定一矩形区域，假定矩形区域为 $D=[a,b]\times[c,d]$，然后将 $[a,b]$ 在 x 方向分成 m 份，将 $[c,d]$ 在 y 方向分成 n 份，由各划分点做平行轴的直线，把区域 D 分成 $m\times n$ 个小矩形。生成代表每一个小矩形顶点坐标的平面网格坐标矩阵，最后利用有关函数绘图。产生平面区域内的网格坐标矩阵有两种方法：

(1) 利用矩阵运算生成：

```
x=a:dx:b;
```

```
y=(c:dy:d)';
X=ones(size(y))*x;
Y=y*ones(size(x));
```

经过上述语句执行后，矩阵 X 的每一行都是向量 x，行数等于向量 y 的元素个数，矩阵 Y 的每一列都是向量 y，列数等于向量 x 的元素个数。

(2) 利用 meshgrid 函数生成：

```
x=a:dx:b;
y=c:dy:d;
[X,Y]=meshgrid(x,y);
```

语句执行后，所得到的网格坐标矩阵和上法，相同，当 $x=y$ 时，可以写成 meshgrid(x)。

3. mesh 函数和 surf 函数

mesh 函数用来绘制三维网格图，只绘制网格线，网格面不会填充颜色。surf 函数用来绘制三维曲面图，制网格线，网格面用颜色填充。

调用格式为：mesh(x,y,z,c)，surf(x,y,z,c)。

一般情况下，$\boldsymbol{x},\boldsymbol{y},\boldsymbol{z}$ 是维数相同的矩阵，$\boldsymbol{x},\boldsymbol{y}$ 是网格坐标矩阵，$\boldsymbol{z}$ 是网格点上的高度矩阵，c 用于指定在不同高度下的颜色范围。c 省略时，默认为 $c=z$，也即颜色的设定是正比于图形的高度的。这样就可以得到层次分明的三维图形。当 $\boldsymbol{x},\boldsymbol{y}$ 省略时，把 $\boldsymbol{z}$ 矩阵的列下标当作 $\boldsymbol{x}$ 轴的坐标，把 $\boldsymbol{z}$ 矩阵的行下标当作 y 轴的坐标，然后绘制三维图形。当 $\boldsymbol{x},\boldsymbol{y}$ 是向量时，要求 x 的长度必须等于 $\boldsymbol{z}$ 矩阵的列，y 的长度必须等于 $\boldsymbol{z}$ 矩阵的行，$\boldsymbol{x},\boldsymbol{y}$ 向量元素的组合构成网格点的 x,y 坐标，z 坐标则取自 $\boldsymbol{z}$ 矩阵，然后绘制三维曲线。

4. meshc 函数和 meshz 函数

meshc 函数用于绘制带等高线的三维网格曲面图，在绘制曲面的同时，在 xy 平面上绘制曲面在 z 轴方向的等高线。

meshz 用于绘制带底座的三维网格曲面图，在绘制曲面的同时，在 xy 平面上绘制曲面的底座。

这两个函数的用法与 mesh 函数类似。

5. surfc 函数和 surfl 函数

surfc 函数用于绘制具有等高线的曲面图。surfl 函数用于绘制具有光照效果的曲面图。这两个函数的用法和 surf 函数类似。

6. 标准曲面绘制函数

Matlab 提供了一些函数用于绘制标准三维曲面，这些函数可以产生相应的绘图数据，常用于三维图形的演示。如，sphere 函数和 cylinder 函数分别用于绘制三维球面和柱面。

sphere 函数的调用格式为：[x,y,z]=sphere(n)

该函数将产生 $(n+1)\times(n+1)$ 矩阵 x,y,z。采用这三个矩阵可以绘制出圆心位于原点、半径为 1 的单位球体。若在调用该函数时不带输出参数，则直接绘制所需球面。n 决定了球面的圆滑程度，其默认值为 20。若 n 值取的比较小，则绘制出多面体的表面图。

cylinder 函数的调用格式为：[x,y,z]=cylinder(R,n)

其中 $\boldsymbol{R}$ 是一个向量，存放柱面各个等间隔高度上的半径，n 表示在圆柱圆周上有 n 个间隔点，默认有 20 个间隔点。如：cylinder(3)生成一个圆柱，cylinder([10,1])生成一个圆锥。

而 t=0:pi/100:4*pi; R=sin(t); cylinder(R,30);生成一个正弦圆柱面。

peaks 函数,称为多峰函数,常用于三维曲面的演示。该函数可以用来生成绘图数据矩阵,如 $\boldsymbol{z}$=peaks(30)将生成一个 30×30 矩阵。

7. 一些其他三维绘图函数

(1) bar3:绘制三维条形图。

(2) stem3:绘制离散序列数据的三维火柴杆图。

(3) pie3:绘制三维饼图。

(4) fill3:绘制出填充过的多边形。

(5) trimesh:绘制三角形网格曲面图,不涂色。

(6) trisurf:绘制三角形网格曲面图,涂色。

(7) contour3:绘制等高线图。

(8) comet3:绘制三维彗星图。

(9) scatter3:绘制三维散点图。

(10) waterfall:绘制瀑布图。

(11) ribbon:绘制带状图。

例 12.3.4 在 xoy 平面内选择区域[−8,8]×[−8,8],分别用 mesh、meshc、meshz、surf 绘制 peaks 图形。

程序如下:

```
[x,y]=meshgrid(linspace(-8,8,30));
z=peaks(30);
subplot(2,2,1);
mesh(x,y,z);
title('mesh(x,y,z)')
subplot(2,2,2);
meshc(x,y,z);
title('meshc(x,y,z)')
subplot(2,2,3);
meshz(x,y,z)
title('meshz(x,y,z)')
subplot(2,2,4);
surf(x,y,z);
title('surf(x,y,z)')
```

四、三维绘图的修饰与控制

二维图形修饰与控制中的方法同样也适用于三维图形,除此之外,三维图形还有一些特殊的修饰控制方法。

1. 视点控制

Matlab 提供了设置视点的函数 view,其调用格式为:view(az,el),其中 az 为方位角,el 为仰角,它们均以度为单位。系统缺省的视点定义为方位角−37.5°,仰角 30°。

2. 图形剪裁

Matlab 定义的 NaN 常数可以用于表示那些不可使用的数据，利用这些特性，可以将图形中需要裁剪部分对应的函数值设置成 NaN，这样在绘制图形时，函数值为 NaN 的部分将不显示出来，从而达到对图形进行裁剪的目的。

3. 色彩控制

Matlab 控制色彩除了用字符表示颜色之外，还有 RGB 向量方式和色图矩阵方式。

RGB 方式是用含有 3 个元素的向量表示颜色。向量元素在[0,1]范围取值，3 个元素分别表示红、绿、蓝 3 种颜色的相对亮度，称为 RGB 三元组。色图(Color map)是 Matlab 系统引入的概念。在 Matlab 中，每个图形窗口只能有一个色图。色图是 $m\times3$ 的数值矩阵，它的每一行是 RGB 三元组。色图矩阵可以人为地生成，也可以调用 Matlab 提供的函数来定义色图矩阵。colormap 可用的参数有：

(1) hsv：饱和值色图。

(2) gray：线性灰度色图。

(3) hot：暖色色图。

(4) cool：冷色色图。

(5) bone：蓝色调灰色图。

(6) copper：铜色色图。

(7) pink：粉红色图。

(8) prism：光谱色图。

(9) jet：饱和值色图Ⅱ。

(10) flag：红、白、蓝交替色图。

三维表面图实际上就是在网格图的每一个网格片上涂上颜色。surf 函数用缺省的着色方式对网格片着色。除此之外，还可以用 shading 指令来改变着色方式。shading 指令的使用方式有：

(1) shading faceted：将每个网格片用其高度对应的颜色进行着色，但网格线仍保留着，其颜色是黑色。这是系统的缺省着色方式。

(2) shading flat：将每个网格片用同一个颜色进行着色，且网格线也用相应的颜色，从而使得图形表面显得更加光滑。

(3) shading interp：命令在网格片内采用颜色插值处理，得出的表面图显得最光滑。

例 12.3.5　绘制两个球面，其中一个在另一个里面，将外面的球裁掉一部分，以便能看到里面的球。

程序如下：

```
[x,y,z]=sphere(25);
%生成外面的大球
z1=z;
z1(:,1:4)=NaN;                    %将大球裁去一部分
c1=ones(size(z1));
surf(3*x,3*y,3*z1,c1);            %生成里面的小球
hold on
```

```
z2=z;
c2=2*ones(size(z2));
c2(:,1:4)=3*ones(size(c2(:,1:4)));
surf(1.5*x,1.5*y,1.5*z2,c2);
colormap([0 1 0;0.5 0 0;1 0 0]);
grid on
hold off
```

§12.4 Matlab 软件的统计分析功能

Matlab 软件的统计功能非常丰富，它的统计工具箱提供了大量统计函数，本节只对其中部分函数的使用方法进行介绍。

一、一些概率和分布函数

1. 排列与组合计算函数

有关古典概型的计算经常用到排列和组合这两种运算，Matlab 软件提供的排列与组合函数主要有 perms、combnk、factorial、prod、cumprod、nchoosek 等。

(1) perms 函数的调用格式为：perms(n:m)或 perms(V)

perms(n:m)用于列出所有从 n 到 m 的整数的全排列结果。

perms(V)用于列出向量 $\boldsymbol{V}$ 中所有元素的全排列结果。

(2) combnk 函数的调用格式为：combnk(V,K)，其返回结果为从向量 $\boldsymbol{V}$ 中选择 K 个元素的所有组合。

(3) factorial 函数的调用格式为：factorial(N)，其返回结果为 N 的阶乘。

(4) prod 函数的调用格式为：prod(X)，如果 $\boldsymbol{X}$ 为向量，则返回该向量的所有元素的乘积；如果 $\boldsymbol{X}$ 为矩阵，则返回每一列元素的乘积。

(5) cumprod 函数的调用格式为：cumprod(X)，如果 $\boldsymbol{X}$ 为向量，则返回该向量从第一个元素开始的每一个元素的累积乘积结果；如果 $\boldsymbol{X}$ 为矩阵，则返回每一列从第一个元素开始的每一个元素的累积乘积结果。

当 $\boldsymbol{X}$ 为矩阵时，cumprod 函数的另一个调用格式为：cumprod(X,DIM)，当 DIM=1 时，则返回每一列从第一个元素开始的每一个元素的累积乘积结果；当 DIM=2 时，则返回每一行从第一个元素开始的每一个元素的累积乘积结果。

(6) nchoosek 函数的调用格式为：nchoosek(N,K)，其返回结果为组合数 C_N^K 的值。

2. 概率分布函数

在 Matlab 软件中提供了 5 种与概率分布有关的函数类型，分别是：

(1) pdf：概率密度函数，用于计算概率密度的值，这里所说的概率密度包括离散型随机变量的分布律和连续型随机变量的密度函数。

(2) cdf：累积分布函数，用于计算分布函数的值，分布函数指的是 $F(x)=P(X\leqslant x)$。

(3) inv：逆累积分布函数，是 cdf 的逆运算，通常用于求分位点，这里所说的分位点指的是下分位点，即 $P(X\leqslant x_\alpha)=\alpha$。

(4) stat：期望与方差计算函数，用于计算相关分布的期望和方差。

(5) rnd:随机数生成函数,用于从指定分布中产生随机数。

Matlab 软件通过"分布名称+函数类型"的方式形成具体的概率分布计算函数,例如,假设 $X \sim N(2,3^2)$,其密度函数为 $f(x)=\frac{1}{3\sqrt{2\pi}}e^{-\frac{(x-2)^2}{2}}$,计算 $f(2.1)$、$P(X<3.5)$ 以及期望与方差的指令和运行结果分别为:

```
>> normpdf(2.1,2,3)
ans = 0.1329
>> normcdf(3.5,2,3)
ans = 0.6915
>> [Mean,Var]=normstat(2,3)
Mean = 2
Var = 9
```

Matlab 可以计算的部分分布如表 12.4.1 所列。

表 12.4.1 Matlab 中的概率分布

序号	分布名称与参数	密度或分布律	相关函数
1	β 分布 $Be(\alpha,\beta)$	$f(x)=\begin{cases}\frac{1}{B(\alpha,\beta)}x^{\alpha-1}(1-x)^{\beta-1}, & 0<x<1\\ 0, & x\leqslant 0, x\geqslant 1\end{cases}$	betapdf(X,A,B) betacdf(X,A,B) betainv(P,A,B) betastat(A,B) betarnd(A,B) betarnd(A,B,M,N,…)
2	二项分布 $B(n,p)$	$P(X=k)=C_n^k p^k(1-p)^{n-k}, k=0,1,2,\cdots,n$	binopdf(X,N,P) binocdf(X,N,P) binoinv(Y,N,P) binostat(N,P) binornd(N,P,MM,NN) binornd(N,P,MM,NN,…)
3	χ^2 分布 $\chi^2(n)$	$f(x)=\begin{cases}\frac{1}{2^{n/2}\Gamma(\frac{n}{2})}x^{\frac{n}{2}-1}e^{-\frac{x}{2}}, & x\geqslant 0\\ 0, & x<0\end{cases}$	chi2pdf(X,V) chi2cdf(X,V) chi2inv(P,V) binostat(N,P) chi2rnd(V) chi2rnd(V,M,N,…)
4	指数分布 $E(\mu)$	$f(x)=\begin{cases}\frac{1}{\mu}e^{-\frac{1}{\mu}x}, & x>0\\ 0, & x\leqslant 0\end{cases}$	exppdf(X,MU) expcdf(X,MU) expinv(P,MU) expstat(MU) exprnd(MU) exprnd(MU,M,N,…)

续表 12.4.1

序号	分布名称与参数	密度或分布律	相关函数
5	F 分布 $F(n_1,n_2)$	$f(x)=\begin{cases}\dfrac{\Gamma(\frac{n_1+n_2}{2})}{\Gamma(\frac{n_1}{2})\Gamma(\frac{n_2}{2})}(\frac{n_1}{n_2})^{\frac{n_1}{2}}x^{\frac{n_1}{2}-1}(1+\frac{n_1}{n_2}x)^{-\frac{n_1+n_2}{2}}, & x\geqslant 0\\ 0, & x<0\end{cases}$	fpdf(X,V1,V2) fcdf(X,V1,V2) finv(P,V1,V2) fstat(V1,V2) R = frnd(V1,V2) frnd(V1,V2,M,N,…)
6	Γ 分布 $Ga(a,b)$	$f(x)=\begin{cases}\dfrac{1}{b^a\Gamma(a)}x^{a-1}\mathrm{e}^{-\frac{x}{b}}, & x>0\\ 0, & x\leqslant 0\end{cases}$	gampdf(X,A,B) gamcdf(X,A,B) gaminv(P,A,B) gamstat(A,B) gamrnd(A,B) gamrnd(A,B,M,N,…)
7	几何分布 $Ge(p)$	$P(X=k)=p(1-p)^k,k=0,1,2,\cdots$	geopdf(X,P) geocdf(X,P) geoinv(Y,P) geostat(P) geornd(P) geornd(P,M,N,…)
8	超几何分布 $H(M,K,n)$	$P(X=k)=\dfrac{C_K^k C_{M-K}^{n-k}}{C_M^n},k=0,1,2,\cdots,n$	hygepdf(X,M,K,N) hygecdf(X,M,K,N) hygeinv(P,M,K,N) hygestat(M,K,N) hygernd(M,K,N) hygernd(M,K,N,MM,NN,…)
9	正态分布 (高斯分布) $N(\mu,\sigma^2)$	$f(x)=\dfrac{1}{\sigma\sqrt{2\pi}}\mathrm{e}^{-\frac{(x-\mu)^2}{2\sigma^2}}$	normpdf(X,MU,SIGMA) normcdf(X,MU,SIGMA) norminv(P,MU,SIGMA) normstat(MU,SIGMA) normrnd(MU,SIGMA) normrnd(MU, SIGMA, M, N, …)
10	对数正态分布 $LN(\mu,\sigma^2)$	$f(x)=\begin{cases}\dfrac{1}{x\sigma\sqrt{2\pi}}\mathrm{e}^{-\frac{(\ln x-\mu)^2}{2\sigma^2}}, & x>0\\ 0, & x\leqslant 0\end{cases}$	lognpdf(X,MU,SIGMA) logncdf(X,MU,SIGMA) logninv(P,MU,SIGMA) lognstat(MU,SIGMA) lognrnd(MU,SIGMA) lognrnd(MU, SIGMA, M, N, …)

续表 12.4.1

序号	分布名称与参数	密度或分布律	相关函数
11	负二项分布 $Nb(n,p)$	$P(X=k)=C_{n+k-1}^{k}p^{n}(1-p)^{k},k=0,1,2,\cdots$	nbinpdf(X,R,P) nbincdf(X,R,P) nbininv(Y,R,P) nbinstat(R,P) nbinrnd(R,P,M,N) nbinrnd(R,P,M,N,…)
12	泊松分布 $P(\lambda)$	$P(X=k)=\frac{\lambda^k}{k!}e^{-\lambda},k=0,1,2,\cdots$	poisspdf(X,LAMBDA) poisscdf(X,LAMBDA) poissinv(P,LAMBDA) poisstat(LAMBDA) poissrnd(LAMBDA) poissrnd(LAMBDA,M,N,…)
13	t 分布 $t(n)$	$f(x)=\frac{\Gamma(\frac{n+1}{2})}{\sqrt{n\pi}\Gamma(\frac{n}{2})}(1+\frac{x^2}{n})^{-\frac{n+1}{2}}$	tpdf(X,V) tcdf(X,V) tinv(P,V) tstat(NU) trnd(V) trnd(V,M,N,…)
14	离散型均匀分布	$P(X=k)=\frac{1}{N},k=1,2,3,\cdots,N$	unidpdf(X,N) unidcdf(X,N) unidinv(P,N) unidstat(N) unidrnd(N) unidrnd(N,MM,NN,…)
15	连续型均匀分布 $U(a,b)$	$f(x)=\begin{cases}\frac{1}{b-a}, & a<x<b\\ 0, & 其他\end{cases}$	unifpdf(X,A,B) unifcdf(X,A,B) unifinv(P,A,B) unifstat(A,B) unifrnd(A,B) unifrnd(A,B,MM,NN,…)

表中列出的密度函数和分布律的形式与 Matlab 所使用的形式是一致的，而有些形式与一些概率统计教科书上采用的形式稍有不同。除了上述形式以外，Matlab 还允许使用 pdf、cdf、icdf、rand 等函数计算分布值、概率、分位点、生成随机数等，只要在这些函数中设置相应的分布类型作为参数即可，调用方式形如 pdf（'name'，x，A）、cdf（'name'，x，A）、icdf（'name'，y，A）等。表 12.4.1 所列的分布对应的 name 参数分别为：

'Beta'、'Binomial'、'Chisquare'、'Exponential'、'F'、'Gamma'、'Geometric'、'Hypergeometric'、'Lognormal'、'Negative Binomial'、'Normal'、'Poisson'、'T'、'Discrete

Uniform'、'Uniform'。

例如，计算标准正态分布当 $x=1.96$ 时的累积分布函数值可以使用 cdf('normal', 1.96,0,1)。

对于多元分布，Matlab 也提供了一些函数，主要有：

(1) 多元正态分布函数

mvnpdf(X,MU,SIGMA)，用于计算多元正态分布密度值，*MU* 为总体均值向量，缺省时为零向量，*SIGMA* 为协方差阵，缺省时为单位阵。

mvncdf(X,mu,SIGMA)，用于计算多元正态分布的累计概率，参数含义同上。

mvnrnd(MU,SIGMA,cases)，用于生成多元正态随机数，cases 为随机数的组数。

(2) 威沙特分布

wishrnd(SIGMA,df,D)，用于生成威沙特分布的随机数。

(3) 多项分布

mnrnd(n,p,m)，用于生成多项分布的随机数。

二、样本和统计量的计算

1. 样本均值

计算样本均值的指令为 mean，调用格式为 mean(X)和 mean(X,DIM)，其中 $\boldsymbol{X}$ 代表样本向量或者样本矩阵。如果 $\boldsymbol{X}$ 为向量，则 mean(X)返回该组向量值的算术平均值；如果 $\boldsymbol{X}$ 为矩阵，则 mean(X)返回该矩阵按列求算术平均所形成的行向量。当 $\boldsymbol{X}$ 为矩阵时，DIM=1 则 mean(X,DIM)返回该矩阵按列求算术平均所形成的行向量，DIM=2 则 mean(X,DIM)返回该矩阵按行求算术平均所形成的列向量。

2. 样本方差

计算样本方差的指令为 var，调用格式为 var(X)和 var(X,W,DIM)，其中 $\boldsymbol{X}$ 代表样本向量或者样本矩阵。如果 $\boldsymbol{X}$ 为向量，则 var(X)返回该组向量值的样本方差；如果 $\boldsymbol{X}$ 为矩阵，则 var(X)返回该矩阵按列求样本方差所形成的行向量。$\boldsymbol{W}$ 代表权重向量，$\boldsymbol{W}=\boldsymbol{O}$ 意味着计算样本方差时的表达式为 $\frac{1}{n-1}\sum_{i=1}^{n}(X_i-\overline{X})^2$，$\boldsymbol{W}=1$ 则意味着计算样本方差时的表达式为 $\frac{1}{n}\sum_{i=1}^{n}(X_i-\overline{X})^2$。当 $\boldsymbol{X}$ 为矩阵时，如果 $\boldsymbol{W}=\boldsymbol{O}$ 且 DIM=1，则 var(X,W,DIM)返回该矩阵按列求样本方差所形成的行向量，而 $\boldsymbol{W}=\boldsymbol{O}$ 且 DIM=2，则 var(X,W,DIM)返回该矩阵按行求样本方差所形成的列向量。

3. 样本标准差

计算样本标准差的指令为 std，调用格式为 std(X)和 std(X,FLAG,DIM)，其中 $\boldsymbol{X}$ 代表样本向量或者样本矩阵。如果 $\boldsymbol{X}$ 为向量，则 std(X)返回该组向量值的样本标准差；如果 $\boldsymbol{X}$ 为矩阵，则 std(X)返回该矩阵按列求样本标准差所形成的行向量。FLAG 代表标志位，FLAG=0，则意味着计算样本标准差的表达式为 $\sqrt{\frac{1}{n-1}\sum_{i=1}^{n}(X_i-\overline{X})^2}$，而 FLAG=0，则意味着计算样本标准差的表达式为 $\sqrt{\frac{1}{n}\sum_{i=1}^{n}(X_i-\overline{X})^2}$。当 $\boldsymbol{X}$ 为矩阵时，如果 FLAG=0 且 DIM=1，则 std(X,FLAG,DIM)返回该矩阵按列求样本标准差所形成的行向量，而 FLAG

=0 且 DIM=2，则 std(X，FLAG，DIM)返回该矩阵按行求样本标准差所形成的列向量。

4. 样本的 k 阶原点矩

Matlab 软件中并未提供直接计算样本 k 阶原点矩的函数，可以通过 mean 指令来构造，调用方法为 mean(X. ∧k)，其中的“. ∧”代表对 **X** 向量或矩阵里面的每一个元素进行乘幂操作。

5. 样本的 k 阶中心矩

计算样本的 k 阶中心矩的指令为 moment，调用格式为 moment(X，ORDER)和 moment(X，ORDER，DIM)，其中 **X** 代表样本向量或者样本矩阵，ORDER 代表阶数。如果 **X** 为向量，则 moment(X，ORDER)返回该组向量值的样本中心矩；如果 **X** 为矩阵，则 moment(X，ORDER)返回该矩阵按列求样本中心矩所形成的行向量。当 **X** 为矩阵时，DIM=1 则 moment(X，ORDER，DIM)返回该矩阵按列求中心矩所形成的行向量，DIM=2 则 moment(X，ORDER，DIM)返回该矩阵按行求中心矩所形成的列向量。

6. 次序统计量的计算

求最小次序统计量的指令为 min，调用格式为 min(X)，其中 **X** 代表样本向量或者样本矩阵。如果 **X** 为矩阵，则可利用 min(X，[]，1)来按列求最小次序统计量，利用 min(X，[]，2)来按行求最小次序统计量。

求最大次序统计量的指令为 max，调用格式为 max(X)，其中 **X** 代表样本向量或者样本矩阵。如果 **X** 为矩阵，则可利用 max(X，[]，1)来按列求最大次序统计量，利用 max(X，[]，2)来按行求最大次序统计量。

计算极差的指令为 range，调用格式为：range(X)和 range(X，DIM)，其中 X 代表样本向量或者样本矩阵。如果 X 为矩阵，DIM=1，则 range(X，DIM)返回按列求极差的结果，DIM2 则返回按行求极差的结果。

利用 sort 指令可以对样本值进行从小到大排序，调用格式为 sort(X)。如果 **X** 为矩阵，则可利用 sort(X，1)对其进行按列排序，利用 sort(X，2)对其进行按行排序。

计算中位数的指令为 median，调用格式为：median(X)和 median(X，DIM)，其中 **X** 代表样本向量或者样本矩阵。如果 **X** 为矩阵，median(X，1)返回按列求中位数的结果，median(X，2)返回按行求中位数的结果。

7. 样本相关系数(相关阵)

计算样本相关系数的指令为 corrcoef，调用格式为 corrcoef(X)和 corrcoef(X，Y)。如果将 **X** 样本值存储在一个 $\boldsymbol{n}$ 行 $\boldsymbol{m}$ 列的矩阵中，每一行代表一组观测值，每一列代表同一个变量的观测值，则可利用 corrcoef(X)来计算 **X** 样本的相关系数矩阵。如果将两组变量的观测值分别存储到矩阵 **X** 和 **Y** 中，则可使用 corrcoef(X，Y) 来计算 **X** 样本和 **Y** 样本的相关系数矩阵。

8. 样本协方差(协方差阵)

计算样本协方差的指令为 cov，调用格式为 cov(X)和 cov(X，Y)。如果将 X 样本值存储在一个 n 行 m 列的矩阵中，每一行代表一组观测值，每一列代表同一个变量的观测值，则可利用 cov(X)来计算 X 样本的协方差阵。如果将两组变量的观测值分别存储到矩阵 **X** 和 **Y** 中，则可使用 cov(X，Y) 来计算 X 样本和 Y 样本的协方差阵。

除了上述指令之外，Matlab 软件还提供了计算几何均值的指令 geomean、计算调和均值的指令 harmmean、计算均值绝对差的指令 mad、计算内四分极值的指令 iqr、计算结尾均值的指令 trimmean、计算峰度的指令 kurtosis、计算偏度的指令 skewness、计算百分位数的指令 prctile，以及包含缺失值的统计量计算指令等多种指令，详细信息可以通过命令手册或联机帮助获得，此处不再赘述。

三、参数估计

对于参数估计问题，Matlab 软件提供了通用的最大似然估计函数 mle，以及通过"分布名＋fit"方式调用的指令。

mle 函数常用的调用格式为：[phat，pci]＝mle(data，'dist'，dist，'alpha'，alpha)

其中 data 代表样本数据向量；dist 用于指明对何种分布进行最大似然估计，取值包括：'beta'、'bernoulli'、'binomial'、'discreteuniform'or'unid'、'exponential'、'gamma'、'geometric'、'lognormal'、'negativebinomial'or'nbin'、'normal'、'poisson'、'rayleigh'、'uniform'、'weibull'or'wbl'等等，缺省状态下 dist 为正态分布；alpha 代表区间估计中的 α 值，缺省状态下 alpha 的取值为 0.05；返回值 phat 代表的是该分布的参数估计向量；返回值 pci 代表该分布的参数区间估计结果矩阵，该矩阵有两行，pci 的每一列代表一个参数的区间估计下限和上限的值，其次序与 phat 的次序一致。

例如对二项分布进行估计，则调用格式为：

[phat，pci]＝mle(X，'dist'，'binomial'，'alpha'，alpha，'ntrials'，n)

参数 n 用于指明二项分布的总试验次数。

利用"分布名＋fit"形式的函数也可以进行点估计和区间估计，这些函数使用的也是最大似然估计方法，一般情况下，这些函数计算的结果和 mle 函数计算的结果是一致的，只有正态分布的结果稍有不同。常用的"分布名＋fit"的调用格式有以下几种，其中返回值"＊HAT"均指相应的参数估计值，返回值"＊CI"均指置信区间估计结果，***X*** 均指样本数据向量或矩阵，alpha 值可缺省，缺省状态下的 alpha 取值均为 0.05。

(1) 二项分布的估计

调用格式为：[PHAT，PCI] = binofit(X，N，alpha)

(2) 泊松分布的估计

调用格式为：[LAMBDAHAT，LAMBDACI] = poissfit(X，alpha)

(3) 正态分布的估计

调用格式为：[MUHAT，SIGMAHAT，MUCI，SIGMACI] = normfit(X，alpha)

(4) β 分布的估计

调用格式为：[PHAT，PCI] = betafit(X，ALPHA)

(5) 指数分布的估计

调用格式为：[PARMHAT，PARMCI] = expfit(X，alpha)

(6) 均匀分布的估计

调用格式为：[AHAT，BHAT，ACI，BCI] = unifit(X，alpha)

(7) Γ 分布的估计

调用格式为：[PARMHAT，PARMCI] = gamfit(X，alpha)

(8) 韦布尔分布的估计

调用格式为：[PARMHAT，PARMCI] = wblfit(X，alpha)

(9) 对数正态分布的估计

调用格式为:[PARMHAT,PARMCI] = lognfit(X, alpha)

(10) 负二项分布的估计

调用格式为:[PARMHAT, PARMCI] = nbinfit(X, alpha)

(11) 瑞利分布的估计

调用格式为:[PHAT, PCI] = raylfit(X, alpha)

例 12.4.1　测得一批钢件 20 个样品的屈服点为(单位:t/cm^2):

4.98, 5.11, 5.20, 5.20, 5.11, 5.00, 5.61, 4.88, 5.27, 5.38,
5.46, 5.27, 5.23, 4.96, 5.35, 5.15, 5.35, 4.77, 5.38, 5.54。

设钢件屈服点服从正态分布,试求其均值 μ 和标准差 σ 的置信度为 0.95 的置信区间。

解　利用 mle 指令求解的程序和运行结果为:

```
X=[4.98,5.11,5.20,5.20,5.11,5.00,5.61,4.88,5.27,5.38,…,
    5.46,5.27,5.23,4.96,5.35,5.15,5.35,4.77,5.38,5.54];
[phat,pci]=mle(X,'dist','normal','alpha',0.05)
phat = 5.2100    0.2147
pci =
    5.1069    0.1675
    5.3131    0.3217
```

从运行结果可以看出,μ 的估计值为 5.210 0,置信区间为(5.106 9,5.313 1),σ 的估计值为 0.214 7,置信区间为(0.167 5,0.321 7)

利用 normfit 指令求解的程序和运行结果为:

```
X=[4.98,5.11,5.20,5.20,5.11,5.00,5.61,4.88,5.27,5.38,…,
    5.46,5.27,5.23,4.96,5.35,5.15,5.35,4.77,5.38,5.54];
[MUHAT,SIGMAHAT,MUCI,SIGMACI] = normfit(X, 0.05)
MUHAT = 5.2100
SIGMAHAT = 0.2203
MUCI =
    5.1069
    5.3131
SIGMACI =
    0.1675
    0.3217
```

从运行结果可以看出,normfit 指令和 mle 指令求解的 μ 的估计值、μ 的置信区间以及 σ 的置信区间是相同的,但是 σ 的估计值却不同,这是因为 mle 指令给出的 σ 的估计值是样本二阶中心距的平方根,这个结果与最大似然估计的理论结果是一致的,而 normfit 指令给出的 σ 的估计值是样本标准差。

四、参数的假设检验

利用 Matlab 进行假设检验,可以根据检验理论,先计算出检验统计量的值和分位点的值,然后通过比较二者的大小来做出选择,对于正态总体,还可以直接使用 Matlab 提供的一些检验函数来进行检验。Matlab 提供的正态总体检验函数主要有以下几个：

1. ztest

用于总体方差已知的均值检验，调用格式主要有：

H = ztest(X,M,SIGMA,ALPHA)

H = ztest(X,M,SIGMA,ALPHA,TAIL)

[H,P,CI,ZVAL] = ztest(X,M,SIGMA,ALPHA,TAIL)

说明：$\boldsymbol{X}$ 为样本数据向量；M 为待检验的均值数值；SIGMA 为总体标准差；ALPHA 为显著水平，ALPHA 可以省略，缺省值为 0.05；TAIL 为检验尾数参数，是字符型参量，取值有'both'、'right'和'left'三种，'both'代表双侧检验，即备择假设为均值不等于 M，'right'代表右侧检验，即备择假设为均值大于 M，'left'代表左侧检验，即备择假设为均值大于 M，TAIL 参数可以省略，缺省状态为双侧检验；返回值 H 代表检验结果，$H=0$ 代表接受原假设，$H=1$ 代表拒绝原假设；P 代表检验的 p 值；CI 代表总体均值的置信区间；ZVAL 代表检验统计量的值。

2. ttest

用于总体方差未知的均值检验(包括配对样本检验)，调用格式主要有：

H = ttest(X,M, ALPHA)

H = ttest(X,M, ALPHA,TAIL)

[H,P,CI,STATS] = ttest(X,M, ALPHA,TAIL)

H = ttest(X,Y, M, ALPHA)

H = ttest(X, Y, M, ALPHA,TAIL)

[H,P,CI,STATS] = ttest(X, Y, M, ALPHA,TAIL)

说明：ttest 的参数含义与 ztest 基本一致。M 可以省略，缺省状态为 $M=0$；同时带有 X、Y 的代表配对样本检验。返回值 STATS 代表检验统计量及其自由度和标准差等信息。

3. vartest

用于单个正态总体方差的检验，调用格式主要有：

H = vartest(X,V,ALPHA)

H = vartest(X,V,ALPHA,TAIL)

[H,P,CI,STATS] = vartest(X,V,ALPHA,TAIL)

说明：$\boldsymbol{X}$、ALPHA 和 TAIL 的含义与 ztest 中的相同，ALPHA 和 TAIL 同样可以省略；V 代表待检验的方差值；返回值 STATS 代表检验统计量及其自由度等信息。

4. vartest2

用于双正态总体方差比的检验，调用格式主要有：

H = vartest2(X,Y,ALPHA)

H = vartest2(X,Y,ALPHA,TAIL)

[H,P,CI,STATS] = vartest2(X,Y,ALPHA,TAIL)

说明：该检验的原假设是两个总体的方差相等；$\boldsymbol{X}$、$\boldsymbol{Y}$ 分别代表两个总体的样本数据向量；ALPHA 和 TAIL 的含义与 ztest 中的相同，ALPHA 和 TAIL 同样可以省略，TAIL 取值为'right'代表右侧检验，即备择假设为 $\boldsymbol{X}$ 总体方差大于 $\boldsymbol{Y}$ 总体方差，'left'代表左侧检验，即备择假设为 $\boldsymbol{X}$ 总体方差小于 $\boldsymbol{Y}$ 总体方差。返回值的含义与 ttest 相同。

5. ttest2

用于双正态总体均值的检验，调用格式主要有：

```
H = ttest2(X,Y,ALPHA)
H = ttest2(X,Y,ALPHA,TAIL)
H = ttest2(X,Y,ALPHA,TAIL,VARTYPE)
[H,P,CI,STATS] = ttest2(X,Y,ALPHA,TAIL)
[H,P,CI,STATS] = ttest2(X,Y,ALPHA,TAIL,VARTYPE)
```

说明：该检验的原假设是两个总体的均值相等；***X***、***Y*** 分别代表两个总体的样本数据向量；ALPHA 和 TAIL 的含义与 ztest 中的相同，ALPHA 和 TAIL 同样可以省略，TAIL 取值为'right'代表右侧检验，即备择假设为 ***X*** 总体均值大于 ***Y*** 总体均值，'left'代表左侧检验，即备择假设为 ***X*** 总体均值小于 ***Y*** 总体均值。VARTYPE 代表总体方差假设类型，该参数取值为字符型，取值有'equal'和'unequal'两种，前者代表等方差假设，后者代表异方差假设，VARTYPE 可以省略，缺省状态为等方差假设。对于返回值 STATS 所包含的标准差，如果是等方差假设，则该标准差代表两个总体共同的标准差估计值，如果是异方差假设，则分别给出两个总体的标准差估计值。

例 12.4.2　某盐业公司用机器包装食盐，按规定每袋标准质量为 1 kg，标准差不得超过 0.02 kg。某日开工后，为了检查机器工作是否正常，从装好的食盐中抽取 9 袋，称得其质量(单位：kg)为

0.994　1.014　1.020　0.950　1.030　0.968　0.976　1.048　0.982

假定食盐的袋装质量服从正态分布，问当日机器工作是否正常？显著水平为 0.05。

解　根据题目所问应设置原假设和备择假设为

$$H_0:\sigma^2 \leqslant 0.02^2, H_1:\sigma^2 > 0.02^2$$

检验程序和结果为

```
X=[0.994  1.014  1.020  0.950  1.030  0.968  0.976  1.048  0.982];
[H,P,CI,STATS] = vartest(X,0.02∧2,0.05,'right')
H = 1
P = 0.0084
CI =
  1.0e-03 *
    0.5303        Inf
STATS =
    chisqstat: 20.5600
           df: 8
```

从 H 和 P 的值可以看出，应拒绝原假设，即认为当日机器工作不正常。

五、方差分析

1. 一元方差分析

Matlab 中提供的单因素方差分析函数为 anova1，对于每个水平下试验数据个数相同(即均衡试验)的情况，单因素方差分析的常用格式为：

```
[P,ANOVATAB,STATS] = anova1(X)
```

其中 $\boldsymbol{X}$ 代表试验数据矩阵，$\boldsymbol{X}$ 的每一列代表同一个水平下的数据；返回值 P 代表方差分析中检验的 p 值；返回值 ANOVATAB 代表方差分析表；返回值 STATS 包含了每个水平下的数据个数、均值、误差平方和的自由度，以及模型标准差的估计值等信息。

对于每个水平下试验数据个数不同（即非均衡试验）的情况，单因素方差分析有两种常用的格式，一种格式为：

[P,ANOVATAB,STATS] = anova1(X, GROUP)

其中 $\boldsymbol{X}$ 代表试验数据向量，$\boldsymbol{X}$ 是由每个水平的数据依次排列形成的；GROUP 代表 $\boldsymbol{X}$ 的分组情况，GROUP 是与 $\boldsymbol{X}$ 维数相同的向量，假设因素有两个水平，第一个水平试验次数为 5，第二个水平试验次数为 3，则 GROUP 为向量(1,1,1,1,1,2,2,2)，前五个“1”表明 $\boldsymbol{X}$ 的前五个值为第一个水平的数据，后三个“2”表明 $\boldsymbol{X}$ 的后三个数据是第二个水平的数据；返回值的含义与前同。

另一种格式为：

[P,ANOVATAB,STATS] = anova1(X)

其中 $\boldsymbol{X}$ 代表试验数据矩阵，$\boldsymbol{X}$ 的每一列代表同一个水平下的数据，矩阵的列数为因素的水平个数，而矩阵的行数为所有水平下数据个数的最大值，对于那些数据量不足 $\boldsymbol{X}$ 行数的水平下的数据，用“NaN”补齐即可；返回值的含义与前同。

无重复试验的双因素方差分析指令为 anova2，常用的调用格式为：

[P,TABLE,STATS] = anova2(X)

其中 $\boldsymbol{X}$ 代表试验数据矩阵；返回值 $\boldsymbol{P}$ 代表方差分析中检验的 p 值向量，其第一分量为 $\boldsymbol{X}$ 的列所代表的因素的检验 p 值，第二分量为 $\boldsymbol{X}$ 的行所代表的因素的检验 p 值；返回值 TABLE 代表方差分析表；返回值 STATS 包含了模型标准差的估计值、列水平的均值向量、列数、行水平的均值向量、行数、是否有交互作用、交互总用的 p 值，以及误差平方和的自由度等信息。

有重复试验的双因素方差分析指令也是 anova2，常用的调用格式为

[P,TABLE,STATS] = anova2(X, REPS)

其中 $\boldsymbol{X}$ 代表试验数据矩阵，REPS 代表试验的重复次数，例如 A 因素有 2 个水平，B 因素有 3 个水平，每种水平搭配下的试验次数为 2，相应的试验数据在 $\boldsymbol{X}$ 中的存储方式如图 12.4.1 所示；返回值 $\boldsymbol{P}$ 代表方差分析中检验的 p 值向量，其第一分量为 $\boldsymbol{X}$ 的列所代表的因素的检验 p 值，第二分量为 $\boldsymbol{X}$ 的行所代表的因素的检验 p 值，第三分量为交互作用的检验 p 值；其他返回值的含义与无重复试验双因素方差分析指令的返回值含义相同。

$$
\begin{array}{cc}
\boldsymbol{A}=1 & \boldsymbol{A}=2
\end{array}
$$

$$
\begin{bmatrix}
x_{111} & x_{121} \\
x_{112} & x_{122} \\
x_{211} & x_{221} \\
x_{212} & x_{222} \\
x_{311} & x_{321} \\
x_{312} & x_{322}
\end{bmatrix}
\begin{array}{l}
\left.\begin{matrix} \\ \end{matrix}\right\} B=1 \\
\left.\begin{matrix} \\ \end{matrix}\right\} B=2 \\
\left.\begin{matrix} \\ \end{matrix}\right\} B=3
\end{array}
$$

图 12.4.1　有重复试验方差分析的试验数据存储结构

下面分别举例说明 Matlab 中方差分析指令的用法。

例 12.4.3　三台机器制造同一种产品，记录 5 天的产量如下（表 12.4.2）：

表 12.4.2 各机器产量

机器	产量				
Ⅰ	138	144	135	149	143
Ⅱ	163	148	152	146	157
Ⅲ	155	144	159	147	153

试分析这三台机器的日产量有无显著差异？

解 这是一个均衡试验的方差分析问题，利用 anova 指令进行分析，过程和结果如下：

```
>> X=[138,163,155;144,148,144;135,152,159;149,146,147;143,157,153];
%X 中的每一列代表同一台机器的产量
>> [P,ANOVATAB,STATS] = anova1(X)
P = 0.0263
ANOVATAB =
    'Source'     'SS'         'df'    'MS'         'F'        'Prob>F'
    'Columns'    [380.9333]   [2]     [190.4667]   [5.0035]   [0.0263]
    'Error'      [456.8000]   [12]    [38.0667]    []         []
    'Total'      [837.7333]   [14]    []           []         []
STATS =
    gnames: [3x1 char]
         n: [5 5 5]
    source: 'anova1'
     means: [141.8000 153.2000 151.6000]
        df: 12
         s: 6.1698
```

从结果中可以看出，P 值介于 0.01 和 0.05 之间，说明三台机器的日产量有显著差异。ANOVATAB 列出了详细的方差分析的结果。STATS 中的 means 列出了每台机器的日产量均值，df 为误差平方和的自由度，s 为模型标准差的估计值。anova 指令运行后除了在命令窗口给出上面的结果之外，还会弹出图像窗口显示方差分析表和 box 图。如果不想使方差分析指令的运行结果中包含图像窗口的内容，可以使用以下指令：

```
[P,ANOVATAB,STATS] = anova1(X,[],'off')
```

例 12.4.4 在橡胶的生产过程中，选择四种不同的配料方案（因素 A）和五种不同的硫化时间（因素 B），测得产品的抗断强度如表 12.4.3 所列。

表 12.4.3 产品的抗断强度

因素	B_1	B_2	B_3	B_4	B_5
A_1	151	157	144	134	136
A_2	144	162	128	138	132
A_3	134	133	130	122	125
A_4	131	126	124	126	121

试分析配料方案和硫化时间对抗断强度是否有显著影响。

解 这是一个双因素无重复试验方差分析问题，利用 anova2 指令进行分析，过程和结果如下：

```
>>X=[151,144,134,131;157,162,133,126;144,128,130,124;134,138,122,126;
    136,132,125,121];
%X 的列代表因素 A 的数据，行代表因素 B 的数据
>> [P,TABLE,STATS] = anova2(X)
P = 0.0011      0.0136
TABLE =
'Source'     'SS'           'df'    'MS'          'F'          'Prob>F'
'Columns'    [1.2438e+03]   [3]     [414.6000]    [10.5586]    [0.0011]
'Rows'       [778.8000]     [4]     [194.7000]    [4.9584]     [0.0136]
'Error'      [471.2000]     [12]    [39.2667]     []           []
'Total'      [2.4938e+03]   [19]    []            []           []
STATS =
     source: 'anova2'
    sigmasq: 39.2667
   colmeans: [144.4000 140.8000 128.8000 125.6000]
       coln: 5
   rowmeans: [140 144.5000 131.5000 130 128.5000]
       rown: 4
      inter: 0
       pval: NaN
         df: 12
```

从以上结果可以看出，列数据(即因素 A)的 P 值为 0.001 1，小于 0.01，说明配料方案对抗断强度的影响是高度显著的；而行数据(即因素 B)的 P 值为 0.013 6，介于 0.01 到 0.05 之间，说明硫化时间对抗断强度的影响是显著的。

例 12.4.5 一种火箭使用了四种燃料(因素 A)和三种推进器(因素 B)，做射程试验，每种燃料与每种推进器的组合做两次试验，获得的射程数据如表 12.4.4 所列。

表 12.4.4 **射程数据**

因素	B_1		B_2		B_3	
A_1	58.2	52.6	56.2	41.2	65.3	60.8
A_2	49.1	42.8	54.1	50.5	51.6	48.4
A_3	60.1	58.3	70.9	73.2	39.2	40.7
A_4	75.8	71.5	58.2	51.0	48.7	41.4

试分析不同的燃料和不同的推进器以及它们之间的交互作用对火箭的射程是否有显著影响。

解 这是一个重复试验的双因素方差分析问题，利用 anova2 指令进行分析的过程和结果如下：

```
>>X=[58.2,49.1,60.1,75.8;52.6,42.8,58.3,71.5;56.2,54.1,70.9,58.2;41.2,
     50.5,73.2,51.0;65.3,51.6,39.2,48.7;60.8,48.4,40.7,41.4];
%X 的列代表因素 A 的数据，行代表因素 B 的数据，每两行是一个因素 B 的水平
>>  [P,TABLE,STATS] = anova2(X,2,'off')
P = 0.0260     0.0035     0.0001
TABLE =
'Source'        'SS'            'df'   'MS'          'F'          'Prob>F'
'Columns'       [261.6750]      [3]    [87.2250]     [4.4174]     [0.0260]
'Rows'          [370.9808]      [2]    [185.4904]    [9.3939]     [0.0035]
'Interaction'   [1.7687e+03]    [6]    [294.7821]    [14.9288]    [6.1511e-05]
'Error'         [236.9500]      [12]   [19.7458]     []           []
'Total'         [2.6383e+03]    [23]   []            []           []
STATS =
      source: 'anova2'
     sigmasq: 19.7458
    colmeans: [55.7167 49.4167 57.0667 57.7667]
        coln: 6
    rowmeans: [58.5500 56.9125 49.5125]
        rown: 8
       inter: 1
        pval: 6.1511e-05
          df: 12
```

从结果可以看出，列数据(即因素 A)的 P 值为 0.026 0，介于 0.01 到 0.05 之间，说明不同的燃料对火箭射程的影响是显著的；行数据(因素 B)的 P 值为 0.003 5，小于 0.01，说明不同的推进器对火箭射程的影响是高度显著的；而交互作用的 P 值为 6.1511e－05，小于 0.01，说明燃料和推进器的交互作用是高度显著的。

2. 多元方差分析

Matlab 提供的多元方差分析函数为 manova1，调用格式有以下几种：

(1) d = manova1(X,group)

(2) d = manova1(X,group,alpha)

(3) [d,p] = manova1(...)

(4) [d,p,stats] = manova1(...)

其中 $\boldsymbol{X}$ 代表样本矩阵，每一列代表一个变量的观测值，每一行代表一个观测记录。group 是分组标识列向量，用于区分每一个观测记录属于哪一个组，内容可以使数值、字符等多种形式，但行数必须与 $\boldsymbol{X}$ 相同。alpah 是指定的显著水平，如果缺省，则默认为 0.05。各组的均值向量生成了一个向量空间，d 是对这个空间维数的估计，如果 $d=0$，则意味着接受各组均值向量全相等的原假设；如果 $d=1$，则拒绝原假设，认为各组均值向量不全相等，

但不能拒绝它们共线的假设;如果 $d=2$,则拒绝原假设,认为各组均值向量既不相等也不共线。p 是一个向量,它的第 i 个值对应的原假设是:各组的均值向量位于一个 $i-1$ 维的空间。stats 是一个结构体,里面包含的字段含义为:

W:组内平方和及交叉乘积和矩阵。

B:组间平方和及交叉乘积和矩阵。

T:总平方和及交叉乘积和矩阵。

dfW:W 的自由度。

dfB:B 的自由度。

dfT:T 的自由度。

lambda:威尔克斯检验统计量的观测值向量,用于检验各组均值是否位于一个 0,1,2…维空间。

chisq:由威尔克斯检验统计量得到的近似卡方检验统计量的观测值。

chisqdf:卡方检验统计量的自由度。

eigenval:$W^{-1}B$ 的特征值。

eigenvec:$W^{-1}B$ 的特征向量,它们是典型变量 C 的系数向量,经过了单位化,使得典型变量的组内方差为 1。

canon:典型变量 C,等于 $\boldsymbol{XC} *$ eigenvec,其中 $\boldsymbol{XC}$ 是将 $\boldsymbol{X}$ 按列中心化后的矩阵。

mdist:每个点到它的组均值的马氏距离向量。

gmdist:各组均值之间的马氏距离矩阵。

例 12.4.6 现有四个变量的三组观测值如下(表 12.4.5),对其进行方差分析。

表 12.4.5 观测值

X_1	X_2	X_3	X_4	组	X_1	X_2	X_3	X_4	组	X_1	X_2	X_3	X_4	组
103	59	384	276	1	85	72	384	274	2	120	59	437	203	3
109	66	401	241	1	90	56	477	195	2	111	51	376	257	3
119	50	374	219	1	107	69	422	216	2	111	69	391	222	3
102	65	330	190	1	120	64	474	206	2	103	57	397	216	3
115	66	423	209	1	107	54	353	266	2	117	51	354	197	3
103	51	455	253	1	86	57	373	262	2	119	54	443	218	3
120	67	300	211	1	80	51	496	224	2	102	68	336	267	3
111	53	336	237	1	110	69	396	230	2	115	68	389	257	3
112	51	377	247	1	80	61	435	266	2	96	60	376	227	3
111	59	316	279	1	118	80	452	263	2	100	62	393	269	3

解 程序如下:

```
X=[103    59    384    276    1
   109    66    401    241    1
   119    50    374    219    1
   102    65    330    190    1
```

```
    115     66     423     209     1
    103     51     455     253     1
    120     67     300     211     1
    111     53     336     237     1
    112     51     377     247     1
    111     59     316     279     1
    85      72     384     274     2
    90      56     477     195     2
    107     69     422     216     2
    120     64     474     206     2
    107     54     353     266     2
    86      57     373     262     2
    80      51     496     224     2
    110     69     396     230     2
    80      61     435     266     2
    118     80     452     263     2
    120     59     437     203     3
    111     51     376     257     3
    111     69     391     222     3
    103     57     397     216     3
    117     51     354     197     3
    119     54     443     218     3
    102     68     336     267     3
    115     68     389     257     3
    96      60     376     227     3
    100     62     393     269     3
];
[d,p]=manova1(X(:,1:4),X(:,5))运行结果为:
d =
    1
p =
    0.044 4
    0.964 1
```

从结果中可以看出，$d=1$ 表示各组均值向量不能看成全部相同，但有可能共线。第一个 p 值为 0.044 4，比 0.05 小，说明各组均值向量形成的空间不能看成 0 维(0 维意味着各组均值向量都相同)，第二个 p 值为 0.964 1，比 0.05 大，说明各组均值向量形成的空间可以看成是 1 维的，即说明这些均值向量可能共线。

六、线性回归分析

随着版本的不断升级，Matlab 提供的回归分析方法越来越多，R2016b 版本提供的有关回归分析的类和函数就超过 100 个。在早期的版本中，Matlab 主要是使用不同的函数来处理不同的回归问题，到了 R2012a 版本，除了保留以前的函数之外，Matlab 还给出了三个回归模型类来处理不同的回归问题，包括 LinearModel(处理线性回归问题)、NonLinearModel(处理非线性回归问题)、GeneralizedModel(处理广义线性回归模型)，在这些类里面提供各种方法来处理回归问题。下面结合实例对几个常用的回归函数或类方法进行介绍。

1. 单个因变量的线性回归

处理单个因变量的回归问题可以使用 regress 函数，也可以使用 LinearModel 类里面的 fit 方法。它们既可以处理一元线性回归，也可以处理多元线性回归。

LinearModel. fit 的常用格式为：LinearModel. fit(X，Y)，其中 $\boldsymbol{Y}$ 代表因变量的数据向量，该向量为列向量；$\boldsymbol{X}$ 代表自变量矩阵。返回的结果主要包括模型结构、回归系数、t 统计量、判定系数、修正过的判定系数、模型检验的 F 统计量、各种 p 值等等。

regress 的使用稍微麻烦一些，比较常用的调用格式为：

[B,BINT,R,RINT,STATS] = regress(Y,X,ALPHA)

说明：$\boldsymbol{Y}$ 代表因变量的数据向量，该向量为列向量；$\boldsymbol{X}$ 代表自变量矩阵，如果自变量个数为 r，样本容量为 n，当回归方程中包含常数项(截距项)的时候，$\boldsymbol{X}$ 为 $n\times(r+1)$ 维矩阵，此时 $\boldsymbol{X}$ 矩阵的第一列均为数字 1，其余各列分别代表一个自变量的值，当回归方程中不包含常数项的时候，$\boldsymbol{X}$ 为 $n\times r$ 维矩阵，每一列为一个自变量的值；ALPHA 用于确定残差的置信区间的置信度，参数 ALPHA 可省略，缺省值为 0.05；返回值 $\boldsymbol{B}$ 为回归系数向量，如果回归方程包含常数项，$\boldsymbol{B}$ 的第一个值即为常数项的值，其次是自变量的系数，次序与 $\boldsymbol{X}$ 对应，如果回归方程不包含常数项，则 $\boldsymbol{B}$ 中的值为每个自变量的系数，次序与 $\boldsymbol{X}$ 对应；返回值 **BINT** 为一个 $(r+1)\times 2$ 维(有常数项情况下)或 $r\times 2$ 维(无常数项情况下)的矩阵，是 $\boldsymbol{B}$ 中对应的回归系数的 1－ALPHA 置信度的置信区间；返回值 $\boldsymbol{R}$ 为一个 $n\times 1$ 维的列向量，代表 n 组变量数据对应的残差；返回值 **RINT** 为 $n\times 2$ 维的矩阵，代表 n 个残差的 1－ALPHA 置信度的置信区间；返回值 STATS 通常包含 4 个数值，用于评价回归效果的优劣，依次为判断系数 R^2 的值、回归方程显著性检验的统计量 F 的值、回归方程显著性检验的 p 值、回归模型的误差方差的估计值。需要注意的是，只有当回归方程内包含常数项时，STATS 内才会包含 F 值和检验的 p 值，否则相应位置会用 NaN 代替。

例 12.4.7 已知因变量和自变量数据如表 12.4.6 所列，求多元线性回归方程。

表 12.4.6

X_1	X_2	X_3	X_4	X_5	Y
0.9	0.8	0.14	6.63	0.24	1.47
1.0	2.1	0.15	7.07	0.46	1.25
2.9	6.3	0.33	7.60	1.02	2.05
5.0	4.4	0.78	12.88	1.61	2.49
8.2	13.3	1.18	15.86	1.63	3.16
13.1	16.8	1.56	18.79	1.93	3.87
23.8	17.8	2.11	14.63	2.31	4.50

续表 12.4.6

X_1	X_2	X_3	X_4	X_5	Y
34.8	27.8	3.09	19.79	3.32	6.09
35.4	22.1	3.58	16.50	4.44	6.78
47.0	32.2	7.31	26.22	7.18	10.73
62.6	33.2	9.61	28.00	8.77	17.65
68.0	55.6	12.85	27.56	9.89	26.84
35.3	24.4	6.76	10.95	5.58	24.2
31.3	17.9	5.08	10.15	6.03	20.08
35.2	24.8	5.54	14.23	7.18	19.28
45.3	37.8	7.14	20.38	8.80	22.89
49.5	78.8	11.20	26.56	10.45	28.94
59.7	101.6	15.89	33.18	12.51	39.05
47.8	74.9	10.86	23.90	11.42	39.09
17.7	40.2	5.10	17.56	9.03	26.81

解　利用 regress 指令求解的程序为：

```
data=[0.9	0.8	0.14	6.63	0.24	1.47
	1.0	2.1	0.15	7.07	0.46	1.25
	2.9	6.3	0.33	7.60	1.02	2.05
	5.0	4.4	0.78	12.88	1.61	2.49
	8.2	13.3	1.18	15.86	1.63	3.16
	13.1	16.8	1.56	18.79	1.93	3.87
	23.8	17.8	2.11	14.63	2.31	4.50
	34.8	27.8	3.09	19.79	3.32	6.09
	35.4	22.1	3.58	16.50	4.44	6.78
	47.0	32.2	7.31	26.22	7.18	10.73
	62.6	33.2	9.61	28.00	8.77	17.65
	68.0	55.6	12.85	27.56	9.89	26.84
	35.3	24.4	6.76	10.95	5.58	24.20
	31.3	17.9	5.08	10.15	6.03	20.08
	35.2	24.8	5.54	14.23	7.18	19.28
	45.3	37.8	7.14	20.38	8.82	2.89
	49.5	78.8	11.20	26.56	10.45	28.94
	59.7	101.6	15.89	33.18	12.51	39.05
	47.8	74.9	10.86	23.90	11.42	39.09
	17.7	40.2	5.10	17.56	9.03	26.81];
X=[ones(20,1),data(:,1:5)];
Y=data(:,6);
```

```
[B,BINT,R,RINT,STATS] = regress(Y,X)
```

运行后的部分显示结果为：

```
B =
    6.7593
   -0.1037
    0.1351
    1.1237
   -0.7437
    2.5834
STATS =
    0.9731  101.1284    0.0000    5.8963
```

由运行结果可知回归方程为

$$Y = 6.7593 - 0.1037X_1 + 0.1351X_2 + 1.1237X_3 - 0.7437X_4 + 2.5834X_5$$

从回归方程检验的 p 值为 0.000 0 可以看出回归效果是显著的。

利用 LinearModel.fit 方法的程序为：

```
data=[0.9   0.8    0.14   6.63   0.24   1.47
      1.0   2.1    0.15   7.07   0.46   1.25
      2.9   6.3    0.33   7.60   1.02   2.05
      5.0   4.4    0.78   12.88  1.61   2.49
      8.2   13.3   1.18   15.86  1.63   3.16
      13.1  16.8   1.56   18.79  1.93   3.87
      23.8  17.8   2.11   14.63  2.31   4.50
      34.8  27.8   3.09   19.79  3.32   6.09
      35.4  22.1   3.58   16.50  4.44   6.78
      47.0  32.2   7.31   26.22  7.18   10.73
      62.6  33.2   9.61   28.00  8.77   17.65
      68.0  55.6   12.85  27.56  9.89   26.84
      35.3  24.4   6.76   10.95  5.58   24.20
      31.3  17.9   5.08   10.15  6.03   20.08
      35.2  24.8   5.54   14.23  7.18   19.28
      45.3  37.8   7.14   20.38  8.82   2.89
      49.5  78.8   11.2   26.56  10.45  28.94
      59.7  101.6  15.89  33.18  12.51  39.05
      47.8  74.9   10.86  23.90  11.42  39.09
      17.7  40.2   5.10   17.56  9.03   26.81];
X=data(:,1:5);
Y=data(:,6);
LinearModel.fit(X,Y)
```

运行结果为：

```
Linear regression model:
    y ~ 1 + x1 + x2 + x3 + x4 + x5

Estimated Coefficients:
                   Estimate      SE         tStat       pValue
                   ________    ________    ________    __________

    (Intercept)     6.7593      1.7776      3.8026      0.001941
        x1         -0.10367    0.090077    -1.1509       0.26905
        x2          0.13507    0.074655     1.8092      0.091938
        x3          1.1237      0.63552     1.7681      0.098812
        x4         -0.74375     0.16858    -4.412       0.00059105
        x5          2.5834      0.44997     5.7414      5.1008e-05
Number of observations: 20, Error degrees of freedom: 14
Root Mean Squared Error: 2.43
R-squared: 0.973,  Adjusted R-Squared 0.963
F-statistic vs. constant model: 101, p-value = 1.77e-10
```

对比 regress 函数的结果会发现，二者的计算结果是一样的，但 LinearModel. fit 的输出结果更丰富，结构更清晰、更易懂。

实际上 LinearModel. fit 可以用 fitlm 函数代替，二者使用方法相同，而且在 Matlab 提供的说明信息中可以看到，Matlab 将在后续版本中用 fitlm 取代 LinearModel. fit。

从上面的计算结果还可以看出，并不是每一个变量都是显著的，多元线性回归问题经常要根据显著性对变量进行取舍，常用的方法是逐步回归方法。LinearModel 中的 stepwise 方法和 stepwiselm 函数都是用于逐步回归的，二者的过程和结果是一样的。Matlab 已经在其文档中声明，将逐渐用 stepwiselm 取代 LinearModel. stepwise。对于例 12.4.7，逐步回归的程序如下：

```
data=[0.9     0.8     0.14     6.63     0.24     1.47
      1.0     2.1     0.15     7.07     0.46     1.25
      2.9     6.3     0.33     7.60     1.02     2.05
      5.0     4.4     0.78     12.88    1.61     2.49
      8.2     13.3    1.18     15.86    1.63     3.16
      13.1    16.8    1.56     18.79    1.93     3.87
      23.8    17.8    2.11     14.63    2.31     4.50
      34.8    27.8    3.09     19.79    3.32     6.09
      35.4    22.1    3.58     16.5     4.44     6.78
      47.0    32.2    7.31     26.22    7.18     10.73
      62.6    33.2    9.61     28.00    8.77     17.65
      68.0    55.6    12.85    27.56    9.89     26.84
      35.3    24.4    6.76     10.95    5.58     24.20
      31.3    17.9    5.08     10.15    6.03     20.08
```

```
    35.2   24.8   5.54    14.23   7.18    19.28
    45.3   37.8   7.14    20.38   8.80    22.89
    49.5   78.8   11.20   26.56   10.45   28.94
    59.7   101.6  15.89   33.18   12.51   39.05
    47.8   74.9   10.86   23.90   11.42   39.09
    17.7   40.2   5.10    17.56   9.03    26.81
];
X=data(:,1:5);
Y=data(:,6);
stepwiselm(X,Y)
```

运行结果为

```
1. Adding x5, FStat = 150.5321, pValue = 3.528148e-10
2. Adding x4, FStat = 9.9623, pValue = 0.0057643
3. Adding x2, FStat = 16.6601, pValue = 0.000869336
ans =
Linear regression model:
    y ~ 1 + x2 + x4 + x5

Estimated Coefficients:
                   Estimate     SE          tStat      pValue
                   ________     ________    _______    __________
(Intercept)        6.0913       1.6759      3.6347     0.0022298
    x2             0.22006      0.053914    4.0817     0.00086934
    x4             -0.78997     0.13762     -5.7403    3.0395e-05
    x5             2.8936       0.33618     8.6073     2.1192e-07
Number of observations: 20, Error degrees of freedom: 16
Root Mean Squared Error: 2.51
R-squared: 0.967,  Adjusted R-Squared 0.961
F-statistic vs. constant model: 156, p-value = 4.61e-12
```

从结果中可以看出，逐步回归一共添加了 3 次变量，第一次是 X_5，第二次是 X_4，第三次是 X_2，然后就在没有变量能够被加入，最后得到的回归方程为

$$Y = 6.0913 + 0.22006X_2 - 0.78997X_4 + 2.8936X_5$$

此时回归方程整体和各个回归参数都是显著的，达到了最优回归方程的状态。

2. 多个因变量的多元线性回归

mvregress 是 Matlab 用于处理多个因变量多元线性回归的函数，常用格式为：

[beta,Sigma]=mvregress(X,Y)

如果模型含有常数项，那么 **X** 的第一列必须都是 1，后面的每一列是一个自变量的观测结果，**Y** 是因变量观测矩阵，也是用列表示变量。**beta** 是返回的回归参数矩阵，每一列代表一个方程，Sigma 是返回的对总体协方差阵的估计结果。

例 12.4.8　已知自变量和因变量的观测结果如下表(表 12.4.7)，求多因变量回归方程。

表 12.4.7　　**观测结果**

X_1	X_2	X_3	X_4	X_5	Y_1	Y_2
35.2	24.8	5.54	14.23	7.18	19.28	40.07
45.3	37.8	7.14	20.38	8.80	22.89	50.36
49.5	78.8	11.20	26.56	10.45	28.94	65.33
59.7	101.6	15.89	33.18	12.51	39.05	83.64
47.8	74.9	10.86	23.90	11.42	39.09	68.16
17.7	40.2	5.10	17.56	9.03	26.81	41.64
36.0	73.3	13.14	27.20	8.05	37.19	67.30
62.0	138.6	25.54	36.28	10.30	54.09	103.57
97.0	247.0	31.31	41.53	14.18	77.39	135.80
95.2	270.0	28.79	40.24	15.19	84.02	118.10
118.4	233.5	28.03	38.20	15.77	88.39	119.62
99.9	205.0	26.50	31.54	12.29	86.32	112.39
151.0	288.0	38.61	46.87	17.36	107.94	144.41
108.0	262.2	31.46	38.62	15.10	102.76	130.66
162.5	358.6	46.21	52.48	20.48	118.84	175.10
238.2	454.8	55.86	55.96	26.40	139.30	214.44

程序如下：

```
data=[35.2   24.8   5.54   14.23   7.18    19.28    40.07
      45.3   37.8   7.14   20.38   8.80    22.89    50.36
      49.5   78.8   11.20  26.56   10.45   28.94    65.33
      59.7   101.6  15.89  33.18   12.51   39.05    83.64
      47.8   74.9   10.86  23.90   11.42   39.09    68.16
      17.7   40.2   5.10   17.56   9.03    26.81    41.64
      36.0   73.3   13.14  27.20   8.05    37.19    67.30
      62.0   138.6  25.54  36.28   10.30   54.09    103.57
      97.0   247.0  31.31  41.53   14.18   77.39    135.80
      95.2   270.0  28.79  40.24   15.19   84.02    118.10
      118.4  233.5  28.03  38.20   15.77   88.39    119.62
      99.9   205.0  26.50  31.54   12.29   86.32    112.39
      151.0  288.0  38.61  46.87   17.36   107.94   144.41
      108.0  262.2  31.46  38.62   15.10   102.76   130.66
      162.5  358.6  46.21  52.48   20.48   118.84   175.10
      238.2  454.8  55.86  55.96   26.40   139.30   214.44
```

```
];
X=[ones(16,1),data(:,1:5)];
Y=data(:,6:7);
[beta,Sigma]=mvregress(X,Y)
```

运行结果为：

```
beta =
     34.0426   15.0347
      0.1138   -0.0680
      0.3025    0.0133
      0.5628    2.7953
     -0.5482    0.0812
     -1.9782    1.7649
Sigma =
   37.5462   -3.5951
   -3.5951   12.4961
```

从结果可以看出，回归方程为

$$\begin{cases} Y_1 = 34.042\,6 + 0.113\,8X_1 + 0.302\,5X_2 + 0.562\,8X_3 - 0.548\,2X_4 - 1.978\,2X_5 \\ Y_1 = 15.034\,7 - 0.068\,0X_1 + 0.013\,3X_2 + 2.795\,3X_3 + 0.081\,2X_4 + 1.764\,9X_5 \end{cases}$$

总体协方差阵的估计为

$$\hat{\boldsymbol{\Sigma}} = \begin{bmatrix} 37.546\,2 & -3.595\,1 \\ -3.595\,1 & 12.496\,1 \end{bmatrix}$$

七、聚类分析

1. 系统聚类法

利用 Matlab 进行系统聚类分析的主要步骤为：

(1) 用 pdist 函数计算元素之间的距离。

(2) 用 linkage 函数生成系统聚类树。

(3) 用 cluster 函数划分系统聚类树得到不同的类，用 dendrogram 函数可以画出系统聚类树状图。

下面对这几个函数分别进行介绍。

(1) pdist 函数的调用格式有：

```
y=pdist(X)
y=pdist(X,distance)
```

其中 $\boldsymbol{X}$ 为样本矩阵，行数为样本容量，列数为变量个数。distance 为计算距离的方法，可用的包括：

'euclidean'(欧氏距离，这是默认情况)

'squaredeuclidean'(平方欧氏距离)

'seuclidean'(标准化的欧氏距离)

'cityblock'(城市街区距离，即绝对值距离)

'minkowski'(闵可夫斯基距离，默认取 $p=2$，如果用其他 p 值，则后面跟 p 参数)

'chebychev'(切比雪夫距离)

'mahalanobis'(马氏距离)

'cosine'(夹角余弦)

'correlation'(相关系数)

'spearman'(斯皮尔曼相关系数)

'hamming'(汉明距离)

'jaccard'(1 减去 Jaccard 系数)

custom distance function(使用@定义的自定义距离,形如 pdist(X,@distfun))

(2) linkage 函数的调用格式主要有:

```
Z = linkage(X)
Z = linkage(X,method)
Z = linkage(X,method,metric)
Z = linkage(y)
Z = linkage(y,method)
```

其中 Z 为返回的并类结果,共有 $n-1$ 行 3 列,第 i 行前两个元素为根据上一次并类的结果第 i 次并为一类的两个类号,第三列为第 i 次并类的并类距离。$\boldsymbol{X}$ 为原始样本矩阵,y 是由 pdist 函数计算的结果。metric 是计算距离的方法,与 pdist 函数中的说明相同。method 指的是创建系统聚类树的方法,可用参数为:

'average'(类平均法)

'centroid'(重心法)

'complete'(最长距离法)

'median'(中间距离法,即加权重心法)

'single'(最短距离法)

'ward'(离差平方和法)

'weighted'(可变类平均法)

(3) cluster 函数的调用格式有:

```
T = cluster(Z,'cutoff',c)
T = cluster(Z,'cutoff',c,'depth',d)
T = cluster(Z,'cutoff',c,'criterion',criterion)
T = cluster(Z,'maxclust',n)
```

其中 T 是列向量,元素为相应观测值所属类的类号。Z 为 linkage 函数的计算结果。c 为聚类的阈值。当一个节点和它的所有子节点的不一致系数小于 c 时,该节点及其下面的所有节点被聚为一类。d 为计算深度,默认为 2。n 为最大聚类数,用距离做标准,举出来的类为 n 类或少于 n 类。

(4) dendrogram 函数的常用调用格式有:

```
dendrogram(Z)
dendrogram(Z,p)
dendrogram(…,'orientation',orient)
dendrogram(…,'labels',s)
```

其中 Z 为 cluster 函数的计算结果。p 用于控制显示的叶节点数，默认为 30。s 为观测值标签。orient 用于控制聚类树形图的方向和放置叶节点标签的位置，其取值有：

'top'(聚类树自上而下，叶节点标签在下方，这是默认情况)

'bottom'(聚类树自下而上，叶节点标签在上方)

'left'(聚类树自左而右，叶节点标签在右边)

'right'(聚类树自右而左，叶节点标签在左边)

例 12.4.9 现有变量 $X_1 \sim X_4$ 的观测值如下(表 12.4.8)，使用欧氏距离计算观测记录之间的距离，用类平均法进行系统聚类。

表 12.4.8 观测数据

序号	X_1	X_2	X_3	X_4
S1	19.27	11.05	2.04	13.29
S2	19.25	14.59	2.75	14.87
S3	16.17	9.42	1.55	9.76
S4	15.99	9.10	1.82	11.35
S5	16.18	8.39	1.96	10.81
S6	7.90	39.77	8.49	12.94
S7	7.68	50.37	11.35	13.30
S8	9.42	27.93	8.20	8.14
S9	9.16	27.98	9.01	9.32
S10	10.06	28.64	10.52	10.05

解 程序如下：

```
X=[19.27    11.05    2.04    13.29
   19.25    14.59    2.75    14.87
   16.17    9.42     1.55    9.76
   15.99    9.10     1.82    11.35
   16.18    8.39     1.96    10.81
   7.90     39.77    8.49    12.94
   7.68     50.37    11.35   13.3
   9.42     27.93    8.20    8.14
   9.16     27.98    9.01    9.32
   10.06    28.64    10.52   10.05]
y=pdist(X);  %使用默认的欧氏距离
Z = linkage(y,'average')  %使用类平均法
T = cluster(Z,'maxclust',5)  %最多创建 5 个类
lab={'S1','S2','S3','S4','S5','S6','S7','S8','S9','S10'};  %设置标签
dendrogram(Z,'orientation','right','labels',lab)
```

运行结果为：

```
Z =
    4.0000    5.0000    0.9227
    8.0000    9.0000    1.4555
    3.0000    11.0000   1.5905
    10.0000   12.0000   2.5840
    1.0000    2.0000    3.9411
    13.0000   15.0000   6.2420
    6.0000    7.0000    10.9872
    14.0000   17.0000   17.5804
    16.0000   18.0000   27.4035
T =
    2
    2
    1
    1
    1
    3
    4
    5
    5
    5
```

从结果 Z 可以看出，第一次将 S4 和 S5 并为一类，并类距离为 0.922 7，第二次将第一次并类后的第 8 类和第 9 类并为一类，并类距离为 1.455 5，第三次将第二次并类后的第 3 类和第 11 类并为一类，并类距离为 1.590 5，……从结果 T 可以看出，如果最多聚为 5 类，那结果是：第一类为{S3，S4，S5}，第二类是{S1，S2}，第三类是{S6}，第四类是{S7}，第五类是{S8，S9，S10}。画出的树状图如图 12.4.1 所示。

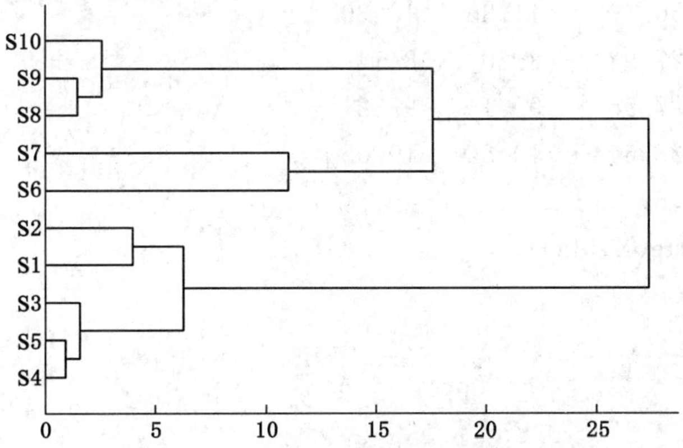

图 12.4.1　例 12.4.9 的系统聚类树状图

2. K 均值聚类法

Matlab 中与 K 均值聚类法有关的函数是 kmeans 和 silhouette，前者用来聚类，后者用来画轮廓图。

kmeans 函数的常用调用格式有：

```
idx = kmeans(X,k)
[idx,C] = kmeans(X,k)
[idx,C,sumd] = kmeans(X,k)
[idx,C,sumd,D] = kmeans(X,k)
[…]=kmeans(…,param1,val1,param2,val2,…)
```

其中，$\boldsymbol{X}$ 为样本矩阵，k 是类的数目。**idx** 是列向量，元素为相应观测记录所述的类号。$\boldsymbol{C}$ 为 k 个类的类重心坐标矩阵。**sumd** 为一个向量，元素为相应的类的类内元素与类重心的距离之和。$\boldsymbol{D}$ 为各类重心之间的距离矩阵，第 i 行第 j 列的元素为第 i 类和第 j 类的类重心距离。param 和 val 的取值字符串可用于控制所使用的距离定义形式、初始凝聚点、是否在线更新数据等等。

silhouette 函数的常用调用格式有：

```
silhouette(X,idx)
S=silhouette(X,idx)
```

其中 $\boldsymbol{X}$ 为样本观测值矩阵，idx 为聚类结果。$\boldsymbol{S}$ 是返回的轮廓值向量，带有"$S=$"时不会画图，只给出计算结果。

例 12.4.10 对例 12.4.9 的数据进行 K 均值聚类，将其聚为 5 类。

程序如下：

```
X=[19.27    11.05    2.04     13.29
   19.25    14.59    2.75     14.87
   16.17    9.42     1.55     9.76
   15.99    9.10     1.82     11.35
   16.18    8.39     1.96     10.81
   7.90     39.77    8.49     12.94
   7.68     50.37    11.35    13.30
   9.42     27.93    8.20     8.14
   9.16     27.98    9.01     9.32
   10.06    28.64    10.52    10.05]
idx=kmeans(X,5)
[S,h]=silhouette(X,idx);
```

运行结果为：

```
idx =
    4
    4
    1
    5
```

5
2
2
3
3
3

可以看出 K 均值聚类方法得到的 5 个类分别是：第一类为{S3}，第二类为{S6，S7}，第三类为{S8，S9，S10}，第四类为{S1，S2}，第五类为{S4，S5}。轮廓值为

$S =$

0.295 3
0.745 0
0.942 9
0.950 5
0.963 7
1.000 0
1.000 0
0.963 6
0.979 9
0.950 4

画出的轮廓图如图 12.4.2 所示。

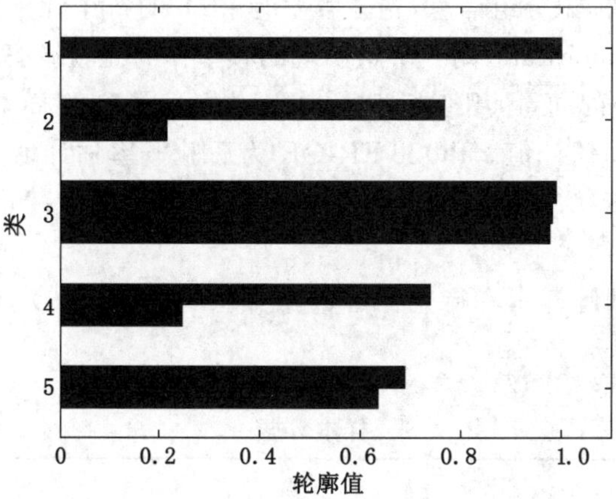

图 12.4.2　例 12.4.10 的轮廓图

八、判别分析

Matlab 提供了两种判别分析方法。一种是用 classify 函数，可以进行距离判别和先验分布为正态分布的 Bayes 判别，不过 Matlab 在文档中声明，未来将用 fitcdiscr 函数取代 classify 函数。另一种 NaiveBayes 类，用于 Bayes 判别。

1. classify 函数

classify 函数常用的调用格式有：

```
class = classify(sample,training,group)
class = classify(sample,training,group,'type')
class = classify(sample,training,group,'type',prior)
[class,err] = classify(…)
[class,err,POSTERIOR] = classify(…)
```

其中 sample 为待判别样本矩阵，每一行为一条观测记录。training 为训练样本矩阵，每一行为一条观测记录，每一列为一个变量。group 未分组变量，可以是数值型、字符型等等，行数必须与 training 相同，标识 training 的每一行属于哪个分组。type 用于指定判别函数的可取值类型，取值包括：

linear：线性判别函数，这是默认值。适用于各组协方差阵相同但未知的情况。

diaglinear：以对角阵作为协方差阵估计的线性判别函数。

quadratic：二次判别函数。用于各组的协方差阵不全相等并且未知的情况。

diagquadratic：以对角阵作为各个协方差阵估计的二次判别函数。

mahalanobis：以马氏距离作为各组协方差阵估计，用于各组的协方差阵不全相等并且未知的情况。

type 取'mahalanobis'时，classify 用来做距离判别，而前 4 种取值可用于 Bayes 判别，只要通过 prior 给定先验概率即可。prior 在默认情况下取先验概率相等。prior 有三种给定先验概率的方法。第一种是用一组全为正数的向量给定先验概率，元素的个数与训练样本分组数相同，先验概率为每个元素除以所有元素之和。第二种是取一个 1×1 的结构体，包含 prob 和 group 两个字段，prob 为一组全为正数的向量，元素个数为训练样本分组数，group 是一个与 prob 同维数的向量，用于标识分组信息，先验概率为 prob 的每个元素除以所有元素之和。第三种情况，如果 prior='empirical'，则一个组出现的频率作为先验概率。

返回值 class 是一个列向量，用于标识 sample 中的每个待判样本被判给哪一类。err 为基于 training 的误判概率估计值。POSTERIOR 为后验概率估计值矩阵，它的第 i 行第 j 列元素是第 i 个观测值属于第 j 类的后验概率估计值，如果 type='mahalanobis'，则不计算 POSTERIOR。

例 12.4.11 已知训练样本和待判样本数据如下(表 12.4.9)，利用距离判别法对待判样本进行判别。

表 12.4.9　　样本数据

组	X_1	X_2	X_3	X_4
1	−0.10	−0.09	1.56	0.67
1	−0.14	−0.07	0.71	0.28
1	0.04	0.01	1.50	0.71
1	−0.07	−0.06	1.37	0.40
1	0.07	−0.01	1.37	0.34
1	−0.14	−0.14	1.42	0.43
1	−0.23	−0.30	0.33	0.18

续表 12.4.9

组	X_1	X_2	X_3	X_4
1	0.07	0.02	1.31	0.25
1	0.01	0	2.15	0.70
1	−0.28	−0.23	1.19	0.66
2	0.31	0.05	4.45	0.69
2	0.12	0.05	2.52	0.69
2	−0.02	0.02	2.05	0.35
2	0.22	0.08	2.35	0.40
2	0.16	0.05	2.31	0.20
2	0.29	0.06	1.84	0.38
2	0.54	0.11	2.33	0.48
2	−0.33	−0.09	3.01	0.47
2	0.48	0.09	1.24	0.18
2	0.20	0.08	1.99	0.30
待判	0.13	−0.09	1.26	0.34
待判	0.37	0.08	3.65	0.43
待判	0.17	0.07	1.80	0.52
待判	−0.28	−0.27	1.27	0.51

程序如下：

```
data=[1    -0.1     -0.09    1.56    0.67
      1    -0.14    -0.07    0.71    0.28
      1    0.04     0.01     1.50    0.71
      1    -0.07    -0.06    1.37    0.40
      1    0.07     -0.01    1.37    0.34
      1    -0.14    -0.14    1.42    0.43
      1    -0.23    -0.30    0.33    0.18
      1    0.07     0.02     1.31    0.25
      1    0.01     0        2.15    0.70
      1    -0.28    -0.23    1.19    0.66
      2    0.31     0.05     4.45    0.69
      2    0.12     0.05     2.52    0.69
      2    -0.02    0.02     2.05    0.35
      2    0.22     0.08     2.35    0.40
      2    0.16     0.05     2.31    0.20
      2    0.29     0.06     1.84    0.38
      2    0.54     0.11     2.33    0.48
      2    -0.33    -0.09    3.01    0.47
```

```
    2    0.48    0.09    1.24    0.18
    2    0.20    0.08    1.99    0.30];
training=data(:,2:end);
group=data(:,1);
sample=[0.13    -0.09    1.26    0.34
        0.37     0.08    3.65    0.43
        0.17     0.07    1.80    0.52
       -0.28    -0.27    1.27    0.51];
[class,err] = classify(sample,training,group,'mahalanobis')
```

运行结果为：

```
class =
    1
    2
    2
    1
err =
    0
```

从结果可以看出，第一个和最后一个样本被判断为属于第1组，第二个和第三个样本被判断为属于第2组。误判概率估计为0。

2. NaiveBayes 类

NaiveBayes 类里面有很多方法和属性，进行 Bayes 判别主要使用 fit 和 predict 这两种方法，常用的方式为：先用 NaiveBayes. fit 建立一个朴素 Bayes 分类器，然后再用 predict 函数对待判样本进行判别分类。

NaiveBayes. fit 的常用格式有：

```
nb = NaiveBayes.fit(training, class)
nb = NaiveBayes.fit(..., 'param1',val1, 'param2',val2, ...)
```

其中 training 为训练样本矩阵，每一行是一个观测记录，每一列是一个变量。class 是一个列向量，行数与 training 相同，用于标识 training 的每一行属于哪个类别。选'Prior'作为参数，可以指定先验概率，先验概率的默认情况是用各组的频率作为先验概率，'Prior'可取的值有下列四种情况：

(1) 'empirical'：用各组频率作为先验概率，这是默认情况。

(2) 'uniform'：各组具有相同的先验概率。

(3) 一个维数与 training 的组数相同的数值向量，按 class 的顺序指定先验概率。

(4) 用一个结构体指定先验概率。

predict 函数的常用格式有：

```
cpre = predict(nb,test)
cpre = predict(...,'HandleMissing',val)
```

其中 nb 为 NaiveBayes. fit 创建的分类器对象，test 为待判别样本矩阵。返回值 cpre 是一个列向量，用于标识 test 中的每一个样本被判为哪一类。'HandleMissing'的取值 val 代表对缺失值的处理方案。

例 12.4.12　拟用卫星 4 个通道的遥感数据确定地面植物的类型。已知 36 块土地4 个通道的遥感数据 $X_1 \sim X_4$ 及该块土地上种植庄稼的品种(玉米、大豆、棉花、甜菜及牧草共 5 种),现有三个待判别地块,假设使用已知类别地块的出现频率作为先验概率,使用 Bayes 判别方法判断这三块地种植的是什么庄稼。数据如表 12.4.10 所列。

表 12.4.10　　　　卫星数据

分类	X_1	X_2	X_3	X_4	分类	X_1	X_2	X_3	X_4	分类	X_1	X_2	X_3	X_4
‘玉米’	16	27	31	33	‘大豆’	22	32	31	43	‘甜菜’	26	54	2	54
‘玉米’	15	23	30	30	‘棉花’	31	32	33	34	‘牧草’	12	45	32	54
‘玉米’	16	27	27	26	‘棉花’	29	24	26	28	‘牧草’	24	58	25	34
‘玉米’	18	20	25	23	‘棉花’	34	32	28	45	‘牧草’	87	54	61	21
‘玉米’	15	15	31	32	‘棉花’	26	25	23	24	‘牧草’	51	31	31	16
‘玉米’	15	32	32	15	‘棉花’	53	48	75	26	‘牧草’	96	48	54	62
‘玉米’	12	15	16	73	‘棉花’	34	35	25	78	‘牧草’	31	31	11	11
‘大豆’	20	23	23	25	‘甜菜’	22	23	25	42	‘牧草’	56	13	13	71
‘大豆’	24	24	25	32	‘甜菜’	25	25	24	26	‘牧草’	32	13	27	32
‘大豆’	21	25	23	24	‘甜菜’	34	25	16	52	‘牧草’	36	26	54	32
‘大豆’	27	45	24	12	‘甜菜’	54	23	21	54	‘牧草’	53	8	6	54
‘大豆’	12	13	15	42	‘甜菜’	25	43	32	15	‘牧草’	32	32	62	16
待判	20	25	30	30	待判	59	28	31	24	待判	22	36	18	55

解　程序如下:

```
training=[16    27    31    33
          15    23    30    30
          16    27    27    26
          18    20    25    23
          15    15    31    32
          15    32    32    15
          12    15    16    73
          20    23    23    25
          24    24    25    32
          21    25    23    24
          27    45    24    12
          12    13    15    42
          22    32    31    43
          31    32    33    34
          29    24    26    28
          34    32    28    45
```

```
        26   25   23   24
        53   48   75   26
        34   35   25   78
        22   23   25   42
        25   25   24   26
        34   25   16   52
        54   23   21   54
        25   43   32   15
        26   54   2    54
        12   45   32   54
        24   58   25   34
        87   54   61   21
        51   31   31   16
        96   48   54   62
        31   31   11   11
        56   13   13   71
        32   13   27   32
        36   26   54   32
        53   8    6    54
        32   32   62   16];
class={'玉米','玉米','玉米','玉米','玉米','玉米','玉米','大豆'…
'大豆','大豆','大豆','大豆','大豆','棉花','棉花','棉花'…
'棉花','棉花','棉花','甜菜','甜菜','甜菜','甜菜','甜菜'…
'甜菜','牧草','牧草','牧草','牧草','牧草','牧草','牧草'…
'牧草','牧草','牧草','牧草'}';
test=[20  25  30  30
      59  28  31  24
      22  36  18  55
];
nb=NaiveBayes.fit(training,class);
cpre=predict(nb,test)
```

运行结果为:

```
cpre =
  3×1 cell 数组
    '大豆'
    '牧草'
    '甜菜'
```

运行结果显示,第一个待判地块被判断为种植的是大豆,第二个被判断为种植的是牧草,第三个被判断为种植的是甜菜。

九、主成分分析

Matlab 提供了两个主成分分析函数。一个是 pcacov，根据协方差阵或者相关系数阵来进行主成分分析。另一个是 princomp，根据样本观测矩阵来进行主成分分析。

1. pcacov 函数

pcacov 函数的调用格式有：

COEFF = pcacov(V)

[COEFF,latent] = pcacov(V)

[COEFF,latent,explained] = pcacov(V)

其中 **V** 为样本或总体的协方差阵或相关系数阵。COEFF 为主成分系数矩阵，它的第 i 列为第 i 个主成分的系数向量。latent 是主成分的方差构成的列向量，也就是 V 的特征值（从大到小）构成的向量。explained 是主成分的贡献率向量（已经转化为百分比数据）。

2. princomp 函数

princomp 函数的调用格式主要有：

[COEFF,SCORE] = princomp(X)

[COEFF,SCORE,latent] = princomp(X)

[COEFF,SCORE,latent,tsquare] = princomp(X)

其中 **X** 为样本观测值矩阵，每一行代表一个观测记录，每一列代表一个向量。COEFF 为主成分系数矩阵，它的第 i 列为第 i 个主成分的系数向量。SCORE 为主成分得分矩阵，第 i 行第 j 列元素是第 i 个样本的第 j 个主成分的得分。latent 是样本协方差阵的特征值构成的向量，已按从小到大排序。tsquare 是一个列向量，它的第 i 个元素是第 i 个样本的霍特林 T^2 统计量。

例 12.4.13　现有变量 $X_1 \sim X_6$ 的观测数据如表（表 12.4.11），对其进行主成分分析。

表 12.4.11　　**变量的观测数据**

序号	X_1	X_2	X_3	X_4	X_5	X_6
1	1.067	65.601	1 181.54	270.12	18.266	0.162
2	1.336	33.205	1 436.12	354.26	17.486	11.805
3	1.623	16.607	1 405.09	586.59	40.683	14.401
4	2.032	76.204	1 540.29	216.39	8.128	4.065
5	0.801	71.106	926.35	291.52	8.135	4.063
6	1.652	73.307	1 501.24	225.25	18.352	2.645
7	0.841	68.904	897.36	196.37	16.861	5.176
8	0.812	66.502	911.24	226.51	18.279	5.643
9	0.858	50.302	103.52	217.09	19.793	4.881
10	1.041	64.609	968.33	181.38	4.005	4.066
11	0.623	60.102	824.37	188.09	19.409	5.721
12	1.022	68.001	1 255.42	211.55	11.102	3.133
13	0.654	60.702	1 251.03	220.91	4.383	4.615

续表 12.4.11

序号	X_1	X_2	X_3	X_4	X_5	X_6
14	0.661	63.304	1 246.47	242.16	10.706	6.053
15	0.737	54.206	814.21	193.46	11.419	6.442
16	0.598	55.901	1 124.05	228.44	9.521	7.881

解 程序如下：

```
X=[1.067    65.601    1 181.54    270.12    18.266    0.162
   1.336    33.205    1 436.12    354.26    17.486    11.805
   1.623    16.607    1 405.09    586.59    40.683    14.401
   2.032    76.204    1 540.29    216.39    8.128     4.065
   0.801    71.106    926.35      291.52    8.135     4.063
   1.652    73.307    1 501.24    225.25    18.352    2.645
   0.841    68.904    897.36      196.37    16.861    5.176
   0.812    66.502    911.24      226.51    18.279    5.643
   0.858    50.302    103.52      217.09    19.793    4.881
   1.041    64.609    968.33      181.38    4.005     4.066
   0.623    60.102    824.37      188.09    19.409    5.721
   1.022    68.001    1 255.42    211.55    11.102    3.133
   0.654    60.702    1 251.03    220.91    4.383     4.615
   0.661    63.304    1 246.47    242.16    10.706    6.053
   0.737    54.206    814.21      193.46    11.419    6.442
   0.598    55.901    1 124.05    228.44    9.521     7.881
];
[COEFF,SCORE,latent] = princomp(X)
```

运行结果为：

```
COEFF =
    0.0007     0.0009     0.0081     0.0190    -0.0173     0.9996
   -0.0020    -0.1400     0.9674     0.0058     0.2111    -0.0042
    0.9946    -0.1032    -0.0126     0.0068    -0.0015    -0.0007
    0.1041     0.9816     0.1424    -0.0738     0.0013    -0.0007
    0.0010     0.0750    -0.0019     0.9965     0.0310    -0.0184
    0.0018     0.0264    -0.2091    -0.0324     0.9768     0.0192
SCORE =
   96.1095     6.1187     8.4820     3.0762    -4.0597    -0.2263
  358.1516    67.2234   -16.5063    -2.7426     0.1782     0.1893
  351.5445   302.6004     0.3216     2.8523     0.2659     0.0243
  447.2887   -85.7747     5.7919    -0.6806     1.0642     0.7574
 -155.4783    52.0260    19.2631   -10.4260     1.0069    -0.1010
```

```
  409.3871   -71.9147   5.0157     8.6119    -0.5427    0.1935
 -194.2033   -37.3853   3.7003     5.0437     1.8196   -0.1047
 -177.2532    -8.7786   5.3930     4.2980     1.8312   -0.1712
 -981.5266    67.6732  -1.3124     0.9631    -1.1107    0.4386
 -125.1864   -59.8136  -3.2221    -6.1665    -0.6964    0.2927
 -267.6372   -36.5446  -5.1968     7.6265     0.6732   -0.2682
  163.4819   -59.7881   0.9283     0.6743    -1.0555   -0.0995
  160.1008   -49.5914  -5.0444    -6.8387    -1.3320   -0.2883
  157.7820   -28.1148   0.2427    -2.1673     0.8515   -0.3931
 -277.1774   -29.9804 -10.1424    -0.8559    -0.0948    0.0344
   34.6164   -27.9554  -7.7141    -3.2685     1.2012   -0.2778
latent =
  1.0e+05 *
    1.2854
    0.0872
    0.0007
    0.0003
    0.0000
    0.0000
```

从 latent 的结果可以看出，第一项的贡献率已经超过 93%，所以取第一个主成分即可，第一主成分的系数为：0.000 7　−0.002 0　0.994 6　0.104 1　0.001 0　0.001 8

如果使用 pcacov 函数，只要用下面两条语句替换上面程序里的最后一行即可。

```
V=cov(X);
[COEFF,latent,explained]=pcacov(V)
```

使用 pcacov 和 princomp 的效果是一样的，只是显示的结果内容稍有不同。

十、因子分析

Matlab 提供的因子分析函数是 factoran，它的调用格式有：

```
lambda = factoran(X,m)
[lambda,psi] = factoran(X,m)
[lambda,psi,T] = factoran(X,m)
[lambda,psi,T,stats] = factoran(X,m)
[lambda,psi,T,stats,F] = factoran(X,m)
[...] = factoran(...,param1,val1,param2,val2,…)
```

其中 $\boldsymbol{X}$ 可以是样本观测值矩阵（也可以是样本协方差阵或相关系数阵，但要用参数指明），m 是公共因子个数。lambda 是返回的因子载荷矩阵。psi 是返回的特殊因子方差的估计结果，是列向量。$\boldsymbol{T}$ 是返回的旋转矩阵。stat 是一个返回的结构体，用于检验因子个数是否可以看成 m 个。$\boldsymbol{F}$ 是返回的因子得分矩阵，第 i 行第 j 列是第 i 个样本在第 j 个因子的得分。参数 parma 可选的字符串很多，比较常用的是下面几个：

'xtype'：指明 $\boldsymbol{X}$ 是原始数据阵还是协方差阵（以及相关系数阵）。

'scores':预测因子得分的方法,如果 $\boldsymbol{X}$ 不是样本原始数据,则该项被忽略。

'rotate':因子载荷矩阵旋转方法。

'nobs':当 $\boldsymbol{X}$ 不是原始数据矩阵时,用于指定实际的观测值个数,无默认值。

这些参数的取值分别有:

(1) 'xtype'可以取'data'或'covariance'。

(2) 'scores'取'wls'或'Bartlett'代表加权最小二乘估计,也就是巴莱特得分,这是默认情况,如果取'regression'或'Thomson'则代表最小均方误差得分,相当于岭回归法,也就是汤普森得分。

(3) 'rotate'的取值比较多,如果取'none'则代表不旋转,如果取'orthomax'则代表最大方差旋转,最大方差旋转的一种特殊情况是'varimax','varimax'是'rotate'参数的默认值。此外还有其他一些取值,也可以用自定义旋转函数进行旋转。

如果关注因子载荷矩阵的旋转结果,可以使用 rotatefactors 函数。另外要注意的是,factoran 函数使用最大似然估计方法给出各种估计结果。

例 12.4.14 变量 $X_1 \sim X_7$ 的观测结果如下表(表 12.4.12),选择 3 个公共因子进行因子分析。

表 12.4.12 **变量的观测结果**

X_1	X_2	X_3	X_4	X_5	X_6	X_7
34.3	1.2	38.8	60.5	75.6	1.7	2.8
109.4	1.3	31.9	55.3	75.4	2.3	2.2
8.8	0.2	48.8	138.0	31.6	17.1	2.3
11.0	0.8	29.9	60.3	59.8	1.9	2.8
106.2	0.8	34.8	51.8	67.6	5.9	1.9
52.1	0.6	28.3	40.9	85.6	1.1	2.3
19.9	1.3	31.3	78.8	27.8	24.6	1.6
12.2	0.9	8.7	14.9	211.7	2.4	2.4
16.7	0.5	14.1	26.4	168.4	1.6	2.8
39.0	0.9	8.1	15.7	340.2	0.8	2.7
22.2	1.3	7.2	12.2	393.2	2.4	2.2
70.6	0.6	6.0	11.5	364.3	0.8	2.7
16.2	0.3	5.6	12.4	255.8	3.4	2.9
707.9	0.3	4.2	7.1	453.3	0.3	2.5
949.8	0.8	4.4	6.8	658.5	0.5	2.0
676.1	0.3	4.4	6.8	660.0	0.6	2.3
967.5	0.9	3.7	4.6	564.4	0.1	2.5
534.6	0.7	2.2	3.2	820.6	0.5	2.6
912.3	0.7	2.2	2.7	1 052.1	0.5	2.4
587.1	0.1	2.0	2.8	929.3	0.7	2.6

程序如下：

```
X=[34.3    1.2   38.8   60.5    75.6    1.7    2.8
   109.4   1.3   31.9   55.3    75.4    2.3    2.2
   8.8     0.2   48.8   138.0   31.6    17.1   2.3
   11.0    0.8   29.9   60.3    59.8    1.9    2.8
   106.2   0.8   34.8   51.8    67.6    5.9    1.9
   52.1    0.6   28.3   40.9    85.6    1.1    2.3
   19.9    1.3   31.3   78.8    27.8    24.6   1.6
   12.2    0.9   8.7    14.9    211.7   2.4    2.4
   16.7    0.5   14.1   26.4    168.4   1.6    2.8
   39.0    0.9   8.1    15.7    340.2   0.8    2.7
   22.2    1.3   7.2    12.2    393.2   2.4    2.2
   70.6    0.6   6.0    11.5    364.3   0.8    2.7
   16.2    0.3   5.6    12.4    255.8   3.4    2.9
   707.9   0.3   4.2    7.1     453.3   0.3    2.5
   949.8   0.8   4.4    6.8     658.5   0.5    2.0
   676.1   0.3   4.4    6.8     660.0   0.6    2.3
   967.5   0.9   3.7    4.6     564.4   0.1    2.5
   534.6   0.7   2.2    3.2     820.6   0.5    2.6
   912.3   0.7   2.2    2.7     1052.1  0.5    2.4
   587.1   0.1   2.0    2.8     929.3   0.7    2.6 ];
[lambda,psi,T] = factoran(X,3)
```

运行结果为：

```
lambda =
   -0.2638    0.8094   -0.0320
   -0.0085   -0.3030   -0.4690
    0.8104   -0.4967   -0.1036
    0.9272   -0.3652   -0.0459
   -0.4092    0.8777    0.1654
    0.7364   -0.1099   -0.3758
   -0.3400   -0.1982    0.9166
psi =
    0.2742
    0.6882
    0.0858
    0.0050
    0.0349
    0.3044
    0.0050
```

T =

```
0.8226   -0.2015   -0.5317
0.3697   -0.5209    0.7694
0.4320    0.8295    0.3540
```

结果中的 lambda 是因子载荷矩阵，它的第 i 行第 j 列反映了第 i 个变量在第 j 个公共因子上的载荷，psi 依次给出了 7 个变量特殊因子的方差估计，$\boldsymbol{T}$ 给出了方差最大旋转的旋转矩阵。

本节用 10 个部分对 Matlab 的统计功能做了简要介绍，实际上 Matlab 的统计计算功能远不止于此，它的统计工具箱提供了非常丰富的统计分析工具，有兴趣的读者可以仔细阅读一下有关资料。

习题十二

1. 利用表 12.4.1 中的指令分别生成 1 000 个服从以下分布的随机数：

(1) 标准正态分布；

(2) 参数为 5 的泊松分布；

(3) 均值为 20 的指数分布。

2. 利用 manova1 指令求解例 3.4.1。

3. 利用 regress 指令求解例 4.1.1。

4. 利用 mvregress 指令求解例 4.3.1。

5. 利用 classify 指令求解例 6.1.1。

6. 利用 princomp 指令求解例 7.2.1。

附 录

附录 A 常用分布表

1. 标准正态分布表

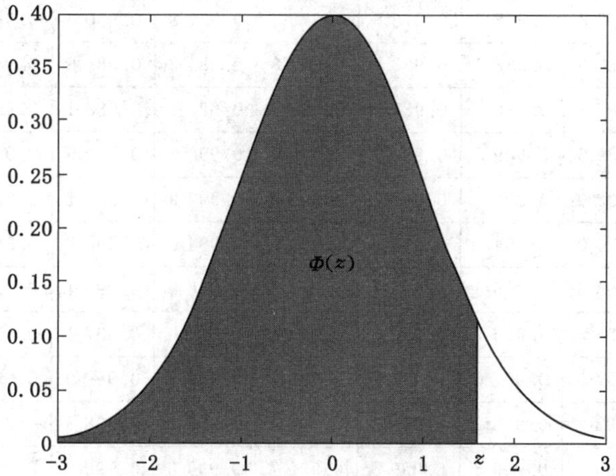

$$\Phi(z)=\int_{-\infty}^{z}\frac{1}{\sqrt{2\pi}}e^{-\frac{x^2}{2}}\,dx$$

z	0	1	2	3	4	5	6	7	8	9
0.0	0.500 0	0.504 0	0.508 0	0.512 0	0.516 0	0.519 9	0.523 9	0.527 9	0.531 9	0.535 9
0.1	0.539 8	0.543 8	0.547 8	0.551 7	0.555 7	0.559 6	0.563 6	0.567 5	0.571 4	0.575 3
0.2	0.579 3	0.583 2	0.587 1	0.591 0	0.594 8	0.598 7	0.602 6	0.606 4	0.610 3	0.614 1
0.3	0.617 9	0.621 7	0.625 5	0.629 3	0.633 1	0.636 8	0.640 6	0.644 3	0.648 0	0.651 7
0.4	0.655 4	0.659 1	0.662 8	0.666 4	0.670 0	0.673 6	0.677 2	0.680 8	0.684 4	0.687 9
0.5	0.691 5	0.695 0	0.698 5	0.701 9	0.705 4	0.708 8	0.712 3	0.715 7	0.719 0	0.722 4
0.6	0.725 7	0.729 1	0.732 4	0.735 7	0.738 9	0.742 2	0.745 4	0.748 6	0.751 7	0.754 9
0.7	0.758 0	0.761 1	0.764 2	0.767 3	0.770 4	0.773 4	0.776 4	0.779 4	0.782 3	0.785 2
0.8	0.788 1	0.791 0	0.793 9	0.796 7	0.799 5	0.802 3	0.805 1	0.807 8	0.810 6	0.813 3
0.9	0.815 9	0.818 6	0.821 2	0.823 8	0.826 4	0.828 9	0.831 5	0.834 0	0.836 5	0.838 9
1.0	0.841 3	0.843 8	0.846 1	0.848 5	0.850 8	0.853 1	0.855 4	0.857 7	0.859 9	0.862 1

续表

z	0	1	2	3	4	5	6	7	8	9
1.1	0.864 3	0.866 5	0.868 6	0.870 8	0.872 9	0.874 9	0.877 0	0.879 0	0.881 0	0.883 0
1.2	0.884 9	0.886 9	0.888 8	0.890 7	0.892 5	0.894 4	0.896 2	0.898 0	0.899 7	0.901 5
1.3	0.903 2	0.904 9	0.906 6	0.908 2	0.909 9	0.911 5	0.913 1	0.914 7	0.916 2	0.917 7
1.4	0.919 2	0.920 7	0.922 2	0.923 6	0.925 1	0.926 5	0.927 9	0.929 2	0.930 6	0.931 9
1.5	0.933 2	0.934 5	0.935 7	0.937 0	0.938 2	0.939 4	0.940 6	0.941 8	0.942 9	0.944 1
1.6	0.945 2	0.946 3	0.947 4	0.948 4	0.949 5	0.950 5	0.951 5	0.952 5	0.953 5	0.954 5
1.7	0.955 4	0.956 4	0.957 3	0.958 2	0.959 1	0.959 9	0.960 8	0.961 6	0.962 5	0.963 3
1.8	0.964 1	0.964 9	0.965 6	0.966 4	0.967 1	0.967 8	0.968 6	0.969 3	0.969 9	0.970 6
1.9	0.971 3	0.971 9	0.972 6	0.973 2	0.973 8	0.974 4	0.975 0	0.975 6	0.976 1	0.976 7
2.0	0.977 2	0.977 8	0.978 3	0.978 8	0.979 3	0.979 8	0.980 3	0.980 8	0.981 2	0.981 7
2.1	0.982 1	0.982 6	0.983 0	0.983 4	0.983 8	0.984 2	0.984 6	0.985 0	0.985 4	0.985 7
2.2	0.986 1	0.986 4	0.986 8	0.987 1	0.987 5	0.987 8	0.988 1	0.988 4	0.988 7	0.989 0
2.3	0.989 3	0.989 6	0.989 8	0.990 1	0.990 4	0.990 6	0.990 9	0.991 1	0.991 3	0.991 6
2.4	0.991 8	0.992 0	0.992 2	0.992 5	0.992 7	0.992 9	0.993 1	0.993 2	0.993 4	0.993 6
2.5	0.993 8	0.994 0	0.994 1	0.994 3	0.994 5	0.994 6	0.994 8	0.994 9	0.995 1	0.995 2
2.6	0.995 3	0.995 5	0.995 6	0.995 7	0.995 9	0.996 0	0.996 1	0.996 2	0.996 3	0.996 4
2.7	0.996 5	0.996 6	0.996 7	0.996 8	0.996 9	0.997 0	0.997 1	0.997 2	0.997 3	0.997 4
2.8	0.997 4	0.997 5	0.997 6	0.997 7	0.997 7	0.997 8	0.997 9	0.997 9	0.998 0	0.998 1
2.9	0.998 1	0.998 2	0.998 2	0.998 3	0.998 4	0.998 4	0.998 5	0.998 5	0.998 6	0.998 6
3.0	0.998 7	0.999 0	0.999 3	0.999 5	0.999 7	0.999 8	0.999 8	0.999 9	0.999 9	1.000 0

注：表中最后一行为 $\Phi(3.0)$，$\Phi(3.1)$，…，$\Phi(3.9)$ 的值。

2. χ^2 分布表

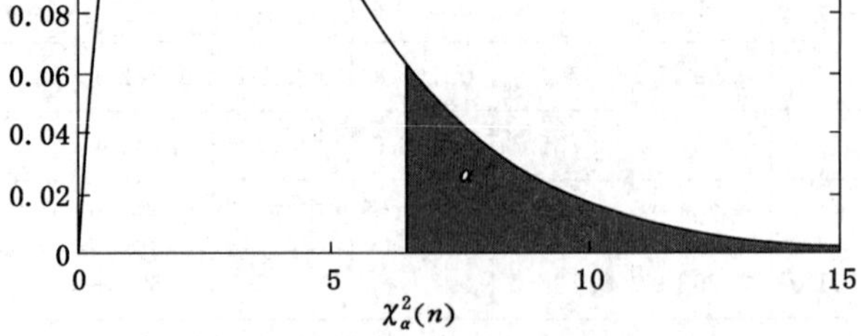

$$P\{\chi^2(n) > \chi^2_\alpha(n)\} = \alpha$$

n	α=0.995	0.99	0.975	0.95	0.90	0.75	0.25	0.10	0.05	0.025	0.01	0.005
1	0.000 0	0.000 2	0.001 0	0.003 9	0.015 8	0.101 5	1.323 3	2.705 5	3.841 5	5.023 9	6.634 9	7.879 4
2	0.010 0	0.020 1	0.050 6	0.102 6	0.210 7	0.575 4	2.772 6	4.605 2	5.991 5	7.377 8	9.210 3	10.596 6
3	0.071 7	0.114 8	0.215 8	0.351 8	0.584 4	1.212 5	4.108 3	6.251 4	7.814 7	9.348 4	11.344 9	12.838 2
4	0.207 0	0.297 1	0.484 4	0.710 7	1.063 6	1.922 6	5.385 3	7.779 4	9.487 7	11.143 3	13.276 7	14.860 3
5	0.411 7	0.554 3	0.831 2	1.145 5	1.610 3	2.674 6	6.625 7	9.236 4	11.070 5	12.832 5	15.086 3	16.749 6
6	0.675 7	0.872 1	1.237 3	1.635 4	2.204 1	3.454 6	7.840 8	10.644 6	12.591 6	14.449 4	16.811 9	18.547 6
7	0.989 3	1.239 0	1.689 9	2.167 3	2.833 1	4.254 9	9.037 1	12.017 0	14.067 1	16.012 8	18.475 3	20.277 7
8	1.344 4	1.646 5	2.179 7	2.732 6	3.489 5	5.070 6	10.218 9	13.361 6	15.507 3	17.534 5	20.090 2	21.955 0
9	1.734 9	2.087 9	2.700 4	3.325 1	4.168 2	5.898 8	11.388 8	14.683 7	16.919 0	19.022 8	21.666 0	23.589 4
10	2.155 9	2.558 2	3.247 0	3.940 3	4.865 2	6.737 2	12.548 9	15.987 2	18.307 0	20.483 2	23.209 3	25.188 2
11	2.603 2	3.053 5	3.815 7	4.574 8	5.577 8	7.584 1	13.700 7	17.275 0	19.675 1	21.920 0	24.725 0	26.756 8
12	3.073 8	3.570 6	4.403 8	5.226 0	6.303 8	8.438 4	14.845 4	18.549 3	21.026 1	23.336 7	26.217 0	28.299 5
13	3.565 0	4.106 9	5.008 8	5.891 9	7.041 5	9.299 1	15.983 9	19.811 9	22.362 0	24.735 6	27.688 2	29.819 5
14	4.074 7	4.660 4	5.628 7	6.570 6	7.789 5	10.165 3	17.116 9	21.064 1	23.684 8	26.118 9	29.141 2	31.319 3
15	4.600 9	5.229 3	6.262 1	7.260 9	8.546 8	11.036 5	18.245 1	22.307 1	24.995 8	27.488 4	30.577 9	32.801 3
16	5.142 2	5.812 2	6.907 7	7.961 6	9.312 2	11.912 2	19.368 9	23.541 8	26.296 2	28.845 4	31.999 9	34.267 2
17	5.697 2	6.407 8	7.564 2	8.671 8	10.085 2	12.791 9	20.488 7	24.769 0	27.587 1	30.191 0	33.408 7	35.718 5
18	6.264 8	7.014 9	8.230 7	9.390 5	10.864 9	13.675 3	21.604 9	25.989 4	28.869 3	31.526 4	34.805 3	37.156 5
19	6.844 0	7.632 7	8.906 5	10.117 0	11.650 9	14.562 0	22.717 8	27.203 6	30.143 5	32.852 3	36.190 9	38.582 3
20	7.433 8	8.260 4	9.590 8	10.850 8	12.442 6	15.451 8	23.827 7	28.412 0	31.410 4	34.169 6	37.566 2	39.996 8
21	8.033 7	8.897 2	10.282 9	11.591 3	13.239 6	16.344 4	24.934 8	29.615 1	32.670 6	35.478 9	38.932 2	41.401 1
22	8.642 7	9.542 5	10.982 3	12.338 0	14.041 5	17.239 6	26.039 3	30.813 3	33.924 4	36.780 7	40.289 4	42.795 7
23	9.260 4	10.195 7	11.688 6	13.090 5	14.848 0	18.137 3	27.141 3	32.006 9	35.172 5	38.075 6	41.638 4	44.181 3
24	9.886 2	10.856 4	12.401 2	13.848 4	15.658 7	19.037 3	28.241 2	33.196 2	36.415 0	39.364 1	42.979 8	45.558 5
25	10.519 7	11.524 0	13.119 7	14.611 4	16.473 4	19.939 3	29.338 9	34.381 6	37.652 5	40.646 5	44.314 1	46.927 9
26	11.160 2	12.198 1	13.843 9	15.379 2	17.291 9	20.843 4	30.434 6	35.563 2	38.885 1	41.923 2	45.641 7	48.289 9
27	11.807 6	12.878 5	14.573 4	16.151 4	18.113 9	21.749 4	31.528 4	36.741 2	40.113 3	43.194 5	46.962 9	49.644 9
28	12.461 3	13.564 7	15.307 9	16.927 9	18.939 2	22.657 2	32.620 5	37.915 9	41.337 1	44.460 8	48.278 2	50.993 4
29	13.121 1	14.256 5	16.047 1	17.708 4	19.767 7	23.566 6	33.710 9	39.087 5	42.557 0	45.722 3	49.587 9	52.335 6
30	13.786 7	14.953 5	16.790 8	18.492 7	20.599 2	24.477 6	34.799 7	40.256 0	43.773 0	46.979 2	50.892 2	53.672 0
31	14.457 8	15.655 5	17.538 7	19.280 6	21.433 6	25.390 1	35.887 1	41.421 7	44.985 3	48.231 9	52.191 4	55.002 7
32	15.134 0	16.362 2	18.290 8	20.071 9	22.270 6	26.304 1	36.973 0	42.584 7	46.194 3	49.480 4	53.485 8	56.328 1
33	15.815 3	17.073 5	19.046 7	20.866 5	23.110 2	27.219 4	38.057 5	43.745 2	47.399 9	50.725 1	54.775 5	57.648 4
34	16.501 3	17.789 1	19.806 3	21.664 3	23.952 3	28.136 1	39.140 8	44.903 2	48.602 4	51.966 0	56.060 9	58.963 9
35	17.191 8	18.508 9	20.569 4	22.465 0	24.796 7	29.054 0	40.222 8	46.058 8	49.801 8	53.203 3	57.342 1	60.274 8
36	17.886 7	19.232 7	21.335 9	23.268 6	25.643 3	29.973 0	41.303 6	47.212 2	50.998 5	54.437 3	58.619 2	61.581 2
37	18.585 8	19.960 2	22.105 6	24.074 9	26.492 1	30.893 3	42.383 3	48.363 4	52.192 3	55.668 0	59.892 5	62.883 3

续表

n	α=0.995	0.99	0.975	0.95	0.90	0.75	0.25	0.10	0.05	0.025	0.01	0.005
38	19.288 9	20.691 4	22.878 5	24.883 9	27.343 0	31.814 6	43.461 9	49.512 6	53.383 5	56.895 5	61.162 1	64.181 4
39	19.995 9	21.426 2	23.654 3	25.695 4	28.195 8	32.736 9	44.539 5	50.659 8	54.572 2	58.120 1	62.428 1	65.475 6
40	20.706 5	22.164 3	24.433 0	26.509 3	29.050 5	33.660 3	45.616 0	51.805 1	55.758 5	59.341 7	63.690 7	66.766 0
41	21.420 8	22.905 6	25.214 5	27.325 6	29.907 1	34.584 6	46.691 6	52.948 5	56.942 4	60.560 6	64.950 1	68.052 7
42	22.138 5	23.650 1	25.998 7	28.144 0	30.765 4	35.509 9	47.766 3	54.090 2	58.124 0	61.776 8	66.206 2	69.336 0
43	22.859 5	24.397 6	26.785 4	28.964 7	31.625 5	36.436 1	48.840 0	55.230 2	59.303 5	62.990 4	67.459 3	70.615 9
44	23.583 7	25.148 0	27.574 6	29.787 5	32.487 1	37.363 1	49.912 9	56.368 5	60.480 9	64.201 5	68.709 5	71.892 6
45	24.311 0	25.901 3	28.366 2	30.612 3	33.350 4	38.291 0	50.984 9	57.505 3	61.656 2	65.410 2	69.956 8	73.166 1

3. t 分布表

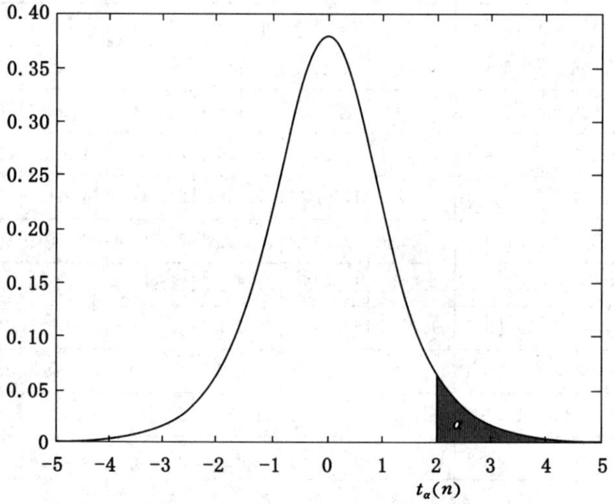

$$P\{t(n) > t_\alpha(n)\} = \alpha$$

n	α=0.005	0.01	0.025	0.05	0.1	0.15	0.2	0.25	0.3	0.35	0.4	0.45
1	63.656 7	31.820 5	12.706 2	6.313 8	3.077 7	1.962 6	1.376 4	1.000 0	0.726 5	0.509 5	0.324 9	0.158 4
2	9.924 8	6.964 6	4.302 7	2.920 0	1.885 6	1.386 2	1.060 7	0.816 5	0.617 2	0.444 7	0.288 7	0.142 1
3	5.840 9	4.540 7	3.182 4	2.353 4	1.637 7	1.249 8	0.978 5	0.764 9	0.584 4	0.424 2	0.276 7	0.136 6
4	4.604 1	3.746 9	2.776 4	2.131 8	1.533 2	1.189 6	0.941 0	0.740 7	0.568 6	0.414 2	0.270 7	0.133 8
5	4.032 1	3.364 9	2.570 6	2.015 0	1.475 9	1.155 8	0.919 5	0.726 7	0.559 4	0.408 2	0.267 2	0.132 2
6	3.707 4	3.142 7	2.446 9	1.943 2	1.439 8	1.134 2	0.905 7	0.717 6	0.553 4	0.404 3	0.264 8	0.131 1
7	3.499 5	2.998 0	2.364 6	1.894 6	1.414 9	1.119 2	0.896 0	0.711 1	0.549 1	0.401 5	0.263 2	0.130 3
8	3.355 4	2.896 5	2.306 0	1.859 5	1.396 8	1.108 1	0.888 9	0.706 4	0.545 9	0.399 5	0.261 9	0.129 7
9	3.249 8	2.821 4	2.262 2	1.833 1	1.383 0	1.099 7	0.883 4	0.702 7	0.543 5	0.397 9	0.261 0	0.129 3
10	3.169 3	2.763 8	2.228 1	1.812 5	1.372 2	1.093 1	0.879 1	0.699 8	0.541 5	0.396 6	0.260 2	0.128 9
11	3.105 8	2.718 1	2.201 0	1.795 9	1.363 4	1.087 7	0.875 5	0.697 4	0.539 9	0.395 6	0.259 6	0.128 6

续表

n	α=0.005	0.01	0.025	0.05	0.1	0.15	0.2	0.25	0.3	0.35	0.4	0.45
12	3.054 5	2.681 0	2.178 8	1.782 3	1.356 2	1.083 2	0.872 6	0.695 5	0.538 6	0.394 7	0.259 0	0.128 3
13	3.012 3	2.650 3	2.160 4	1.770 9	1.350 2	1.079 5	0.870 2	0.693 8	0.537 5	0.394 0	0.258 6	0.128 1
14	2.976 8	2.624 5	2.144 8	1.761 3	1.345 0	1.076 3	0.868 1	0.692 4	0.536 6	0.393 3	0.258 2	0.128 0
15	2.946 7	2.602 5	2.131 4	1.753 1	1.340 6	1.073 5	0.866 2	0.691 2	0.535 7	0.392 8	0.257 9	0.127 8
16	2.920 8	2.583 5	2.119 9	1.745 9	1.336 8	1.071 1	0.864 7	0.690 1	0.535 0	0.392 3	0.257 6	0.127 7
17	2.898 2	2.566 9	2.109 8	1.739 6	1.333 4	1.069 0	0.863 3	0.689 2	0.534 4	0.391 9	0.257 3	0.127 6
18	2.878 4	2.552 4	2.100 9	1.734 1	1.330 4	1.067 2	0.862 0	0.688 4	0.533 8	0.391 5	0.257 1	0.127 4
19	2.860 9	2.539 5	2.093 0	1.729 1	1.327 7	1.065 5	0.861 0	0.687 6	0.533 3	0.391 2	0.256 9	0.127 4
20	2.845 3	2.528 0	2.086 0	1.724 7	1.325 3	1.064 0	0.860 0	0.687 0	0.532 9	0.390 9	0.256 7	0.127 3
21	2.831 4	2.517 6	2.079 6	1.720 7	1.323 2	1.062 7	0.859 1	0.686 4	0.532 5	0.390 6	0.256 6	0.127 2
22	2.818 8	2.508 3	2.073 9	1.717 1	1.321 2	1.061 4	0.858 3	0.685 8	0.532 1	0.390 4	0.256 4	0.127 1
23	2.807 3	2.499 9	2.068 7	1.713 9	1.319 5	1.060 3	0.857 5	0.685 3	0.531 7	0.390 2	0.256 3	0.127 1
24	2.796 9	2.492 2	2.063 9	1.710 9	1.317 8	1.059 3	0.856 9	0.684 8	0.531 4	0.390 0	0.256 2	0.127 0
25	2.787 4	2.485 1	2.059 5	1.708 1	1.316 3	1.058 4	0.856 2	0.684 4	0.531 2	0.389 8	0.256 1	0.126 9
26	2.778 7	2.478 6	2.055 5	1.705 6	1.315 0	1.057 5	0.855 7	0.684 0	0.530 9	0.389 6	0.256 0	0.126 9
27	2.770 7	2.472 7	2.051 8	1.703 3	1.313 7	1.056 7	0.855 1	0.683 7	0.530 6	0.389 4	0.255 9	0.126 8
28	2.763 3	2.467 1	2.048 4	1.701 1	1.312 5	1.056 0	0.854 6	0.683 4	0.530 4	0.389 3	0.255 8	0.126 8
29	2.756 4	2.462 0	2.045 2	1.699 1	1.311 4	1.055 3	0.854 2	0.683 0	0.530 2	0.389 2	0.255 7	0.126 8
30	2.750 0	2.457 3	2.042 3	1.697 3	1.310 4	1.054 7	0.853 8	0.682 8	0.530 0	0.389 0	0.255 6	0.126 7
31	2.744 0	2.452 8	2.039 5	1.695 5	1.309 5	1.054 1	0.853 4	0.682 5	0.529 8	0.388 9	0.255 5	0.126 7
32	2.738 5	2.448 7	2.036 9	1.693 9	1.308 6	1.053 5	0.853 0	0.682 2	0.529 7	0.388 8	0.255 5	0.126 7
33	2.733 3	2.444 8	2.034 5	1.692 4	1.307 7	1.053 0	0.852 6	0.682 0	0.529 5	0.388 7	0.255 4	0.126 6
34	2.728 4	2.441 1	2.032 2	1.690 9	1.307 0	1.052 5	0.852 3	0.681 8	0.529 4	0.388 6	0.255 3	0.126 6
35	2.723 8	2.437 7	2.030 1	1.689 6	1.306 2	1.052 0	0.852 0	0.681 6	0.529 2	0.388 5	0.255 3	0.126 6
36	2.719 5	2.434 5	2.028 1	1.688 3	1.305 5	1.051 6	0.851 7	0.681 4	0.529 1	0.388 4	0.255 2	0.126 6
37	2.715 4	2.431 4	2.026 2	1.687 1	1.304 9	1.051 2	0.851 4	0.681 2	0.528 9	0.388 3	0.255 2	0.126 5
38	2.711 6	2.428 6	2.024 4	1.686 0	1.304 2	1.050 8	0.851 2	0.681 0	0.528 8	0.388 2	0.255 1	0.126 5
39	2.707 9	2.425 8	2.022 7	1.684 9	1.303 6	1.050 4	0.850 9	0.680 8	0.528 7	0.388 2	0.255 1	0.126 5
40	2.704 5	2.423 3	2.021 1	1.683 9	1.303 1	1.050 0	0.850 7	0.680 7	0.528 6	0.388 1	0.255 0	0.126 5
41	2.701 2	2.420 8	2.019 5	1.682 9	1.302 5	1.049 7	0.850 5	0.680 5	0.528 5	0.388 0	0.255 0	0.126 4
42	2.698 1	2.418 5	2.018 1	1.682 0	1.302 0	1.049 4	0.850 3	0.680 4	0.528 4	0.388 0	0.255 0	0.126 4
43	2.695 1	2.416 3	2.016 7	1.681 1	1.301 6	1.049 1	0.850 1	0.680 2	0.528 3	0.387 9	0.254 9	0.126 4
44	2.692 3	2.414 1	2.015 4	1.680 2	1.301 1	1.048 8	0.849 9	0.680 1	0.528 2	0.387 8	0.254 9	0.126 4
45	2.689 6	2.412 1	2.014 1	1.679 4	1.300 6	1.048 5	0.849 7	0.680 0	0.528 1	0.387 8	0.254 9	0.126 4

4. *F* 分布表

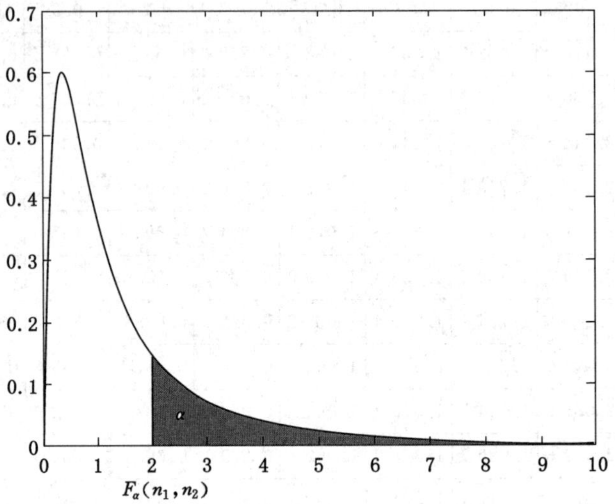

$$P\{F(n_1,n_2) > F_\alpha(n_1,n_2)\} = \alpha$$

$\alpha = 0.10$

$n_2\backslash n_1$	1	2	3	4	5	6	7	8	9	10	11	12	13	14	15	20	30	60	120
1	39.86	49.50	53.59	55.83	57.24	58.20	58.91	59.44	59.86	60.19	60.47	60.71	60.90	61.07	61.22	61.74	62.26	62.79	63.06
2	8.53	9.00	9.16	9.24	9.29	9.33	9.35	9.37	9.38	9.39	9.40	9.41	9.41	9.42	9.42	9.44	9.46	9.47	9.48
3	5.54	5.46	5.39	5.34	5.31	5.28	5.27	5.25	5.24	5.23	5.22	5.22	5.21	5.20	5.20	5.18	5.17	5.15	5.14
4	4.54	4.32	4.19	4.11	4.05	4.01	3.98	3.95	3.94	3.92	3.91	3.90	3.89	3.88	3.87	3.84	3.82	3.79	3.78
5	4.06	3.78	3.62	3.52	3.45	3.40	3.37	3.34	3.32	3.30	3.28	3.27	3.26	3.25	3.24	3.21	3.17	3.14	3.12
6	3.78	3.46	3.29	3.18	3.11	3.05	3.01	2.98	2.96	2.94	2.92	2.90	2.89	2.88	2.87	2.84	2.80	2.76	2.74
7	3.59	3.26	3.07	2.96	2.88	2.83	2.78	2.75	2.72	2.70	2.68	2.67	2.65	2.64	2.63	2.59	2.56	2.51	2.49
8	3.46	3.11	2.92	2.81	2.73	2.67	2.62	2.59	2.56	2.54	2.52	2.50	2.49	2.48	2.46	2.42	2.38	2.34	2.32
9	3.36	3.01	2.81	2.69	2.61	2.55	2.51	2.47	2.44	2.42	2.40	2.38	2.36	2.35	2.34	2.30	2.25	2.21	2.18
10	3.29	2.92	2.73	2.61	2.52	2.46	2.41	2.38	2.35	2.32	2.30	2.28	2.27	2.26	2.24	2.20	2.16	2.11	2.08
11	3.23	2.86	2.66	2.54	2.45	2.39	2.34	2.30	2.27	2.25	2.23	2.21	2.19	2.18	2.17	2.12	2.08	2.03	2.00
12	3.18	2.81	2.61	2.48	2.39	2.33	2.28	2.24	2.21	2.19	2.17	2.15	2.13	2.12	2.10	2.06	2.01	1.96	1.93
13	3.14	2.76	2.56	2.43	2.35	2.28	2.23	2.20	2.16	2.14	2.12	2.10	2.08	2.07	2.05	2.01	1.96	1.90	1.88
14	3.10	2.73	2.52	2.39	2.31	2.24	2.19	2.15	2.12	2.10	2.07	2.05	2.04	2.02	2.01	1.96	1.91	1.86	1.83
15	3.07	2.70	2.49	2.36	2.27	2.21	2.16	2.12	2.09	2.06	2.04	2.02	2.00	1.99	1.97	1.92	1.87	1.82	1.79
16	3.05	2.67	2.46	2.33	2.24	2.18	2.13	2.09	2.06	2.03	2.01	1.99	1.97	1.95	1.94	1.89	1.84	1.78	1.75
17	3.03	2.64	2.44	2.31	2.22	2.15	2.10	2.06	2.03	2.00	1.98	1.96	1.94	1.93	1.91	1.86	1.81	1.75	1.72
18	3.01	2.62	2.42	2.29	2.20	2.13	2.08	2.04	2.00	1.98	1.95	1.93	1.92	1.90	1.89	1.84	1.78	1.72	1.69
19	2.99	2.61	2.40	2.27	2.18	2.11	2.06	2.02	1.98	1.96	1.93	1.91	1.89	1.88	1.86	1.81	1.76	1.70	1.67
20	2.97	2.59	2.38	2.25	2.16	2.09	2.04	2.00	1.96	1.94	1.91	1.89	1.87	1.86	1.84	1.79	1.74	1.68	1.64
21	2.96	2.57	2.36	2.23	2.14	2.08	2.02	1.98	1.95	1.92	1.90	1.87	1.86	1.84	1.83	1.78	1.72	1.66	1.62

续表

$n_2\backslash n_1$	1	2	3	4	5	6	7	8	9	10	11	12	13	14	15	20	30	60	120
22	2.95	2.56	2.35	2.22	2.13	2.06	2.01	1.97	1.93	1.90	1.88	1.86	1.84	1.83	1.81	1.76	1.70	1.64	1.60
23	2.94	2.55	2.34	2.21	2.11	2.05	1.99	1.95	1.92	1.89	1.87	1.84	1.83	1.81	1.80	1.74	1.69	1.62	1.59
24	2.93	2.54	2.33	2.19	2.10	2.04	1.98	1.94	1.91	1.88	1.85	1.83	1.81	1.80	1.78	1.73	1.67	1.61	1.57
25	2.92	2.53	2.32	2.18	2.09	2.02	1.97	1.93	1.89	1.87	1.84	1.82	1.80	1.79	1.77	1.72	1.66	1.59	1.56
26	2.91	2.52	2.31	2.17	2.08	2.01	1.96	1.92	1.88	1.86	1.83	1.81	1.79	1.77	1.76	1.71	1.65	1.58	1.54
27	2.90	2.51	2.30	2.17	2.07	2.00	1.95	1.91	1.87	1.85	1.82	1.80	1.78	1.76	1.75	1.70	1.64	1.57	1.53
28	2.89	2.50	2.29	2.16	2.06	2.00	1.94	1.90	1.87	1.84	1.81	1.79	1.77	1.75	1.74	1.69	1.63	1.56	1.52
29	2.89	2.50	2.28	2.15	2.06	1.99	1.93	1.89	1.86	1.83	1.80	1.78	1.76	1.75	1.73	1.68	1.62	1.55	1.51
30	2.88	2.49	2.28	2.14	2.05	1.98	1.93	1.88	1.85	1.82	1.79	1.77	1.75	1.74	1.72	1.67	1.61	1.54	1.50
60	2.79	2.39	2.18	2.04	1.95	1.87	1.82	1.77	1.74	1.71	1.68	1.66	1.64	1.62	1.60	1.54	1.48	1.40	1.35
120	2.75	2.35	2.13	1.99	1.90	1.82	1.77	1.72	1.68	1.65	1.63	1.60	1.58	1.56	1.55	1.48	1.41	1.32	1.26

$\alpha = 0.05$

$n_2\backslash n_1$	1	2	3	4	5	6	7	8	9	10	11	12	13	14	15	20	30	60	120
1	161.45	199.50	215.71	224.58	230.16	233.99	236.77	238.88	240.54	241.88	242.98	243.91	244.69	245.36	245.95	248.01	250.10	252.20	253.25
2	18.51	19.00	19.16	19.25	19.30	19.33	19.35	19.37	19.38	19.40	19.40	19.41	19.42	19.42	19.43	19.45	19.46	19.48	19.49
3	10.13	9.55	9.28	9.12	9.01	8.94	8.89	8.85	8.81	8.79	8.76	8.74	8.73	8.71	8.70	8.66	8.62	8.57	8.55
4	7.71	6.94	6.59	6.39	6.26	6.16	6.09	6.04	6.00	5.96	5.94	5.91	5.89	5.87	5.86	5.80	5.75	5.69	5.66
5	6.61	5.79	5.41	5.19	5.05	4.95	4.88	4.82	4.77	4.74	4.70	4.68	4.66	4.64	4.62	4.56	4.50	4.43	4.40
6	5.99	5.14	4.76	4.53	4.39	4.28	4.21	4.15	4.10	4.06	4.03	4.00	3.98	3.96	3.94	3.87	3.81	3.74	3.70
7	5.59	4.74	4.35	4.12	3.97	3.87	3.79	3.73	3.68	3.64	3.60	3.57	3.55	3.53	3.51	3.44	3.38	3.30	3.27
8	5.32	4.46	4.07	3.84	3.69	3.58	3.50	3.44	3.39	3.35	3.31	3.28	3.26	3.24	3.22	3.15	3.08	3.01	2.97
9	5.12	4.26	3.86	3.63	3.48	3.37	3.29	3.23	3.18	3.14	3.10	3.07	3.05	3.03	3.01	2.94	2.86	2.79	2.75
10	4.96	4.10	3.71	3.48	3.33	3.22	3.14	3.07	3.02	2.98	2.94	2.91	2.89	2.86	2.85	2.77	2.70	2.62	2.58
11	4.84	3.98	3.59	3.36	3.20	3.09	3.01	2.95	2.90	2.85	2.82	2.79	2.76	2.74	2.72	2.65	2.57	2.49	2.45
12	4.75	3.89	3.49	3.26	3.11	3.00	2.91	2.85	2.80	2.75	2.72	2.69	2.66	2.64	2.62	2.54	2.47	2.38	2.34
13	4.67	3.81	3.41	3.18	3.03	2.92	2.83	2.77	2.71	2.67	2.63	2.60	2.58	2.55	2.53	2.46	2.38	2.30	2.25
14	4.60	3.74	3.34	3.11	2.96	2.85	2.76	2.70	2.65	2.60	2.57	2.53	2.51	2.48	2.46	2.39	2.31	2.22	2.18
15	4.54	3.68	3.29	3.06	2.90	2.79	2.71	2.64	2.59	2.54	2.51	2.48	2.45	2.42	2.40	2.33	2.25	2.16	2.11
16	4.49	3.63	3.24	3.01	2.85	2.74	2.66	2.59	2.54	2.49	2.46	2.42	2.40	2.37	2.35	2.28	2.19	2.11	2.06
17	4.45	3.59	3.20	2.96	2.81	2.70	2.61	2.55	2.49	2.45	2.41	2.38	2.35	2.33	2.31	2.23	2.15	2.06	2.01
18	4.41	3.55	3.16	2.93	2.77	2.66	2.58	2.51	2.46	2.41	2.37	2.34	2.31	2.29	2.27	2.19	2.11	2.02	1.97
19	4.38	3.52	3.13	2.90	2.74	2.63	2.54	2.48	2.42	2.38	2.34	2.31	2.28	2.26	2.23	2.16	2.07	1.98	1.93
20	4.35	3.49	3.10	2.87	2.71	2.60	2.51	2.45	2.39	2.35	2.31	2.28	2.25	2.22	2.20	2.12	2.04	1.95	1.90
21	4.32	3.47	3.07	2.84	2.68	2.57	2.49	2.42	2.37	2.32	2.28	2.25	2.22	2.20	2.18	2.10	2.01	1.92	1.87

续表

$n_2 \backslash n_1$	1	2	3	4	5	6	7	8	9	10	11	12	13	14	15	20	30	60	120
22	4.30	3.44	3.05	2.82	2.66	2.55	2.46	2.40	2.34	2.30	2.26	2.23	2.20	2.17	2.15	2.07	1.98	1.89	1.84
23	4.28	3.42	3.03	2.80	2.64	2.53	2.44	2.37	2.32	2.27	2.24	2.20	2.18	2.15	2.13	2.05	1.96	1.86	1.81
24	4.26	3.40	3.01	2.78	2.62	2.51	2.42	2.36	2.30	2.25	2.22	2.18	2.15	2.13	2.11	2.03	1.94	1.84	1.79
25	4.24	3.39	2.99	2.76	2.60	2.49	2.40	2.34	2.28	2.24	2.20	2.16	2.14	2.11	2.09	2.01	1.92	1.82	1.77
26	4.23	3.37	2.98	2.74	2.59	2.47	2.39	2.32	2.27	2.22	2.18	2.15	2.12	2.09	2.07	1.99	1.90	1.80	1.75
27	4.21	3.35	2.96	2.73	2.57	2.46	2.37	2.31	2.25	2.20	2.17	2.13	2.10	2.08	2.06	1.97	1.88	1.79	1.73
28	4.20	3.34	2.95	2.71	2.56	2.45	2.36	2.29	2.24	2.19	2.15	2.12	2.09	2.06	2.04	1.96	1.87	1.77	1.71
29	4.18	3.33	2.93	2.70	2.55	2.43	2.35	2.28	2.22	2.18	2.14	2.10	2.08	2.05	2.03	1.94	1.85	1.75	1.70
30	4.17	3.32	2.92	2.69	2.53	2.42	2.33	2.27	2.21	2.16	2.13	2.09	2.06	2.04	2.01	1.93	1.84	1.74	1.68
60	4.00	3.15	2.76	2.53	2.37	2.25	2.17	2.10	2.04	1.99	1.95	1.92	1.89	1.86	1.84	1.75	1.65	1.53	1.47
120	3.92	3.07	2.68	2.45	2.29	2.18	2.09	2.02	1.96	1.91	1.87	1.83	1.80	1.78	1.75	1.66	1.55	1.43	1.35

$\alpha = 0.025$

$n_2 \backslash n_1$	1	2	3	4	5	6	7	8	9	10	11	12	13	14	15	20	30	60	120
1	647.79	799.50	864.16	899.58	921.85	937.11	948.22	956.66	963.28	968.63	973.03	976.71	979.84	982.53	984.87	993.10	1 001.4	1 009.8	1 014.0
2	38.51	39.00	39.17	39.25	39.30	39.33	39.36	39.37	39.39	39.40	39.41	39.41	39.42	39.43	39.43	39.45	39.46	39.48	39.49
3	17.44	16.04	15.44	15.10	14.88	14.73	14.62	14.54	14.47	14.42	14.37	14.34	14.30	14.28	14.25	14.17	14.08	13.99	13.95
4	12.22	10.65	9.98	9.60	9.36	9.20	9.07	8.98	8.90	8.84	8.79	8.75	8.71	8.68	8.66	8.56	8.46	8.36	8.31
5	10.01	8.43	7.76	7.39	7.15	6.98	6.85	6.76	6.68	6.62	6.57	6.52	6.49	6.46	6.43	6.33	6.23	6.12	6.07
6	8.81	7.26	6.60	6.23	5.99	5.82	5.70	5.60	5.52	5.46	5.41	5.37	5.33	5.30	5.27	5.17	5.07	4.96	4.90
7	8.07	6.54	5.89	5.52	5.29	5.12	4.99	4.90	4.82	4.76	4.71	4.67	4.63	4.60	4.57	4.47	4.36	4.25	4.20
8	7.57	6.06	5.42	5.05	4.82	4.65	4.53	4.43	4.36	4.30	4.24	4.20	4.16	4.13	4.10	4.00	3.89	3.78	3.73
9	7.21	5.71	5.08	4.72	4.48	4.32	4.20	4.10	4.03	3.96	3.91	3.87	3.83	3.80	3.77	3.67	3.56	3.45	3.39
10	6.94	5.46	4.83	4.47	4.24	4.07	3.95	3.85	3.78	3.72	3.66	3.62	3.58	3.55	3.52	3.42	3.31	3.20	3.14
11	6.72	5.26	4.63	4.28	4.04	3.88	3.76	3.66	3.59	3.53	3.47	3.43	3.39	3.36	3.33	3.23	3.12	3.00	2.94
12	6.55	5.10	4.47	4.12	3.89	3.73	3.61	3.51	3.44	3.37	3.32	3.28	3.24	3.21	3.18	3.07	2.96	2.85	2.79
13	6.41	4.97	4.35	4.00	3.77	3.60	3.48	3.39	3.31	3.25	3.20	3.15	3.12	3.08	3.05	2.95	2.84	2.72	2.66
14	6.30	4.86	4.24	3.89	3.66	3.50	3.38	3.29	3.21	3.15	3.09	3.05	3.01	2.98	2.95	2.84	2.73	2.61	2.55
15	6.20	4.77	4.15	3.80	3.58	3.41	3.29	3.20	3.12	3.06	3.01	2.96	2.92	2.89	2.86	2.76	2.64	2.52	2.46
16	6.12	4.69	4.08	3.73	3.50	3.34	3.22	3.12	3.05	2.99	2.93	2.89	2.85	2.82	2.79	2.68	2.57	2.45	2.38
17	6.04	4.62	4.01	3.66	3.44	3.28	3.16	3.06	2.98	2.92	2.87	2.82	2.79	2.75	2.72	2.62	2.50	2.38	2.32
18	5.98	4.56	3.95	3.61	3.38	3.22	3.10	3.01	2.93	2.87	2.81	2.77	2.73	2.70	2.67	2.56	2.44	2.32	2.26
19	5.92	4.51	3.90	3.56	3.33	3.17	3.05	2.96	2.88	2.82	2.76	2.72	2.68	2.65	2.62	2.51	2.39	2.27	2.20
20	5.87	4.46	3.86	3.51	3.29	3.13	3.01	2.91	2.84	2.77	2.72	2.68	2.64	2.60	2.57	2.46	2.35	2.22	2.16
21	5.83	4.42	3.82	3.48	3.25	3.09	2.97	2.87	2.80	2.73	2.68	2.64	2.60	2.56	2.53	2.42	2.31	2.18	2.11

续表

$n_2 \backslash n_1$	1	2	3	4	5	6	7	8	9	10	11	12	13	14	15	20	30	60	120
22	5.79	4.38	3.78	3.44	3.22	3.05	2.93	2.84	2.76	2.70	2.65	2.60	2.56	2.53	2.50	2.39	2.27	2.14	2.08
23	5.75	4.35	3.75	3.41	3.18	3.02	2.90	2.81	2.73	2.67	2.62	2.57	2.53	2.50	2.47	2.36	2.24	2.11	2.04
24	5.72	4.32	3.72	3.38	3.15	2.99	2.87	2.78	2.70	2.64	2.59	2.54	2.50	2.47	2.44	2.33	2.21	2.08	2.01
25	5.69	4.29	3.69	3.35	3.13	2.97	2.85	2.75	2.68	2.61	2.56	2.51	2.48	2.44	2.41	2.30	2.18	2.05	1.98
26	5.66	4.27	3.67	3.33	3.10	2.94	2.82	2.73	2.65	2.59	2.54	2.49	2.45	2.42	2.39	2.28	2.16	2.03	1.95
27	5.63	4.24	3.65	3.31	3.08	2.92	2.80	2.71	2.63	2.57	2.51	2.47	2.43	2.39	2.36	2.25	2.13	2.00	1.93
28	5.61	4.22	3.63	3.29	3.06	2.90	2.78	2.69	2.61	2.55	2.49	2.45	2.41	2.37	2.34	2.23	2.11	1.98	1.91
29	5.59	4.20	3.61	3.27	3.04	2.88	2.76	2.67	2.59	2.53	2.48	2.43	2.39	2.36	2.32	2.21	2.09	1.96	1.89
30	5.57	4.18	3.59	3.25	3.03	2.87	2.75	2.65	2.57	2.51	2.46	2.41	2.37	2.34	2.31	2.20	2.07	1.94	1.87
60	5.29	3.93	3.34	3.01	2.79	2.63	2.51	2.41	2.33	2.27	2.22	2.17	2.13	2.09	2.06	1.94	1.82	1.67	1.58
120	5.15	3.80	3.23	2.89	2.67	2.52	2.39	2.30	2.22	2.16	2.10	2.05	2.01	1.98	1.94	1.82	1.69	1.53	1.43

$\alpha = 0.01$

$n_2 \backslash n_1$	1	2	3	4	5	6	7	8	9	10	11	12	13	14	15	20	30	60	120
1	4 052	5 000	5 403	5 625	5 764	5 859	5 928	5 981	6 022	6 056	6 083	6 106	6 126	6 143	6 157	6 209	6 261	6 313	6 339
2	98.50	99.00	99.17	99.25	99.30	99.33	99.36	99.37	99.39	99.40	99.41	99.42	99.42	99.43	99.43	99.45	99.47	99.48	99.49
3	34.12	30.82	29.46	28.71	28.24	27.91	27.67	27.49	27.35	27.23	27.13	27.05	26.98	26.92	26.87	26.69	26.50	26.32	26.22
4	21.20	18.00	16.69	15.98	15.52	15.21	14.98	14.80	14.66	14.55	14.45	14.37	14.31	14.25	14.20	14.02	13.84	13.65	13.56
5	16.26	13.27	12.06	11.39	10.97	10.67	10.46	10.29	10.16	10.05	9.96	9.89	9.82	9.77	9.72	9.55	9.38	9.20	9.11
6	13.75	10.92	9.78	9.15	8.75	8.47	8.26	8.10	7.98	7.87	7.79	7.72	7.66	7.60	7.56	7.40	7.23	7.06	6.97
7	12.25	9.55	8.45	7.85	7.46	7.19	6.99	6.84	6.72	6.62	6.54	6.47	6.41	6.36	6.31	6.16	5.99	5.82	5.74
8	11.26	8.65	7.59	7.01	6.63	6.37	6.18	6.03	5.91	5.81	5.73	5.67	5.61	5.56	5.52	5.36	5.20	5.03	4.95
9	10.56	8.02	6.99	6.42	6.06	5.80	5.61	5.47	5.35	5.26	5.18	5.11	5.05	5.01	4.96	4.81	4.65	4.48	4.40
10	10.04	7.56	6.55	5.99	5.64	5.39	5.20	5.06	4.94	4.85	4.77	4.71	4.65	4.60	4.56	4.41	4.25	4.08	4.00
11	9.65	7.21	6.22	5.67	5.32	5.07	4.89	4.74	4.63	4.54	4.46	4.40	4.34	4.29	4.25	4.10	3.94	3.78	3.69
12	9.33	6.93	5.95	5.41	5.06	4.82	4.64	4.50	4.39	4.30	4.22	4.16	4.10	4.05	4.01	3.86	3.70	3.54	3.45
13	9.07	6.70	5.74	5.21	4.86	4.62	4.44	4.30	4.19	4.10	4.02	3.96	3.91	3.86	3.82	3.66	3.51	3.34	3.25
14	8.86	6.51	5.56	5.04	4.69	4.46	4.28	4.14	4.03	3.94	3.86	3.80	3.75	3.70	3.66	3.51	3.35	3.18	3.09
15	8.68	6.36	5.42	4.89	4.56	4.32	4.14	4.00	3.89	3.80	3.73	3.67	3.61	3.56	3.52	3.37	3.21	3.05	2.96
16	8.53	6.23	5.29	4.77	4.44	4.20	4.03	3.89	3.78	3.69	3.62	3.55	3.50	3.45	3.41	3.26	3.10	2.93	2.84
17	8.40	6.11	5.18	4.67	4.34	4.10	3.93	3.79	3.68	3.59	3.52	3.46	3.40	3.35	3.31	3.16	3.00	2.83	2.75
18	8.29	6.01	5.09	4.58	4.25	4.01	3.84	3.71	3.60	3.51	3.43	3.37	3.32	3.27	3.23	3.08	2.92	2.75	2.66
19	8.18	5.93	5.01	4.50	4.17	3.94	3.77	3.63	3.52	3.43	3.36	3.30	3.24	3.19	3.15	3.00	2.84	2.67	2.58
20	8.10	5.85	4.94	4.43	4.10	3.87	3.70	3.56	3.46	3.37	3.29	3.23	3.18	3.13	3.09	2.94	2.78	2.61	2.52
21	8.02	5.78	4.87	4.37	4.04	3.81	3.64	3.51	3.40	3.31	3.24	3.17	3.12	3.07	3.03	2.88	2.72	2.55	2.46

续表

$n_2 \backslash n_1$	1	2	3	4	5	6	7	8	9	10	11	12	13	14	15	20	30	60	120
22	7.95	5.72	4.82	4.31	3.99	3.76	3.59	3.45	3.35	3.26	3.18	3.12	3.07	3.02	2.98	2.83	2.67	2.50	2.40
23	7.88	5.66	4.76	4.26	3.94	3.71	3.54	3.41	3.30	3.21	3.14	3.07	3.02	2.97	2.93	2.78	2.62	2.45	2.35
24	7.82	5.61	4.72	4.22	3.90	3.67	3.50	3.36	3.26	3.17	3.09	3.03	2.98	2.93	2.89	2.74	2.58	2.40	2.31
25	7.77	5.57	4.68	4.18	3.85	3.63	3.46	3.32	3.22	3.13	3.06	2.99	2.94	2.89	2.85	2.70	2.54	2.36	2.27
26	7.72	5.53	4.64	4.14	3.82	3.59	3.42	3.29	3.18	3.09	3.02	2.96	2.90	2.86	2.81	2.66	2.50	2.33	2.23
27	7.68	5.49	4.60	4.11	3.78	3.56	3.39	3.26	3.15	3.06	2.99	2.93	2.87	2.82	2.78	2.63	2.47	2.29	2.20
28	7.64	5.45	4.57	4.07	3.75	3.53	3.36	3.23	3.12	3.03	2.96	2.90	2.84	2.79	2.75	2.60	2.44	2.26	2.17
29	7.60	5.42	4.54	4.04	3.73	3.50	3.33	3.20	3.09	3.00	2.93	2.87	2.81	2.77	2.73	2.57	2.41	2.23	2.14
30	7.56	5.39	4.51	4.02	3.70	3.47	3.30	3.17	3.07	2.98	2.91	2.84	2.79	2.74	2.70	2.55	2.39	2.21	2.11
60	7.08	4.98	4.13	3.65	3.34	3.12	2.95	2.82	2.72	2.63	2.56	2.50	2.44	2.39	2.35	2.20	2.03	1.84	1.73
120	6.85	4.79	3.95	3.48	3.17	2.96	2.79	2.66	2.56	2.47	2.40	2.34	2.28	2.23	2.19	2.03	1.86	1.66	1.53

$\alpha = 0.005$

$n_2 \backslash n_1$	1	2	3	4	5	6	7	8	9	10	11	12	13	14	15	20	30	60	120
1	16 211	20 000	21 615	22 500	23 056	23 437	23 715	23 925	24 091	24 224	24 334	24 426	24 505	24 572	24 630	24 836	25 044	25 253	25 359
2	198.50	199.00	199.17	199.25	199.30	199.33	199.36	199.37	199.39	199.40	199.41	199.42	199.42	199.43	199.43	199.45	199.47	199.48	199.49
3	55.55	49.80	47.47	46.19	45.39	44.84	44.43	44.13	43.88	43.69	43.52	43.39	43.27	43.17	43.08	42.78	42.47	42.15	41.99
4	31.33	26.28	24.26	23.15	22.46	21.97	21.62	21.35	21.14	20.97	20.82	20.70	20.60	20.51	20.44	20.17	19.89	19.61	19.47
5	22.78	18.31	16.53	15.56	14.94	14.51	14.20	13.96	13.77	13.62	13.49	13.38	13.29	13.21	13.15	12.90	12.66	12.40	12.27
6	18.63	14.54	12.92	12.03	11.46	11.07	10.79	10.57	10.39	10.25	10.13	10.03	9.95	9.88	9.81	9.59	9.36	9.12	9.00
7	16.24	12.40	10.88	10.05	9.52	9.16	8.89	8.68	8.51	8.38	8.27	8.18	8.10	8.03	7.97	7.75	7.53	7.31	7.19
8	14.69	11.04	9.60	8.81	8.30	7.95	7.69	7.50	7.34	7.21	7.10	7.01	6.94	6.87	6.81	6.61	6.40	6.18	6.06
9	13.61	10.11	8.72	7.96	7.47	7.13	6.88	6.69	6.54	6.42	6.31	6.23	6.15	6.09	6.03	5.83	5.62	5.41	5.30
10	12.83	9.43	8.08	7.34	6.87	6.54	6.30	6.12	5.97	5.85	5.75	5.66	5.59	5.53	5.47	5.27	5.07	4.86	4.75
11	12.23	8.91	7.60	6.88	6.42	6.10	5.86	5.68	5.54	5.42	5.32	5.24	5.16	5.10	5.05	4.86	4.65	4.45	4.34
12	11.75	8.51	7.23	6.52	6.07	5.76	5.52	5.35	5.20	5.09	4.99	4.91	4.84	4.77	4.72	4.53	4.33	4.12	4.01
13	11.37	8.19	6.93	6.23	5.79	5.48	5.25	5.08	4.94	4.82	4.72	4.64	4.57	4.51	4.46	4.27	4.07	3.87	3.76
14	11.06	7.92	6.68	6.00	5.56	5.26	5.03	4.86	4.72	4.60	4.51	4.43	4.36	4.30	4.25	4.06	3.86	3.66	3.55
15	10.80	7.70	6.48	5.80	5.37	5.07	4.85	4.67	4.54	4.42	4.33	4.25	4.18	4.12	4.07	3.88	3.69	3.48	3.37
16	10.58	7.51	6.30	5.64	5.21	4.91	4.69	4.52	4.38	4.27	4.18	4.10	4.03	3.97	3.92	3.73	3.54	3.33	3.22
17	10.38	7.35	6.16	5.50	5.07	4.78	4.56	4.39	4.25	4.14	4.05	3.97	3.90	3.84	3.79	3.61	3.41	3.21	3.10
18	10.22	7.21	6.03	5.37	4.96	4.66	4.44	4.28	4.14	4.03	3.94	3.86	3.79	3.73	3.68	3.50	3.30	3.10	2.99
19	10.07	7.09	5.92	5.27	4.85	4.56	4.34	4.18	4.04	3.93	3.84	3.76	3.70	3.64	3.59	3.40	3.21	3.00	2.89
20	9.94	6.99	5.82	5.17	4.76	4.47	4.26	4.09	3.96	3.85	3.76	3.68	3.61	3.55	3.50	3.32	3.12	2.92	2.81
21	9.83	6.89	5.73	5.09	4.68	4.39	4.18	4.01	3.88	3.77	3.68	3.60	3.54	3.48	3.43	3.24	3.05	2.84	2.73

续表

$n_2 \backslash n_1$	1	2	3	4	5	6	7	8	9	10	11	12	13	14	15	20	30	60	120
22	9.73	6.81	5.65	5.02	4.61	4.32	4.11	3.94	3.81	3.70	3.61	3.54	3.47	3.41	3.36	3.18	2.98	2.77	2.66
23	9.63	6.73	5.58	4.95	4.54	4.26	4.05	3.88	3.75	3.64	3.55	3.47	3.41	3.35	3.30	3.12	2.92	2.71	2.60
24	9.55	6.66	5.52	4.89	4.49	4.20	3.99	3.83	3.69	3.59	3.50	3.42	3.35	3.30	3.25	3.06	2.87	2.66	2.55
25	9.48	6.60	5.46	4.84	4.43	4.15	3.94	3.78	3.64	3.54	3.45	3.37	3.30	3.25	3.20	3.01	2.82	2.61	2.50
26	9.41	6.54	5.41	4.79	4.38	4.10	3.89	3.73	3.60	3.49	3.40	3.33	3.26	3.20	3.15	2.97	2.77	2.56	2.45
27	9.34	6.49	5.36	4.74	4.34	4.06	3.85	3.69	3.56	3.45	3.36	3.28	3.22	3.16	3.11	2.93	2.73	2.52	2.41
28	9.28	6.44	5.32	4.70	4.30	4.02	3.81	3.65	3.52	3.41	3.32	3.25	3.18	3.12	3.07	2.89	2.69	2.48	2.37
29	9.23	6.40	5.28	4.66	4.26	3.98	3.77	3.61	3.48	3.38	3.29	3.21	3.15	3.09	3.04	2.86	2.66	2.45	2.33
30	9.18	6.35	5.24	4.62	4.23	3.95	3.74	3.58	3.45	3.34	3.25	3.18	3.11	3.06	3.01	2.82	2.63	2.42	2.30
60	8.49	5.79	4.73	4.14	3.76	3.49	3.29	3.13	3.01	2.90	2.82	2.74	2.68	2.62	2.57	2.39	2.19	1.96	1.83
120	8.18	5.54	4.50	3.92	3.55	3.28	3.09	2.93	2.81	2.71	2.62	2.54	2.48	2.42	2.37	2.19	1.98	1.75	1.61

附录 B　部分例题程序代码

第 1 章　绪论

```
%例 1.3.1
clear all
clc
%设定数据
x1=-3:0.1:3;
x2=-3:0.1:3;
[X1,X2]=meshgrid(x1,x2);
mu1=0;mu2=0;
sigma1=1;sigma2=1;
rho=0;
%计算密度曲面函数值
p0=1/(2*pi*sigma1*sigma2*sqrt(1-rho∧2));
p1=(X1-mu1)./sigma1;
p2=(X2-mu2)./sigma2;
p3=-1/(2*(1-rho∧2));
Z=p0*exp(p3*(p1.∧2-2*rho*p1.*p2+p2.∧2));
%画完整曲面图
figure(1)
mesh(X1,X2,Z);
%画剖面图
```

```
figure(2)
Z(X1<0)=NaN;
mesh(X1,X2,Z);
xlim([-4 4]);%设置与完整曲面图相同的显示范围
```

第 2 章　多元正态分布的参数估计

```
%例 2.2.1
clear all
clc
format short
%题目数据
X=[26.7  73.4  1008
   31.3  59.0  595
   30.4  65.9  1051
   33.9  58.2  1022
   34.6  64.6  1097
   33.8  64.6  1103
   30.4  62.1  992
   27.0  71.4  945
   33.3  64.5  1074
   30.4  64.1  1029
   31.5  61.1  1004
   33.1  56.0  995
   34.0  59.8  1045
];
n=13;
%计算样本均值向量
onen=ones(n,1);
avgX=(1/n)*X'*onen;
%计算样本协方差阵
In=eye(n);
A=X'*(In-(1/n)*onen*onen')*X;
S=(1/(n-1))*A;
%显示结果
avgX
S
```

第 3 章　多元正态分布的假设检验

```
%例 3.2.1
```

```
clear all
clc
format short g
%样本数据
X=[78   60.6   16.5
   76   58.1   12.5
   92   63.2   14.5
   81   59.0   14.0
   81   60.8   15.5
   84   59.5   14.0];
n=6;
alpha=0.05;
mu0=[90;58;16];
p=3;
%计算样本均值向量和样本离差阵
onen=ones(n,1);
In=eye(n);
avgX=(1/n)*X'*onen;
A=X'*(In-(1/n)*onen*onen')*X;
%计算检验统计量和分位点
Ainv=inv(A);
T2=(n-1)*n*(avgX-mu0)'*Ainv*(avgX-mu0);
F=(((n-1)-p+1)/((n-1)*p))*T2;
Falpha=finv(1-alpha,p,n-p);
%显示结果
avgX
A
Ainv
T2
F
Falpha

%例 3.3.1
clear all
clc
format short g
%题目数据
X=[47.22   5.06   0.10
   47.45   4.35   0.15
```

```
    47.52  6.85  0.12
    47.86  4.19  0.17
    47.31  7.57  0.18];
Y=[54.33  6.22  0.12
    56.17  3.31  0.15
    48.40  2.43  0.22
    52.62  5.92  0.12];
n=5;m=4;p=3;alpha=0.05;
%计算每个样本均值向量
onen=ones(n,1);
onem=ones(m,1);
In=eye(n);
Im=eye(m);
avgX=(1/n)*X'*onen;
avgY=(1/m)*Y'*onem;
%计算样本离差阵
A1=X'*(In-(1/n)*onen*onen')*X;
A2=Y'*(Im-(1/m)*onem*onem')*Y;
%计算检验统计量和分位点
T2=(n+m-2)*(n*m/(n+m))*(avgX-avgY)'*inv(A1+A2)*(avgX-avgY);
F=((n+m-2-p+1)/((n+m-2)*p))*T2;
Falpha=finv(1-alpha,p,n+m-p-1);
%显示结果
avgX
avgY
A1
A2
F
Falpha

%例 3.3.2
clear all
clc
format short g
%题目数据
X=[260  75  40  18
    200  72  34  17
    240  87  45  18
```

```
    170   65   39   17
    270   110  39   24
    205   130  34   23
    190   69   27   15
    200   46   45   15
    250   117  21   20
    200   107  28   20
    225   130  36   11
    210   125  26   17
    170   64   31   14
    270   76   33   13
    190   60   34   16
    280   81   20   18
    310   119  25   15
    270   57   31   8
    250   67   31   14
    260   135  39   29
];
Y=[310   122   30   21
    310   60    35   18
    190   40    27   15
    225   65    34   16
    170   65    37   16
    210   82    31   17
    280   67    37   18
    210   38    36   17
    280   65    30   23
    200   76    40   17
    200   76    39   20
    280   94    26   11
    190   60    33   17
    295   55    30   16
    270   125   24   21
    280   120   32   18
    240   62    32   20
    280   69    29   20
    370   70    30   20
    280   40    37   17
];
```

```
Z=[320  64   39  17
   260  59   37  11
   360  88   28  26
   295  100  36  12
   270  65   32  21
   380  114  36  21
   240  55   42  10
   260  55   34  20
   260  110  29  20
   295  73   33  21
   240  114  38  18
   310  103  32  18
   330  112  21  11
   345  127  24  20
   250  62   22  16
   260  59   21  19
   225  100  34  30
   345  120  36  18
   360  107  25  23
   250  117  36  16
];
n1=20;n2=20;n3=20;
p=4;alpha=0.05;
n=n1+n2+n3;k=3;
%计算 f 和 d
f=0.5*p*(p+1)*(k-1);
d=(k+1)*(2*p∧2+3*p-1)/(6*(p+1)*(n-k));
%计算每个总体的样本离差阵以及 A
onen1=ones(n1,1);
onen2=ones(n2,1);
onen3=ones(n3,1);
In1=eye(n1);
In2=eye(n2);
In3=eye(n3);
A1=X'*(In1-(1/n1)*onen1*onen1')*X;
A2=Y'*(In2-(1/n2)*onen2*onen2')*Y;
A3=Z'*(In3-(1/n3)*onen3*onen3')*Z;
A=A1+A2+A3;
%计算 M 值和检验统计量的值
```

```
M=(n-k)*log(det(A/(n-k)))-(n1-1)*log(det(A1/(n1-1)))...
                         -(n2-1)*log(det(A2/(n2-1)))...
                         -(n3-1)*log(det(A3/(n3-1)));
M0=(1-d)*M;
%计算分位点的值
chi2alpha=chi2inv(1-alpha,f);
%显示结果
n
f
d
A1
A2
A3
A
M
M0
chi2alpha

%例 3.4.1
clear all
clc
format short g
%题目数据
X=[260  75   40  18
   200  72   34  17
   240  87   45  18
   170  65   39  17
   270  110  39  24
   205  130  34  23
   190  69   27  15
   200  46   45  15
   250  117  21  20
   200  107  28  20
   225  130  36  11
   210  125  26  17
   170  64   31  14
   270  76   33  13
   190  60   34  16
   280  81   20  18
```

```
    310   119 25   15
    270   57   31   8
    250   67   31   14
    260   135 39   29
];
Y=[310   122   30   21
    310   60    35   18
    190   40    27   15
    225   65    34   16
    170   65    37   16
    210   82    31   17
    280   67    37   18
    210   38    36   17
    280   65    30   23
    200   76    40   17
    200   76    39   20
    280   94    26   11
    190   60    33   17
    295   55    30   16
    270   125   24   21
    280   120   32   18
    240   62    32   20
    280   69    29   20
    370   70    30   20
    280   40    37   17
];
Z=[320   64   39   17
    260   59   37   11
    360   88   28   26
    295   100 36   12
    270   65   32   21
    380   114 36   21
    240   55   42   10
    260   55   34   20
    260   110 29   20
    295   73   33   21
    240   114 38   18
    310   103 32   18
    330   112 21   11
```

```
    345  127 24  20
    250  62  22  16
    260  59  21  19
    225  100 34  30
    345  120 36  18
    360  107 25  23
    250  117 36  16
];
n1=20;n2=20;n3=20;
p=4;alpha=0.05;
n=n1+n2+n3;k=3;
%计算每个总体均值向量
onen1=ones(n1,1);
onen2=ones(n2,1);
onen3=ones(n3,1);
avgX1=(1/n1)*X'*onen1;
avgX2=(1/n2)*Y'*onen2;
avgX3=(1/n3)*Z'*onen3;
%计算总均值向量
avgX=(n1*avgX1+n2*avgX2+n3*avgX3)/n;
%计算每个样本离差阵以及A
In1=eye(n1);
In2=eye(n2);
In3=eye(n3);
A1=X'*(In1-(1/n1)*onen1*onen1')*X;
A2=Y'*(In2-(1/n2)*onen2*onen2')*Y;
A3=Z'*(In3-(1/n3)*onen3*onen3')*Z;
A=A1+A2+A3;
%计算总离差阵T以及lambda
temp=zeros(4);
for j=1:n1
    temp=temp+(X(j,:)'-avgX)*(X(j,:)'-avgX)';
end
for j=1:n2
    temp=temp+(Y(j,:)'-avgX)*(Y(j,:)'-avgX)';
end
for j=1:n3
    temp=temp+(Z(j,:)'-avgX)*(Z(j,:)'-avgX)';
end
```

```
T=temp;
lambda=det(A)/det(T);
%计算 F 统计量
F=((n-k-p+1)/p)*((1-sqrt(lambda))/sqrt(lambda));
%计算分位点
Falpha=finv(1-alpha,2*p,2*(n-k-p+1));
%显示结果
avgX1
avgX2
avgX3
avgX
A
T
lambda
F
Falpha
```

第 4 章　回归分析

```
%例 4.1.1
clear all
clc
format short
%题目数据
X=[7  26  6  60  78.5
   1  29  15 52  74.3
   11 56  8  20  104.3
   11 31  8  47  87.6
   7  52  6  33  95.9
   11 55  9  22  109.2
   3  71  17 6   102.7
   1  31  22 44  72.5
   2  54  18 22  93.1
   21 47  4  26  115.9
   1  40  23 34  83.8
   11 66  9  12  113.3
   10 68  8  12  109.4
];
m=4;
[row,col]=size(X);
```

```
n=row;
%参数估计
C=[ones(row,1) X(:,1:col-1)];
Y=X(:,col);
disp('回归系数')
b=inv(C'*C)*C'*Y %回归系数
Qb=(Y-C*b)'*(Y-C*b);
disp('sigma2 的无偏估计')
sigma2=Qb/(n-m-1)
%模型整体的显著性检验
Yest=C*b;  %理论值
avgY=sum(Y)/n;  %因变量观测值均值
MSS=(Yest-avgY*ones(n,1))'*(Yest-avgY*ones(n,1));  %回归平方和,也是 U
RSS=(Y-Yest)'*(Y-Yest);  %残差平方和,也是 RSS,也是 Q
disp('回归方程显著性统计量')
F=(MSS/m)/(RSS/(n-m-1))
disp('复相关系数、R2、修正的 R2')
R=sqrt(MSS/(MSS+RSS))
R2=MSS/(MSS+RSS)
adjR2=1-(n-1)*(1-R2)/(n-m-1)
%回归系数检验统计量
L=inv(C'*C);
t=(b./sqrt(diag(L)))/sqrt(RSS/(n-m-1));
disp('回归系数检验统计量')
b'
t
(1-tcdf(abs(t),n-m-1))*2
%计算回归系数置信区间
alpha=0.10;
t005=tinv(1-alpha/2,n-m-1);
binteval(:,1)=b-t005*sqrt(diag(L)*RSS/(n-m-1));
binteval(:,2)=b+t005*sqrt(diag(L)*RSS/(n-m-1));
disp('回归系数区间估计')
binteval

%例 4.2.1
clear all
clc
format short
```

```
%题目数据
X=[7  26  6  60  78.5
   1  29  15 52  74.3
   11 56  8  20  104.3
   11 31  8  47  87.6
   7  52  6  33  95.9
   11 55  9  22  109.2
   3  71  17 6   102.7
   1  31  22 44  72.5
   2  54  18 22  93.1
   21 47  4  26  115.9
   1  40  23 34  83.8
   11 66  9  12  113.3
   10 68  8  12  109.4];
n=13;
%分离 X1--X4,Y 的数据
X1=X(:,1);X2=X(:,2);X3=X(:,3);X4=X(:,4);Y=X(:,5);
%------k=1---------1-------------
k=1;
m=k;
C1=[ones(n,1) X1];
C=C1;
[adjR2 RSS]=ARM(C,Y,n,m);
aR2(1)=adjR2;
RSSM(1)=RSS/(n-m-1);
SP(1)=RSS/((n-m-1)*(n-m-2));
%--------k=1--------2-------------
k=1;
m=k;
C2=[ones(n,1) X2];
C=C2;
[adjR2 RSS]=ARM(C,Y,n,m);
aR2(2)=adjR2;
RSSM(2)=RSS/(n-m-1);
SP(2)=RSS/((n-m-1)*(n-m-2));
%--------k=1--------3------------
k=1;
m=k;
C3=[ones(n,1) X3];
```

```
C=C3;
[adjR2 RSS]=ARM(C,Y,n,m);
aR2(3)=adjR2;
RSSM(3)=RSS/(n-m-1);
SP(3)=RSS/((n-m-1)*(n-m-2));
%-----------k=1---------4-------------
k=1;
m=k;
C4=[ones(n,1) X4];
C=C4;
[adjR2 RSS]=ARM(C,Y,n,m);
aR2(4)=adjR2;
RSSM(4)=RSS/(n-m-1);
SP(4)=RSS/((n-m-1)*(n-m-2));
%------------k=2--------5-------------
k=2;
m=k;
C12=[ones(n,1) X1 X2];
C=C12;
[adjR2 RSS]=ARM(C,Y,n,m);
aR2(5)=adjR2;
RSSM(5)=RSS/(n-m-1);
SP(5)=RSS/((n-m-1)*(n-m-2));
%------------k=2--------6-------------
k=2;
m=k;
C13=[ones(n,1) X1 X3];
C=C13;
[adjR2 RSS]=ARM(C,Y,n,m);
aR2(6)=adjR2;
RSSM(6)=RSS/(n-m-1);
SP(6)=RSS/((n-m-1)*(n-m-2));
%------------k=2--------7-------------
k=2;
m=k;
C14=[ones(n,1) X1 X4];
C=C14;
[adjR2 RSS]=ARM(C,Y,n,m);
aR2(7)=adjR2;
```

```
RSSM(7)=RSS/(n-m-1);
SP(7)=RSS/((n-m-1)*(n-m-2));
%-----------k=2-------8------------
k=2;
m=k;
C23=[ones(n,1) X2 X3];
C=C23;
[adjR2 RSS]=ARM(C,Y,n,m);
aR2(8)=adjR2;
RSSM(8)=RSS/(n-m-1);
SP(8)=RSS/((n-m-1)*(n-m-2));
%-----------k=2-------9------------
k=2;
m=k;
C24=[ones(n,1) X2 X4];
C=C24;
[adjR2 RSS]=ARM(C,Y,n,m);
aR2(9)=adjR2;
RSSM(9)=RSS/(n-m-1);
SP(9)=RSS/((n-m-1)*(n-m-2));
%-----------k=2-------10------------
k=2;
m=k;
C34=[ones(n,1) X3 X4];
C=C34;
[adjR2 RSS]=ARM(C,Y,n,m);
aR2(10)=adjR2;
RSSM(10)=RSS/(n-m-1);
SP(10)=RSS/((n-m-1)*(n-m-2));
%-----------k=3-------11------------
k=3;
m=k;
C123=[ones(n,1) X1 X2 X3];
C=C123;
[adjR2 RSS]=ARM(C,Y,n,m);
aR2(11)=adjR2;
RSSM(11)=RSS/(n-m-1);
SP(11)=RSS/((n-m-1)*(n-m-2));
%-----------k=3-------12------------
```

```
k=3;
m=k;
C124=[ones(n,1) X1 X2 X4];
C=C124;
[adjR2 RSS]=ARM(C,Y,n,m);
aR2(12)=adjR2;
RSSM(12)=RSS/(n-m-1);
SP(12)=RSS/((n-m-1)*(n-m-2));
%------------k=3-------13-------------
k=3;
m=k;
C134=[ones(n,1) X1 X3 X4];
C=C134;
[adjR2 RSS]=ARM(C,Y,n,m);
aR2(13)=adjR2;
RSSM(13)=RSS/(n-m-1);
SP(13)=RSS/((n-m-1)*(n-m-2));
%------------k=3-------14-------------
k=3;
m=k;
C234=[ones(n,1) X2 X3 X4];
C=C234;
[adjR2 RSS]=ARM(C,Y,n,m);
aR2(14)=adjR2;
RSSM(14)=RSS/(n-m-1);
SP(14)=RSS/((n-m-1)*(n-m-2));
%------------k=4-------15-------------
k=4;
m=k;
C1234=[ones(n,1) X1 X2 X3 X4];
C=C1234;
[adjR2 RSS]=ARM(C,Y,n,m);
aR2(15)=adjR2;
RSSM(15)=RSS/(n-m-1);
SP(15)=RSS/((n-m-1)*(n-m-2));
%---------------------------output----------
aR2'
RSSM'
SP'
```

```
%例 4.2.2
%主要计算相关系数矩阵的紧凑变换结果
clear all
clc
format short
%题目数据
X0=[7  26  6  60  78.5
    1  29  15 52  74.3
    11 56  8  20  104.3
    11 31  8  47  87.6
    7  52  6  33  95.9
    11 55  9  22  109.2
    3  71  17 6   102.7
    1  31  22 44  72.5
    2  54  18 22  93.1
    21 47  4  26  115.9
    1  40  23 34  83.8
    11 66  9  12  113.3
    10 68  8  12  109.4];
n=13;m=4;
X1=X0(:,1);X2=X0(:,2);X3=X0(:,3);X4=X0(:,4);Y=X0(:,5);
X=[X1,X2,X3,X4];
XY=[X,Y];
Xc=[X1-ones(n,1)*mean(X1),X2-ones(n,1)*mean(X2),X3-ones(n,1)*
mean(X3),...
    X4-ones(n,1)*mean(X4)];
L=Xc'*Xc;
Lyy=(Y-ones(n,1)*mean(Y))'*(Y-ones(n,1)*mean(Y));
%--------------------------------------
%------------Step1-----------------
%--------------------------------------
mean([X,Y]);
sqrt([diag(L);Lyy]);
%--------------------------------------
%------------Step2-----------------
%--------------------------------------
R0=corrcoef(XY); %计算相关系数矩阵
%--------------------------------------
```

```
%————————————Step3————————————————
%——————————————————————————————————
%————————————————选择第一个变量———————————
k=0;
%计算 V(k+1),找出最大的
V1=R0(1:4,m+1).∧2./diag(R0(1:4,1:4));
[vol,idx]=max(V1);
l=4;%选出 X4
R1=LKU(R0,l);
%————————————————选择第二个变量———————————
k=1;
%计算 V(k+1),找出最大的
V2=R1(1:3,m+1).∧2./diag(R1(1:3,1:3));
[vol,idx]=max(V2);
l=1;%选出 X1
R2=LKU(R1,l);
%————————————————选择第三个变量———————————
k=2;
%计算 V(k+1),找出最大的
V3=R2(2:3,m+1).∧2./diag(R2(2:3,2:3));
[vol,idx]=max(V3);
l=2;%选出 X2
R3=LKU(R2,l);
%剔除了 X4
l=4;
R4=LKU(R3,l);

%例 4.2.2 中使用到的紧凑变换函数
function y=LKU(U,k)
[m,n]=size(U);
for i=1:m
    for j=1:n
        if i~=k &j~=k
            y(i,j)=U(i,j)-U(i,k)*U(k,j)/U(k,k);
        elseif i==k & j~=k
            y(i,j)=U(k,j)/U(k,k);
        elseif i~=k & j==k
            y(i,j)=-U(i,k)/U(k,k);
        else
```

```
                y(i,j)=1/U(k,k);
            end
        end
    end
    end

    %例 4.3.1
    clear all
    clc
    format short
    %题目数据
    X0=[11.5   95.3   26.4   39.2
          9.0    97.7   30.8   46.8
          7.9    110.7  39.7   39.1
          9.1    89.0   35.4   35.3
          11.6   88.0   29.3   37.0
          13.0   87.7   24.6   44.8
          11.6   79.7   25.6   43.7
          10.7   119.3  29.9   38.8
          11.1   87.7   32.2   35.6];
    X1=X0(:,1);X2=X0(:,2);Y1=X0(:,3);Y2=X0(:,4);
    n=9;m=2;p=2;alpha=0.05;
    X=[X1,X2];Y=[Y1,Y2];
    C=[ones(n,1),X];
    %参数估计
    beta=inv(C'*C)*C'*Y;
    H=C*inv(C'*C)*C';
    Q=Y'*(eye(n)-H)*Y;
    sigma=(1/(n-m-1))*Q;
    %检验参数
    LXX=X'*(eye(n)-(1/n)*ones(n,n))*X;
    lii=diag(inv(LXX));
    F1=((n-m-p)/p)*((beta(2,:)*inv(Q)*beta(2,:)')/lii(1));
    F2=((n-m-p)/p)*((beta(3,:)*inv(Q)*beta(3,:)')/lii(2));
    F12_005=finv(1-alpha,p,n-m-p);
    %回归方程整体的检验
    C1=ones(n,1);
    H1=C1*inv(C1'*C1)*C1';
    Q1=Y'*(eye(n)-H1)*Y;
```

```
U=det(Q)/det(Q1);
m2=m;
F=((n-m-p-1)/p)*((1-sqrt(U))/sqrt(U));
F005=finv(1-alpha,2*p,2*(n-m-p-1));
%输出结果
disp('回归参数 beta 的估计结果')
beta
disp('sigma 的估计结果')
sigma
disp('参数检验统计量和临界值')
F1
F2
F12_005
disp('回归方程检验统计量和临界值')
F
F005
```

第 5 章　聚类分析

```
%例 5.2.1
clear all
clc
format short
%题目数据
X=[10  29  39  17
   13  27  75  30
   17  32  69  33
   20  37  41  24
   19  33  40  40
   25  39  46  46
];
%计算初始距离矩阵
[ro1,co1]=size(X);
d0=zeros(ro1,ro1);%用于存储初始距离矩阵
for i=1:ro1
    for j=1:ro1
        d=sqrt((X(i,:)-X(j,:))*(X(i,:)-X(j,:))');
        d0(i,j)=d;
    end
end
```

```
%调用系统函数进行聚类
y=pdist(X,'euclidean');  %使用欧氏距离
z=linkage(y,'single');  %最小距离法,z为并类过程
lab={'设备1','设备2','设备3','设备4','设备5','设备6'};
dendrogram(z,'labels',lab)  %画出谱系图
disp('初始距离矩阵为')
d0
disp('并类过程为')
z

%例5.3.1
clear all
clc
format short
%题目数据
X=[98  81  96  100
   88  88  99  96
   91  72  96  78
   78  82  75  97
   73  88  97  89
   72  43  67  78
   75  50  34  37
   82  90  62  39
];
%设置初始分类,计算初始类重心
G1=X(1:4,:);
G2=X(5:8,:);
avgG1=mean(G1);
avgG2=mean(G2);
%调用系统K均值聚类函数聚类
%指定初始类重心为[avgG1;avgG2]
idx=kmeans(X,2,'Start',[avgG1;avgG2])
```

第6章　判别分析

```
%例6.1.1
clear all
clc
format short
%题目数据
```

```
X1=[2.58   0.90   0.95
    2.90   1.23   1.00
    3.55   1.15   1.00
    2.35   1.15   0.79
    3.54   1.85   0.79
    2.70   2.23   1.30
    2.70   1.70   0.48
];
X2=[2.25   1.98   1.06
    2.16   1.80   1.06
    2.33   1.74   1.00
    1.96   1.48   1.04
    1.94   1.40   1.00
    3.00   1.30   1.00
    2.78   1.70   1.48
];
n1=7;n2=7;
X=[2.95;2.15;1.54];
%计算均值向量和协方差阵
avgX1=mean(X1)';
avgX2=mean(X2)';
A1=X1'*(eye(n1)-(1/n1)*ones(n1,n1))*X1;
S1=(1/(n1-1))*A1;
A2=X2'*(eye(n2)-(1/n2)*ones(n2,n2))*X2;
S2=(1/(n2-1))*A2;
S=(1/(n1+n2-2))*(A1+A2);
%计算距离
D1=(X-avgX1)'*inv(S)*(X-avgX1)
D2=(X-avgX2)'*inv(S)*(X-avgX2)

%例 6.2.1
clear all
clc
format short
%题目数据
avgX1=[2.9;1.7];n1=115;
avgX2=[3.0;1.2];n2=33;
avgX3=[3.8;1.8];n3=32;
S=[2.30,0.25;0.25,0.61];
```

```
X=[2;1];
%计算先验概率
n=n1+n2+n3;
q1=n1/n;q2=n2/n;q3=n3/n;
%计算线性判别函数
S1=inv(S);
Y1=log(q1)-0.5*avgX1'*S1*avgX1+X'*S1*avgX1
Y2=log(q2)-0.5*avgX2'*S1*avgX2+X'*S1*avgX2
Y3=log(q3)-0.5*avgX3'*S1*avgX3+X'*S1*avgX3

%例 6.3.1
clear all
clc
format short
%题目数据
X1=[34.16    7.44    1.12    7.87    95.19    69.3
    33.06    6.34    1.08    6.77    94.08    69.7
    36.26    9.24    1.04    8.97    97.3     68.8
    40.17    13.45   1.43    13.88   101.2    66.2
    50.56    23.03   2.83    23.74   112.52   63.3];
X2=[33.24    6.24    1.18    22.9    160.01   65.4
    32.22    4.22    1.06    20.7    124.7    68.7
    41.15    10.08   2.32    32.84   172.06   65.85
    53.04    25.74   4.06    34.87   152.03   63.5
    38.03    11.2    6.07    27.84   146.32   66.8];
X3=[34.03    5.41    0.07    5.2     90.1     69.5
    32.11    3.02    0.09    3.14    85.15    70.8
    44.12    15.02   1.08    15.15   103.121  64.8
    54.17    25.03   2.11    25.15   110.14   63.7
    28.07    2.01    0.07    3.02    81.22    68.3];
X=[50.22  6.66  1.08  22.54  170.6  65.2]';
n1=5;n2=5;n3=5;
%计算样本均值
avgX1=mean(X1)';
avgX2=mean(X2)';
avgX3=mean(X3)';
avgX=mean([X1;X2;X3])';
%计算 A
A1=X1'*(eye(n1)-(1/n1)*ones(n1,n1))*X1;
```

```
A2=X2'*(eye(n2)-(1/n2)*ones(n2,n2))*X2;
A3=X3'*(eye(n3)-(1/n3)*ones(n3,n3))*X3;
A=A1+A2+A3;
%计算B
B=n1*(avgX1-avgX)*(avgX1-avgX)'+n2*(avgX2-avgX)*(avgX2-
avgX)'...
+n3*(avgX3-avgX)*(avgX3-avgX)';
%计算特征值特征向量
[vect,d]=eig(inv(A)*B);
[v,idx]=max(diag(d));
lanmbda=v
%U=vect(:,idx)
U=vect(:,idx)/sqrt(vect(:,idx)'*A*vect(:,idx));
d1=(U'*X-U'*avgX1)^2/((1/(n1-1))*U'*A1*U)
d2=(U'*X-U'*avgX2)^2/((1/(n2-1))*U'*A2*U)
d3=(U'*X-U'*avgX3)^2/((1/(n3-1))*U'*A3*U)
```

第7章 主成分分析

```
%例7.2.1
clear all
clc
format short
%题目数据
X=[363.91   0.352   16.101   192.11    295.34   26.724   18.492   2.231   26.262
   141.5    1.684   24.301   1752.35   452.26   32.314   14.464   1.455   27.066
   100.7    1.067   65.601   1181.54   270.12   18.266   0.162    7.474   12.489
   143.74   1.336   33.205   1436.12   354.26   17.486   11.805   1.892   17.534
   131.41   1.623   16.607   1405.09   586.59   40.683   14.401   0.303   22.932
   68.337   2.032   76.204   1540.29   216.39   8.128    4.065    0.011   4.861
   95.416   0.801   71.106   926.35    291.52   8.135    4.063    0.012   4.862
   62.901   1.652   73.307   1501.24   225.25   18.352   2.645    0.034   3.201
   86.624   0.841   68.904   897.36    196.37   16.861   5.176    0.055   6.167
   91.394   0.812   66.502   911.24    226.51   18.279   5.643    0.076   4.477
   76.912   0.858   50.302   103.52    217.09   19.793   4.881    0.001   6.165
   51.274   1.041   64.609   968.33    181.38   4.005    4.066    0.015   5.402
   68.831   0.836   62.804   957.14    194.04   9.11     4.484    0.002   5.79
   77.301   0.623   60.102   824.37    188.09   19.409   5.721    5.055   8.413
   76.948   1.022   68.001   1255.42   211.55   11.102   3.133    0.01    3.425
   99.265   0.654   60.702   1251.03   220.91   4.383    4.615    0.011   5.593
```

```
    118.51   0.661   63.304   1246.47  242.16   10.706   6.053   0.154   8.701
    141.47   0.737   54.206   814.21   193.46   11.419   6.442   0.012   12.945
    137.76   0.598   55.901   1124.05  228.44   9.521    7.881   0.069   12.654
    117.61   1.245   54.503   805.67   175.23   18.106   5.789   0.048   8.461
    122.78   0.731   49.102   1313.11  236.29   26.724   7.162   0.092   10.078];
%计算相关阵及其特征值和特征向量
R=corrcoef(X);
[vect,d]=eig(R);
ORvect=orth(vect);%正交化
%排序
temp=[diag(d),ORvect'];
B=sortrows(temp,-1);
lambda=B(:,1);
[mo,no]=size(ORvect');
A=B(:,2:no+1)';
%计算贡献率
g=zeros(size(lambda));
t=0;
for i=1:size(lambda)
    t=t+lambda(i);
    g(i)=t;
end
g=g/t;
%输出结果
disp('相关系数矩阵')
R
disp('特征值')
lambda
disp('正交单位化的特征向量')
A
disp('累积贡献率')
g
```

第 8 章　因子分析

```
%例 8.1.1
clear all
clc
format short
%题目数据
```

```
R=[1,1/5,-1/5;1/5,1,-2/5;-1/5,-2/5,1];
p=3;
%计算特征值和特征向量
[vect,vo]=eig(R);
%单位正交化,排序
temp1=[diag(vo),orth(vect)'];
temp2=sortrows(temp1,-1);
lambda=temp2(:,1);
[m1,n1]=size(vect);
B=temp2(:,2:m1+1)';
%计算贡献率
g=zeros(size(lambda));
t=0;
for i=1:size(lambda)
    t=t+lambda(i);
    g(i)=t;
end
g=g/t;
%确定 m
m=0;
for i=1:size(lambda)
        if g(i)>=0.8
            m=i;
            break
        end
end
%确定结果
A=zeros(p,m);
for i=1:m
    A(:,i)=sqrt(lambda(i)) * B(:,i);
end
D=zeros(p,p);
for i=1:p
    D(i,i)=R(i,i)-sumsqr(A(i,:));
end
%输出结果
disp('因子载荷矩阵')
A
disp('特殊因子方差阵')
```

```
D

%例 8.2.1
clear all
clc
format short
%题目数据
R=[1,1/5,-1/5;1/5,1,-2/5;-1/5,-2/5,1];
p=3;
%初始化
hi2=[0.2 0.4 0.4];
sigma2=[1,1,1]-hi2;
eps=0.0001;
d=1;
D=diag(sigma2);
nn=0;%循环次数计数器
while d
    %求 R*
    Rstar=R-D;
    %求 R*的特征值和特征向量
    [vect,vo]=eig(Rstar);
    %单位正交化,排序
    temp1=[diag(vo),orth(vect)'];
    temp2=sortrows(temp1,-1);
    lambda=temp2(:,1);
    [m1,n1]=size(vect);
    B=temp2(:,2:m1+1)';
    %计算贡献率
    g=zeros(size(lambda));
    t=0;
    for i=1:size(lambda)
        t=t+lambda(i);
        g(i)=t;
    end
    g=g/t;
    %确定 m
    m=0;
    for i=1:size(lambda)
        if g(i)>=0.8
```

```
            m=i;
            break
        end
    end
    %给出当前因子载荷阵
    A=zeros(p,m);
    for i=1:m
        A(:,i)=sqrt(lambda(i)) * B(:,i);
    end
    %给出当前特殊因子方差阵
    D=zeros(p,p);
    for i=1:p
        D(i,i)=R(i,i)-sumsqr(A(i,:));
    end
    %计算距离
    d=sumsqr(diag(D)'-sigma2);
    if d<eps
        break
    else
        %重新赋值
        for i=1:p
            hi2(i)=sumsqr(A(i,:));
        end
        sigma2=[1,1,1]-hi2;
        nn=nn+1;
    end
end
%输出结果
disp('因子载荷矩阵')
A
disp('特殊因子方差阵')
D
```

第9章　典型相关分析

```
%例 9.1.2
clear all
clc
format short
%题目数据
```

```
R=[1,0.4,0.5,0.6;0.4,1,0.3,0.4;0.5,0.3,1,0.2;0.6,0.4,0.2,1];
%分离并计算 R11 和 R22 的逆矩阵
p=2;q=2;
R11=R(1:p,1:p);
R22=R(p+1:p+q,p+1:p+q);
R12=R(1:p,p+1:p+q);
R21=R(p+1:p+q,1:p);
invR11=inv(R11);
invR22=inv(R22);
R0=invR22*R21;
%计算 M1 及其特征值和特征向量
M1=invR11*R12*invR22*R21;
[vM1,dM1]=eig(M1);
%排序
[m1,n1]=size(vM1);
temp1=[diag(dM1),vM1'];
temp2=sortrows(temp1,-1);
lambda2M1=temp2(:,1);
vectM1=temp2(:,2:(m1+1))';
%计算第一对典型相关向量系数、典型相关系数
rho1=sqrt(lambda2M1(1))
c1=vectM1(:,1)'*R11*vectM1(:,1);
alpha1=(1/sqrt(c1))*vectM1(:,1)
beta1=(1/rho1)*R0*alpha1
%计算第二对典型相关向量系数、典型相关系数
rho2=sqrt(lambda2M1(2))
c2=vectM1(:,2)'*R11*vectM1(:,2);
alpha2=(1/sqrt(c2))*vectM1(:,2)
beta2=(1/rho2)*R0*alpha2

%例 9.2.1
clear all
clc
format short
%题目数据
X0=[191   36   50   5   162   60
    189   37   52   2   110   60
    193   38   58   12  101   101
    162   35   62   12  105   37
```

```
    189  35  46  13 155  58
    182  36  56  4  101  42
    211  38  56  8  101  38
    167  34  60  6  125  40
    176  31  74  15 200  40
    154  33  56  17 251  250
    169  34  50  17 120  38
    166  33  52  13 210  115
    154  34  64  14 215  105
    247  46  50  1  50   50
    193  36  46  6  70   31
    202  37  62  12 210  120
    176  37  54  4  60   25
    157  32  52  11 230  80
    156  33  54  15 225  73
    138  33  68  2  110  43];
S=cov(X0);
n=20;
%分离并计算S11和S22的逆矩阵
p=3;q=3;
S11=S(1:p,1:p);
S22=S(p+1:p+q,p+1:p+q);
S12=S(1:p,p+1:p+q);
S21=S(p+1:p+q,1:p);
invS11=inv(S11);
invS22=inv(S22);
S0=invS22*S21;
%计算M1及其特征值和特征向量
M1=invS11*S12*invS22*S21;
[vM1,dM1]=eig(M1);
%排序
[m1,n1]=size(vM1);
temp1=[diag(dM1),vM1'];
temp2=sortrows(temp1,-1);
lambda2M1=temp2(:,1);
vectM1=temp2(:,2:(m1+1))';
%计算典型相关向量系数、典型相关系数
rho=zeros(p,1);
c=zeros(p,1);
```

```
alpha=zeros(p,p);
beta=zeros(q,q);
for i=1:p
    rho(i)=sqrt(lambda2M1(i));
    c(i)=vectM1(:,i)'*S11*vectM1(:,i);
    alpha(:,i)=(1/sqrt(c(i)))*vectM1(:,i);
    beta(:,i)=(1/rho(i))*S0*alpha(:,i);
end
%计算检验统计量
%————————————siagma12 的检验————————
alpha0=0.1;
lambda0=prod(ones(p,1)-lambda2M1);
m=n-1-0.5*(p+q+1);
f=p*q;
Q0=-m*log(lambda0);
chi2alpha=chi2inv(1-alpha0,f);
Q(1,:)=[Q0,chi2alpha];
%—————————————第 2~p 个典型相关系数检验————
temp3=log(ones(p,1)-lambda2M1);
for k=2:p
    Qk=-(n-k-0.5*(p+q-1))*sum(temp3(k:p));
    chi2alpha=chi2inv(1-alpha0,(p-k+1)*(q-k+1));
    Q(k,:)=[Qk,chi2alpha];
end
%输出结果
disp('典型相关变量系数向量(列)——alpha')
alpha
disp('典型相关变量系数向量(列)——beta')
beta
disp('典型相关系数')
rho
disp('相关性检验统计量(第一列)与分位点(第二列)——alpha=0.1')
Q
```

第 10 章 对应分析

```
%例 10.2.1
clear all
clc
format short
```

```
%题目数据
X=[0.583910  0.111480  0.092473  0.050073  0.038193  0.018803  0.079946
   0.581220  0.081315  0.112380  0.042396  0.043280  0.040004  0.083339
   0.565040  0.100121  0.123970  0.041121  0.043429  0.031328  0.078919
   0.530918  0.105360  0.116952  0.045064  0.043735  0.038508  0.095256
   0.555200  0.096500  0.143498  0.037566  0.052111  0.026267  0.072829
   0.654950  0.047852  0.095238  0.047945  0.022134  0.018519  0.096844
   0.640010  0.061680  0.116677  0.048471  0.033529  0.017439  0.072043
   0.725240  0.056362  0.073262  0.044388  0.016366  0.015720  0.059261
   0.678630  0.058043  0.088316  0.038100  0.039794  0.015167  0.067990
   0.665913  0.088508  0.096899  0.038191  0.039275  0.019243  0.033801
];
p=7;
n=10;
%计算Z
Xidot=sum(X,2);   %行和
Xdotj=sum(X)';    %列和
T=sum(Xdotj);     %总和
Z=null(n,p);
for i=1:n
    for j=1:p
        Z(i,j)=(X(i,j)-Xidot(i)*Xdotj(j)/T)/sqrt(Xidot(i)*Xdotj(j));
    end
end
%计算检验统计量
%计算R型协方差阵
SR=Z'*Z;
%计算特征值和特征向量
[vect,vo]=eig(SR);
%单位正交化,排序
temp1=[diag(vo),orth(vect)'];
temp2=sortrows(temp1,-1);
lambda=temp2(:,1);
[m1,n1]=size(vect);
B=temp2(:,2:m1+1)';
%计算累积贡献率
g=zeros(size(lambda));
t=0;
for i=1:size(lambda)
```

```
        t=t+lambda(i);
        g(i)=t;
    end
    g=g/t;
    %确定 m
    m=0;
    for i=1:size(lambda)
        if g(i)>=0.8
            m=i;
            break
        end
    end
    %确定 R 型因子载荷矩阵 AR
    AR=zeros(p,m);
    for i=1:m
        AR(:,i)=sqrt(lambda(i))*B(:,i);
    end
    %计算 Q 型因子载荷矩阵
    ZB=orth(Z*B);
    AQ=zeros(n,m);
    for i=1:m
        AQ(:,i)=sqrt(lambda(i))*ZB(:,i);
    end
    %输出因子载荷矩阵
    disp('R 型因子载荷矩阵 AR 和 Q 型因子载荷矩阵 AQ 分别为')
    AR
    AQ
    %画散点图
    labR=['X1';'X2';'X3';'X4';'X5';'X6';'X7'];
    labQ=['省 01';'省 02';'省 03';'省 04';'省 05';'省 06';'省 07';'省 08';'省 09';
'省 10'];
    figure
    hold on
    scatter(AR(:,1),AR(:,2),'bo','SizeData',50)
    text(AR(:,1)+ones(p,1)*0.002,AR(:,2),labR)
    scatter(AQ(:,1),AQ(:,2),'rd','SizeData',50)
    text(AQ(:,1),AQ(:,2)+ones(n,1)*0.004,labQ)
```

第 11 章　偏最小二乘法回归

```
%例 11.2.1
clear all
clc
format short
%题目数据
X=[98.05    1116.53   1998.13
   84.00    1001.90   965.26
   957.01   3046.00   2119.52
   197.80   1083.79   735.95
   374.69   728.34    631.28
   590.20   2609.85   2258.17
   446.17   978.37    821.58
   447.00   2169.15   1266.01
   88.24    2564.69   2755.83
   1119.12  5550.98   3961.65
   694.00   3982.00   3120.00
   772.55   1552.21   1244.34
   664.78   2159.94   1857.29
   535.98   951.77    962.73
   1390.00  5309.54   3852.52
   1288.36  2951.06   1929.31
   707.00   2446.05   1822.58
   847.25   1737.20   1756.49
   1032.80  5935.63   4801.30
   595.68   863.96    995.72
   228.95   125.33    249.85
   315.78   827.55    827.97
   1027.62  1982.44   1865.06
   280.83   474.68    429.53
   470.50   951.48    810.34
   39.68    32.93     88.81
   303.79   925.78    806.39
   214.45   530.36    416.62
   44.90    154.01    142.20
   52.84    151.16    125.28
   305.00   672.10    621.18
];
Y=[2.20   179.45   420.66
```

```
    1.01    332.37    258.18
    23.52   564.56    484.95
    8.00    430.93    232.23
    47.31   338.98    236.49
    8.90    572.11    416.41
    2.36    340.28    249.95
    21.17   441.00    353.15
    3.28    665.50    613.89
    5.58    1008.65   854.48
    6.18    793.11    958.25
    3.84    448.32    306.76
    9.09    375.94    342.48
    5.10    300.02    302.49
    11.76   1253.85   757.55
    14.47   642.12    497.05
    21.34   753.69    423.54
    7.82    429.38    404.67
    5.98    1045.72   1037.29
    7.29    300.31    253.23
    15.40   93.61     112.01
    9.96    249.03    335.72
    14.55   675.43    581.58
    5.35    295.00    222.49
    7.12    324.21    294.70
    3.83    65.65     63.41
    18.25   371.66    354.78
    19.14   263.75    195.00
    12.53   135.05    89.61
    4.82    101.86    76.02
    27.73   419.20    249.65
];
%标准化数据
X0=(X-mean(X))./std(X);
Y0=(Y-mean(Y))./std(Y);
r=rank(X0);
for k=1:r
    PRESSk(k)=getPRESS(X0,Y0,k);
end
[val,idx]=min(PRESSk);
```

```
BW=getBW(X0,Y0,idx);
display('标准化变量的回归方程系数矩阵为')
BW
```

%例 11.2.1 用到的子程序 1,用于计算标准化变量的偏最小二乘回归方程自变量系数矩阵

```
function BW=getBW(X0,Y0,k)
    [n,m]=size(X0);
    [n,p]=size(Y0);
    W=zeros(k,m);
    B=zeros(p,k);
    X0tip=zeros(n,m);
    Y0tip=zeros(n,p);
    for i=1:k
        M=X0'*Y0*Y0'*X0;
        [vect,d]=eig(M);
        temp=[diag(d),vect'];
        temp1=sortrows(temp,-1);
        lambda=temp(:,1);
        VM=temp(:,2:m+1)';
        theta=sqrt(lambda(1));
        z=VM(:,1)/norm(VM(:,1));
        wi=z;
        W(i,:)=wi';
        vi=Y0'*X0*z/theta;
        ti=X0*wi;
        alphai=X0'*ti/(ti'*ti);
        betai=Y0'*ti/(ti'*ti);
        B(:,i)=betai;
        X0tip=X0tip+ti*alphai';
        Y0tip=Y0tip+ti*betai';
        E=X0-X0tip;
        F=Y0-Y0tip;
        X0=E;
        Y0=F;
    end
    BW=B*W;
end
```

```
%例 11.2.1 用到的子程序 2,用于计算 PRESSk
function PRESSk=getPRESS(X0,Y0,k)
    [n,m]=size(X0);
    PRESSk=0;
    for i=1:k
        C0=X0(i,:);
        D0=Y0(i,:);
        X00=X0;
        X00(i,:)=[];
        Y00=Y0;
        Y00(i,:)=[];
        BW=getBW(X00,Y00,k);
        PRESSk=PRESSk+(D0'-BW*C0')'*(D0'-BW*C0');
    end
end
```

参考文献

[1] 丁伟. 精通 MATLAB R2014a[M]. 北京:清华大学出版社,2015.
[2] 高惠璇. 应用多元统计分析[M]. 北京:北京大学出版社,2005.
[3] 茆诗松. 统计手册[M]. 北京:科学出版社,2003.
[4] 王静龙. 多元统计分析[M]. 北京:科学出版社,2008.
[5] 王学民. 应用多元分析[M]. 第 3 版. 上海:上海财经大学出版社,2009.
[6] 谢中华. MATLAB 统计分析与应用:40 个案例分析[M]. 第 2 版. 北京:北京航空航天大学出版社,2015.
[7] 袁志发,宋世德. 多元统计分析[M]. 北京:科学出版社,2009.
[8] 张德丰. MATLAB 概率与数理统计分析[M]. 北京:机械工业出版社,2011.
[9] 张润楚. 多元统计分析[M]. 北京:科学出版社,2006.
[10] 赵高长,马继丰,杨慧. 统计学及其应用[M]. 西安:西北工业大学出版社,2013.
[11] 朱建平. 应用多元统计分析[M]. 北京:科学出版社,2006.